MÉMOIRES

DE

NICOLAS GOULAS

GENTILHOMME ORDINAIRE DE LA CHAMBRE
DU DUC D'ORLÉANS

PUBLIÉS POUR LA PREMIÈRE FOIS
D'APRÈS LE MANUSCRIT ORIGINAL DE LA BIBLIOTHÈQUE NATIONALE
POUR LA SOCIÉTÉ DE L'HISTOIRE DE FRANCE

Par Charles CONSTANT

TOME SECOND.

A PARIS
LIBRAIRIE RENOUARD
HENRI LOONES, SUCCESSEUR
LIBRAIRE DE LA SOCIÉTÉ DE L'HISTOIRE DE FRANCE
RUE DE TOURNON, N° 6

MDCCCLXXIX.

MÉMOIRES

DE

NICOLAS GOULAS

IMPRIMERIE DAUPELEY-GOUVERNEUR,

A NOGENT-LE-ROTROU.

MÉMOIRES

DE

NICOLAS GOULAS

GENTILHOMME ORDINAIRE DE LA CHAMBRE
DU DUC D'ORLÉANS

PUBLIÉS POUR LA PREMIÈRE FOIS
D'APRÈS LE MANUSCRIT ORIGINAL DE LA BIBLIOTHÈQUE NATIONALE
POUR LA SOCIÉTÉ DE L'HISTOIRE DE FRANCE

Par Charles CONSTANT

TOME SECOND

A PARIS
LIBRAIRIE RENOUARD
HENRI LOONES, SUCCESSEUR
LIBRAIRE DE LA SOCIÉTÉ DE L'HISTOIRE DE FRANCE
RUE DE TOURNON, N° 6

MDCCCLXXIX.

EXTRAIT DU RÈGLEMENT.

ART. 14. — Le Conseil désigne les ouvrages à publier, et choisit les personnes les plus capables d'en préparer et d'en suivre la publication.

Il nomme, pour chaque ouvrage à publier, un Commissaire responsable, chargé d'en surveiller l'exécution.

Le nom de l'éditeur sera placé à la tête de chaque volume.

Aucun volume ne pourra paraître sous le nom de la Société sans l'autorisation du Conseil, et s'il n'est accompagné d'une déclaration du Commissaire responsable, portant que le travail lui a paru mériter d'être publié.

Le Commissaire responsable soussigné déclare que l'édition des MÉMOIRES DE NICOLAS GOULAS, *préparée par M.* Charles Constant, *lui a paru digne d'être publiée par la* SOCIÉTÉ DE L'HISTOIRE DE FRANCE.

Fait à Paris, le 15 décembre 1879.

Signé Mis DE CHANTÉRAC.

Certifié,

Le Secrétaire de la Société de l'Histoire de France.

J. DESNOYERS.

MÉMOIRES
DE NICOLAS GOULAS

MÉMOIRES DE CE QUI S'EST PASSÉ EN FRANCE DURANT LA RÉGENCE DE LA REYNE ANNE D'AUSTRICHE DEPUIS L'ANNÉE 1643 JUSQUES A LA FIN DE 1651[1].

CHAPITRE XXXVI.

De plusieurs choses, qui se passèrent en France durant le reste de l'année 1643.

Cependant l'on sollicitoit à Rome le chapeau de cardinal pour M^r l'évesque de Beauvais[2], lequel, au sentiment de toute la cour, étoit fort déchu de crédit. Et en effet sa nomination fut bientost suivie d'une révocation, mesme les conférences du soir avec la Reyne cessèrent, ou devinrent aussi courtes que celles de M^r le cardinal Mazarin furent longues. Les rieurs disoient que son seul employ alors alloit à dire *Benedicite* et *Grâces*. Certes dès que la Reyne eust com-

---

1. Nous avons emprunté ce sous-titre, comme celui qui figure en tête du premier volume, au manuscrit de Vienne; ces deux titres déterminent avec précision l'époque historique sur laquelle Goulas fournit d'intéressants détails.
2. Augustin Potier, grand-aumônier de la reine Anne d'Autriche.

mandé à Mrs de Vendosme de visiter M^r le cardinal Mazarin, avec lequel ils n'avoient point voulu de commerce, comme étant un des ministres des violences du feu cardinal, chacun fuit ce bon évesque, et l'on crut qu'il ne seroit pas longtemps sans déloger[1]. Aussi le cardinal n'avoit rien oublié pour se mettre bien avec Sa Majesté; il avoit eu mille complaisances, devant et après la mort du feu Roy, pour elle et pour toutes les personnes qui l'approchoient et pouvoient lui rendre office; il avoit répandu des louis d'or dans la maison, et entendant à merveille les interests des princes de l'Europe et les affaires étrangères, il s'éleva à la première place, et cette élévation déplut à force gens qui ne comprenoient point qu'un étranger, fourbe et corrompu s'il en fut jamais, sorti d'un père de condition fort médiocre et sujet du roy d'Espagne, envahist toute l'autorité en France.

La Reyne pourtant n'étoit point encore déclarée pour la confiance, et ne la donnant à personne, la laissoit espérer à tous. Cependant chacun se tenoit coy en public; ceux qui pouvoient prétendre à la haute élévation faisoient jouer leurs machines secrètement et attendoient que Sa Majesté se déterminast; mais Monseigneur, prétendant que le cardinal auroit le dessus, et l'Italien étant venu au devant et ayant promis qu'il serviroit dans la prétention du grand gouvernement et de la place, l'appuya et trouva bon qu'il eust le pouvoir et la qualité de premier ministre. Mr de la Rivière le porta par son intérest à favoriser

1. Nommé ministre d'État au commencement de la régence, Augustin Potier fut obligé de se retirer dans son diocèse en septembre 1643. Il mourut le 19 juin 1650.

le choix de la Reyne, car s'étant accommodé avec luy, et luy ayant fait jurer qu'il chasseroit Mr de Chavigny et décréditeroit Mr Goulas et les autres qui s'opposoient à sa faveur chez Son Altesse royale, il ne feignit point de livrer son maistre, fort disposé à suivre l'inclination de la Reyne en tout; et il nous parut depuis très distinctement que le cardinal avoit abandonné à La Rivière, par leur traité, toute la maison de Monseigneur; et sans doute que La Rivière fut bien averty, ou connut par habileté, ou devina, si l'on veut, que cet homme s'empareroit de l'esprit de la Reyne; car aussitost après leur liaison, il fut logé dans le palais, il eut toute la puissance et la privance, et sa conduite avec Sa Majesté fut trouvée mesme si étrange et blessa si fort les yeux du monde que Mme de Hautefort, entendant le murmure de tous les gens, se crut obligée de se jeter aux pieds de la Reyne et de la supplier de lever le scandale et d'étouffer tant de mauvais bruits en leur naissance. Il est vray qu'il ne se passa pas un mois qu'elle ne fust chassée; on l'envoya dehors et le cardinal demeura dans le Palais Cardinal.

Cecy pourtant n'arriva que quelque temps après, et depuis un assez grand vacarme causé par la brouillerie de deux personnes d'éminente condition. En voicy le sujet : il fut trouvé chez Mme de Montbazon [1]

---

1. Marie d'Avaugour de Bretagne, née en 1612, seconde femme d'Hercule de Rohan, duc de Montbazon, père du prince de Guémené, et de Mme de Chevreuse. Mariée en 1628, elle mourut le 28 avril 1657. La duchesse de Montbazon, au dire de Mme de Motteville (t. I, p. 39), « prétendoit à l'admiration universelle. » Retz (t. II, p. 187) dit d'elle : « Je n'ai jamais vu personne qui ait conservé dans le vice si peu de respect pour la vertu. » — Goulas a

deux petites lettres que l'on vit estre deux poulets d'une dame à son amant. Ayant été lues avec grand plaisir ou le transport de la compagnie, chacun tascha d'en connoistre l'écriture pour savoir de qui elles étoient, et à qui elles s'adressoient. Enfin on les donna [1] à Mme de Longueville et l'on crut qu'elles étoient pour Mr de Coligny [2]. L'on se le dit d'abord à l'oreille, après quoy l'on en fit confidence aux amis, et à trois jours de là ce fut le secret de la comédie : toute la cour en fut abreuvée. Mais Mme la Princesse, ayant appris que cette belle nouvelle avoit eu sa source chez Mme de Montbazon, elle éclate, elle tempeste, elle se plaint à toute la terre, elle accuse la dame de faire cette méchanceté à sa fille à dessein de la brouiller avec son mary ; enfin elle demande justice à la Reyne, et elle est tentée plusieurs fois le jour de faire un affront à la médisante. Mme de Montbazon proteste là dessus que ce n'est point elle qui a fait courir le bruit ; qu'il est vray que l'on a trouvé chez elle deux lettres d'une personne inconnue, et qu'elle ne peut mais des sottises qui se débitent dans le monde ; elle ajoute qu'il y a lieu de trouver étrange que Mme la Princesse la poursuive avec tant d'aigreur et ne veuille point écouter la raison et la vérité. Ces propos, bien loin de calmer

---

tracé dans le Ms. de Vienne (fol. 322 r°) un portrait de Mme de Montbazon ; nous le reproduisons à l'Appendice, I.

1. On les attribua. — Anne-Geneviève de Bourbon, sœur du grand Condé, née en 1619, au donjon de Vincennes, pendant la captivité de son père. Mariée le 21 juin 1642 avec Henri II d'Orléans, duc de Longueville, elle mourut en 1679, aux Carmélites du faubourg Saint-Jacques.

2. Maurice, comte de Coligny, fils aîné du maréchal de Châtillon.

Mme la Princesse, l'irritèrent, et elle les prit pour une mauvaise excuse, si bien que Mme de Guémené[1] l'étant allée visiter, elle luy dit qu'elle estimoit et affectionnoit toute la maison de Rohan, et que néanmoins elle ne considéroit pas Mme de Montbazon[2] comme ayant l'honneur d'estre dans une si grande alliance, mais comme la petite fille de La Varenne et un monstre qui avoit causé mille maux à la cour, et jusques là que tous les malheurs et les désordres qui étoient arrivés aux femmes de qualité depuis dix ans avoient été l'ouvrage de sa malice. Cependant elle a beau éclater et menacer, l'autre n'en branle pas ; ses amis pourtant luy conseilloient d'aller à Rochefort[3] afin de prévenir le commandement qu'elle en recevroit, et elle leur répondit qu'elle n'en feroit rien. Enfin Mrs de Guise et de Beaufort témoignèrent hautement que si on entreprenoit de l'outrager, ils mourroient pour ses intérêts et pour son service. Ce différend si fâcheux augmentant toujours et menacant de violentes suites, elle eut avis par les puissances suprêmes qu'il falloit contenter Mme la Princesse, et qu'elle devoit au moins aller chez elle luy faire excuse, c'est à dire un compliment dont il seroit convenu. Elle y alla mal volontiers et avec une audace à tout gaster, et qui fut condamnée de ses amis mesmes. Quelques jours après Mme de Chevreuse[4], donnant

1. La princesse de Guémené était femme de Louis de Rohan, fils du duc de Montbazon et de Madeleine de Lenoncourt, sa première femme.
2. La duchesse de Montbazon avait pour mère Catherine Fouquet, fille de Guillaume Fouquet, marquis de la Varenne.
3. Rochefort-en-Iveline, terre des Rohan, à quelques lieues de Paris.
4. Marie de Rohan-Montbazon, duchesse de Chevreuse, née en

la collation à la Reyne, Sa Majesté voulut que Mme la Princesse l'accompagnast ; elle n'en avoit point d'envie, craignant ce qui arriva ; elle s'excuse sur ce qu'infailliblement elle y trouveroit Mme de Montbazon ; quelqu'un ayant assuré qu'elle avoit pris médecine, la Reyne l'amène. Sa Majesté entrant dans l'hostel de Chevreuse[1] est avertie que Mme de Montbazon y est, ce qui obligea Mme la Princesse de la supplier qu'elle s'en retourne. La Reyne la retient, croyant que l'autre sortiroit ; mais on luy vint dire que ce n'étoit point son intention, et qu'elle attend que Sa Majesté le luy commande. La Reyne n'en veut point venir là ; elle s'arrête ; enfin elle passe dans un appartement où elle ne croyoit point d'entrer sans cette résistance. Les amies de Mme de Montbazon, voyant cette action de la Reyne, la conjurent de sortir, mais vainement ; elle s'opiniastre et veut que la Reyne le luy commande ; elle le luy envoie commander ; ce n'est point assez à son gré, elle désire que Sa Majesté luy fasse elle mesme le commandement ; sur quoy la Reyne ennuyée et faschée prend Mme la Princesse par la main, sort et s'en retourne au Louvre. Madame de Chevreuse, fort étonnée, travaille à raccommoder ce que sa belle mère a gasté, et quoique la Reyne luy fasse bon visage, néan-

---

1600, morte en 1679. Le cardinal de Retz a tracé de cette duchesse, célèbre par le rôle qu'elle joua dans les cabales des *Importants,* un portrait trop connu pour qu'il soit besoin de le reproduire ici.

1. Cet hôtel était situé dans la rue Saint-Dominique, au faubourg Saint-Germain (*Adresses de la ville et fauxbourgs de Paris*, 1708, p. 111). — La collation offerte par madame de Chevreuse à la reine n'eut pas lieu dans l'hôtel de Chevreuse, comme le dit ici Goulas, mais « sur le bastion des Tuileries appelé le jardin de Renard » (Ms. de Vienne, fol. 322), à peu près à l'endroit où se termine aujourd'hui la terrasse des Feuillants.

moins l'agrément baisse toujours depuis et l'on connut à quelque temps de là que l'amitié étoit éteinte, non pas que la bizarrerie de la belle mère en fust cause, mais elle donna matière de parler [1].

Sur ces entrefaites Mme la duchesse d'Enghien accouche d'un fils [2] et Mr de Beaufort prit cette occasion d'écrire à M^r le Duc; il est vray que n'ayant mis en bas de la lettre que « très humble et très affectionné serviteur » au lieu de « très obéissant », il s'en offensa ; de sorte qu'il fit une réponse sèche et hautaine, qui luy parut de mauvais goust. Mr de Beaufort connut par là que l'on s'offensoit à l'hostel de Condé [3] qu'il eust porté si loin les intérêts de Mme de Montbazon contre Mme de Longueville ; et il n'y eut pas faute de gens qui dirent qu'il avoit voulu faire voir qu'il n'avoit plus là d'attache, car il l'avoit aimée passionnément, et qu'il tournoit ses vœux ailleurs.

Ensuite de ce fracas l'on trouve une lettre chez la Reyne, adressée à Mr de Coligny, par laquelle un

---

1. Consulter sur toute cette querelle les mémoires de Mme de Motteville (t. I, p. 135 et suiv.), et ceux de Mlle de Montpensier (t. I, p. 76-78), dans lesquels se trouve le texte même des lettres en question. M. Cousin (*Jeunesse de madame de Longueville*, p. 235-238) s'est longuement arrêté sur ce « grand vacarme », et il en a résumé les diverses phases dans son étude sur Mme de Chevreuse, p. 242 et 243.

2. 29 juillet 1643. Le cardinal Mazarin fut parrain du jeune prince comme il l'avait été du roi.

3. L'hôtel de Condé se trouvait sur le terrain qui s'étend aujourd'hui de la rue de Condé à la rue Monsieur-le-Prince ; « c'étoit, dit Sauval (*Antiquités de Paris*, t. II, p. 66), le plus magnifique hostel du temps. » Il avait été acheté, en 1612, aux Gondi par le prince de Condé.

homme qui ne signoit point et paroissoit son amy l'exhortoit à tirer l'épée contre Mr de Marcillac[1], ou Mr de Rouville[2], serviteurs déclarés de Mme de Montbazon, ou de se prendre à de plus huppés, ce qui désignoit Mr de Beaufort. L'on y trouva aussi des billets par lesquels Sa Majesté étoit conviée de se défaire du cardinal Mazarin, et un entre autres portoit : « Si vous ne vous en défaites, nous nous en déferons. » L'on jeta encore de ces billets chez Mr le chancelier pour l'obliger à se retirer de luy mesme; mais l'avis que reçut la Reyne que force gens avoient l'impudence de médire d'elle, la toucha sensiblement, et ne pouvant douter que le pouvoir du cardinal Mazarin ne fust odieux à la maison de Vendosme, qui s'étoit flattée de sa confiance, elle se résolut de faire arrester Mr de Beaufort et de chasser toute la cabale; et ce qui la hasta d'exécuter ce dessein fut l'entreprise qu'ils firent, ou qu'on feignit qu'ils avoient faite, si l'on veut, sur la vie du cardinal, le jour que Mr de Chavigny donnoit la collation à la Reyne au bois de Vincennes. L'on dit qu'ils le vouloient tuer chez luy et que Mr de Beaufort, pour lever tout soupçon, se trouva au bois de Vincennes, y demeura quelque temps et s'en étant revenu sur ses pas tout courant, étoit allé au logis du cardinal, qui n'y étoit plus, ayant eu avis de la chose, et qui s'étoit retiré au Louvre à l'appartement de la Reyne où il croyoit d'être en sureté. Mr de Beaufort s'y étant rendu l'y rencontra et le

1. Le prince de Marcillac, depuis duc de La Rochefoucauld, auteur des *Maximes*.

2. François, marquis de Rouville, fils de Jacques, seigneur de Rouville, et d'Antoinette Pinart.

salua très froidement. Il est vray que la Reyne, de retour, comme elle apprit la fortune que le cardinal avoit courue, ne différa plus, et dès le lendemain[1], à huit heures du soir, fit arrester Mr de Beaufort chez elle. Mr de Guitaut, capitaine des gardes de la Reyne, eut ordre de s'en saisir, et luy ayant fait le fascheux compliment, il luy répondit : A moy ? — Ouy, à vous, Monsieur, reprit Guitaut, et il répliqua : « Il faut obéir ! » et le suivit. Mais passant auprès de certaines dames, il dit assez haut : « Qui auroit cru il y a trois mois[2] que la Reyne me dust faire arrester ? » Il demeura la nuit dans la chambre de Mr de Guitaut, bien gardé, et le lendemain il fut mené au bois de Vincennes et mis dans le donjon.

Ce mesme matin M[r] et Mme de Vendosme, Mr de Mercœur[3], Mrs de Béthune[4], de Montrésor, de Saint-Ibar, eurent ordre d'aller chez eux, et Mme de Montbazon, qui, quelque temps auparavant[5], s'étoit retirée à Rochefort, reçut commandement de n'en bouger, et puis de

---

1. Le 2 septembre 1643. — Voir sur les motifs de cette arrestation les lettres de Louis XIV à Molé (*Mémoires de Mathieu Molé*, t. III, p. 87-93). Retz ne croit pas à l'existence d'un complot dirigé par M. de Beaufort contre la vie de Mazarin ; Henri de Campion, un de ceux qui étaient entrés dans ce dessein, est au contraire assez affirmatif, et paraît digne de foi en cette circonstance.

2. Lorsque, le 15 mai 1643, M. de Beaufort avait ramené le roi à Paris.

3. Louis, duc de Mercœur, puis duc de Vendôme, frère aîné du duc de Beaufort, né en 1612. Il épousa par la suite Laure-Victoire Mancini, une des nièces de Mazarin, et mourut en 1669.

4. Hippolyte de Béthune, dit le *comte de Béthune*, fils de Philippe de Béthune, comte de Selles, et de Catherine le Bouteiller de Senlis.

5. Le 22 août 1643.

passer en Touraine. L'on chercha Mrs de Beaupuis[1] et de Campion[2], et heureusement pour eux l'on ne les trouva pas, et ils évadèrent. Il étoit grand bruit que Mme de Chevreuse partiroit aussi, et en effet la chose se fit plus doucement, car l'on convint qu'à sept ou huit jours de là elle iroit à Chevreuse et n'auroit point d'ordre. Mr de Beauvais eut congé en ce mesme temps et désira qu'on le luy portast par écrit, ce qui fut fait; et le jour avant qu'il partist pour son évesché, il vint au palais d'Orléans faire une espèce d'éclaircissement à Monseigneur de certaines choses qu'il croyoit que Son Altesse royale avoit dites. L'on a cru avec fondement que la réponse faite à Mr de la Rivière, lorsqu'il le sonda sur la corégence pour Monseigneur, aida à cette retraite, car il le maltraita fort, le menaçant de la Bastille s'il parloit davantage de telle chose, et luy marquant qu'un petit prestolé[3] ne devoit point avoir l'audace de se mesler de telles affaires; et celuy cy le luy rendit, comme il le savoit bien faire dans l'occasion. Mais le bon prélat, au sentiment des illuminés, avoit fait un grand pas de clerc à la mort du Roy, car au lieu de pousser les ministres du cardinal de Richelieu, il les laissa empiéter sa maistresse, laquelle, les trouvant mieux instruits des affaires et plus habiles que luy, les garda. L'on dit qu'il craignoit Mme de Chevreuse et Mr de Châteauneuf et qu'il les crut des instruments propres à ruiner ceux cy, prétendant que la Reyne,

1. Arnaud le Dangereux, comte de Beaupuy.
2. Henri de Campion, auteur des mémoires.
3. Expression employée pour désigner, en le dénigrant, un ecclésiastique sans considération.

qu'ils avoient blessée par leur déclaration, s'en souviendroit toujours et qu'il n'auroit pas peine à les détruire. Mr de Luynes se trouva bien d'une politique contraire, après la mort du maréchal d'Ancre; non seulement il chassa ses confidents, mais il découpla le peuple sur ses biens et sur sa charogne; enfin il poussa la chose aussi loin qu'elle se pouvoit pousser.

La Reyne, Monseigneur, M^r le Prince et M^r le cardinal Mazarin seulement furent du conseil où l'on résolut d'arrester Mr de Beaufort et d'éloigner tous les autres; et l'on crut avec beaucoup d'apparence que Monseigneur avoit demandé le bannissement de Mrs de Béthune et de Montrésor, puisque constamment ils s'étoient retirés de Mr de Beaufort depuis plus d'un mois, parce qu'il témoignoit plus d'amitié et de confiance à d'autres qu'à eux, et déféroit plus à leurs conseils; et l'on assura que Mr de Marcillac avoit révélé le secret, ou pour mieux parler, avoit informé Mr de la Rochefoucauld, son père, de beaucoup de choses dont il s'étoit bien souvenu, et que comme fin et intéressé courtisan, il avoit jugé à propos d'en donner avis et tirer mérite.

Mais Monseigneur ayant agréé l'élévation et appuyé les interests du cardinal Mazarin, moyennant un bon établissement, il étoit bien raisonnable qu'il luy en témoignast gratitude; ainsi il parle à la Reyne d'un gouvernement et d'une place pour Son Altesse royale et luy propose celuy de Champagne que le feu Roy avoit donné à un homme qui n'avoit aucun dessein de s'en défaire. La chose se traite avec beaucoup de secret; on l'arrache mesme à M^r le duc de Bellegarde et à Mr Goulas, qui y avoient eu part au commencement; et Mr de la Rivière, qui en veut tout le mérite auprès de son maistre, trouve des raisons à l'obliger de ne leur en parler plus ; il vouloit aussi montrer par là au cardinal qu'il avoit toute la créance de Monseigneur; et ayant obtenu ce silence de Son Altesse royale, il s'en fit accroire davantage dans sa maison, destinant de certaines charges à de ses amis qui étoient en petit nombre.

Mais ce coup ayant produit de la froideur entre Mr Goulas et luy, il le fait rechercher et témoigne qu'il a dessein de renouer leur amitié, et cecy par crainte que l'attache de Mr Goulas avec Mr de Chavigny devinst telle qu'il en souffrist à la fin, et luy portast préjudice; d'ailleurs qu'il luy étoit honteux que le monde vist qu'il rompoit une liaison de vingt années pour une chimère, et une liaison qui avoit fait sa fortune. Mr de Chavigny étant raccommodé avec le cardinal, et celuy cy l'ayant bien mis avec la Reyne, enfin chacun étant persuadé qu'il demeureroit chez Monseigneur et que le cardinal l'avoit jugé à propos, vous croyez bien que notre faveur naissante étoit en grande alarme et que Mr de la Rivière avoit sujet d'appréhender de se trouver à l'ombre de ce grand arbre. Il luy étoit donc expédient de s'ajuster avec luy par le moyen de Mr Goulas, ou de luy persuader qu'il ne luy seroit pas inutile auprès du maistre.

Mais le cardinal avoit eu plusieurs raisons de retenir Mr de Chavigny dans les affaires : la première, qu'il les entendoit parfaitement, et qu'il en pouvoit ainsi recevoir de bons conseils; la seconde, qu'il luy étoit honneste de ne point laisser périr celuy à qui il devoit son avancement ; et la troisième, qu'ayant blessé la Reyne et Monseigneur durant le règne passé, il [Chavigny] auroit peine d'en acquérir les bonnes grâces durant la régence ; et Mʳ Goulas luy fit donner avis de suivre en l'occurrence présente la conduite du cardinal de Richelieu, c'est à dire de mettre chez Monseigneur un homme de la trempe de Mʳ de Chavigny, afin de tenir bas La Rivière qu'il savoit prenable par une abbaye, ou quelque médiocre somme d'argent. Mais il n'y avoit rien de si étrange et si surprenant alors que le crédit de Mʳ le cardinal Mazarin et l'agrément que la Reyne et Monseigneur témoignoient d'avoir pour Mʳ de Chavigny, car constamment il les avoit toujours persécutés, et ceux qui les avoient servis souffroient mort et passion, ou avoient été relégués dans leurs maisons.

Mʳ de Beaufort ayant été conduit au bois de Vincennes, l'on publia que la conspiration contre le cardinal et l'attentat sur sa personne étoient une chose si claire qu'on l'alloit mettre entre les mains du parlement pour luy faire son procès. Néanmoins, ce bruit cessa tout à coup, et l'on n'en parla plus ; mesme la Reyne qui avoit dit qu'elle publieroit un jour les raisons de sa détention et de l'éloignement des autres, ne s'en souvint point ; l'on jugea plus à propos de les supprimer. Enfin il demeura au bois de Vincennes, et le cardinal fut loué par les désintéressés de l'y avoir fait mettre et de l'y tenir. La lettre que le Roy écrivit au parlement là dessus portoit qu'il s'étoit assuré de sa personne afin de prévenir les désordres qui alloient naistre, très préjudiciables à son Etat et à la tranquillité du royaume.

En ce mesme temps il y eut une espèce de démeslé

entre Monseigneur et Mʳ le Prince, en plein conseil du Roy, sur l'affaire de Mʳˢ de Saint Simon et de la Vieuville, et le dernier [M. le Prince] y avoit déjà donné matière par plusieurs fois : il avoit demandé et obtenu un tabouret chez la Reyne, Monseigneur ayant seul cet honneur en France; il avoit fait clouer la housse de son carrosse de deuil, ce que le feu Roy avoit eu peine de permettre à Mademoiselle; il avoit entrepris de signer les arrêts du conseil des finances conjointement avec Son Altesse royale, et il en signa un que Mʳ le chancelier refusa de signer, disant que ce n'étoit point l'ordre, et commanda que la feuille fust refaite : toutes lesquelles choses blessoient Son Altesse royale, et Mʳ le Prince les entreprenoit et hasardoit, sachant que si Monseigneur en faisoit plainte, il en seroit quitte pour des excuses. Ainsi sur la contestation dans le conseil savoir si l'affaire de ces messieurs étoit du parlement et y devoit être renvoyée, ou s'il en falloit parler à la Reyne, Mʳ le Prince défendant avec chaleur cette dernière opinion, Monseigneur s'échauffa aussi, et le prenant par la main, luy dit : « Allons en parler à la Reyne, mon cousin, quoique ce ne soit qu'une bagatelle qui ne mérite pas qu'on luy en rompe la teste. » Mʳ le Prince le voyant enflammé, se mit sur les belles paroles, et la chose en demeura là, tellement qu'il fut ordonné qu'on rapporteroit cette affaire par écrit une autre fois.

Mais la Reyne ayant compassion des désordres horribles qui étoient en Angleterre et du danger que couroit le roy, résolut d'y envoyer M. le comte d'Harcourt, ambassadeur extraordinaire, afin de travailler à un solide accommodement [1]. Mʳ le cardinal Mazarin

---

1. Le comte d'Harcourt arriva à Douvres le 10 octobre 1643, et

désira aussi que M⁰ Servien¹ allast à Münster, au lieu de M⁰ de Chavigny, et M⁰ de Saint Chamont² en Italie, au lieu de M⁰ Servien.

Monseigneur et M⁰ le Prince avoient failli de se brouiller au conseil du Roy, et Mademoiselle et Mᵐᵉ la Princesse faillirent aussi à se brouiller aux Carmélites. Cette dernière, extrêmement piquée de ce que le bruit couroit à Paris que Monseigneur avoit gourmandé son mari, voyant passer l'abbesse de Preuille³, laquelle avoit perdu son bénéfice pour Monseigneur, lorsqu'il avoit fait soulever une partie du Languedoc, luy dit : « Voilà une personne de qualité qui a beaucoup souffert pour votre père, et il n'en a guère de compassion. » Et ayant passé aux malheurs des autres martyrs de Son Altesse royale, elle continue : « Il ne s'en souvient guère, non plus que de M⁰ de Montmorency et de ceux qu'il avoit embarqués dans son party. » Mademoiselle crut devoir excuser Monseigneur, et le fit tout de son mieux ; mais Mᵐᵉ la Princesse la prend à partie elle mesme, disant qu'elle luy ressemble, et qu'elle n'a ni sentiment ni considération pour qui ce soit, et qu'en l'affaire de Mᵐᵉ de Longue-

---

rentra en France au mois de janvier 1644, « laissant en Angleterre la guerre plus allumée que jamais et les ennemis du roi Charles plus unis. »

1. Abel Servien, marquis de Sablé, comte de la Roche des Aubiers, secrétaire d'État de la guerre, puis surintendant des finances, etc., mourut en 1659, âgé de soixante-cinq ans.

2. Melchior Mitte, comte de Miolans, marquis de Saint-Chamond, fils de Jacques Mitte, comte de Miolans, et de Gabrielle de Saint-Chamond, mourut en 1649.

3. Élisabeth de Roquetaillade, prieure du monastère de Prouille, au diocèse de Saint-Papoul, remplacée en 1632.

ville, elle a témoigné plus d'inclination pour Mme de Montbazon, sans doute à cause que les mœurs en sont bonnes et honnestes, et luy plaisent davantage que celles des autres. Mademoiselle, bien que piquée au vif, répliqua pourtant avec douceur et modestie qu'elle n'a pu savoir quelle avoit été son inclination en cette rencontre, puisqu'elle luy avoit fait commander par la Reyne d'aller chez elle, sans lui laisser le temps de le faire par choix. Mme la Princesse ajoute qu'elle appelle M^r d'Espernon son cousin, et ne traite pas ainsi Mrs de Ventadour, et Mademoiselle réplique, toujours sans s'emporter, et fut si modérée que Mme de Fiesque, sa gouvernante, admira sa patience et protesta qu'elle en avoit trop.

A dire vray, Mademoiselle vouloit avoir matière de se plaindre et de mettre Monseigneur de son costé, ce qui ne luy réussit pas, à cause que Mme la Princesse la gagna de la main, et se plaignit la première. Elle vint voir exprès Monseigneur pour luy conter comme la chose s'étoit passée, et Mr de la Rivière, ennemy de Mademoiselle, et qui craignoit fort Mme la Princesse, fit en sorte qu'elle fut crue, et que la chose passa comme elle le pouvoit désirer. Mademoiselle avala donc le calice tout entier et n'en parla plus[1].

---

[1]. C'est vraisemblablement pour ce motif d'amour-propre froissé que Mlle de Montpensier ne parle pas, dans ses mémoires, de cette querelle avec Mme la Princesse. Elle attribue le froid de celle-ci pour elle aux petites rivalités entre l'hôtel de Créquy où se réunissaient les assemblées de la comtesse de Soissons, et l'hôtel de Ventadour, où régnait Mme la Princesse au milieu de ses amis. (Note de M. Monmerqué.)

Mais au milieu de l'amertume que ces bruits causoient à Mme la Princesse, M^r le duc d'Enghien, son fils, arriva, et sa présence la luy adoucit. Il revenoit de Lorraine où il avoit mené son armée après la prise de Thionville, dont le commandement avoit été donné à Mr de Marolles à sa recommandation. L'on avoit cru que cette armée iroit en Allemagne, et c'étoit le dessein de la cour, mais M^r le Prince craignant d'hasarder son fils, et de l'exposer à un trop grand péril, les ennemis étant très forts en ce pays là, luy avoit dépesché un courrier et commandé de revenir. Il en rencontra un du Roy qui luy portoit l'ordre de retourner, et il prit le party conforme à la volonté de monsieur son père, n'appréhendant pas qu'on luy en fit un crime, de la condition qu'il étoit, pour n'avoir pas obéi aveuglément. Ainsi il reçut l'encens, les honneurs, les louanges, les éloges dus à sa valeur, et à dire vray il n'en eut pas ce qu'il en méritoit, puisqu'on le pouvoit considérer à juste titre comme un miracle du siècle, possédant à son âge toutes les parties des plus grands capitaines, comme le cœur, la conduite, la prudence, la vigilance, la promptitude, la modération, la bonne fortune ; et avec tout cela il n'avoit point acquis la bienveillance des officiers et des soldats, à cause qu'il étoit trop particulier, et ils ne pouvoient comprendre qu'étant de retour à son quartier, il s'enfermast avec quelques confidents, et ne vist point les gens qui se présentoient pour luy faire la cour. Il fut donc renvoyé aussitost[1] et tous ses offi-

---

1. Le duc d'Enghien ne resta que dix-sept jours à la cour ; il en repartit le 2 octobre 1643.

ciers, lesquels à l'exemple du général avoient quitté et s'étoient rendus à Paris ; il exécuta promptement ses ordres ; il conduisit luy mesme en Alsace une partie de ses troupes destinées pour fortifier l'armée du maréchal de Guébriant, et la voyant en état de prendre les quartiers d'hiver au delà du Rhin, il établit ceux du reste de la sienne en deçà, et s'en revint à la cour[1].

La Reyne avoit aussi renvoyé M[rs] les évesques à leurs diocèses, mesme celuy de Lisieux[2], à cause qu'il étoit fort attaché à la maison de Vendosme, et celuy de Limoges[3], parent et confident de Mme de Sénecey. Le conseil de conscience fut ainsi fort écarté, et il n'y resta que M[r] le cardinal Mazarin et Mr Vincent[4], ou plutost le seul cardinal, lequel distribuoit les bénéfices et connoissoit seul du mérite de ceux que la Reyne vouloit honorer des prélatures. Le père Vincent donnoit l'exclusion quand les gens ne plaisoient pas au cardinal.

Mais M[r] d'Enghien n'avoit pas communiqué son bonheur à cette partie de son armée qui avoit joint le maréchal de Guébriant, car ce brave général ayant passé le Rhin et établi ses quartiers au delà, assiégea Rothveil[5], bonne place dont il pouvoit tirer mille commodités. Il y trouva des gens lesquels n'en voulurent sortir qu'en soldats et après avoir disputé le terrain. Il les

---

1. Le 9 novembre 1643.
2. Philippe Cospéan.
3. François Motier de la Fayette.
4. Saint Vincent de Paul, né en 1576, mort en 1660. Il avait institué, en 1625, les prêtres de la Mission ou lazaristes.
5. Rothweil, en Wurtemberg, sur le Neckar.

fallut canonner ; si bien que se mettant en devoir de le faire, et ordonnant luy mesme de sa batterie, il fut atteint au bras d'un coup de fauconneau[1] qui le luy rompit, et il en mourut cinq ou six jours après, au grand regret de toute l'armée. Capitaine digne de tous les éloges qui se peuvent donner aux plus grands hommes, et que l'on pouvoit dire l'ouvrier de sa belle fortune.

L'armée, sans chef, ne laissa pas de prendre Rothveil et ses quartiers d'hiver un peu plus avant ; mais n'ayant plus cet esprit qui l'animoit, elle fut attaquée, ou pour mieux parler le quartier du commandant, Mr de Rantzau, fut surpris par les troupes de Bavière, et tout ce qui étoit dedans demeura à la discrétion des ennemis. Le colonel Roze sauva quelque cavalerie et infanterie et fit sa retraite en Alsace. Il avoit donné avis du dessein de Mercy et de Jehan de Wert, mais Mr de Rantzau aima mieux boire que de pourvoir à son salut ; il fut fait prisonnier sans combat, et Mrs de Noirmoutier[2], de Montausier[3], de Sirot, et plusieurs autres de considération, tous lesquels apprirent à leurs dépens une leçon qui a été répétée mille et mille fois, que la débauche n'est jamais bonne, mais qu'elle est très dangereuse à la guerre.

---

[1]. Le fauconneau était une sorte de canon qui n'avait que deux pouces de diamètre, et dont le boulet était de treize ou quatorze onces.

[2]. Louis de la Trémoille, marquis, puis duc de Noirmoutier, fils de Louis de la Trémoille, marquis de Noirmoutier, et de Lucrèce Bouhier.

[3]. Charles de Sainte-Maure, marquis, puis duc de Montausier, fils de Léon de Sainte-Maure, baron de Montausier, et de Marguerite de Châteaubriant.

Mr de Vitry[1] se défendit avec le régiment de la Reyne qu'il commandoit, et se trouvant dans une assez méchante bourgade, il eut la destinée des autres.

La cour, avertie de cette disgràce, et y voulant promptement remédier, fit maréchal de France Mr de Turenne[2] et l'envoya en Alsace recueillir le débris de nos troupes[3]. Mr de Gassion reçut le mesme honneur[4] à la recommandation de M^r d'Enghien, qui ne cessoit de prosner sa bravoure et sa grande expérience dans le métier; et les victoires de ce prince et ses merveilleux talents pour la guerre l'ayant rendu très considérable, il ne fut pas refusé par la Reyne, avec laquelle il avoit pris ses mesures de bonne heure.

Il fallut en mesme temps travailler à guérir le chagrin de Monseigneur qui se défioit de cette intelligence et ne pouvoit voir qu'avec jalousie sa gloire et sa lumière naissante. Ainsi l'affaire du gouvernement de Champagne fut remise sur le tapis, bien qu'on publiast qu'il étoit trop proche de Paris, trop voisin de la Lorraine, qu'il tenoit à la Picardie où Son Altesse royale vouloit rétablir M^r d'Elbeuf, que cela le rendroit suspect au Roy et décrieroit le ministère. Néan-

---

1. François-Marie de L'Hôpital, fils du maréchal de Vitry.
2. Henri de la Tour d'Auvergne, vicomte de Turenne, fut déclaré maréchal de France et prêta serment de cet office entre les mains de la reine, le 16 novembre 1643, la veille du jour où Jean de Gassion fut pourvu de la même charge. Né en 1611, Turenne fut tué à Salzbach en 1675.
3. M. de Turenne partit le 4 décembre 1643, pour prendre le commandement des débris de l'armée dispersée à Tuttlingen; il avait alors trente-deux ans.
4. Jean de Gassion avait alors trente-quatre ans; il fut tué au siège de Lens en 1647.

moins si M^r d'Elbœuf eust voulu prendre l'Auvergne et cent mille livres de rente pour les prétentions de Madame sa femme, nous eussions eu ce gouvernement de Champagne et une place sur la frontière.

Monseigneur jeta donc les yeux sur le Languedoc, et destina son gouvernement d'Auvergne pour la récompense de Mr de Chaulnes, lequel avoit acheté celuy de Picardie de Mr de Chevreuse cent mille écus, car le feu Roy avoit voulu qu'il le prist lorsque M^r d'Elbeuf nous vint trouver en Lorraine. Mr de Schomberg, ayant su qu'il lui falloit quitter le Languedoc, fut extrêmement étonné et surpris, car la Reyne luy avoit promis de l'y laisser quoiqu'il arrivast et ne luy jamais oster cet établissement; mais considérant qu'il avoit si forte partie, il jugea bien qu'il luy faudroit à la fin céder. L'on fut longtemps à luy faire gouster la proposition; elle luy sembloit fort amère, et il forma tant de difficultés et demanda des conditions si exorbitantes et si étranges qu'il y eust lieu de soupçonner que le ministère s'étoit laissé entendre que cette façon d'agir luy tiendroit lieu de mérite.

Cependant l'on disposoit Monseigneur à se contenter de choses spécieuses et de belles apparences en cette rencontre. Mr de la Rivière faisoit fort l'empesché et le fasché; il se plaignoit de Mr de Schomberg, disant que ses longueurs le brouilloient avec Son Altesse royale, lequel offroit de le combler de biens, de le laisser son lieutenant général (et c'est ce qu'on désiroit), et consentoit qu'on lui donnast une place importante dans la province; mesme un soir, après avoir soupé, il nous rompit la teste, deux heures durant, des grands et solides avantages que retiroit son maistre de son travail, et s'attribua tout le mérite de cette affaire ; mais il protestoit à Monseigneur qu'on ne luy pouvoit jamais rendre plus de service que de faire trouver bon à la Reyne qu'il eust le Languedoc, que l'on devoit appeler les Indes pour luy, la province étant si riche ; qu'il eust cette belle province avec la citadelle de Montpellier, place de la dernière conséquence et capable de le rendre maistre du pays ; qu'il ne falloit point s'étonner si Mr de Schomberg ne pouvoit quitter ce gouvernement ; qu'il y étoit amoureux, qu'il en tiroit un grand revenu, qu'il y avoit fait des amis, mais qu'on luy pouvoit donner la lieutenance générale et une place au lieu de Montpellier, que vouloit Son Altesse royale. Monseigneur demeura satisfait de la chose dans la créance que cette citadelle de Montpellier étoit une excellente pièce, consentit que Mr de Schomberg fust son lieutenant, eust le Pont-Saint-Esprit, le présent des Etats, et les autres avantages qui le rendoient gouverneur en effet. Il donna Montpellier à M^r le comte d'Aubijoux et Brescou[1] au bonhomme d'Andoins de Bayonne, qui avoit secouru Saint-Martin de Rhé lorsque les Anglois l'assiégeoient[2], c'est à dire le luy destina. Mais outre tant de biens et de prérogatives que se retint Mr de Schomberg dans cette province pour le titre qu'il avoit relasché, la Reyne luy fit toucher force argent, et luy envoya les provisions du gouvernement de Metz et du pays messin avec les autres eveschés. Mr de Lambert[3] eut ré-

---

1. Brescou, petite île du golfe de Lion.
2. Voir t. I, p. 34.
3. Jean de Lambert, fils de Jean de Lambert, seigneur de la

compense du gouvernement de la citadelle, et M*r* de Mortemart[1] de celuy du pays.

L'affaire de Monseigneur ne fut pas plus tost terminée que M*r* d'Enghien demanda d'estre traité aussi favorablement, et pria M*r* le cardinal de luy procurer auprès de la Reyne le gouvernement de Champagne; et d'autant qu'il n'avoit pas de favory par le moyen duquel l'on pust ménager son esprit, M*r* le cardinal se trouvoit assez empesché, ne pouvant mettre en pratique la maxime *del beneficio del tempo;* enfin se voyant extrêmement pressé, et M*r* d'Enghien luy disant toujours et luy faisant dire qu'il connoistroit par là s'il désiroit qu'il fust de ses amis, il se rendit, et la Reyne lui accorda le gouvernement de Champagne et la ville de Stenay, qui avoit une bonne citadelle, passage important sur la Meuse que le feu Roy avoit eu de M*r* de Lorraine. L'on m'assura que la Reyne luy ayant dit qu'elle avoit refusé cet établissement à Monseigneur, et que sans doute il se plaindroit si elle le luy donnoit, il luy répliqua que les raisons qui avoient empêché Sa Majesté d'en gratifier Son Altesse royale faisoient pour luy, puisque la Champagne étant située entre la Lorraine et la Picardie que l'on avoit rendue à M*r* d'Elbœuf, et ne se pouvant jamais accommoder avec M*r* de Lorraine, ni avec celuy cy, il n'y avoit rien à craindre, et qu'il les observeroit si bien et les talonneroit de si près dans l'occasion, qu'ils n'entrepren-

---

Filolie, et de Marguerite Robinet de la Serve, avait été longtemps attaché au service militaire du maréchal de Bassompierre.

1. Gabriel de Rochechouart, marquis, puis duc de Mortemart, fils de Gaspard de Rochechouart, marquis de Mortemart, et de Louise, comtesse de Maure.

droient jamais rien contre le service du Roy impunément. M^r le maréchal de l'Hospital ne fit pas moins de cérémonie pour donner sa démission que M^r le maréchal de Schomberg, et après beaucoup d'offres, de refus, de répliques, il prit de l'argent et la lieutenance générale, comme avoit fait l'autre, et l'on n'en parla plus.

Il faut finir ce chapitre par le combat de Mr de Guise et de Mr de Coligny, qui fut très glorieux au premier, car ce prince s'y comporta avec tout le cœur, toute la bravoure et toute la générosité de sa maison. Il avoit témoigné beaucoup de chaleur pour les intérests de Mme de Montbazon lorsque Mme la Princesse s'en étoit plainte et l'avoit prise à partie, comme je l'ay marqué cy-dessus[1], et Mr de Coligny désespéré que l'indiscrétion de cette dame eust fait éclater son amour pour Mme de Longueville qu'il avoit tant eu de peine à dissimuler jusques là, résolut de se venger et de se prendre au plus huppé de ses braves, selon le billet[2]; ajoutez, si vous le voulez, la haine ancienne ou l'aversion des Guise et des Coligny, dont toute l'histoire du dernier siècle est remplie. Ainsi il conjure M. de Lestrade[3], capitaine dans le régiment qu'il commandoit en Hollande de l'aller appeler et luy dire qu'il le rencontreroit à la Place Royale. D'Estrade va chez le prince, lui porte la parole, et le trouve en volonté de contenter son ami; ils se rencontrent au lieu assigné[4]; ils mettent l'épée à la main

1. Voir plus haut, p. 5.
2. Selon le *billet* dont il est parlé plus haut (p. 7).
3. Godefroi, comte d'Estrades, maréchal de France en 1675, mort en 1686. Il a laissé des *Lettres et Négociations,* qui furent imprimées à La Haye, 1743, 9 volumes in-12.
4. Le 12 décembre 1643.

et le pauvre Mr de Coligny fut désarmé et maltraité par quelques coups de plat d'épée, comme pour le chastier de s'être attaqué à un prince, et marquer la différence de condition[1]. Aussitost Mr de Guise s'en court aux seconds et les sépare[2]; ils étoient aux prises et le sien avoit été légèrement blessé.

Monseigneur prit le party de son beau frère[3]; Mr d'Enghien celuy de son cousin[4], et celuy-cy insista fort auprès de la Reyne que dans l'accommodement ils fussent traités d'égal; mais l'édit contre les duels ayant été renouvelé depuis peu, il fallut que Mr de Guise s'absentast et l'autre aussy. Le premier ne passa pas Meudon, où il demeura quelque peu de temps; mais le jour qu'il revint à Paris, Mr de Coligny y revint comme luy et s'y montra mesme, afin de conserver sa prétendue égalité. Alors la jeunesse, qui suivoit Mr d'Enghien, se déchaisna contre la multitude des princes Lorrains, et comme on leur disoit qu'il falloit faire différence de celuy cy, aisné de la maison, et qui avoit l'honneur d'estre beau frère de Monseigneur, ils répliquoient plaisamment et mal à propos que si Don Guasco, qui l'étoit aussi, venoit en France, le moindre

1. En mettant l'épée à la main, le duc de Guise aurait dit : « Nous allons décider les anciennes querelles de nos deux maisons, et on verra quelle différence on doit mettre entre le sang de Guise et celui de Coligny » (*Mémoires de La Rochefoucauld*).
2. Le second de Coligny était le comte d'Estrades; celui du duc de Guise, le marquis de Bridieu, gentilhomme limousin, son écuyer. Le marquis de Bridieu fut fait lieutenant-général en 1650, après avoir défendu contre Turenne et les Espagnols la ville de Guise (Aisne), dont il était gouverneur.
3. Le duc de Guise, demi-frère de la première femme du duc d'Orléans.
4. Coligny descendait d'une Montmorency.

d'entre eux ne luy céderoit pas. C'est que Don Guasco, simple gentilhomme milanois, qui commandoit un régiment en Flandre, et y avoit passé d'Italie avec le cardinal infant, étoit devenu amoureux à Bruxelles de Mme la princesse de Phaltzbourg, sœur de Madame, et elle l'avoit épousé sans en parler à personne. Enfin ce combat passa pour une rencontre, sur laquelle ils furent mandés et ouïs au parlement, et renvoyés absous.

Monseigneur commanda à ses gens de s'offrir à Mr de Guise, ce que nous fismes tous, et ceux de M^r d'Enghien et ses amis s'offrirent à Mr de Coligny, lequel mourut de déplaisir à quelque temps de là. Néanmoins beaucoup crurent que c'étoit d'amour, et ce fut un rare exemple en ce siècle où le monde ne prend pas les choses si à cœur. Certes il n'y avoit pas de plus honneste homme en France, et qui fut mieux entré dans la cour que Mr de Coligny, mais les raffineurs d'honneur croyoient qu'il pouvoit mieux faire en cette occasion[1].

---

1. Le récit du duel de Coligny et les paragraphes qui le précèdent sont, à quelques mots près, conformes au texte du manuscrit de Vienne (fol. 329-330). — Plus loin, dans le même manuscrit (fol. 333), Goulas dit en parlant de Coligny : « Il mourut de douleur d'avoir été désarmé à son premier combat, et peut estre aussi de ne s'estre pas porté comme le désiroit son grand cœur. Ses ennemis en parlèrent de la sorte et prévinrent le monde là dessus ; ils étoient en grand nombre et des plus grands ; ils luy nuisirent beaucoup en ce qu'on n'osa les contredire. L'estime qu'en faisoit M^r d'Enghien, dont il avoit l'honneur d'estre parent, n'adoucit pas son déplaisir : il voulut mourir voyant ses passions si malheureuses, et mourut ainsi fort malheureusement. »

Voir à l'Appendice II, d'après le Ms. de Vienne, le « dénombrement des forces du royaume » à la fin de l'année 1643.

CHAPITRE XXXVII.

Des évènements plus remarquables de l'année 1644.

Le feu Roy avoit promis à quelques personnes de qualité de la cour de les faire ducs, et la Reyne voulut bien en cecy suivre ses intentions, tellement qu'elle commanda que l'on expédiast et distribuast six brevets tout à coup, et M[r] le maréchal de Gramont[1] en emporta un en Béarn, lequel fit asseoir au cercle madame sa femme avant que de partir. M[r] le comte de Brion[2], cousin germain de M[r] d'Enghien, fut aussi fait duc d'Anville ; Mrs de Tresmes[3], de la Rocheguyon de Liancourt[4] ; enfin cette confusion de ducs obligea M[rs] du parlement à refuser de les recevoir pairs, et l'on parla d'en user avec eux comme avec les maistres des requestes, qui étoient du corps à la vérité, mais n'y entroient que quatre à la fois pour y avoir voix délibérative.

1. Antoine de Gramont, maréchal de France depuis 1641, mourut en 1678.
2. François-Christophe de Lévis-Ventadour, comte de Brion, premier écuyer du duc d'Orléans, était fils de Marguerite de Montmorency, demi-sœur de la princesse de Condé. Il mourut en 1661.
3. René Potier, comte, puis duc de Tresmes, capitaine des gardes du corps du roi, mourut le 1er février 1670, à l'âge de 91 ans.
4. Ces deux noms se rapportent à une seule personne ; ce fut Roger du Plessis, seigneur de Liancourt, qui fut, en 1643, créé duc de la Rocheguyon. Les lettres d'érection accordées en 1621 à son demi-frère François de Silly, comte de la Rocheguyon, n'avaient pas été enregistrées.

Quelques jours après Mrs de Béthune et de Montrésor revinrent à Paris par le moyen de M^r le cardinal Mazarin ; ils virent la Reyne, ils saluèrent Monseigneur au palais d'Orléans, et luy ayant dit simplement qu'ils conservoient toujours le mesme respect et la mesme affection pour Son Altesse royale, sans le remercier de leur retour, qu'il avoit agréé, ce compliment ne luy plut en aucune façon, et il se plaignit qu'ils l'avoient bravé chez luy ; il est vray qu'ils avoient bravé Mr de la Rivière, qu'ils ne regardèrent jamais quoiqu'il ne fust qu'à trois pas d'eux[1].

Cependant la belle saison s'étant déclarée, Monseigneur, qui avoit résolu d'entreprendre un siège de considération, et de le renchérir sur M^r d'Enghien, caressoit plus qu'à l'ordinaire Mr de la Meilleraye, notre preneur de villes, pour lequel il s'étoit beaucoup refroidi depuis la mort du cardinal de Richelieu. Il songea à composer son armée des meilleures troupes du royaume, et comme les actions des princes sont toujours mal interprétées, l'on dit qu'il faisoit très forte l'armée qu'il alloit commander, autant pour étonner les ennemis et réussir en son entreprise que pour oster à M^r d'Enghien les régiments qu'il désiroit et avec lesquels il méditoit de faire de grandes choses. Il partit brusquement de Paris au mois de may, et ayant séparé sa grande armée en trois corps, et les

---

1. La Rochefoucauld dit que la haine du comte de Montrésor pour l'abbé de la Rivière était telle « qu'il s'étoit fait un honneur à sa mode, non seulement de ne point saluer l'abbé de la Rivière, mais d'exiger de ses amis que pas un d'eux ne le saluât, quelques civilités et quelques avances qu'ils reçussent de lui. » Et La Rochefoucauld ajoute « qu'il étoit, comme plusieurs autres, dans cette ridicule servitude. »

ayant fait entrer dans le pays ennemy par trois endroits assez éloignés l'un de l'autre[1] pour couvrir son dessein, tout à coup l'un de ces corps avance vers Saint-Omer, et se rabat sur Gravelines, où Son Altesse royale étant arrivée, incontinent après l'on commença la circonvallation[2].

Mais il faut révéler icy une chose très secrète dont l'histoire ne parlera pas. Madame avoit pour confesseur un religieux du tiers ordre de saint François, que l'on tenoit chez nous fort espagnol, et que les ministres de Flandre avoient gagné quand elle en partit. Monseigneur bien averty du métier dont il se mesloit et que Madame luy disoit tout, jugea qu'il n'en pouvoit mieux faire accroire aux Espagnols et les obliger d'attendre son siège et son attaque d'un costé qu'il mettroit de l'autre, qu'en faisant une fausse confiance[3] à Madame, et feignant de lui découvrir son dessein. Il l'assure donc que désirant prendre une place de la dernière considération et qui le couronnast de gloire, il fondroit sur Cambray et joindroit cette belle et im-

---

1. Les trois corps d'armée étaient commandés par les maréchaux de la Meilleraye et de Gassion, et le comte de Rantzau. L'armée s'avança par Amiens, Abbeville et Péronne. Monsieur ne prit le commandement que devant Gravelines, le 1er juin 1644.

2. Gravelines, dit ailleurs Goulas (Ms. de Vienne, fol. 335 v°), « est une petite ville couverte de six bons bastions revestus de briques, où il n'a rien été oublié de ce que l'art désire pour une excellente fortification : grand fossé plein d'eau de 18 à 20 toises ; belle contrescarpe avec son chemin couvert et son glacis ; et au delà un second fossé de 8 à 10 toises aussi plein d'eau, le tout achevé de sorte qu'il ressemble à ce qu'on fait à plaisir sur le papier, etc..... »

3. Sic pour *confidence*.

portante pièce à la France. Madame le dit à son moine, et luy ne manque pas d'en donner avis aux ennemis, lesquels y jetèrent trois mille hommes et la munirent de toute chose. Ils connurent ainsi et à leurs dépens que leur espion n'avoit pas de bons avis, et probablement il ne fut pas si bien payé de sa pension, les payeurs voyant sa mine éventée.

Le siège de Gravelines fut beau, mais meurtrier, et nous cousta beaucoup de sang, parce que nos lieutenants généraux, les maréchaux de la Meilleraye et de Gassion, avoient une horrible aversion l'un de l'autre, et la dernière jalousie, et pour avancer leurs travaux et autant d'un costé que de l'autre, ils exposoient les officiers et les soldats et faisoient bon marché de leurs vies. Enfin leurs démeslés passèrent si avant que Monseigneur fut contraint de leur dire nettement qu'il useroit de son autorité, puisque leurs piques et leurs brouilleries portoient un si notable préjudice au service du Roy, ce qui les arresta quelque peu; mais la ville capitulant[1], ils se rencontrèrent sur le bastion que le maréchal de Gassion avoit attaqué, où le maréchal de la Meilleraye ayant commandé quelque chose que l'autre contredit, ils mirent l'épée à la main et se pensèrent entre-tuer. Ils furent empeschés par ceux qui se trouvèrent auprès qui y accoururent. Il est vray que Monseigneur ayant témoigné d'incliner en quelque sorte vers le maréchal de Gassion, le chagrin de Mr de la Meilleraye tomba sur Mr de la Rivière; il s'en prit à luy, et ne le manqua pas à la première rencontre.

---

1. La capitulation est du 28 juillet 1644.

Et certes il [M. de la Rivière] ne fit jamais tant le favori que durant ce siège : il disposoit de tout, il commandoit, il gourmandoit les officiers du Roy et de Son Altesse royale[1] ; il étoit le compositeur des différends des maréchaux de France, et sachant que qui peut sur les finances empiète aisément tout le crédit, il s'étoit de bonne heure mis en état de disposer de celles de son maistre, ayant fait une dangereuse pièce au bonhomme Mr de Villemareuil, surintendant chez Monseigneur, pour l'empescher de suivre à Gravelines ; car il obligea son maistre de luy écrire qu'il ne vint point sans lui apporter cent mille francs, sachant qu'il ne les trouveroit jamais, afin d'avoir prétexte de le calomnier, le traiter de banqueroutier et pouvoir dire à Monseigneur qu'il n'avoit que faire, dans la charge qu'il exerçoit, d'un homme ruiné de réputation et de crédit. D'ailleurs il ne vouloit point là de celuy qui n'auroit point fait le valet et n'auroit reçu d'ordre que de son maistre ; mais afin de l'épouvanter, il fit que Monseigneur s'en plaignit hautement, et en des termes tels que Mr Goulas se crut obligé de le défendre et de remontrer à Son Altesse royale que Mr de la Rivière depuis quelque temps prenoit à tasche de rendre de mauvais offices à tous ses vieux serviteurs, afin de

---

[1]. Dans sa relation du siège de Gravelines, Monsieur réclame une part du succès pour l'abbé de la Rivière, « qui s'étoit employé utilement aux travaux du siège. » — S'il faut en croire le comte de Brienne, le mérite déployé en cette occasion par le duc d'Orléans aurait été fort médiocre : « J'ai entendu dire, écrit-il, qu'il s'y passa plusieurs choses qui faisaient assez connaître qu'il voulait tout ce qui ne devait pas coûter beaucoup. Avec cela, sa vie était si précieuse à ses officiers qu'ils le détournaient des grandes choses quand il fallait les hasarder. »

luy en donner de nouveaux à sa poste[1], qui dépendissent de luy, et qu'il le presseroit peut estre bientost de l'éloigner comme les autres. Monseigneur, qui connut qu'il y avoit beaucoup d'apparence à cecy, répondit qu'il n'étoit pas aisé de luy faire chasser ses gens; que l'on avoit travaillé à luy oster Belloy et qu'il n'y avoit jamais voulu consentir, qu'il ne se rendoit pas ainsi laschement, et que Patrix, qui avoit toujours refusé de faire le *coyon*[2], n'en avoit pas été plus mal avec luy.

Au commencement du siège, les ennemis ayant abandonné un grand fort royal, appelé le fort Philippe, manque de gens pour le garder, Monseigneur y fut loger avec tous les princes et la noblesse volontaire; mais ils montrèrent bien qu'ils ne s'étoient pas retirés par lascheté, car ils se défendirent et le firent prendre[3] dans les formes, et sans mentir cette action fut toute belle et toute glorieuse pour le général de l'armée et pour la France, puisque Mr de Piccolomini[4], qui commandoit les armes du Pays Bas, se présenta à diverses fois aux lignes, tasta nos quartiers, hasarda un secours qui fut en partie taillé en pièces; enfin il la vit prendre[5] d'un retranchement où il s'étoit posté, et l'on disoit au camp que si le prince d'Orange, se mettant en campagne, n'eust pas fait de diversion, ce brave

---

1. *A sa poste*, locution vieillie qui signifie : à disposition, à sa convenance.
2. *Sic* de l'italien *coglione*, railleur, impertinent, mauvais plaisant. (Note de M. Monmerqué.) — Plutôt ici : lâche, bas.
3. Firent prendre Gravelines.
4. Octave Piccolomini, né en 1599, mort en 1656, un des généraux les plus célèbres de la guerre de Trente ans.
5. Il vit prendre la ville.

italien nous auroit fort embarrassés. L'on fit à Paris des feux de joie à la nouvelle de cette conqueste, l'on chanta le *Te Deum* à Notre Dame, où le Roy se trouva[1], et l'on n'oublia rien qui marquast au peuple qu'elle devoit estre comptée pour un grand succès. Monseigneur ne put retourner si tost à la cour à cause de la goutte qui l'arresta et le tourmenta quelque temps, comme pour tempérer la joie de sa victoire.

La capitulation signée, le maréchal de la Meilleraye, qui avoit voulu se retirer avant le siège, demanda congé et l'eut, et sortant du logis de Son Altesse royale, il rencontra quelques officiers d'artillerie qu'il appela pour leur parler, pendant quoy Mr de la Rivière dit à Mr de Guise qu'il avoit vu et pouvoit témoigner comment Monseigneur avoit bien traité M^r le maréchal de la Meilleraye, nonobstant ce qui s'étoit passé. Mr de Guise l'ayant quitté et s'en allant chez luy, rencontra le maréchal et luy rapporta les propres paroles de Mr de la Rivière sur son sujet, desquelles se sentant blessé, ou feignant de l'estre, il éleva le ton de la voix, et s'adressant à tout ce qui étoit auprès d'eux, dit : « Hé! quoy? Messieurs, ay-je donc trahi l'État? Ay-je rien fait qui ait mérité les mauvaises grâces de Son Altesse royale? Ay-je agi autrement pendant le siège qu'un homme de bien, un homme de cœur et d'honneur doit faire? » Et après ce vacarme monta en carosse et prit le chemin de Paris; et il la garda si bonne à Mr de la Rivière que depuis il ne fut pas en son pouvoir de l'apaiser; même ayant su qu'il cageo-

---

1. Le 2 août 1644. — « On fit de cette conquête, comme c'est l'ordre, des réjouissances publiques. » (*Mémoires de Mlle de Montpensier.*)

loit une dame qui étoit son alliée, il la fut voir exprès sur cette galanterie, afin de lui en faire honte et de la détruire.

Nous perdismes deux des plus honnestes gens de la cour à Gravelines[1], entre tant d'autres qui y laissèrent la vie, M^rs les marquis de Nangis[2] et de Lavardin[3], mesme quelques gentilshommes domestiques de Monseigneur. Mais si durant ce siège Mr de la Rivière fit grand progrès en l'affection de son maistre, M^r le cardinal Mazarin ne le fit pas moindre dans la créance de la Reyne. Il empiétoit chaque jour son esprit de plus en plus; il étoit absolu dans les affaires; il donnoit toutes les grâces; il entroit chez elle à toute heure et avoit de très longues conférences; enfin Sa Majesté lui fit présent du riche lit de ses couches quand le Roy vint au monde, et jusques aux draps bordés du plus beau point de Gênes qui fut jamais; et quoique l'on crut que Monseigneur avoit fait éloigner Mrs de Béthune et de Montrésor pour se venger du dernier qui avoit quitté fièrement son service, il [le cardinal] n'avoit pas laissé de les faire revenir, et cette familiarité de la Reyne avec Son Éminence passa si avant et causa tant d'impertinents propos parmi le monde que

1. Les circonstances les plus mémorables du siège de Gravelines, pendant le mois de juin 1644, ont été racontées dans la *Gazette*, p. 501, et le récit de la prise de cette ville p. 65.

2. François de Brichanteau, marquis de Nangis, fils de Nicolas de Brichanteau, marquis de Beauvais-Nangis, auteur de mémoires, et de Françoise-Aimée de Rochefort, fut tué le 15 juillet 1644, à l'âge de 26 ans.

3. Henri de Beaumanoir, marquis de Lavardin, fils d'Henri de Beaumanoir, marquis de Lavardin, et de Marguerite de la Baume, blessé dans la nuit du 28 au 29 juin, mourut quelques jours après, également âgé de 26 ans.

Mme de Hautefort se crut obligée d'en parler encore une fois à Sa Majesté, et son zèle ne fut pas mieux reçu, de sorte qu'ayant répliqué à ce qu'on luy répondit et parlé avec quelque force, elle eut commandement bientost après de se retirer, ce qu'elle fit[1]. Ainsi de toutes les dames rétablies après la mort du feu Roy, il ne resta plus à la cour que Mme de Sénecey, et elle demeura à cause que le Roy étoit tantost en âge d'avoir un gouverneur, et qu'ainsi elle n'occuperoit guères longtemps sa place.

Durant que Monseigneur pressoit Gravelines, le roy d'Espagne alla assiéger Lerida[2]. Le maréchal de la Mothe[3], vice-roy de Catalogne, en ayant eu avis, se présenta pour y jeter des hommes, et le fit avec quelque perte de son infanterie; mais bientost après il en souffrit une plus grande, celle de sa réputation, car, vers la fin de ce siège, il se rabattit mal à propos sur Tarragone et l'assiégea à son grand malheur, parce que pour la prendre avant qu'elle fut secourue il falloit précipiter les travaux et tout hasarder, ce qui acheva de ruiner son armée; et les Espagnols s'étant rendus maistres de Lérida, ce fut à luy de se retirer sans rien faire; mesme il perdit encore Balaguier[4] en cette

---

1. Consulter sur la disgrâce de Mlle de Hautefort les mémoires de madame de Motteville et ceux de La Porte. — En attendant qu'elle devint duchesse par son mariage avec M. de Schomberg, mademoiselle de Hautefort, « cette illustre malheureuse, comme dit madame de Motteville, s'en alla s'enfermer dans une religion, où elle demeura quelque temps; puis en sortit, et vécut fort retirée. »

2. Le 8 mai 1644.

3. Philippe de la Mothe-Houdencourt, duc de Cardona, maréchal de France depuis 1642, mort en 1657.

4. Balaguer, ville forte d'Espagne, sur la Sègre, à 26 kil. N.-E. de Lérida.

campagne, si bien que nos affaires de Catalogne se trouvèrent extrêmement déplorées. Il rejetoit sa disgrâce sur les ordres précis de la cour, lesquels portoient tous qu'il s'allast camper devant Tarragone et l'attaquast, au temps qu'il s'y étoit acheminé. Quelque temps auparavant il s'étoit fort plaint de la manière dont le premier ministre agissoit; tantost il luy envoyoit des hommes sans argent, et tout se débandoit; tantost il le pressoit de faire des choses impossibles; tantost on luy commandoit de ne bouger, lorsqu'il avoit en main une entreprise de conséquence. Enfin le bruit qu'il fit trouva créance auprès de beaucoup de gens qui ne comprenoient point que la Reyne voulust la ruine de son frère, non plus que celle de ses enfants; qu'étant intéressée à faire promptement la paix, cette principauté de Catalogne y servoit d'obstacle, car de l'abandonner, il ne se pouvoit avec honneur; de la conserver, l'Espagne ne pouvoit passer cette condition. D'ailleurs Mr le cardinal ne se vouloit pas rendre les Espagnols irréconciliables, considérant alors la fin de son pouvoir en France avec la fin de la minorité du Roy, et puis étant sicilien d'extraction, il luy restoit peut estre quelque sentiment dans le cœur pour les maistres de ses pères; enfin les Espagnols le pouvoient un jour servir à Rome, ou les siens. Et ce qui acheva de gaster la cour et sa conduite parmi les étrangers alliés, et les François de bonne vue, fut le soin qu'elle [la cour] prit de faire courir une lettre de la Reyne aux Catalans, et ensuite un mémoire de l'argent et des troupes qu'on leur avoit envoyés depuis la régence.

Les Catalans, étonnés du malheur de leur vice-roy, demandèrent Mr le comte d'Harcourt, le croyant fatal à l'Espagne, pour commander les armes dans leur province, et il leur fut accordé. Mais l'on disoit à Paris assez plaisamment qu'il avoit eu cet employ plus de six semaines avant qu'il en sut rien, et les malins ajoutoient que c'étoit pour donner temps aux Espagnols de faire quelque progrès avant son arrivée. Néanmoins les amis du gouvernement rejetoient en cette rencontre la négligence de nos ministres et du conseil du Roy sur la maladie de M^r le cardinal, auquel l'on n'osoit parler d'affaires, en l'état qu'il étoit[1].

Pour plus grand éclaircissement de tout cecy, il faut savoir que Monseigneur étant de retour de Gravelines, et l'automne promettant encore de beaux jours, la Reyne désira les passer à Fontainebleau. Toute la cour y alla et M^r le cardinal aussitost y tomba malade de fièvre tierce et double tierce. La Reyne fut assez troublée de cet accident et le témoigna bien au malade et à tout le monde. Elle ne manquoit point de le visiter tous les jours, par une galerie de communication entre son appartement et le sien ; elle envoyoit savoir à tout moment de ses nouvelles ; elle ne se lassoit point d'estre auprès de lui, et souvent y demeuroit jusques à l'ennuyer, et l'on dit qu'il le luy laissa entendre une fois et qu'elle n'en voulut rien croire ; et comme on luy assura que c'étoit tout de bon, elle répondit qu'on se l'imaginoit ainsi, et qu'il devoit estre plus satisfait de la voir auprès de luy et qu'elle l'entretinst agréablement que de n'avoir à parler qu'à des médecins et à des valets. Mais l'on trouva fort étrange que, Mlle d'Épernon[2]

1. Octobre 1644.
2. Anne-Louise-Christine d'Épernon, fille de Bernard de Nogaret,

ayant la petite vérole dans le chasteau, elle [la reine] n'en osta pas le Roy, et ne délogea point, à cause qu'elle n'eust pas pu avec bienséance, — étant hors d'où elle logeoit, — visiter si souvent M{^{r}} le cardinal. Les gens néanmoins me sembloient assez injustes là dessus, parce que portant le faix de l'État, il étoit de nécessité que la régente luy parlast à toute heure, ou qu'elle eust un tiers à faire les allées et venues, ce qui ne pouvoit estre que très dangereux.

Cependant, au retour de Gravelines, M{^{r}} de la Rivière fut accusé de rendre de mauvais offices et d'en avoir rendu, dès l'armée, à des gens de la plus haute qualité; qu'il soutenoit d'avoir tasté Monseigneur sur le sujet de M{^{r}} de Beaufort et de l'avoir échauffé sur sa prison; mesme M{^{rs}} de Guise et de Nemours[1] furent nommés, et la chose alla si loin que ce premier en eut un éclaircissement avec la Reyne; enfin il fut jugé à propos que Monseigneur dist à M. de Nemours, par forme de conseil, de se retirer. Il fit la mesme chose à M{^{r}} le marquis de Maulevrier, le plus sage et le plus modéré gentilhomme du royaume; ce qui fit murmurer toute la cour contre Son Altesse royale, car constamment celuy cy n'étoit coupable que de n'estre pas ami de M{^{r}} de la Rivière, lequel s'étoit plaint à M{^{r}} le cardinal qu'il le voyoit toujours à la teste de ses ennemis. Il faisoit profession à la vérité d'être inséparablement

---

duc de la Valette et d'Épernon, et de Gabrielle-Angélique, légitimée de France, sa première femme.

1. Charles-Amédée de Savoie, duc de Nemours, qui avait épousé Élisabeth de Vendôme, fut tué en duel le 30 juillet 1652 par son beau-frère le duc de Beaufort.

uni avec Mr de Montrésor et ne pas fléchir bassement devant la faveur comme tant d'autres.

Mr le comte de Fiesque[1] fut chassé environ ce temps là, parce que, depuis la détention de Mr de Beaufort, il n'avoit point rendu ses devoirs à Mr le cardinal ; et Mr de Rouville reçut le mesme traitement, à cause qu'il avoit dit quelque chose de trop hardi pour le siècle, disnant chez Mr le commandeur de Souvré[2], et n'avoit jamais été chez Son Éminence. L'on crut que le commandeur l'avoit déféré et qu'il encensoit le tout-puissant aux dépens de ses amis et de ses convives, car depuis ce temps là on le vit au rang de ses chers et mieux aimés.

Mais durant que Mr le cardinal travaille à se guérir, Mr d'Enghien continue à faire de très belles choses et de mettre à un très haut point de réputation les armes du Roy et son nom en Allemagne. J'ay déjà dit, ce me semble[3], que Monseigneur avoit conçu beaucoup de jalousie de la gloire du jeune prince, et ne luy avoit laissé que les troupes plus faibles et plus ruinées[4]. Mr le grand maistre de l'artillerie, qui l'aimoit peu, n'avoit pas donné[5] tout l'ordre et le fonds qu'il devoit

1. Charles-Léon, comte de Fiesque, fils de François de Fiesque, comte de Lavagne, et d'Anne le Veneur de Tillières.
2. Jacques de Souvré, fils de Gilles de Souvré, marquis de Courtenvaux, maréchal de France, et de Françoise de Bailleul, fut grand-prieur de France.
3. Voir ci-dessus, p. 28.
4. Une main inconnue, peut-être bien celle de M. Monmerqué, a refait ainsi la phrase : « les troupes *les* plus foibles et *les* plus ruinées. » Le mot *les* est entre les lignes.
5. Il y avait primitivement : *laissé* au lieu de *donné*, qui se trouve dans l'interligne, de la main de l'auteur, le mot : *laissé*, étant raturé.

pour son canon et ses munitions. Nonobstant cela, les affaires d'Allemagne pressant, il y passe à dessein de secourir Fribourg assiégé par l'armée de Bavière; il s'avance, il marche diligemment, ayant eu avis qu'elle alloit capituler, et il apprend auprès de Brisach que la place est rendue et que les ennemis bien retranchés ne faisoient pas état de décamper, ayant derrière eux un pays bon et fertile qui fournissoit à leur subsistance. Là dessus il se résout de les déloger et les attaquer dans leurs retranchements; son armée étoit assez forte, à cause qu'ayant eu ordre de la cour de secourir Fribourg, ce mesme ordre portoit que, n'étant pas assez fort, il pouvoit joindre à ses troupes toutes celles que le Roy avoit en Alsace, commandées par Mr de Turenne. Il les joignit donc et s'en alla reconnoistre le camp des ennemis avec sa meilleure cavalerie. Considérant à loisir leurs retranchements, il jugea qu'il les pourroit forcer par deux endroits, et ainsi, faisant résolution de tenter la fortune qui lui étoit toujours si favorable, il les attaqua vigoureusement, et ils le reçurent de mesme et le repoussèrent. Il est vray qu'ayant recommencé l'attaque et reconnu que ses gens ne donnoient pas avec la verdeur qu'il falloit pour vaincre, il met pied à terre, il va teste basse avec ce qu'il avoit de noblesse autour de luy, et fait un si grand effort qu'il se rend maistre du retranchement après avoir taillé en pièces ceux qui le gardoient, et à son exemple ses soldats reprirent cœur partout. Les Bavarois se retirent en désordre, laissant de leur canon et plus de trois mille des leurs sur la place, avec le frère de leur général, Gaspard de Mercy, brave et expérimenté capitaine. Ce combat dura deux jours et nous cousta trois cents bons officiers et bien douze cents soldats[1] ; mais la bravoure des ennemis rehaussa la gloire de M^r d'Enghien, lequel étoit pourtant désespéré d'avoir vaincu si chèrement, car il fallut revenir tout court sur ses pas, voyant ses troupes fort affaiblies, Fribourg étant bien muni et la campagne toute ruinée et mangée. Il recule donc et s'approche du Rhin ; il forme plusieurs desseins et s'arreste enfin à celuy d'assiéger et prendre Philipsbourg, place très bonne, très considérable et de très grande réputation.

Je m'en vais vous dire une chose incroyable. Le prince et ses deux lieutenants généraux, maréchaux de France, n'avoient pas cent pistoles d'argent comptant, et les officiers de finances, suivant l'armée, n'étoient guères plus pécunieux, tellement que s'il n'eut trouvé à Strasbourg deux cent mille francs sur son crédit, le dessein de Philipsbourg étoit échoué et la France perdoit le fruit de son beau et glorieux combat. Il commença son siège (ce fut au mois d'août, ce me semble), sans attendre que ses troupes fussent jointes, les ayant envoyées s'emparer de plusieurs petites villes delà le Rhin, afin de tenir ceux de la place plus incertains de ce qu'il méditoit de faire. J'entends qu'il commença la circonvallation à laquelle il fit travailler dès qu'il eut reconnu leurs dehors. Mais ce qui releva ses espérances fut qu'ils abandonnèrent d'abord le fort sur le Rhin, car ils l'assurèrent[2] par là

1. Les 3 et 5 août 1644. — Il existe un récit de la bataille de Fribourg attribué à un contemporain, Henri de Bessé, seigneur de la Chapelle-Milon, mais plus vraisemblablement écrit par le marquis de la Moussaye.

2. Le mot *montrèrent* est dans l'interligne au-dessus du mot : *assurèrent*, qui n'est pas rayé.

qu'ils manquoient d'hommes. On les presse donc, l'on l'avance; et nos tranchées n'étant pas fort bonnes, ils nous tuèrent Mr de Tournon[1], seigneur des plus accomplis de la cour, et le dernier de son illustre maison, qui fut une très grande perte. Enfin au bout de trois semaines de tranchées ouvertes ils parlèrent et se rendirent à composition, qu'on leur accorda telle qu'ils voulurent[2]. Madame la Princesse fit bien valoir ces belles actions de monsieur son fils, et avec raison, sans doute, mais elle ne reçut pas toute la satisfaction qu'elle se promettoit en cette rencontre, car elle désiroit et elle demanda que le Roy assistast au *Te Deum*, pour la victoire de Fribourg, comme il avoit assisté à celuy de la prise de Gravelines, et il n'y alla pas[3]. Mesme les gens de la cour informés du particulier du combat, et qu'il avoit cousté trop cher, disoient que les ennemis s'étant retirés après avoir pris Fribourg, ce qu'ils prétendoient, leur perte et la ruine de quelques régiments ne méritoient pas tant de cérémonie.

La nouvelle de la prise de Santya[4] par Mr le prince Thomas, qui commandoit l'armée d'Italie, arriva quand et celle de Philipsbourg, mais sa victoire fut accompagnée d'une disgrâce que la fortune répara aussitost,

---

1. Just-Louis, comte de Tournon et de Roussillon, bailli du Vivarais, maréchal de camp, fils de Just-Henri, seigneur de Tournon, comte de Roussillon, et de Catherine de Lévis-Ventadour, ne laissa pas d'enfants de sa femme, Françoise de Neufville-Villeroy. Il fut tué à l'âge de 27 ans.

2. La ville de Philisbourg se rendit le 9 septembre 1644.

3. Le *Te Deum* pour la bataille de Fribourg fut chanté à Notre-Dame, le 28 août 1644.

4. Santhia, ville des États sardes, province de Verceil, fut assiégée le 12 août 1644, et se rendit le 30 septembre.

ou si l'on veut sa diligence. Le gouverneur de la citadelle d'Ast entretenoit une femme qui le pria de faire pêcher le fossé pour en tirer quelque argent. L'eau écoulée, les Espagnols qui sont toujours aux écoutes et veillent toujours, ne manquèrent point l'occasion et la surprirent [la citadelle]. La ville pourtant se maintint, et les bourgeois se barricadèrent tellement que Santia rendu et nos gens arrivant à l'improviste, cette citadelle ne disputa pas beaucoup et capitula.

Mais la mort de Mr de Tournon causa un embarras à la cour. Son oncle, Mr de Brion, duc d'Anville, demanda la lieutenance de roy de Vivarets et elle luy fut refusée, quoique ancien domestique de Monseigneur, et que le Vivarets fut dans son gouvernement. Ainsi l'on crut qu'étant ennemi de Mr de la Rivière, il luy en avoit joué d'une, et qu'il avoit dit pour l'exclure qu'il étoit trop proche parent de M^r le Prince. La Reyne se servit de ce prétexte qu'il falloit vendre les deux lieutenances de roy de Mr de Tournon, c'est à dire de Dauphiné et celle de Vivarets, pour récompenser le Pont-Saint-Esprit et les autres places, sans qu'il en coustast rien au Roy, ce qui fascha M^r d'Enghien; aussi témoigna-t-il hautement que ce commerce des biens de son cousin tué dans le service, ne luy pouvoit être que très odieux, et luy sembloit extrêmement injuste. Le ministère songea donc à le contenter, et offrit de l'argent à M^r d'Anville qu'il prit, mais *per abbellire la cosa*, l'on fit dire qu'il luy avoit été donné à la recommandation de Monseigneur, parce qu'il luy eust été trop honteux qu'un autre eust fait faire cette gratification à son domestique qui l'avoit servi vingt ans, et un domestique de cette condition.

La cour étant à Fontainebleau apprit l'élection du nouveau pape et la manière mit Mʳ le cardinal en très mauvaise humeur, car il luy avoit fait donner l'exclusion par la France, nonobstant quoy il n'avoit pas laissé d'estre élu. Mais, pour bien éclaircir la chose, reprenons la de plus haut, et disons qu'Urbain VIIIme, languissant depuis quelques mois, ses neveux l'obligèrent, en juillet 1644, de tenir chapelle pour faire résoudre certaines affaires qui concernoient leurs intérests. Ce bonhomme, en cette occasion, s'émut et prit le mal qui le tua. Incontinent après sa mort[1], l'on entra au conclave, où les Espagnols entreprirent de faire le pape ; néanmoins l'on ne crut point qu'ils réussissent à cause de la multitude des créatures des Barberins, qui, pendant le long pontificat de leur oncle, avoient eu moyen de se fortifier et de se rendre maistres du conclave, de l'État ecclésiastique, de Rome et de toute chose. Mais l'événement montra qu'outre la force il faut de l'adresse avec des gens très adroits, et que les vœux et le préjugé ne font pas tout en ces rencontres. D'abord les Barberins proposèrent le cardinal Sachetti[2] et crurent le devoir introniser malgré tout le monde ; les autres factions se réunissant s'y opposèrent, et les Espagnols luy furent les plus contraires. Les Barberins pourtant passèrent outre, et ayant assemblé leurs amis et leurs créatures, les conjurèrent de porter leurs vœux à ce sujet, et comme

---

1. Urbain VIII (Barberini), pape depuis le 6 août 1623, mourut le 29 juillet 1644.

2. Le cardinal Jules Sacchetti, de la promotion de 1626, était évêque de Gravina, dans la terre de Bari. Il mourut le 28 juin 1663, à l'âge de 76 ans.

ils avoient plus d'espérance de l'élever au pontificat et l'on en fut venu au scrutin, Sachetti n'eut point le nombre des voix et fut exclu. Ce rebut fascheux et honteux les empêcha d'en proposer un autre, ils pressèrent les Espagnols de le faire, mais le cardinal Albornos[1], chef de cette faction, témoigna d'hésiter toujours, et d'estre empêché à se résoudre, afin de faire tomber les Barberins à son point. Il fait que l'on nomme Cennino[2], leur ennemi, et eux appréhendant extrêmement celuy cy, mesme croyant qu'à cause que les cardinaux se lassoient d'estre au conclave, s'il avoit les suffrages des Espagnols il seroit élu, ils luy donnèrent l'exclusion. Cependant le cardinal Barberin, qui se voyoit considérablement malade, pour la peine qu'il s'étoit donnée à faire élire Sachetti, laissa à son frère Antoine[3] le pouvoir d'agir pour luy, si bien que celuy cy, devenant chef de parti, jeta les yeux sur une des créatures du feu pape, dont pourtant il n'avoit pas toute l'assurance qu'il pouvoit désirer; et il faut remarquer que son frère et luy s'étoient déclarés qu'aucun cardinal du vieux consistoire ne seroit élu; tellement que quelqu'un, soufflé par la faction d'Espagne, met cette créature en avant, et pour mieux faire donner Antoine dans le piège, luy dit qu'il falloit

1. Gilles Albornos, Espagnol, archevêque de Tarente, cardinal de la promotion de 1627. Il mourut en 1649.
2. François Cennino, Siennois, était cardinal de la promotion de 1621. Il mourut en 1645.
3. Antonio Barberini, nommé cardinal en 1627 par le pape Urbain VIII, dont il était le neveu, devint archevêque de Reims en 1657 et mourut en 1671. — Voir, sur le cardinal *Antonio il Giovane*, les *Mémoires de Maucroix*, placés à la fin du t. II de ses *OEuvres diverses*, publiées par M. Louis Paris (1854).

luy parler de sa part et qu'il entendit ses réponses, mesme qu'il ne seroit que bon de faire ouverture d'une alliance de son neveu avec la maison Barberine. Pamphile[1] rejeta d'abord tout engagement, protestant que l'alliance luy étoit si avantageuse et si honorable qu'il l'embrasseroit toujours très volontiers, que c'étoit simonie de parler de cela et qu'il n'entreroit jamais au papat par cette porte ; que néanmoins s'il y arrivoit par les vœux des cardinaux Barberin, ils se devoient tenir assurés qu'il chériroit toujours leurs personnes, embrasseroit leurs intérests, et préféreroit leur alliance à toute autre de l'Italie. Le proposant s'étoit expliqué du mariage du seigneur Pamphilio[2], neveu du cardinal, avec la fille de D. Thaddée, nièce des cardinaux Barberin[3]. Antoine, entendant parler Pamphile de cette sorte, crut qu'il seroit ami de sa maison et prendroit leur alliance, mesme qu'il pourroit avoir part au gouvernement, sous un pape dont le neveu seroit le sien. Ainsi oubliant l'engagement qu'il avoit avec le cardinal Mazarin, ennemi de Pamphile, de luy donner l'exclusion, et se promettant qu'il luy seroit aisé de les raccommoder, il se résolut à ce sujet, dans l'appréhension que les Espagnols luy donnèrent de

1. Jean-Baptiste Pamphile, romain, patriarche d'Antioche, cardinal de la promotion de 1627, fut élu pape le 15 septembre 1644, et prit le nom d'Innocent X. Il mourut le 7 janvier 1655.

2. Camille Pamphile, qui épousa Olympia Aldobrandini, princesse de Rossano.

3. Taddeo Barberini, prince de Palestrine, frère du pape Urbain VIII, avait épousé Anna Colonna, dont il eut, entre autres enfants, une fille nommée Lucrèce, qui épousa en 1654 François d'Este, duc de Modène.

Cennino, afin qu'il favorisast Pamphile qu'ils désiroient de toute leur force sans le témoigner. Pamphile fut donc élu de la sorte avec l'étonnement de toute l'Italie, que le protecteur de France fit pape un cardinal à qui le roy de France avoit hautement donné l'exclusion. L'ambassadeur du Roy n'osa faire de brigue pour l'exclure, n'ayant pas le secret, et le cardinal Bichi[1] qui l'avoit, et auquel on s'étoit confié, aima mieux servir les Barberins que les François, si ce n'est qu'on veuille dire qu'il ne fut pas en son pouvoir; tant y a que Pamphile fut pape *al dispetto* du cardinal Mazarin, et dès qu'il se vit élevé à cette haute place, il envoya quérir son frère[2], maistre du sacré palais, et luy dit : « Écrivez à votre frère que je ne suis plus son ennemy, que je veux faire la paix, et qu'envoyant un légat en France pour cet effet, j'entends qu'il y trouve les choses disposées. »

Innocent Xme étant donc assis en la chaire de saint Pierre, les cardinaux Barberin publièrent qu'ils étoient entrés au conclave avec dessein de le faire pape, soit qu'ils voulussent l'obliger par là, soit qu'ils craignissent, disant autrement, que leur imprudence ne fust trop visible. Le cardinal Barbarin a dit depuis à la Reyne qu'ayant résolu de le faire pape, il avoit tiré parole de luy qu'il romproit avec sa belle sœur[3] et ne la verroit jamais. Mais le cardinal Mazarin, se voyant

---

1. Alexandre Bichi, cardinal de la promotion de 1634, mort le 25 mai 1657.

2. Michel Mazarin, frère du cardinal, général des dominicains, maistre du sacré palais, devint archevêque d'Aix en 1645, cardinal en 1647, vice-roi de Catalogne en 1648. Il mourut le 2 septembre 1648.

3. Dona Olimpia Maldachini.

befflé[1], s'en prit au cardinal Antoine et rompit entièrement avec luy, car outre qu'il ne pouvoit douter que Pamphile ne fust son ennemy, il[2] avoit écrit en France qu'il étoit fort espagnol, ayant demeuré longtemps nonce en Espagne, et s'étant dévoué à cette couronne. Il est vray que la Reyne envoya cette lettre au pape pour luy faire connoistre que si la France s'étoit opposée à sa fortune, ce n'avoit été que sur le rapport du comprotecteur, que l'on n'accusa pas de moins que d'estre un fourbe et un perfide. Mesme l'ambassadeur eut ordre de luy demander le brevet de la comprotection, et en cas qu'il le refusast, d'arracher les armes du Roy de dessus sa porte. Notre pauvre ambassadeur pourtant ne laissa pas de souffrir mort et passion, car il fut rappelé promptement, il luy fut fait défense de prendre plus la qualité d'ambassadeur, il fut envoyé chez luy, à la honte du cardinal Mazarin, lequel faisoit encore icy une troisième faute, ostant de Rome un sujet agréable au nouveau pape, un sujet qui auroit traité de tout avec luy, sans l'aigrir, mesme il l'auroit pu raccommoder, adoucir les choses et empêcher les pointilles qui naquirent et produisirent enfin une rupture fascheuse et scandaleuse. Et certes l'on dit d'abord à la cour l'élection d'Innocent Xme fort simoniaque, à cause de la proposition du mariage dont j'ay parlé, et que des gens de qualité de Rome l'avoient écrit en France à de leurs amis; mesme le pape, craignant qu'elle ne fust déclarée telle par nos facultés de théologie, nos prélats et nos parlements qui n'ont pas accoutumé de se ménager avec Rome, fila doux et

---

1. *Béflé*, trompé, moqué.
2. *Il*, le cardinal Antoine.

écrivit au Roy en faveur des Barberin que nous persécutions; enfin il souffrit que son neveu s'engageast avec le cardinal Mazarin, recevant de luy l'abbaye de Corbie; mais quand il eut appris que nous l'avions reconnu, qu'on le traitoit de pape en France et que nous étions engagés tout à fait, il changea bien de langage : il refusa le chapeau au père Mazarin, il tourmenta la maison Barberine, quoique le Roy la protégeast, et comme il s'étonna et se plaignit que la France s'empressast si fort pour elle après ce qui s'étoit passé, M^r le cardinal Mazarin, racommodé avec les Barberin, parce qu'ils étoient devenus les ennemis irréconciliables du nouveau pape, luy fit dire que nous suivions ses premiers sentiments, et que nous taschions de soutenir ceux qu'il nous avoit conviés de bien traiter. Enfin il est sans doute que M^r le cardinal Mazarin ne nous fit protéger la maison Barberine que pour se venger du pape, et le forcer de donner le chapeau à son frère que Sa Sainteté croyoit fort peu digne de cet honneur, car le bon *fra Michele* Mazarin (je tiens cecy d'un évêque qui le connoissoit particulièrement), étant entré dans l'ordre de saint Dominique, à peine avoit achevé son noviciat qu'il faisoit des intrigues pour estre prieur; il ne fut pas plutost prieur qu'il remua tout dans toutes les maisons de la province, pour estre fait provincial, et dès qu'il fut provincial il songea à estre général, et le fut avec le vacarme que chacun sait. Enfin il arriva au cardinalat, et son chapeau cousta cher à la France.

CHAPITRE XXXVIII.

De ce qui arriva à la cour après la campagne de l'année 1644.

Ce fut à Fontainebleau que l'affection de Monseigneur pour Mlle de Saint-Maigrin, fille de la Reyne, commença de paroistre et d'éclater[1]. Elle avoit eu naissance l'hiver chez Mademoiselle, où cette aimable personne se trouvant quelquefois, il luy parloit sans estre diverti par les affaires ; et la voyant toute pleine de charmes au corps et à l'esprit, il n'est pas de merveille s'il en fut charmé. La chose enfin, étant connue de beaucoup de monde, alla jusques à la Reyne, laquelle ne put s'empescher d'en gronder, et l'on crut que c'étoit afin de l'embarquer davantage par cette telle quelle résistance. Tous les yeux sont attachés sur les grands, et leurs actions font toujours l'entretien des médiocres et des petits, tellement que Fontainebleau

---

1. V. Ms. de Vienne, fol. 340 r°. — Mademoiselle parle, dans ses Mémoires, de l'amour de Monsieur pour Mlle de Saint-Maigrin, « la pucelle mutine, » comme dit une pièce de vers consacrée aux beautés de la cour en 1644 (Rec. de Maurepas, t. II, fol. 301) :

> Qui se défend trop mieux que Graveline,
> Car conquerans Graveline prise ont
> Qui Saint-Maigrin possible ne prendront.

Marie de Stuert de Caussade de Saint-Maigrin, fille de Jacques de Stuert de Caussade, comte de la Vauguyon, marquis de Saint-Maigrin, et de Marie de Roquelaure, épousa en 1653 Barthélemy de Quélen, comte du Broutay.

étant plein de cette galanterie, la nouvelle en passa incontinent à Paris. Madame en reçut beaucoup de déplaisir, et après le retour de la Reyne, comme Mademoiselle eut mené M{^{lle}} de Saint-Maigrin chez elle où étoit Monseigneur, il est certain qu'elle [Madame] la regarda avec des yeux qui la trahirent et firent connoistre sa jalousie. Elle la dissimuloit pourtant et vivoit comme elle avoit accoustumé. Sa vie irréprochable du costé des mœurs étoit néanmoins peu séante à une si grande princesse. Elle n'alloit point chez la Reyne rendre ce qu'elle devoit à Sa Majesté, sur ce qu'elle ne pouvoit souffrir le carrosse ni la chaise ; elle ne sortoit point de sa chambre ; elle ne se plaisoit point avec les femmes de qualité de la cour, et il sembloit qu'elle estimast plus celles qui n'avoient pas l'approbation. On la tenoit empaumée par une femme de chambre et par un moine, lequel travailloit à la maintenir en cette humeur, sous prétexte de dévotion, et il n'y avoit pas faute de gens qui croyoient qu'elle eust fait vœu d'obéissance à ce père ; enfin la déférence pour un religieux peu habile et dont la probité étoit assez douteuse, et la résignation à une petite femme ridicule, la ruinoient auprès de son mari, et M. de la Rivière, qui n'avoit pas lieu de rien craindre de ce costé, demeuroit en grand repos, et empeschoit aisément que la tendresse conjugale ne luy donnast atteinte et ne diminuast sa faveur.

Mais durant le séjour de Fontainebleau et depuis, l'on ne parla que de la bravoure de M{^{r}} d'Enghien et de ses progrès : l'armée de Bavière ayant été rudement poussée à Fribourg, et la forte place de Philipsbourg prise ensuite, il se rendoit chaque jour quelque ville sur le Rhin et au delà, mesme les plus grandes et plus capables de contribuer considérablement à la subsistance de nos troupes, comme Spire, Worms, Mayence et autres de moindre nom, par le moyen desquelles nous nous vengions de Mʳ de Lorraine et des siens, qui mettoient sous contribution presque toute la Champagne, avec leur garnison de la Mothe. Ainsi nous luy ostasmes ses quartiers d'hiver que nous prismes pour nous, et nos troupes se maintinrent aux dépens de l'ennemi. Madame la landgrave envoya quatre mille hommes de pied à Mʳ d'Enghien, et ses colonels allemands eurent moyen de faire leurs recrues dans le pays, tellement que son armée, beaucoup affoiblie, grossit extrêmement et se trouva bientost en état de faire teste à tout ce que l'Empereur avoit de gens en ce canton d'Allemagne. Mais pour élargir davantage nos quartiers d'hiver, nous attaquasmes Landau, où Mʳ le marquis d'Aumont, lieutenant général de l'armée qui faisoit le siège, fut tué d'une mousquetade[1]. Ce fut grand dommage et une perte de considération que la mort de ce gentilhomme, lequel s'alloit autant élever par son mérite qu'il l'étoit déjà par sa naissance. Ses charges de lieutenant de roy furent toutes données par Monseigneur, à cause qu'elles étoient dans ses apanages : celle du Blaisois à Mʳ le comte de Chiverny, son beau père[2], celle d'Or-

1. Charles, marquis d'Aumont, lieutenant général des armées du roi, fils puiné de Jacques d'Aumont, baron de Chappes, et de Charlotte-Catherine de Villequier, avait épousé en 1637 Anne Hurault de Cheverny, veuve en premières noces d'Érasme de Daillon, comte de Briançon.

2. Henri Hurault, comte de Cheverny, fils de Philippe Hurault, comte de Cheverny, chancelier de France, et d'Anne de Thou.

léans à Mᵣ de la Ferté Imbault¹ et celle de Chartres à Mʳ de la Frette² que Mʳ de la Rivière acheva de gagner par cette gratification qu'il luy fit faire en son absence, et sans qu'il la demandast ou y songeast. Mais nous eusmes assez de plaisir à entendre prosner ce bon abbé, lequel nous voulut faire beaucoup valoir que Monseigneur donnast quatre lieutenances de roy en mesme temps. Néanmoins chacun voyoit l'*inganne*³, et que Mʳ le cardinal luy ostoit les choses essentielles dues à sa naissance et à sa qualité de lieutenant général, comme le maniement des finances, la distribution des bénéfices, les grâces de la cour, etc., et le repaissoit de ces bagatelles.

Environ ce temps là, ou bientost après, la reyne d'Angleterre arriva à Paris, quoiqu'on eust débité assez hautement que l'on⁴ n'en vouloit point à la cour parce qu'elle aimoit trop l'intrigue⁵. Peut-estre fut-ce un avertissement pour elle de ne s'en pas beaucoup mesler et de laisser le monde comme il étoit. Le Roy,

1. Jacques d'Estampes, marquis de la Ferté-Imbaut et de Mauny, depuis maréchal de France, fils de Claude d'Estampes, seigneur de la Ferté-Imbaut, et de Jeanne de Hautemer, dame de Mauny.
2. Pierre Gruel, seigneur de la Frette, fils de Claude Gruel, seigneur de la Frette, et de Louise de Faudoas.
3. *L'inganno*, la tromperie. (Note de M. Monmerqué.)
4. *L'on*, c'est-à-dire : le ministère (Ms. de Vienne, fol. 340 v·).
5. La reine d'Angleterre débarqua dans le port de Brest, le 26 juillet 1644, mais elle ne fit son entrée dans Paris que le 5 novembre, après avoir pris les eaux de Bourbon, dans l'Allier. — L'on sait que Mᵐᵉ de Motteville a consacré plusieurs pages émues au récit des infortunes de cette fille de Henri IV que, dix-huit ans auparavant, la Grande-Bretagne avait reçue pour reine. — Le *Journal d'Olivier d'Ormesson* donne des détails assez complets sur l'entrée de la reine d'Angleterre à Paris.

la Reyne, Monsieur, Mgr le duc d'Orléans, toute la maison royale enfin, fut au devant d'elle la recevoir, et Mme la Princesse fit la malade, afin que M^r d'Enghien, son fils, eust place dans le carrosse, et qu'on le vist à une portière, Monseigneur étant à l'autre. Certes l'infortune de cette reyne étoit déplorable, car outre le malheureux état du roy, son mari, elle avoit été chassée d'Angleterre par ses sujets parlementaires, lesquels la déchiroient par leurs médisances, la poursuivoient[1] comme leur plus cruelle ennemie, et protestoient impudemment qu'ils ne la vouloient avoir que pour en faire un exemple. Ils attaquèrent mesme ses vaisseaux comme elle passoit en Bretagne, les canonnèrent, taschant de les couler à fond ou de les prendre. Ces gens la haïssoient, s'étant figuré qu'elle avoit gagné leur roy à la religion catholique et qu'il n'étoit plus protestant qu'en apparence, et l'on ajoutoit qu'ils avoient découvert une attache secrète avec l'Espagne, dont ils avoient grande jalousie. L'on remarqua en elle, à Paris, beaucoup de vivacité d'esprit, beaucoup de douceur, d'humanité, de courtoisie et les autres bonnes qualités que les disgrâces produisent. Elle avoit la consomption quand elle arriva, et étoit si maigre qu'elle en faisoit pitié.

Cependant M^r d'Enghien, de retour, fondit aussitost sur les bras de M^r le cardinal et luy demanda instamment deux choses : l'entrée du conseil d'en haut, et un tabouret chez la Reyne ; disant, pour avoir la première, que puisqu'il commandoit les armées, il pouvoit et devoit assister aux conseils et aux délibérations

---

1. *A feu et à sang*, ajoute le Ms. de Vienne, fol. 340 v°.

plus importantes, et que plusieurs personnes y étant appelées, sa naissance et sa qualité méritoient bien qu'on l'y appelast; pour la seconde que M^r le cardinal luy devant céder partout, hors à l'église, il étoit raisonnable qu'étant assis chez la Reyne, il le fut aussi comme luy, qu'il précédoit en ce lieu là. Monseigneur, qui ne goustoit point ces prétentions, s'y opposoit sous main, et Mr de la Rivière ne manquoit point de l'échauffer là dessus, peut-estre afin que le faisant relascher, il s'attirast mérite auprès de M^r d'Enghien et de M^r le cardinal; mais de peur qu'on soupçonnast qu'il se voulust appuyer du jeune prince, il le blasmoit sans cesse d'une chose dont à la vérité il étoit blasmable, de ce qu'il taschoit de s'égaler à Monseigneur, et de le porter aussi haut que luy. Ce discours ayant été fait par plusieurs fois et à différentes personnes, M^r d'Enghien en fut averti, et y répondit à merveille, car il soutint qu'on luy imposoit de dire qu'il se vouloit égaler à Monseigneur, qu'il n'y avoit jamais songé, mais que si Son Altesse royale s'abaissoit trop, il n'en feroit pas de mesme, et qu'il prétendoit de se mettre où une personne de sa naissance pouvoit monter. C'étoit certes beaucoup dire et peutestre trop.

La Reyne alors, offensée du luxe et des superfluités des gens de la cour et de la ville, désira qu'on fist un édit contre les dorures des carrosses. M^r le chancelier le scella et l'envoya au parlement pour le vérifier; mais les présidents, n'ayant pas été exceptés comme les officiers de la couronne, le gardèrent bien trois mois sans procéder à la vérification, ce que la Reyne trouvant mauvais, elle commanda qu'il fust publié.

Là dessus ils envoient quérir le lieutenant civil, et luy font une sévère réprimande de ce qu'il avoit osé faire crier un édit que la cour de parlement n'avoit point vérifié, et cela avec le dégoust et l'admiration de tous les sages qui soupirèrent que ces messieurs préférassent une chose de faste et messéante à leur profession, au bien public, et désirassent des carrosses dorés quoique les ordonnances leur défendissent d'entrer au Palais en robe de soie. Les chevaliers de l'Ordre remontrèrent qu'ils devoient estre conservés aussi en cette prérogative, et la Reyne, faschée de la vanité des présidents au mortier, protesta hautement que la chose seroit égale pour tout le monde, et que mesme le carrosse du Roy ne seroit point doré. Le procédé des chefs du parlement fit que la cour embrassa, et avec quelque chaleur, l'affaire du grand prévost qu'ils poursuivoient à cause que, sur la prétention que son logis est dans l'enceinte du Louvre, et que n'étant pas permis aux sergents d'exploiter dans la maison du Roy, ses valets en avoient rasé un qui étoit venu chez luy ajourner son frère. La Reyne et Monseigneur envoyèrent solliciter pour le grand prévost, et messieurs du parlement, connoissant qu'il seroit protégé et que, s'ils passoient outre, le démenti leur en demeureroit, déchargèrent leur fiel sur son frère qui fut condamné et maltraité dans l'affaire dont étoit question.

Un peu avant ce bruit, la nouvelle étoit venue que la reyne d'Espagne étoit morte, dont la Reyne et Monseigneur reçurent beaucoup de déplaisir[1]. Quel-

---

1. Élisabeth de France, fille de Henri IV et femme de Philippe IV, roi d'Espagne, mourut le 6 octobre 1644.

ques uns dirent qu'elle avoit été emportée par une maladie dont les honnestes femmes qui ont de sages maris ne meurent point[1]. Quoiqu'il en soit, c'étoit une très vertueuse princesse, extrêmement estimée des Espagnols et digne de l'estime et de la vénération de tout le monde. Un homme de qualité, qui a demeuré longtemps à Madrid, m'a assuré que le peuple l'avoit prise en affection, d'abord à cause qu'étant brune, il se promettoit qu'elle leur donneroit *un principe negro*[2], et la raison est qu'ils sont noirs la plupart, et que leurs rois, depuis Ferdinand, ayant toujours été blonds, ils semblent leur reprocher le mélange des Maures.

Mais au milieu de l'affliction de Sa Majesté, il luy fallut essuyer les poursuites de Mr de Longueville pour entrer au conseil d'en haut. Il disoit que le feu Roy ayant ordonné qu'il y fust admis à son retour de Munster après le traité de paix, il pouvoit désirer et obtenir de Sa Majesté la grâce avant que de partir. Mr le duc d'Enghien la demandoit aussi pour luy avec instance, et Mr le cardinal, qui n'avoit pas accoustumé de le refuser, se trouvoit fort empesché. Aussi le prince prenoit les choses avec luy d'un ton très haut, et il donna des preuves de cette hauteur en ce temps là qui vérifièrent ce que Mr le maréchal de Gramont avoit dit de luy : que c'étoit *unus terribilis magister Pouletus*, car Mr de Saint-Étienne[3], poursuivi à cause d'un rapt dont

---

1. Le Ms. de Vienne (fol. 341 r°) ajoute : « ce qui est peu croyable, les grands se pouvant faire traiter et guérir avant le progrès du venin. »

2. Un prince de poil brun, dit le Ms. de Vienne (fol. 341 r°).

3. Charles-Claude de Beaumont, seigneur de Saint-Étienne, fils

il étoit coupable, luy ayant demandé sa protection, et le prince voulant obliger et s'acquérir ce gentilhomme, considérable dans son gouvernement de Champagne par sa naissance, ses alliances et une place de frontière dont il étoit maistre absolu, supplia la Reyne de luy accorder sa grâce, et l'obtint par l'intercession de M^r le cardinal. Il s'en va de là chez M^r le chancelier, et le prie de la sceller, mais trouve un homme de glace qui répond froidement qu'il luy est défendu par les lois et les édits de sceller de semblables rémissions, et qui après une nouvelle recharge luy dit ces propres paroles : « Enfin, Monsieur, pour abréger, je me dois opposer à ces sortes de grâces que fait la Reyne, si contraires aux lois et à la justice. » M^r le duc d'Enghien, mal endurant de son naturel, luy répliqua : « Monsieur, la Reyne le veut, M^r le cardinal me l'a accordée, vous la scellerez malgré vous », et sort là dessus sans le regarder. M^r le chancelier, très étonné de la repartie et du procédé si nouveau pour luy, le suivit jusqu'à son carrosse, et le prince entra dedans sans faire semblant de le voir. Il laissa passer huit ou dix jours sans en parler à M^r le cardinal, au bout desquels, traitant avec luy de quelque affaire, il luy dit, comme en passant, qu'il ne luy avoit point encore fait savoir la mauvaise humeur de M^r le chancelier, lequel ne s'étoit pu empescher de luy manquer de respect lorsqu'il l'avoit été prier chez luy de sceller la grâce qu'il luy avoit accordée pour Saint-Etienne, et cela par intérêt, à cause de Laval[1] qui

de Jean de Beaumont, seigneur de Saint-Étienne, avait enlevé Mlle de Sallenove. — Voir Tallemant des Réaux, t. VI, p. 39.

1. Gilles ou Guy de Laval, marquis de Sablé, serviteur du duc

avoit épousé sa fille sans sa participation, et qu'il ne s'étoit pu empescher aussi de luy en témoigner du ressentiment, parce qu'il s'opiniastroit sur une chose que Son Éminence avoit faite de la meilleure grâce du monde, dont il luy étoit sensiblement obligé. Il appuya toujours sur l'assurance qu'il luy avoit donnée que la chose seroit faite.

A quelques jours de là ce prince, en possession de tout faire de hauteur, prétendit un passe-droit qui causa bien du vacarme. Mademoiselle désiroit qu'on la traitast de fille de France, et avoit toujours été traversée dans sa prétention par les princesses du sang. Il étoit question du service de la feue reyne d'Espagne[1], et Mademoiselle, ne s'y voulant point trouver sans estre assurée des prérogatives prétendues, fait la malade. La Reyne se fasche de cette feinte, veut qu'elle aille, se récrie plusieurs fois : « Que dira-t-on en Espagne ? » et la princesse, nonobstant cela, persiste et dit toujours qu'elle n'ira point. Enfin la colère de la Reyne croissant, passe jusques à faire dire à Monseigneur que sa fille est sujette, et que n'étoit sa considération, elle la feroit obéir. C'étoit assez s'expliquer, tellement que Son Altesse royale aussitost envoya Mʳ de la Rivière pour la convertir [Mademoiselle], lequel eut peine à la mettre en quelque bonne dispo-

---

d'Enghien, avait épousé, sans le consentement du chancelier, Madeleine Séguier, veuve de César du Cambout, marquis de Coislin. — Voir Tallemant des Réaux, *Historiette de M. de Laval*, t. V, p. 257.

1. Le service funèbre pour la reine d'Espagne se fit à Notre-Dame, le 5 décembre 1644 ; le *Mercure françois* en a donné un récit complet.

sition. Là dessus Monseigneur arrive chez elle et la faisant habiller en sa présence, l'envoye à l'église à deux heures après midi, que la messe n'étoit point commencée, et la pauvre princesse avala ainsi le calice tout entier et vit ses ennemis se réjouir de sa disgrâce. Ce ne fut pas tout, car comme elle eut commandé que deux gentilshommes portassent sa queue, afin de mettre quelque différence entre elle et les princesses du sang qui n'en avoient qu'un, M^r d'Enghien commanda aussitost que deux gentilshommes portassent les queues de Mme sa femme et de Mme sa mère[1], tellement que Mademoiselle tomba de mortification en mortification, et fut si accablée de déplaisir qu'il ne fut pas en son pouvoir de le cacher; il parut à tout le monde; mesme elle s'enferma dans sa chambre deux jours de suite, sans permettre que personne la vist, et donna ainsi à toute la France des marques de son extrême douleur, dont la Reyne s'offensa, de sorte qu'elle la fit menacer qu'on la meneroit aux Carmelites de Saint-Denis, où on l'enfermeroit tout à fait[2].

Ce service produisit un autre embarras : les présidents du parlement voulurent précéder les évesques, alléguant plaisamment et véritablement qu'ils ne pouvoient estre là en corps, puisqu'ils devoient estre à leurs diocèses, et qu'il y avoit des arrêts dans leurs

---

1. Il y a au Ms. de Paris : *sa sœur,* mais c'est une erreur que rectifie le Ms. de Vienne. Voir d'ailleurs plus loin, p. 64, ligne 13.

2. Mademoiselle n'a eu garde de rapporter ces circonstances dans ses mémoires, bien qu'elle n'ait pas omis d'y annoncer la mort de la reine d'Espagne et d'y faire connaître la pensée venue à plusieurs de lui faire porter cette couronne. (Note de M. Monmerqué.)

registres qui défendoient qu'on leur fournist mesme du pain et du vin dans Paris. Néanmoins, comme c'étoit une cérémonie d'église, beaucoup de gens les crurent mal fondés, et l'on trouva un tempérament qui fit cesser la contestation.

Quant à celle de Mademoiselle, comme cette princesse avoit été blessée en la partie plus sensible, nonobstant les menaces de la Reyne, elle ne se put jamais taire ; elle se plaignit de l'entreprise de M[r] d'Enghien ; elle soutint qu'il avoit été stipulé qu'il y auroit cette différence entre elle et les princesses du sang que deux gentilshommes porteroient sa queue et qu'elles n'en auroient qu'un. Elle eut pourtant beau crier et remplir la cour et la ville de ses raisons, l'on ne luy fit point de raison ; au contraire, elle en fut enfermée chez elle pour la chastier ; mesme l'on crut que M[r] le cardinal luy avoit rendu de mauvais offices auprès de Sa Majesté, à cause qu'elle dit à Fontainebleau à Mr de la Rivière que son *pape*[1] ne faisoit point de créatures. Mr de la Rivière qui ne l'aimoit point et la craignoit beaucoup, ne manqua pas de rapporter ce mot à son *pape*, qui s'en plaignit à une personne confidente, et luy dit ensuite qu'elle se mesloit de trop de choses, qu'elle parloit trop hardiment et qu'elle étoit très dangereuse. Ainsi Mr de la Rivière, voyant l'occasion de se venger, la chargea de bonne sorte auprès de son maistre, peut estre afin qu'elle l'employast pour l'apaiser ; si ce fut icy la raison, il n'arriva pas à son but, car la reyne d'Angleterre intercéda pour elle

---

1. Le Ms. de Vienne (fol. 342 r°) porte entre parenthèses : « elle entendoit le Cardinal. »

envers la Reyne, et Mr de Bellegarde calma la colère de Monseigneur; enfin *la fuerça de la sangre*[1] acheva l'affaire, quoique Mr de la Rivière prosnast depuis que Monseigneur n'étoit point apaisé; et ce qui nous réjouit fort fut que Mr de Bellegarde, averti de ces prosnes, demanda à Monseigneur s'il avoit envoyé Mr de la Rivière chez Mademoiselle, luy porter telles et telles paroles, et s'il n'avoit point encore oublié le déplaisir qu'elle luy avoit causé; Monseigneur répondit nettement qu'il désavouoit La Rivière de tout ce qu'il avoit fait et dit, et qu'il ne savoit ce que c'étoit.

Mais quelque aigreur qu'il eust témoignée contre Mademoiselle, il en avoit bien une plus grande pour Mr d'Enghien; son procédé luy avoit extrêmement déplu, et allant à Limours un samedi 10me may[2], tout pénétré et rempli de chagrin, avant que de partir il fit toucher au Palais Royal. Là il se plaint à la Reyne de l'audace effrenée de Mr d'Enghien, usant de ces termes : qu'il en auroit la raison, et ajouta mesme qu'elle ne se mit point en peine et qu'il se la feroit bien faire luy mesme. Ce discours surprit toute la cour et chacun s'étonna de ce qu'il étoit demeuré depuis le lundi jusques au samedi sans faire semblant d'estre piqué de ce qui s'étoit passé; tellement que les habiles soupçonnèrent et découvrirent ensuite que c'étoit une colère artificielle, inspirée par Mr le cardinal, afin d'embarrasser Mr d'Enghien, et l'empescher de continuer ses instances sur l'entrée au conseil d'en haut que demandoit Mr de Longueville. Ainsi

1. La force du sang.
2. Ne faudrait-il pas plutôt lire : 10 décembre? Le 10 décembre 1644 était effectivement un samedi.

Mʳ le cardinal joua ces messieurs, de moitié pourtant avec Mʳ de la Rivière qui le servit à souhait ; car comme Mʳ de Guise eut dit à ce dernier que Mʳ d'Enghien ne se mettoit point en devoir de satisfaire Monseigneur, mesme le refusoit tout à plat, il luy répliqua brusquement : « Dites-le à Son Altesse royale » pour l'échauffer toujours davantage, et que s'il s'emportoit contre Mʳ d'Enghien publiquement il put protester qu'il ne fomentoit pas sa mauvaise humeur et que tout le monde l'aigrissoit.

Mais voicy qui découvrit le mystère : Mʳ d'Enghien soutenoit qu'il ne devoit point de satisfaction en cette rencontre et qu'il n'en feroit point, que la Reyne avoit trouvé bon que les princesses du sang eussent deux gentilshommes pour porter leurs queues, comme Mademoiselle, et que Sa Majesté l'avoit commandé ; ce qui se trouva véritable, la Reyne l'ayant avoué à Mʳ de Bellegarde, lequel ne pouvoit gouster que la Reyne fust meslée là dedans, disant qu'il se falloit plaindre à Mʳ le cardinal, et non pas à elle, car Monseigneur l'eut réduit par là et les autres aussi à le rechercher ; et il ne se pouvoit rien de plus avantageux et glorieux à Son Altesse royale, parce que toute la cour et toute la France avoit vu beaucoup de pas faits pour réparer cette offense ; il taxoit ainsi et très finement Mʳ de la Rivière d'étourderie, qui l'avoit conseillé d'aller droit à la Reyne et de faire éclat. Enfin après beaucoup de négociations et de bruits, entre autres celuy cy : que Mʳ d'Enghien ne verroit jamais Monseigneur qu'il ne luy eust fait excuse de ce qu'il avoit dit chez la Reyne au retour de Limours, on le vit venir au palais d'Orléans, Monseigneur l'attendant dans son cabinet, où nous étions tous et peu de gens de dehors. Il salua Son Altesse royale fort bas, qui le tira dans un coin, luy parla le premier et nuteste, ce qui fut bien remarqué, et fit si mal au cœur à Mrs de Metz[1] et de Souvré qu'ils sortirent et ne revinrent chez nous faire leur cour de longtemps. Enfin l'on nous assura qu'il avoit été convenu de la sorte. Mais Mr de la Rivière nous dit le soir que Mr d'Enghien avoit parlé le premier, et supplié Monseigneur de croire que s'il eust eu le moindre soupçon que ce qu'il avoit fait à Notre-Dame l'eust dû fascher, il ne l'auroit jamais entrepris, quoique la Reyne eust trouvé bon que Mme sa mère et sa femme prissent deux gentilshommes pour porter leurs queues. Là dessus il conduisit Son Altesse royale, qui alloit au Palais Royal, jusques à son carrosse et se retira.

Il n'y avoit pas faute de gens qui disoient : qu'il avoit eu tort d'entreprendre une chose extraordinaire ; que les rois avoient toujours fait différence entre les petites filles de France et les princesses du sang, témoin les carrosses de deuil cloués sur la housse, les dais dans le Louvre, etc., parce qu'elles étoient encore censées de la maison royale. Les autres soutenoient au contraire : qu'il ne leur appartenoit que le pas ; que c'étoit introduire un rang qui n'avoit point encore été ; que si les enfants des rois avoient de grandes prérogatives, elles ne pouvoient passer aux leurs qui se trouvoient en mesme condition que les autres, lesquels étoient sortis des rois comme eux ; et quelques uns de ceux cy ajoutoient que Monseigneur devoit désavouer

---

1. Henri de Bourbon-Verneuil, évêque de Metz.

ce qu'il avoit dit au Palais Royal, allant à Limours, parce que Mʳ le cardinal consideroit extrêmement Mʳ le duc d'Enghien et ne pouvoit ni ne devoit point estre mal avec luy. Ils eussent parlé plus raisonnablement de dire qu'il le craignoit, et qu'aussitost qu'il luy opposoit que Monseigneur s'offenseroit de ses prétentions et qu'il le luy mettroit sur les bras, il [le duc d'Enghien] avoit toujours cette réponse preste : « La Rivière qui le possède est à vous, il fait tout ce qu'il vous plait. »

Mʳ de Nemours alors fut raccommodé à la cour et Mʳ le maréchal d'Estrées l'alla quérir et l'amena. L'on croyoit qu'il vint descendre au palais d'Orléans et que Monseigneur le mèneroit chez Mʳ le cardinal ; mais la chose passa autrement, le cardinal ayant désiré de le mortifier un peu et qu'on sut qu'il n'avoit obligation de son retour qu'à luy seul. Mʳ de Nemours, quand nous le fusmes voir, nous dit ce qui avoit été stipulé pour Mᵐᵉ sa femme et rien de ce qui le regardoit ; et, agissant ainsi avec tous les autres, il donna lieu de croire que les conditions moyennant lesquelles il étoit revenu étoient honteuses, ou qu'il étoit revenu sans condition et sans parler de ses intérests. Ainsi l'on rabattit beaucoup de la bonne opinion qu'on avoit conçue de luy, parce qu'étant conseillé par ses amis, il avoit toujours agi en fort honneste homme, et n'ayant pris conseil que de son chevet, il s'étoit comporté en enfant.

Mais de ce qu'il ne vint point descendre au palais d'Orléans, comme Mʳ de la Rivière nous avoit assuré qu'il feroit, nous connusmes que le bon abbé n'avoit pas encore le secret de Mʳ le cardinal. En mesme temps il publia que l'affaire de Mʳ de Maulevrier s'accommoderoit aussi[1], et qu'il pourroit revenir bientost; qu'il le serviroit de tout son cœur, et cela par générosité, sans en attendre de gratitude. Ce fut les termes dont il usa devant moy, qu'il savoit estre fort son ami; mais l'on vit à travers ces artifices; il étoit informé que Mr de Maulevrier avoit fait son affaire avec la Reyne et qu'il ne la pouvoit empescher; il voyoit que tout le monde en disoit du bien à M^r le cardinal, et il vouloit ainsi témoigner à l'Éminence que s'il avoit donné dessus auparavant, ç'avoit été par la considération de ses intérêts et pour ne le pas croire son serviteur[2]. Mais Mr Goulas, ayant eu ordre d'écrire à Mr de Maulevrier de revenir, il attendit deux jours après avoir reçu sa lettre avant que de se mettre en chemin, sous prétexte d'un rhume, afin de faire connoistre qu'il n'avoit pas haste de retourner et ne comptoit pas cette grâce de la cour pour si grand'chose. Il se rendit au palais d'Orléans et fit la révérence à Monseigneur, lequel luy ayant dit d'abord qu'il fust sage à l'avenir (vous remarquerez que c'étoit un des plus sages et des plus considérés gentilshommes du royaume), il luy répliqua: que pour l'estre, il vivroit comme il avoit toujours vécu; il n'alla point à Mr de la Rivière, il le salua seulement du chapeau, à l'accoustumée, et se comporta avec

1. Voir plus haut, p. 38.
2. A partir de cet endroit le Ms. de Vienne, qui, à quelques mots près, était conforme au Ms. de Paris (ch. 38), s'en écarte; et nous trouvons une page consacrée à la mémoire du marquis de Nangis, du marquis de Lavardin, du marquis d'Aumont et du comte de Tournon, tous morts en 1644. (Ms. de Vienne, fol. 343 et suiv.)

tout le monde comme avant sa disgrâce. Mais Mr le cardinal vouloit que Mr de Montrésor et luy fussent frères, et soutenoit à un homme de qualité qu'ils l'étoient, et celuy cy répliquant qu'ils avoient vécu toujours et vivoient encore en frères quoiqu'ils ne fussent que parents d'assez loin, il reprit qu'il l'avoit cru jusques là, et que c'étoient de très honnestes gens.

Ce fut vers la fin de l'année 1644 que tout cecy se passa; mais avant que de poursuivre nos mémoires touchant la cour, touchant les grands, les médiocres et les petits, je vous veux un peu parler de moy, et vous apprendre (dans la créance que vous me le demanderiez volontiers), pourquoy je ne fus point à Gravelines, et n'accompagnay pas mon maistre en une occasion d'honneur, moy qui m'étois toujours piqué d'assiduité et avois tant couru et rodé après luy en Lorraine, Flandre, Poitou et Languedoc. Plusieurs raisons m'obligèrent de rester icy, dont les principales étoient que mon corps manquoit de santé et ma bourse d'argent. D'ailleurs, je m'étois promis des mont-joies[1] de notre lieutenance générale, et je l'éprouvois fort stérile; il me sembloit aussi que Monseigneur s'étoit retiré de moy; je n'avois presque plus la commodité de le voir et de luy parler; il étoit presque toujours chez la Reyne ou chez Mr le cardinal; après les conseils et les affaires, il y demeuroit à jouer, et ne retenoit que peu de gens, et des joueurs; il ne rentroit chez luy qu'à deux ou trois heures après

1. Des *mont-joies,* monceaux de pierres jetées confusément en signe de victoire ou pour marquer le chemin; se disait, par extension, d'un amas de choses quelconques. (Littré.)

minuit, chagrin de la perte de son argent, ou des entreprises de Mr d'Enghien ou de Mr le cardinal. Notre Mr de la Rivière s'étoit rendu maistre de son esprit, l'empeschoit de faire pour ses serviteurs, le consommoit tout entier ; il chargeoit sur Mr Goulas et le décréditoit entièrement ; il prenoit un certain empire avec nous, qui étions ses anciens amis, que nous ne pouvions porter, parce qu'il approchoit de la tyrannie. Mrs de Maulevrier, de Wailly et quelques autres s'étoient retirés, avoient vendu leurs charges et comme quitté Monseigneur, ce qui me faisoit une peine extrême, à cause de la douceur de leur conversation que je n'avois plus, car c'étoient gens de qualité et de mérite, d'excellent esprit, et qui prenoient les choses du bon biais, gens qui jugeoient juste et très finement des affaires, qui parloient agréablement, qui possédoient enfin cette raillerie noble et patricienne, comme la nommoit l'antiquité, fort peu connue du monde d'aujourd'huy ; et ce grand changement que j'éprouvois dans notre cour faisoit que je m'y déplaisois autant alors que je m'y étois plu autrefois.

Mon chagrin donc m'emporta hors de Paris, au commencement du caresme 1644 ; je m'en vins à la Mothe pour passer ma mauvaise humeur, et quoique mes amis m'écrivissent, particulièrement Mr Goulas, que Son Altesse royale s'en alloit commander les armes du Roy en Flandre et faire un grand siège, je n'en branlay pas. Ma langueur m'avoit abattu l'esprit et osté le sentiment de toute chose. Là dessus je tombe malade d'une fièvre lente et fais dessein de me retirer tout à fait. Monseigneur partit brusquement, attaqua Gravelines et fit de belles choses, et Mr Goulas ne cessa de me tourmenter. Certes ses lettres toutes pleines d'amitié, de tendresse, d'estime, me persuadèrent plus que les espérances qu'il me donnoit et les protestations de vouloir faire pour moy dorénavant et travailler à ma fortune. Il m'assuroit que Son Altesse royale m'avoit demandé deux ou trois fois, que tous mes amis avoient impatience de me voir là, et ne me pardonneroient point si j'y manquois, qu'au reste j'aurois son logis, sa table, son carrosse, et une chambre avec un lit pour moy seul dans le fort Philippe, où Monseigneur étoit logé; qu'il y avoit mille connoissances à faire de princes et grands seigneurs qui paroient l'armée, et mille occasions d'honneur qui se présentoient chaque jour. Ses lettres vainquirent ma résolution, et je partis; mais ayant passé Senlis, l'ardeur du soleil me causa un mal de teste qui m'osta presque toute connoissance, et le second jour, au lieu d'avancer chemin et approcher d'Amiens, comme je m'étois proposé, il me fallut gagner certains saules auprès d'un ruisseau, où je passay la plupart de la journée. Ainsi je fus obligé de reculer, et de me rendre chez moy fort abattu, avec ma fièvre lente, laissant les lauriers et la gloire pour de plus fortes et illustres testes que la mienne.

Mais considérez de grâce la bonté extrême de Monseigneur. Dès qu'il fut de retour, il me demanda, et luy ayant été faire la révérence, il me parla le premier de mon indisposition; il me dit qu'il savoit le zèle que j'avois pour son service et l'affection pour sa personne; qu'il feroit pour moy, qu'il me donneroit plus de moyen de subsister auprès de luy, et tant d'autres amitiés que je n'en demeuray pas moins confus que charmé. Enfin me voilà rembarqué plus que jamais ; je rejetay toutes les pensées de la retraite, comme de criminelles tentations, et j'accompagnay Son Altesse royale à Fontainebleau, où je rentray en commerce avec luy. Enfin Mr de Chaudebonne mourant à quelque temps de là, Mr de la Rivière, qui croyoit de son intérêt alors de se raccommoder avec Mr Goulas, dit à Mr de Patrix qu'il désiroit qu'ils vécussent comme avant la mort du Roy, et que s'il se présentoit occasion de luy témoigner qu'il parloit du cœur, il le luy feroit connoistre. Mr de Patrix nous ayant rapporté cecy, je luy dis, voulant avoir l'approbation de Mr Goulas, et pour luy faire proposer ce qui m'étoit venu en pensée, qu'il avoit un moyen de l'en persuader, que Mr de Chaudebonne, étant à l'agonie, et ayant deux mille écus de pension de Monseigneur, s'il m'en faisoit donner deux mille francs, je pensois que Mr Goulas auroit sujet de le croire. Mr Goulas approuva la chose, et Mr de Patrix se chargea de la proposer. Le lendemain, au matin, Mr de Chaudebonne étant mort la nuit, Mr de Patrix fit savoir à Mr de la Rivière ce que nous désirions de luy, Mr Goulas et moy, et luy représentant avec son adresse ordinaire que ce n'étoit point charger les finances de Monseigneur que de luy demander cette pension, puisqu'il y en avoit une grosse d'éteinte, il répondit qu'il feroit la chose à l'heure mesme (ce sont ses termes). Ne s'en étant pas souvenu chez Monseigneur, quand ils descendirent l'escalier pour aller au Palais Royal, il nous vit parlant ensemble, Mr de Patrix et moy, et nous promenant sur la terrasse ; et cette rencontre luy remettant en mémoire ce qu'il avoit promis, il s'approcha davantage de Son Altesse royale et luy fit la harangue qui fut bien reçue, car Monseigneur m'appela et me dit : « La Mothe, je le veux bien », et passant outre brusquement, je le suivis jusqu'à son carrosse sans le pouvoir remercier. Il me fallut attendre au retour à faire mes compliments et vous jugez bien que je n'y manquay pas. J'obtins ainsi la pension que Monseigneur m'a fait payer le reste de sa vie, et j'en eus l'obligation à M^r l'abbé de la Rivière, lequel, durant son excessive puissance, crut devoir reconnoistre en quelque façon les bienfaits qu'il avoit reçus de Mr Goulas, et mille marques d'estime et d'amitié que je luy avois témoignées. Mais reprenons notre narration, et vous verrez, je m'assure, que j'ay été mieux informé cette année 1645 que la précédente.

CHAPITRE XXXIX.

De ce qui se passa en France pendant l'hiver 1645, et ensuite durant la campagne en Flandre.

Je vous ay dit que vous me trouveriez mieux informé à l'avenir que par le passé, à cause que Mr de la Rivière, m'ayant fait faire du bien, avoit agréable que je le visse souvent, et me parloit avec plus de confiance. Il voyoit que Monseigneur me rapprochoit de luy, et il ne s'y opposoit plus, croyant que puisqu'on savoit que je luy avois obligation et que je protestois hautement de luy en avoir, je ne le desservirois pas auprès du maistre.

Or ce commencement d'année produisit un événement assez considérable[1] : Mr le maréchal de la Mothe, retournant de Catalogne, fut arresté à Lyon par le maire de la ville, qui en avoit reçu l'ordre de la cour, et que Mr l'abbé d'Aisné[2], frère de Mr de Villeroy, gouverneur de la province, et ami de Mr le cardinal, luy avoit rendu. L'on référoit sa disgrâce à sa langue et aux discours qu'il avoit accoustumé de tenir à Barcelone, depuis quelque temps : que la Reyne le faisoit périr de dessein, et vouloit bien perdre les avantages que nous avions au delà des Pyrénées ; d'ailleurs pour témoigner gratitude à Mr de Noyers, auquel il devoit son avancement, ses ennemis disoient que dans la créance qu'il se raccommoderoit, il se montra généreux jusques au bout, écrivant à la cour qu'on luy envoyast les ordres du Roy signés d'autre main que de celle de Mr le Tellier[3], qui retenoit injustement la charge de son ami, de Mr le Tellier très incapable de son employ et qui ne savoit ce qu'il écrivoit, comme il étoit clair et visible par ses dépesches ; ce qui alloit à l'Éminence et blessoit l'autorité de la régente. Il fut donc mis dans Pierre Encise et son gouvernement de Seurre donné à Mr le Prince, lequel acheta de Mr de Bellegarde non seulement cette terre où étoit son duché, mais tout l'autre bien de fonds qu'il avoit en Bourgogne.

1. On peut, à partir de cette phrase, comparer de nouveau le Ms. de Vienne (fol. 344 r°) avec celui de Paris ; l'identité des expressions est presque absolue.
2. Camille de Neufville, fils de Charles de Neufville, marquis d'Alincourt et de Villeroy, et de Jacqueline de Harlay, sa seconde femme, alors abbé d'Aisnay, à Lyon, depuis archevêque de Lyon.
3. Michel Le Tellier, marquis de Barbezieux, seigneur de Chaville et de Louvois, avait succédé à Sublet des Noyers dans la charge de secrétaire d'État. Il fut chancelier de France en 1677.

Mʳ de la Rivière marchandoit alors la charge de chancelier de l'ordre du Saint-Esprit que possédoit Mʳ de Chasteauneuf, relégué à sa maison de Montrouge[1], et ce bon abbé éprouvoit de grandes traverses de ses ennemis en cette occasion. Cependant Mʳˢ d'Estrées et de Senneterre firent franchir le pas à Mʳ de Chasteauneuf, et dire qu'il se déferoit de sa charge, chose très dangereuse à la cour, parce qu'aussitost l'homme de crédit qui en a envie y fait mettre prix et s'en empare, et l'on disoit pourtant à l'oreille que l'entrée du conseil accordée à Mʳ de Longueville faisoit l'affaire, car Mʳ le cardinal voulant porter Mʳ de la Rivière au ministériat, c'étoit là un degré pour l'y élever; et il croyoit le devoir faire ministre, et afin de le tenir davantage, et afin de balancer dans le conseil les résolutions des choses importantes, l'autorité de Mʳ le Prince étant devenue formidable à la Reyne, ayant là son fils et son gendre. Mais Mʳ de Chasteauneuf, mettant sa charge à trop haut prix, et se cabrant de ce que Mʳ de Sourdis luy manda que Monseigneur étoit mal satisfait de luy, l'affaire fut rompue. On la renoua néanmoins, je ne sais comment; et, après beaucoup de tracasseries, l'on tomba d'accord à trois cent quarante mille livres, dont la Reyne donna vingt mille, Monseigneur vingt, et le Roy trente; et cecy fut l'évaluation de ses gages, qui ne luy avoient point été payés

---

1. Charles de l'Aubespine, baron de Châteauneuf-sur-Cher, chancelier des ordres dès 1611. Lors de sa disgrâce en 1633, la charge de garde des sceaux des ordres fut désunie de celle de chancelier; puis les deux charges ayant été réunies en 1645 sur sa personne, M. de Châteauneuf donna sa démission en faveur de l'abbé de la Rivière. (Note de M. Monmerqué.)

durant sa prison, Mr de Bullion[1], garde des sceaux de l'Ordre les ayant touchés et M^r le chancelier après luy[2]; et d'autant que Mr de la Rivière se trouvoit assez empesché à ses preuves, (le chancelier et le prévôt de l'Ordre les doivent faire par les constitutions,) M^r le maréchal d'Estrées et Mr de Senneterre, ses commissaires et ses amis, le remirent au premier chapitre et dirent qu'en attendant il seroit reçu et entreroit en possession. Vous croyez bien qu'il ne fut pas paresseux à faire le serment et à se parer du cordon et de la croix.

Mais il arriva une chose, en ce mesme mois de janvier, qui fit fort murmurer contre luy, car il couvrit autant qu'il put un affront qui devoit estre assez sensible à son maistre et à ses serviteurs, et qui méritoit bien réparation. Les maréchaux des logis de l'armée donnèrent quartier aux gardes de Son Altesse royale, dans un village auprès de Paris, où les Suisses logeoient depuis longtemps; y étant allés, les Suisses en furent extrêmement surpris, avec raison; néanmoins ils leur dirent qu'ils les recevroient pour la nuit et que le lendemain ils pourroient faire changer leur département : les gardes en tombent d'accord et logent. Le jour d'après, leur ordre de déloger n'étant point venu à midi, les Suisses prirent les armes et dirent aux gardes de

1. Claude de Bullion, seigneur de Bonnelles, qui fut conseiller d'État, surintendant des finances, président à mortier au parlement de Paris, fut pourvu de la charge de garde des sceaux des ordres en 1633, et la garda jusqu'en 1636.

2. Le chancelier de France Séguier avait succédé dans la charge de garde des sceaux des ordres, non pas directement à M. de Bullion, mais au premier président Le Jay, qui en avait été pourvu après M. de Bullion.

partir, et sur leur refus les mettent dehors l'épée à la main. Mʳ le maréchal de Bassompierre[1], colonel des Suisses, et des meilleurs amis de Monseigneur, ne daigna pas luy en venir parler, traitant cela de chose de néant, quoique l'affront fait à ses gardes rejaillist sur sa personne; et ce qui offensa plus les gens fut qu'à trois jours de là, après une légère excuse, Son Altesse royale alla disner chez le maréchal.

Là dessus, le cardinal de Valançay, parti de Rome sans en avoir donné avis de deçà, arrive en France[2]. Dès qu'on le sut à la cour, on envoya un officier des gardes du corps au devant de luy pour luy défendre, de la part du Roy, de passer outre; il ne le rencontra point, car se doutant qu'il auroit le compliment, il avoit pris des chemins de traverse et étoit déjà à Paris. La Reyne, avertie de son arrivée, commande à Mʳ de Créquy[3] de l'aller trouver et de luy dire de sortir

1. Le maréchal de Bassompierre, après sa délivrance, était rentré dans sa charge de colonel général des Suisses.
2. Achille d'Estampes, fils de Jean d'Estampes, seigneur de Valençay, et de Sarah d'Happlaincourt, connu sous le nom de commandeur de Valençay. « C'étoit, dit Goulas (Ms. de Vienne, fol. 345 vᵒ), ce fameux commandeur de Valancé, aussi brave et déterminé l'épée à la main qu'habile et délié dans le cabinet, que les Barberin, durant la guerre de Parme et leurs démeslés avec les princes d'Italie, avoient attiré auprès d'eux. Il les avoit servis à leur goust et avoit mérité le chapeau dans leur armée, donnant sur leurs ennemis et non pas y preschant la pénitence. Mais s'il n'y avoit pas de meilleur teste ni de meilleur bras en Europe, il n'y avoit pas de plus dangereuse et de plus acérée langue que la sienne, et le cardinal Mazarin pouvoit craindre également l'un et l'autre. »
3. Charles, duc de Créquy, fils de Charles, sire de Créquy et de Canaples, et d'Anne de Grimoard de Beauvoir du Roure, fut pre-

de la ville dans vingt-quatre heures, et du royaume dans quinze jours, mesme de ne le point saluer, en l'abordant. Il s'acquitte de sa commission, et le cardinal luy fit réponse que Leurs Majestés pouvoient disposer de ses biens et de sa vie, mais non pas de son honneur, et qu'ayant à leur dire des choses très importantes de la part de Sa Sainteté, il ne pouvoit partir sans les voir. Ce propos étonna fort la régente et le ministre, et néanmoins ne voulant pas que le démenty leur demeurast, Mr de Charost eut ordre de prendre les gardes du Roy et de l'aller faire obéir. Le nonce, averty du vacarme, se présente et obtient à grand'peine que le cardinal demeure quelques jours auprès de Paris, pourvu qu'il en sorte dans vingt-quatre heures, et le lendemain il se retira à Picpuce. Dès qu'il y fut, la Reyne luy envoya Mr de Brienne[1] pour savoir ce qu'il avoit à luy communiquer de la part du pape ; mais il se tient couvert et ferme et proteste qu'il ne se peut ouvrir qu'à la Reyne seule. Ainsi l'envoyé est obligé de le quitter sans rien faire, et ne revient pas plus savant. Vous voyez que voilà bien de la matière pour raisonner et parler dans la cour et dans la ville, et l'on ne s'y épargna pas. Les partisans du ministère dirent : que le cardinal de Valançay étoit coupable envers Leurs Majestés de venir en France de l'ordre de Sa Sainteté, sans leur en avoir donné part, mesme de se

---

mier gentilhomme de la chambre, gouverneur de Paris, ambassadeur extraordinaire à Rome.

1. Henri-Auguste de Loménie, comte de Brienne, fils d'Antoine de Loménie, seigneur de la Ville-aux-Clercs, et d'Anne d'Aubourg, était secrétaire d'État.

charger de paroles sans les avertir ; que M₁ le cardinal Mazarin, premier ministre, étant demy brouillé avec le pape, il y avoit là beaucoup de sujet de luy donner jalousie ; d'ailleurs que venir à Paris, et s'y vouloir tenir malgré la Reyne, étoit une chose de dangereux exemple ; que c'étoit entamer le gouvernement, et que la Reyne faisoit ce qu'elle devoit, de le chasser, vu son humeur et sa langue. Ses amis au contraire protestoient : qu'il étoit messéant et dangereux de maltraiter un homme de cette qualité et de ce mérite, qui pouvoit servir et desservir ; que ce n'étoit point un crime à un François de venir en France pour ses affaires, sans en donner part aux ministres du Roy, puisque Sa Majesté ne le tenoit pas à Rome pour son service ; qu'il étoit dans une grande dignité et sans bien, et qu'il n'avoit pas d'autre dessein que d'en demander ; et que si, partant de Rome, le pape l'avoit chargé de quelques paroles, il ne pouvoit moins faire que d'obéir ; que le Roy, sans doute, le devoit gratifier de quelque bénéfice, et que le rebutant et le mécontentant tout à fait, les Espagnols l'intéresseroient avec eux et le gagneroient ; qu'un affront, de la nature de celuy qu'il avoit reçu, offenseroit tout le sacré collège et le révolteroit contre la France ; enfin, son neveu dit franchement à M₁ le cardinal Mazarin qu'il étoit aisé de le congédier, et que luy donnant les abbayes qui vaquoient, il se l'acquerroit et le rendroit son serviteur et son ami ; enfin, qu'il partiroit à l'heure mesme. Mais il parla aux rochers ; dès qu'il parla de donner, l'on ne fit pas semblant de l'entendre, et l'on garda les bénéfices pour d'autres ; tellement qu'il en fut fait au palais d'Orléans une raillerie assez plaisante, et quelqu'un y allégua ce vers très à propos :

    Si don Pèdre est venu, il s'en peut retourner.

Mais voicy une affaire qui passe la raillerie. Il y avoit quelque démon qui faisoit naistre continuellement des embarras entre Monseigneur et M[r] d'Enghien, sans compter ceux que M[r] le cardinal Mazarin suscitoit. Son Altesse royale donnoit un grand bal dans son palais, et comme l'on portoit les confitures aux dames à la fin du bal[1], un exempt maladroit et étourdi toucha M[r] d'Enghien au visage du bout de son baston ; il saute aussitost à ce baston, l'arrache à l'exempt et le rompt en deux. Il ne demeura pas longtemps sans connoistre sa faute, tellement qu'il alla à M[r] le comte de Saint-Aignan[2], capitaine des gardes de Son Altesse royale, et luy dit en l'abordant : « Mon pauvre Saint-Aignan, un de vos exempts m'a frappé de son baston, et je l'ay saisi et rompu, le voilà en morceaux, » les luy tendant. Mr de Saint-Aignan, mal endurant, répondit : « Monsieur, il faut savoir ce que c'est, et le chastier ; » M[r] d'Enghien réplique : « Voilà le baston. » Et Saint-Aignan, désespéré de cet affront fait à son maistre et à luy, reprit en colère : « L'on en a un autre pour

---

1. « Dans son palais d'Orléans où toute la France s'étoit trouvée, ajoute le Ms. de Vienne, fol. 345 v°. Après qu'on eut beaucoup dansé, la collation de confitures parut, et très-superbe ; on la portoit dans des bassins vermeil doré que les gardes accompagnoient pour empescher le désordre et faire qu'ils passassent où il y avoit des femmes parées. Un des exempts, étourdi, conduisant les porteurs et faisant faire place, toucha M[r] d'Enghien, etc. »

2. François de Beauvillier, comte, et depuis duc de Saint-Aignan, fils d'Honorat de Beauvillier, comte de Saint-Aignan, et de Jacqueline de la Grange.

un écu, » le quitte et va s'informer comme la chose s'estoit passée, pour se plaindre à Monseigneur incontinent après. En ce moment la collation ayant tout mis en désordre, la compagnie se sépare et force gens sortant, en foule et avec grand bruit, à cause qu'un de M^rs d'Elbeuf avoit eu querelle avec Mr de la Feuillade, M. d'Enghien se coula par un petit degré, suivy de ses serviteurs en assez bon nombre[1].

Cependant tous les gens de Monseigneur murmuroient et menaçoient mesme, outrés de l'offense qu'avoit reçue Son Altesse royale, qui prit le parti de la dissimuler et de feindre de ne la point savoir; mesme, à deux jours de là, il alla à Limours sans s'ouvrir à personne de son déplaisir. Durant son absence, Mr de la Rivière fait de grandes plaintes à Mr de Longueville, dit qu'il semble que M^r d'Enghien prenne à tasche de choquer et d'offenser Monseigneur; qu'il n'y a plus moyen de les tenir en bonne intelligence; qu'il ne s'en peut plus mesler : il répète la mesme chose à M^r le Prince, et l'on ne luy répond rien. Monseigneur, de retour de sa maison, ne témoigna point encore son mécontentement, feignant toujours d'ignorer la chose, ce qui fut interpresté qu'il en vouloit la réparation et prétendoit que M^r d'Enghien la luy devoit chez luy. La Reyne en parle au jeune prince, et luy propose d'aller faire des excuses à Son Altesse royale au palais d'Orléans; mais il luy répliqua des civilités : M^r le Prince ne goustoit pas non plus que son fils se fondist en excuses; il protestoit mesme qu'il étoit l'offensé et n'en devoit

1. Voir, à l'Appendice III, une lettre de Grémonville relative aux désordres qui eurent lieu à l'occasion du bal dont Goulas vient de parler.

point. Enfin après beaucoup de propos, raisons, répliques et dupliques, M^r le cardinal gagna sur M^r d'Enghien qu'il le mèneroit chez nous. Ils y vinrent ensemble, mais il n'entra que fort peu de monde dans le cabinet d'où Monseigneur sortit aussitost et s'en alla à Chaillot. L'on m'assura que M^r d'Enghien n'avoit fait aucune excuse, et qu'il avoit été stipulé de la sorte, quoique Son Altesse royale et Mr de la Rivière soutinssent qu'il en avoit fait[1].

Bientost après, l'évesque de Limoges[2] eut commandement du Roy d'aller à son éveschè, et de sortir de Paris dans vingt-quatre heures; il étoit parent de Mme de Senecey et ancien serviteur de la Reyne; homme d'esprit et de mérite, et partant suspect au premier ministre. L'on nous dit plaisamment que sa sœur[3], s'étant aperçue qu'il traisnoit en longueur une affaire qu'elle l'avoit prié de solliciter, alla conjurer la Reyne de le renvoyer à Limoges, parce, disoit-elle, qu'elle ne verroit jamais la fin de son procès tandis qu'il seroit à Paris et à la cour; ce qui luy fut accordé de bon cœur, comme vous pouvez penser : car on le tenoit d'intelligence avec Mme de Senecey et de ceux qui avoient prétendu la première place. Mais la pauvre Mme de Senecey s'étoit brouillée de nouveau, et l'on nous en dit ce sujet : que causant avec Mme de Brienne,

1. Ce petit fait, si bien raconté par Goulas, est rapporté sommairement dans les *Mémoires de Montglat*. (Note de M. Monmerqué.)
2. François de la Fayette, évêque de Limoges en 1627, mourut en 1676. Il était aumônier de la reine. (Note de M. Monmerqué.)
3. Louise Motier de la Fayette, veuve en premières noces de François d'Apchier, seigneur du Cheylar, s'était remariée en 1621 à Claude de Bourbon, comte de Busset, baron de Chaslus. (Note de M. Monmerqué.)

il luy échappa que depuis longtemps elle n'avoit vu à Sa Majesté . . . .
. . . .[1] La Reyne ayant demandé ce qu'elles disoient et le voulant savoir, l'autre innocemment, ou méchamment, avoit répondu que Mme de Senecey luy tenoit tels propos, et s'étonnoit qu'elle fust devenue si curieuse, ce qui fascha la Reyne et avec raison, et dès le lendemain elle s'emporta contre cette dame et luy fit voir qu'elle l'avoit blessée.

C'étoient des bruits du monde, ridicules sans doute et peu vraisemblables, durant lesquels Mr de Guise sollicitoit de toute sa force la lieutenance générale de l'armée de Monseigneur, et il en fut refusé tout à plat, ce qui le piqua de sorte qu'il résolut de se détacher entièrement de Son Altesse royale, car la Reyne luy avoit dit que la chose dépendoit de luy et qu'elle ne s'y opposoit pas. Monseigneur luy offrit le commandement de la cavalerie, qu'il refusa, et fit une faute, au sentiment des vieux courtisans, puisque, acceptant cet employ il se mettoit en passe pour avoir l'année d'après ce qu'il poursuivoit celle cy; enfin il se sépara de nous et s'engagea avec Sa Majesté où il ne trouva pas mieux son compte.

Mais Monseigneur alors ne parloit que de l'armée qu'il mettroit sur pied au printemps, et du grand effort qu'il feroit en Flandre. La fortune luy faisoit beau jeu : tout luy étoit favorable; les ennemis foibles, sans argent, étonnés; l'Empereur avoit été battu par

---

1. Il y a ici une ligne tellement biffée, qu'il est impossible de lire sous la rature. J'ai cru apercevoir ces mots : *de si beaux poincts de.....* (Note de M. Monmerqué.) — Les mêmes ratures existent dans le Ms. de Vienne, fol. 346 v°.

Torstenson[1] et obligé de retirer ses troupes que Lamboy commandoit au Pays Bas; ainsi les Espagnols étant attaqués du costé de Flandre et d'Hollande probablement devoient recevoir un grand échec.

Ce bruit de guerre n'empeschoit pas qu'on ne parlast à la cour du cardinal de Valançay. Il étoit à Aigreville, chez la maréchale de la Chastre, sa sœur, et ne faisoit pas mine de reprendre le chemin de Rome. Il s'excusoit sur une indisposition qui ne paroissoit point, et l'on envoya savoir si véritablement cette indisposition étoit telle qu'il ne pust cheminer, avec ordre à l'envoyé de le faire partir s'il pouvoit souffrir le carrosse, et le conduire hors du royaume.

Mais en ce mesme temps, Mr le cardinal Mazarin qui avoit cru d'estre raccommodé avec le pape et avoir de luy un chapeau pour son frère, apprend qu'il y a huit cardinaux de faits et que le père Mazarin ne l'est pas (jugez quelle nouvelle!). Il avoit envoyé à Rome Mr de Grémonville[2], destiné ambassadeur à Venise pour le Roy, à qui le pape avoit promis non seulement la promotion du père Mazarin, mais mesme qu'il feroit arrester Mr de Beaupuis et l'enverroit en France. C'étoit ce que Mr de Grémonville avoit à traiter avec le pape, et ce qu'il avoit écrit à Mr le cardinal estre fait et assuré. Aussi, comme l'on croit aisément ce qu'on désire, il s'en étoit réjoui et vanté, et durant qu'il triomphoit à faux devant tous les gens, la nouvelle arrive qu'il n'y a pas de chapeau pour son frère, et que le pape s'est

---

1. Léonard, comte de Torstenson, général suédois, mourut en 1651.
2. Nicolas Bretel, seigneur de Grimonville ou Grémonville, né à Rouen en 1606, ambassadeur à Venise de 1644 à 1648, mort à Paris le 26 novembre 1648.

moqué de son ambassade et de sa prétention, ce qui l'abattit extrêmement et le couvrit de honte, les François voyant le peu de cas que l'on en faisoit dans son pays. Néanmoins, espérant toujours que l'autre affaire réussiroit si celle là avoit manqué, il apprend encore que si bien le pape avoit fait arrester Beaupuis, les cardinaux de Florence le protégeoient, et avoient obtenu du cardinal Pancirole[1], son ennemi, qui gouvernoit le pape, qu'il ne seroit point envoyé en France et que sa prison seroit douce et une simple détention, sans qu'on empeschast ses amis de le voir et le divertir. Mais la créance de Mr de Grémonville ayant ainsi été découverte par les ministres du pape, l'on donna rudement sur le cardinal Mazarin, qui songeoit plus à ses intérêts particuliers qu'à ceux de l'État, qui, au lieu d'envoyer à Rome pour apaiser le pape et le rendre favorable à la France durant la guerre ou dans un traité de paix, son agent n'avoit parlé que de satisfaire ses passions et contenter sa vengeance ; que Sa Sainteté l'avoit traité *da poco*, et son neveu Pamphile pris pour dupe, ayant reçu l'abbaye de Corbie[2], seulement afin de fermer la bouche aux François lorsqu'il recevroit des Espagnols l'archidiaconat de Tolède de trente mille écus de revenu ; et qu'après cela toute l'Europe auroit sujet de le regarder avec mépris et ne guère appréhender nos armes qui ne se remuoient que par ses conseils. Mais ce fut plutost son malheur que ces propos qui l'obligea de voir le cardinal de Valançay.

1. Jean-Jacques Pancirole, patriarche de Constantinople, créé cardinal en 1643, mourut en 1651.
2. Le cardinal Camille Pamphile reçut en mars 1645 l'abbaye de Corbie dont Mazarin avait la commende.

Il s'étoit résolu de s'en servir pour se réconcilier avec les cardinaux Barberin et leur faire oublier la rigueur dont il avoit usé envers Antoine; il ne vouloit pas aussi que ce cardinal, terrible prosneur, l'allast déchirer à Rome et achever de le décrier, tellement qu'il luy donna rendez-vous à Villeroy et partit de Paris avec un assez grand cortège.

Deux ou trois jours avant ce voyage, le parlement s'étoit brouillé avec la cour : il avoit fait difficulté de vérifier certains édits, et entre autres celui du toisé des faubourgs de Paris[1], qui révoltoit force gens et sembloit plus odieux; mesme, durant la délibération, le peuple, poussé par les intéressés, cria fort haut dans le Palais, et quelques-uns parlèrent avec une telle insolence que la Reyne, avertie de la rumeur et craignant le mal qui en pourroit naistre, crut qu'on n'en devoit plus parler. Mais messieurs des enquestes, qui s'étoient promis d'emporter cette fois ce qu'ils ont prétendu depuis si longtemps, d'assister à toutes les délibérations importantes qui se font à la grand'chambre, s'y rendirent tous les jours et ce procédé fit cesser toutes les affaires. Enfin ceux de la grand'chambre, voyant cette opiniastreté, s'absentèrent, et eux y allèrent en corps et donnèrent un arrest en leur absence, par lequel ils se mirent en possession de la chose, et le

---

1. D'anciennes ordonnances interdisaient de bâtir hors de l'enceinte de Paris; malgré cette défense, de nombreuses constructions s'étaient élevées dans les faubourgs. Un arrêt du Conseil, en date du 27 janvier 1644, ordonna de *toiser* les bâtiments élevés hors de l'ancienne enceinte, et de faire payer à ceux qui en étaient détenteurs une amende calculée d'après le nombre de toises. Telle fut l'origine de l'émeute dont parle ici Goulas.

greffier ne se trouvant pas, l'un d'eux prit la plume et l'écrivit dans le registre. Cette nouveauté étant sue au Palais Royal, la Reyne tonne et se plaint à tous les gens, veut chastier les coupables, mande le parlement et le fait vesperiser par M^r le chancelier, lequel traita fort sévèrement les Enquêtes ; et comme le président Gayan se mit en devoir de répliquer, Sa Majesté luy commanda de se taire, protesta qu'ils faisoient des cabales et se plaignit mesme que quelques-uns avoient des intelligences hors du royaume et qu'elle en étoit avertie depuis longtemps. Le lendemain le président eut ordre d'aller à Montargis, Quelin[1] en un autre endroit, Le Comte[2] en une certaine ville éloignée, et le président Barillon[3] fut arrêté par un officier des gardes qui le fit promptement partir pour Pignerol, sans luy permettre de mener sa femme, ni aucun de ses enfants. La Reyne pourtant s'adoucit bientost pour luy, et son conducteur reçut une lettre du Roy où il luy étoit ordonné d'attendre à Montargis un nouveau paquet.

Messieurs du parlement, piqués de cette proscription, furent en corps chez la Reyne pour demander leurs confrères, et elle leur fit dire qu'elle ne les verroit pas ; en effet elle se trouvoit mal. Le lendemain, au lieu d'entrer, ils retournent vers Sa Majesté, qui refuse encore de les admettre en sa présence ; et l'on dit alors dans la cour que, par les intelligences que quel-

---

1. Nicolas Quelin, conseiller.
2. Charles le Comte-Montauglan, conseiller.
3. Jean-Jacques Barillon, seigneur de Chastillon-sur-Marne, fils de Jean Barillon, conseiller au parlement, et de Judith de Mesmes, était président aux enquêtes.

ques-uns avoient hors du royaume, elle avoit entendu que le président Barillon entretenoit commerce de lettres avec Mr de Vendosme, et que néanmoins il n'y avoit rien eu qui méritast cette rigueur, et que ses ennemis, ne luy pouvant rien objecter d'essentiel, l'accusoient d'avoir soufflé le président Gayan et inspiré son catonisme à plusieurs de ses confrères. Quand il partit, le peuple le bénit par les rues, pleura sa disgrâce, luy donna mille louanges, et quelques-uns dirent tout haut qu'il étoit persécuté parce qu'il s'opposoit aux injustices de la cour et à l'oppression des pauvres ; ce qui blessa extrêmement le Palais Royal, qui vouloit que l'on crust que la Reyne, par pure bonté, s'étoit déportée du toisé, et non pas pour le vacarme du parlement et les intrigues de Barillon. Force honnestes gens le furent voir nonobstant sa disgrâce, qu'il porta en homme de cœur et en chrétien.

Après ce fracas, Monseigneur partit pour Bourbon, et l'on disoit : malgré luy, parce qu'il étoit persuadé que les eaux ne luy pouvoient encore faire de bien ; mais La Rivière le tourmentoit pour le faire aller promptement, dans la crainte que Mlle de Saint Maigrin, que Son Altesse royale aimoit alors chèrement, le gagnant tout à fait, la Reyne et M^r le cardinal le considérassent moins et s'adressassent à elle, quand ils auroient à luy faire dire des choses où ils ne voudroient point qu'il eut part.

Ce fut en ce temps là, vers Pasques, que la princesse Anne[1], ayant perdu l'espérance d'épouser Mr de Guise, se maria brusquement avec un prince de la

---

1. Anne de Gonzague-Clèves, fille du feu duc de Mantoue.

maison Palatine. Il y eut peu de cérémonie à ce mariage, et la plupart disoient : nul contrat, peut estre à cause qu'il la prenoit avec ses droits seulement, et qu'il ne savoit où assigner le douaire. Nos princes étrangers donnèrent fort sur les mariés, et s'efforcèrent de les rendre ridicules, mesme de mettre la Reyne de mauvaise humeur contre eux, à cause qu'ils n'avoient point parlé de leur noce à Sa Majesté. Ils craignoient que ce Palatin, s'établissant en France, ne fist valoir les prérogatives de la maison électorale et ne demandast à les précéder. Il eut commandement d'aller à Dieppe attendre les ordres de la cour, et M^r d'Enghien, prenant sa protection, parla à la Reyne en sa faveur, et fit tous ses efforts pour luy faire obtenir ce qu'il désiroit.

L'on commençoit d'avoir bonne espérance du mariage de la princesse Marie, sœur de cette princesse Palatine, avec le roy de Pologne, et M^r le cardinal avoit dessein de l'obliger, et luy mettant une couronne fermée sur la teste, la mettre tout à fait dans ses interests pour en tirer ses avantages.

Cette année et cette saison produisirent bien des noces d'éclat, car Mlle de Rohan[1] se déclara, et fit entendre à madame sa mère qu'elle vouloit épouser Mr de Chabot[2]. Là dessus, Mme de Rohan s'emporte, crie,

1. Marguerite de Rohan, princesse de Léon, fille de Henri, duc de Rohan, chef du parti protestant sous Louis XIII, mourut le 9 avril 1684.
2. Henri Chabot, fils de Charles Chabot, seigneur de Sainte-Aulaye, et d'Henriette de Lur. — Mlle de Montpensier dit qu'en 1637, Chabot, alors gentilhomme de Monsieur, « étoit si mal dans ses affaires, qu'il étoit bien heureux d'avoir son ordinaire à la table de Goulas. » (*Mémoires,* t. I, p. 27.) Plus loin, Mademoiselle donne des détails assez complets sur le caractère et les habitudes de ce gentilhomme qui, à la suite de son mariage, devint duc de Rohan.

peste, soutient que quand mesme sa fille auroit failli, elle ne devoit point passer outre, et hésiter de se servir de la raison de Mlle du Tillet à Mme Vignier en une rencontre de cette nature : car cette dame luy allèguant l'honneur et la réputation si nécessaires aux femmes et que les noces seulement les leur peuvent conserver après une faute, elle luy répondit qu'une folie semblable à la sienne ne se couvroit ni ne s'excusoit, parce que si Dieu qui étoit bon pardonnoit le péché, le monde toujours injuste et malin ne pardonnoit jamais ces sortes de fadaises; ce qui soit dit sans mettre en parallèle Mlle de Rohan et Mr de Chabot, seigneur de haute naissance, avec M^{r} et Mme Vignier, et sans noircir la vie de la princesse qui étoit sans tache. Mme de Rohan donc présente requeste au parlement à ce qu'il fut fait défense à tout prestre et à tout ministre de marier mademoiselle sa fille et Mr de Chabot; mais elle fut fort étonnée quand elle apprit que la cour favorisoit ce mariage, et que la Reyne et Monseigneur avoient signé le contrat[1]. M^{r} d'Enghien demanda un brevet de duc pour l'accordé, et l'on dit néanmoins que Monseigneur avoit fait la chose parce que M. de Chabot étoit son domestique; ce qui obligea les rieurs de la cour de débiter cette plaisanterie que Monseigneur ayant fait un duc, il étoit raisonnable que M^{r} d'Enghien eust le sien, et en fist un comme luy.

Sur ces entrefaites Son Altesse royale partit pour aller commander l'armée de Flandre, et se rendit en

1. « Mme de Rohan eut beau crier et s'opposer, dit Saint-Simon (t. I, ch. 39), sa fille avoit vingt-huit ans; appuyée de Monsieur, de M. le Prince, et de l'autorité de la reine régente, elle fit à sa mère des sommations respectueuses, et se maria. »

diligence à Calais[1]. Les troupes avoient filé à Ouatte, abbaye près de Saint Omer que nous avions fortifiée[2]. Là le dessein fut pris de passer la Colme, rivière proche[3], laquelle couvroit le pays ennemi et le garantissoit de nos insultes. Les Espagnols avoient fait un bon retranchement de leur costé qu'ils gardoient et pendant plus de deux lieues, mais l'on perdit deux ou trois jours à prendre de petits chasteaux et conduire le canon qui ne marchoit que malaisement et lentement à cause des chemins rompus et des pluies, au lieu de donner brusquement au passage. Ainsi les ennemis eurent moyen de faire avancer leur meilleure infanterie et d'asseoir leur canon aux endroits où nous pouvions passer. En effet lorsque nos gens approchèrent et travaillèrent pour se loger sur le bord de la rivière, ils en blessèrent et tuèrent quelques-uns, mesmement à la batterie qui fut commencée, laquelle n'étant point à l'épreuve, parce qu'on n'avoit eu que six heures pour la faire, laissoit les nostres exposés à leur mousqueterie et à leur canon. Enfin n'y ayant pas lieu d'espérer de rien faire en cet endroit, le conseil de guerre conclut à la retraite; le canon fut emmené la nuit du 10 au 11ᵐᵉ juin, et le matin toute l'armée retourna sur ses pas, et Monseigneur à Ouatte. Mais les ennemis, nous voulant donner sur la queue, passèrent la rivière en foule et se saisirent de notre batterie vide et d'une église qui étoit auprès; il est

---

1. Monsieur partit pour l'armée le 28 mai 1645.
2. Watten, ville de Flandre, sur l'Aa, autrefois siège d'une abbaye de l'ordre de Saint-Augustin.
3. La Colme est un bras de la rivière d'Aa, qui passe à Bergues-Saint-Vinoc, et se jette dans la mer au port de Gravelines.

vray que, criant victoire, l'arrière garde tourna visage et fondit sur eux si brusquement qu'elle les recogna plus vite que le pas, et en tua cent ou six vingts ; elle eut plus de soixante prisonniers, mais peu de marque.

Nous reçûmes beaucoup d'incommodité durant notre marche, parce que Son Altesse royale avoit fait laisser les équipages, et le pain fut si rare parmi nous que tel soldat fut deux jours entiers sans en voir. Les gens du métier blasmoient nos généraux, soutenant que le dessein avoit été mal exécuté, et que l'on auroit passé la rivière et surpris l'ennemi si l'on se fut conduit selon les règles ; mais il est à croire qu'ils ne voulurent point hasarder un combat général, Piccolomini[1] ayant résolu de le donner plutost que de perdre ce qui conservoit la Flandre au roy d'Espagne, c'est à dire les places de la mer, Dunkerque et Mardick, que nous eussions pris indubitablement, passant la Colme au temps que nous nous y présentasmes. Je ne puis oublier que Son Altesse royale se présenta à la batterie des ennemis et monta sur un clocher pour découvrir leur ordre, où il fut tué plusieurs soldats près de luy. Étant de retour à Ouatte, l'on publia que nous n'avions pas eu dessein de passer la rivière, mais de le faire croire aux ennemis, afin qu'ils missent toutes leurs troupes ensemble pour nous attendre et nous combattre, pendant quoy les Hollandois attaqueroient une grande place, et nous prendrions la Mothe[2], en Lorraine, qui ne seroit point secourue.

1. Octave Piccolomini, né en 1599, était d'origine italienne. Nommé feld-maréchal en 1648, puis prince de l'empire et duc d'Amalfi, il mourut à Vienne en 1656.
2. Cette place fut prise par le marquis de Villeroy le 7 juillet

ANNÉE 1645. 91

Ce fut en ce temps que Monseigneur reçut l'avis de la prise de Roses que les Espagnols avoient résolu de sauver, à cause qu'elle est la clef du Roussillon[1]. Ils y avoient mis l'élite de leurs forces, seize cents hommes choisis entre tous les braves de l'Espagne, mais n'ayant pu y jeter de secours par mer, toutes leurs galères étant occupées sur les costes de Naples et de Sicile, Mr du Plessis-Praslin s'en rendit maistre et en fut fait maréchal de France[2].

Nonobstant le bruit semé par nos généraux qu'ils n'avoient point songé à passer la Colme, l'on connoissoit à leur visage qu'ils ne parloient pas selon leur pensée; ils étoient embarrassés, inquiets, de mauvaise humeur, enfin comme des gens qui ne savent quel parti prendre, car ils n'osoient avancer vers le Lys[3], n'étant pas possible de vivre sans de grands convois, et l'on n'y en pouvoit mener. M[r] le maréchal de Gassion désespéré se consoloit par dire que s'il eust été cru, l'on auroit passé la Colme, puisque l'on ne se seroit point amusé à prendre de petits chasteaux et perdre du temps devant des bicoques, ce qui alloit à Mr de Rantzau qu'on tenoit l'avoir conseillé, peut-estre à l'instigation de ceux qui craignoient de s'engager à un combat

---

1645, après un siège de deux mois. Elle fut démantelée et rasée de sorte qu'il n'en resta plus de vestige. (*Mémoires de Montglat*, collect. Petitot, 2ᵉ série, t. L, p. 13.)

1. Roses ou Rosas, ancienne Rhoda, ville forte d'Espagne, au pied des Pyrénées, dans la province de Girone, en Catalogne, capitula le 29 mai 1645, après quarante-neuf jours de tranchée ouverte.

2. César de Choiseul, comte du Plessis-Praslin, et depuis duc de Choiseul, était né à Paris en 1598; il mourut en 1675.

3. La Lys prend sa source en France, à Lisbourg (Pas-de-Calais), à 15 kil. S.-O. de Béthune.

général. Les maréchaux de camp se plaignoient de ce qu'ils n'avoient pas l'entrée au conseil de guerre, et avec justice, et leur chagrin s'attachoit à Mʳ de la Rivière, parce que, la campagne précédente, il avoit témoigné que, vu leur multitude, le secret ne pouvoit estre gardé, et les résolutions étoient aussitost divulguées; mais celuy cy voulant que Mʳ le cardinal ne fut averty que par luy, il craignoit que ses créatures ne le prévinssent et luy donnassent toujours les premiers avis.

Là dessus, le bruit court que Mʳ de Villequier[1] est mécontent et s'est résolu de ne plus retourner à l'armée, et il est vray qu'il avoit eu l'ordre de passer la Colme et travailloit à acquérir cette gloire. Cependant l'armée marche vers Cassel[2], afin d'amuser les Espagnols et leur donner jalousie de cette place, et pour les embarrasser tout à fait, Mʳ de la Ferté-Imbault, qui étoit près d'Ardres[3], avec quatre mille hommes, eut ordre de passer de l'autre costé de Saint-Omer, comme si Son Altesse royale l'eust voulu attaquer; et puis ce corps assez considérable s'étant joint à nous, toute l'armée marcha à Estaples, près de Cassel[4], et Mʳ de Rantzau feignit d'occuper un poste

1. Antoine d'Aumont, depuis maréchal et duc d'Aumont, second fils de Jacques d'Aumont, baron de Chappes, et de Charlotte-Catherine de Villequier, mourut le 11 janvier 1669.
2. Cassel, aujourd'hui chef-lieu de canton du département du Nord.
3. Ardres, aujourd'hui chef-lieu de canton du Pas-de-Calais, est située à 23 kil. N.-O. de Saint-Omer et à 16 kil. de Gravelines.
4. Étaples, à 4 kil. de l'embouchure de la Canche, possédait alors un vaste port aujourd'hui envahi par les sables. Mais il s'agit probablement ici de Staple, petite localité voisine de Cassel.

pour l'assiéger. Mr Piccolomini, ayant avis de cecy, décampe de Lobergue¹, et vient promptement avec son infanterie, afin de jeter quelques gens dans Cassel, s'approcher de Lamboy, et je l'entendis dire à un prisonnier, lequel soutint que toute la nuit l'on avoit battu à l'espagnole et à la walonne du costé qu'étoit leur armée, et il en assura Mr le maréchal de Gassion qui l'interrogeoit et luy demandoit des nouvelles avec beaucoup d'empressement, dans la crainte que Piccolomini n'eust pas branlé pour toutes ses marches et ses ruses, car se tenant coy, Mr de Villequier n'auroit rien fait.

Celuy cy donc passa la rivière de Colme par des marais presque inaccessibles, où il falloit aller près d'une lieue dans l'eau jusques aux aisselles, et il se retrancha à la vue de quelques soldats des ennemis qui étoient venus de Bourbourg². Il fut là combattu assez opiniastrement, parce que le régiment de Picardie y étoit arrivé le matin et cinq cents chevaux qui furent suivis d'autres troupes, et les ennemis reçurent un grand secours d'infanterie et de canon qui incommoda beaucoup nos gens, jusques là que n'en voulant plus manger, parce qu'ils n'avoient point mangé depuis vingt-quatre heures, et mesme les officiers jugeant impossible de rester davantage, battus qu'ils étoient de l'artillerie, ils minutoient donc la retraite avec raison ; mais les ennemis décampèrent la nuit, et à la pointe du jour Mr de Gassion ne voyant plus rien à l'arrester, les suivit et donna sur la queue aux dépens

1. Loo-Berghes.
2. Bourbourg, aujourd'hui chef-lieu de canton du département du Nord, est situé à 20 kil. S.-O. de Dunkerque.

des paresseux. Il y étoit arrivé dès l'après disnée et y avoit fait des merveilles de la teste et du bras; et considérez, je vous prie, combien il est important à la guerre de ne pas perdre un moment : si les Espagnols n'eussent point branlé, nous nous retirions, car l'ordre en étoit donné; nous recevions une honte extrême et nos desseins s'en alloient en fumée et avortoient, car nous n'eussions jamais pu passer la Colme, ni la Neuve-rivière pour aller à Mardick[1], l'armée de Piccolomini étant forte, bien retranchée et en toute sureté, ayant les canaux devant elle.

Aussitost Mr de Gassion fit faire à Lobergue le pont pour passer le corps d'armée que Mr de Rantzau conduisoit, et Son Altesse royale, qui étoit à Ouatte, en partit et alla par Gravelines investir Mardick où l'on commença la circonvallation, qui fut faite très bonne, à cause que les ennemis étoient proches et postés le long de la rivière de Dunkerque, qu'ils pouvoient passer à toute heure. Cette marche par Gravelines donna occasion aux braves de la cour de murmurer; ils disoient qu'elle avoit toutes les marques de peur et qu'il sembloit que Son Altesse royale voulust laisser la gloire au maréchal d'une si belle action que ce passage de rivière à la barbe de trente mille ennemis. Et certes notre maistre courut beaucoup de fortune par le chemin, les volontaires de Saint-Omer l'ayant pensé tirer

---

[1]. Mardick n'est plus aujourd'hui qu'un village du département du Nord, à 8 kil. O. de Dunkerque. On sait qu'en vertu du traité de la quadruple alliance, les Anglais obtinrent la destruction de cette place forte en 1718. — Sur le siège de Mardick, voir les *Mémoires de Gourville*, p. 218 et 219, et Désormaux, *Histoire de Louis de Bourbon, prince de Condé*, t. I, p. 305 et suiv.

et tuer, et n'eust été qu'ils virent de notre infanterie assez près, qui les eust coupés, il étoit mort et la plupart de nous autres qui l'accompagnions. Il n'alla pas par Lobergue dans le doute que Piccolomini ne le prist et ne le combattist sans qu'il pust mettre ses forces ensemble.

Ce fut en ce temps que nous pensasmes nous bien brouiller avec M^r le Prince d'Orange, sur le sujet des vaisseaux que l'on avoit demandez à M^{rs} des Etats, car au lieu d'aller à luy qui étoit l'amiral, on s'adressa au conseil. L'on m'assura pourtant que ç'avoit été de dessein, dans la créance que le prince ne goustoit point nos conquestes vers la mer, et le Roy vouloit que l'armée navale de Hollande favorisast nos sièges, comme elle fit. La circonvallation achevée en douze jours, nous ouvrismes notre tranchée, et les ennemis ne firent pas trop bien, quoique leur canon fust merveilleusement servy quand ils étoient en humeur de foudroyer. Ils tirèrent assez mollement, et voyant au bout de deux jours Mr de Rantzau sur leur contrescarpe et vingt-deux pièces de canon en batterie, ils s'étonnèrent. Il arriva là une chose assez plaisante : M^r de .....[1], nouveau général de la cavalerie, étant venu à l'attaque de Mr de Gassion, celuy cy, à qui il refusoit d'obéir, luy demanda où il avoit mis sa garde ; il luy répondit qu'elle étoit derrière dans les dunes ; le maréchal qui avoit vu les laquais des volontaires, gardant les chevaux de leurs maistres en cet endroit, luy fit dire qu'elle y étoit, afin qu'y allant, comme il fit après, et y trouvant

---

1. Le nom manque dans le Ms. de Paris ; celui de Vienne ne mentionne pas cette anecdote.

ces honnestes gens, il apprestast à rire à tout le monde. Il le mena par honneur à cinquante pas de la place pour luy montrer l'ordre de son attaque, et parla souvent assez haut, peut estre afin de le faire tirer, et il fut remarqué qu'il avoit là auprès des compagnies de son régiment de cavalerie, ne se fiant que médiocrement au nouveau général. Le deuxième jour après la tranchée ouverte, un Italien sortit qui assura qu'il n'y avoit dedans que cinq cents hommes; il mentoit, mais il dit de véritable que la garnison étoit fort piquée de ce que Mr Piccolomini ne se mettoit point en devoir de la secourir. Nos vieux routiers jugeoient que n'espérant pas de conserver la place, il craignoit qu'y mettant de sa bonne infanterie, l'on ne l'obligeast de faire une capitulation d'aller en Espagne, et c'étoit la perdre dans un temps qu'il en avoit plus de besoin.

Pendant que nous travaillions icy aux lignes, l'on attaquoit vertement la Mothe en Lorraine[1], et nonobstant sa brave résistance, il fallut qu'elle capitulast. Mais il couroit un bruit dans notre camp à nous inquiéter : que les parlementaires d'Angleterre, ayant battu l'armée de leur roy, vouloient secourir Mardick et le feroient malgré nos vaisseaux hollandois que nous tenions devant le port. On ne leur en donna pas le loisir, car nous l'eusmes après cinq jours de tranchée ouverte par une assez plaisante aventure. L'on avoit commandé un sergent pour sonder le fossé, lequel s'en acquitta en homme de cœur; les ennemis le voyant agir très exactement s'imaginèrent qu'on l'alloit combler et que l'on donneroit l'assaut inconti-

---

1. Voir plus haut, à la fin de la p. 90.

nent après, si bien que, sans autrement raisonner et attendre des nouvelles de leurs gens qu'ils voyoient à portée de canon de nos lignes, ils battirent la chamade[1], parlementèrent et firent leur capitulation. Ils sortirent le lendemain 10me juillet, laissant le canon et leurs drapeaux, à deux près, c'est à dire qu'ils s'opiniastrèrent de réserver, et un autre que Son Altesse royale donna au capitaine, pour l'avoir vu bien faire à Gravelines et l'avoir eu là en otage pendant le traité. Il y avoit dans ce fort quelque huit cents hommes, Espagnols, Italiens, Allemands, Wallons, ce qui les ruina d'estime dans notre armée, s'étant si mal défendus et se pouvant si bien défendre.

Ce fut en ce temps que l'on s'entretint extrêmement à la cour de l'affaire de Mme de Rohan, et chacun admira qu'elle présentast un enfant inconnu pour se venger de Mademoiselle sa fille qui avoit épousé Mr de Chabot contre son gré[2]. Elle alléguoit que cet enfant

---

1. Expression militaire. *Battre la chamade* veut dire : donner un signal avec le tambour ou la trompette pour avertir qu'on veut traiter avec l'ennemi.
2. Voir plus haut, p. 87 et 88. — La duchesse douairière de Rohan avait eu, son mari vivant encore, un fils dont la naissance avait été celée, soit qu'elle fût illégitime, soit que le duc de Rohan eût voulu, comme on le prétendit, en dérober la connaissance au cardinal de Richelieu. Mais, en présence du mariage de sa fille, Mme de Rohan crut le moment venu de la révéler, ce qu'elle fit en présentant, le 26 août 1645, requête à la chambre de l'édit, tendante à faire reconnaître la légitimité de son fils. Après une procédure de plusieurs mois, un arrêt par défaut du 26 février 1646, rendu au profit des Rohan-Chabot et de quatre-vingts parents contre la duchesse douairière et celui qu'elle proclamait son fils, rejeta sa demande et défendit au jeune Tancrède de se prétendre fils du feu duc de Rohan, et à la duchesse douairière, comme à tous autres, de lui en donner la qualité.

avoit été supprimé de l'ordre de son feu mari, craignant que Mr le cardinal de Richelieu ne s'en saisist afin d'oster un chef aux huguenots; qu'elle ne l'avoit pu montrer depuis la mort du cardinal, à cause que sa fille l'avoit fait enlever par Mr de Barrière[1]; que celuy-cy l'avoit tenu caché en Hollande par le moyen de son frère, qui y commandoit une compagnie d'infanterie, et qu'elle n'avoit pu découvrir où il étoit. Certes il n'y avoit rien que de plausible, car outre que Barrière étoit serviteur et parent de Mlle de Rohan, il étoit cousin germain de Chabot qu'elle témoignoit d'aimer assez pour en faire un mari; en telle sorte que cet enfant ne pouvoit paroistre au jour sans embarrasser son cousin et ruiner une princesse dont il avoit l'honneur d'estre parent. Madame de Rohan, ayant découvert où il étoit, envoya exprès en Hollande un gentilhomme qui l'amena à Calais, et aussitost ils dépeschèrent à Son Altesse royale pour le prier de le voir et le traiter de duc de Rohan, ce qu'il refusa tout à plat, autant de peur de nuire à Mr de Chabot, que par déférence envers la Reyne, laquelle ne goustoit point cette comédie. Et c'est une chose étrange que l'envie de toute la cour contre ce gentilhomme d'illustre naissance et plein de mérite : les grands, les médiocres, les petits, les parents et les amis de la maison de Rohan, tous voulurent reconnoistre cet inconnu, afin d'empescher qu'il [Mr de Chabot] ne jouist paisiblement du bien, n'ayant pu empescher son bonheur;

---

1. Henri de Taillefer, seigneur de Barrière, était capitaine au régiment de la Marine. Il fut fait maréchal de camp en 1649. Son frère, N. de Taillefer, seigneur de la Salvetat, servait en Hollande.

et l'on crut que Mr de Miossens[1] porta Mme de Rohan à s'opiniastrer si fort et si longtemps contre sa fille. J'ai su que comme l'on agitoit au Palais Royal si le Roy verroit ce fils d'outremer, un homme de qualité dit tout haut : « Et pourquoy non? Pourquoy luy refuser de partager avec sa sœur, s'il est aussi légitime qu'elle? » Et en effet il avoit une marque comme feu Mr de Rohan, un toupet de cheveux blancs sur le haut de la teste, et il disoit qu'il n'avoit jamais cru estre autre qu'un grand seigneur. Quelqu'un s'étant moqué de ce qu'il parloit fort mal françois, il dit que l'on avoit travaillé durant son enfance à empescher qu'il ne le sust, parce qu'il n'avoit point à manger quand il en demandoit en cette langue.

Mardick pris, l'on n'eut point tant de haste que d'abattre les lignes et les tranchées et de le bien réparer, et Monseigneur en donna le gouvernement à Mr de Clanleu, lequel faisoit difficulté de l'accepter. Il le prit enfin, à condition qu'il auroit aussi Linck, fort sur une pointe de terre où la Colme se sépare en deux bras, dont l'un s'appelle la Basse et l'autre la Ouest-Colme, qui va à Bourbourg.

Le fort de Linck fut aussitost attaqué par Mr de Lambert avec trois mille hommes détachés, et Mr de Gassion, toujours affamé de gloire, ne manqua pas de se transporter à ce siège et d'y vouloir faire tout; aussi la fortune le paya-t-elle de sa folle ambition, car nos gens étant logés sur le bord du fossé, comme il

---

[1]. César-Phœbus d'Albret, comte de Miossens, fils d'Henri d'Albret, baron de Miossens, et d'Anne de Pardaillan, fut maréchal de France.

voulut luy mesme faire passer le mineur dans un bateau et couler ce bateau dans le fossé, s'occupant à cette fonction si peu d'un général d'armée, il fut frappé au dessus du poignet d'une balle qui luy perça le bras. Le lendemain les assiégés demandèrent à capituler et se rendirent enfin prisonniers de guerre. Jamais place ne fut d'un si difficile accès ; il y falloit aller à découvert, le long d'une digue, et c'étoit un miracle comment ils ne tuoient point tout ce qui entroit en garde et visitoit la tranchée. Mr de Vitry y acquit de l'honneur[1]. L'on jugea à propos, pour faire ce siège, de changer l'assiette du camp, et l'armée fut mise sur une ligne, depuis l'église où campoit Mr de Rantzau durant l'attaque de Mardick, jusqu'à la rivière de Colme ; et c'étoit pour épauler toujours Mardick, lequel couroit fortune de se perdre, s'il n'étoit couvert de nos troupes.

Mr de Rantzau fut fait alors maréchal de France, quoique Son Altesse royale eut apporté la patente de Paris ; mais dès le lendemain qu'il eut ce désiré baston, il donna une belle preuve de sa sobriété accoustumée, car ayant prié à souper tous les hauts officiers et Mr de la Rivière, et sachant que Son Altesse royale s'y devoit trouver comme par rencontre, il ne laissa pas de visiter l'amiral d'Hollande à son bord, qui pour se réjouir de la promotion s'enivra et mit le nouveau maréchal en tel état qu'il oublia son festin, ses amis et le généralissime, Son Altesse royale, et l'on eut toutes les peines du monde à l'empescher d'aller prendre Dunkerque, dans

1. François-Marie de l'Hôpital, marquis de Vitry, fils aîné du maréchal de Vitry, mort le 9 mai 1679.

l'esquif, avec quatre matelots et un soldat. Les conviés, s'étant rendus à son logis, l'attendirent jusques à neuf heures du soir, et voyant qu'il n'en étoit nulle mention, s'en revinrent chacun chez soy pour souper; et sans mentir il n'en fut point défait le lendemain, ni les jours suivants, car c'est gloire en Flandre et en Allemagne de se divertir de cette manière.

Après la prise de Linck et la blessure de Mr de Gassion, il fut résolu qu'on attaqueroit Bourbourg, et l'on se campa toujours de telle sorte que l'armée assuroit Mardick, dont l'on tenoit la reprise aisée aux ennemis jusques à ce que le fort de Bois, sur le canal, fust refait. Le Bourbourg se devoit défendre à merveille; il y avoit quinze cents hommes, de bons dehors, des vivres et des munitions en abondance, et l'on croyoit qu'il dust arrester l'armée trois semaines. D'abord ils firent grand feu et si bonne mine que l'on se persuada qu'ils se défendroient mieux que les autres; mais, au joindre, ils se démentirent et en trois jours se laissèrent prendre et leurs beaux dehors et leurs demi-lunes; ainsi n'ayant plus qu'un fossé et une assez mauvaise muraille, ils capitulèrent et se rendirent prisonniers de guerre, comme ceux de Linck[1]. Mr de Rantzau y fut blessé au dessous de l'oreille; Douglas[2], nouveau maréchal de camp, et quelques autres très favorablement.

La bonté et l'indulgence de Son Altesse royale y causa un grand désordre, car ayant octroyé aux aides de camp les chevaux de deux compagnies

1. Bourbourg fut pris le 9 août 1645.
2. Jacques, comte de Douglas, fut tué au combat d'Alving le 21 octobre 1645.

de cavalerie qui faisoient partie de la garnison, sous prétexte d'en faire la perquisition, l'on pilla le bagage et les chevaux des officiers, qui étoient contraints de sortir à pied et venir ainsi à Gravelines, si Mr de la Feuillade[1] ne leur en eut fait donner des siens et de ceux de ses amis. Nos gens passèrent à d'autres excès, et Son Altesse royale fut obligée d'en tirer les gardes françoises, et d'y faire entrer quatre compagnies de Suisses, des Molondins[2], mesme il y alla le lendemain pour y donner l'ordre nécessaire. Tous ces officiers walons, que l'on avoit si mal traités, se plaignirent hautement de cette contravention, et Mr Piccolomini ne s'en tut pas. Ainsi Monseigneur en renvoya quelques uns chez eux sur leur parole, moyennant qu'ils ne servissent point dans leur parti de toute la campagne, et cette faveur n'adoucit en aucune façon l'amertume de la perte de l'équipage. Les autres furent conduits à Rouen avec toute leur soldatesque.

Après la prise de cette place, l'on ne parla plus parmi nous que de faire quelque belle conqueste en Flandre, et Mr de Villeroy fut mandé avec un corps de cinq mille hommes afin d'épauler Mardick et assurer nos conquestes. Cependant l'on bastissoit force ponts et l'on se mettoit en état de faire une grande marche. Néanmoins les volontaires pour la plupart avoient pris congé, à cause que la cour vouloit absolument

---

1. Léon d'Aubusson, comte de la Feuillade, fut tué à la bataille de Lens.

2. Du régiment suisse de Molondin. Jacques d'Estavayé-Molondin, colonel d'un régiment suisse de son nom en 1635, le résigna en 1645 à son frère, Laurent d'Estavayé-Montet.

qu'on assiégeast Cambray, et Monseigneur s'y opposoit et l'emporta enfin, dans la créance qu'il étoit meilleur de pousser sa fortune en Flandres. Mʳ de la Rivière m'a dit depuis qu'il y exhortoit son maistre de toute sa force, et qu'il y résista toujours.

Beaucoup de gens luy conseilloient alors de s'en retourner, sous prétexte des désordres de Languedoc, quoiqu'il n'eut pas branlé pour les couches de Madame, peut estre à cause qu'elle ne luy avoit fait qu'une fille[1]. Cette grande province, dont il avoit le gouvernement, étoit au désespoir à raison des excès des maltostiers et de la crue des maltostes; aussi les obligèrent ils de vider de Montpellier, où le peuple s'étoit soulevé et armé contre eux; et sur le bruit qui y courut que Mʳ le maréchal de Schomberg, lieutenant général de Son Altesse royale dans la province, avoit mandé le régiment de Normandie pour chastier leur désobéissance, les villes des Cevennes et du Vivaretz leur écrivirent de ne rien craindre, et qu'ils seroient soutenus et secourus à temps; l'on brouilloit mesme d'une association de plusieurs villes pour ne plus souffrir de partisans et d'imposts nouveaux, chose de pernicieuse conséquence dans une minorité et durant la guerre étrangère, si bien qu'il sembloit que la présence du lieutenant général de Sa Majesté y fust nécessaire, parce qu'en bonne politique, il falloit éteindre ce feu quand il commençoit et avant son progrès.

La cour désirant ce voyage, afin d'y obliger Son

1. Madame était accouchée, le 28 juillet 1645, d'une fille, Marguerite-Louise d'Orléans, qui épousa, le 19 avril 1661, Cosme de Médicis, grand-duc de Toscane, et mourut à Paris le 17 septembre 1721.

Altesse royale et son ministre qui ne le vouloient point, prit le parti de se plaindre d'eux, disant que l'armée, grande et belle à merveille, n'avoit encore rien fait de beau ; qu'elle avoit pris deux forts et une ville champestre et en étoit demeurée là ; que la dépense prodigieuse seroit bien mal employée, si l'on prétendoit borner les conquestes de la campagne à ces trois chétives places ; et M' le cardinal, qui prétendoit charger Monseigneur du mécontentement et des murmures de tant de millions dépensés, appuyoit ces prosnes et les souffroit en ses serviteurs. Il y avoit eu mesme quelque dégoust touchant les gouvernements des places conquises, et la cour eust voulu donner le second, ayant laissé à Monseigneur la disposition de celuy de Mardick. Enfin, elle n'étoit point satisfaite de la conduite de M' de la Rivière, dont la hauteur et la fierté ne se pouvoit plus souffrir, et Mrs de Lambert et de Besançon en avoient dit assez partout pour le mettre en peine et luy causer beaucoup de martel. Aussi quand je pris congé de luy à Gravelines, lorsque Monseigneur partit pour entrer en Flandre, une fièvre éphémère m'obligeant à regagner ma maison, il ne put s'empescher de me témoigner son embarras, et me pria de débiter plusieurs choses qui me découvrirent son inquiétude. Je m'en acquittay fidèlement et je le servis du mieux que je pus. Pour se rajuster avec l'Éminence, il promit que Monseigneur se rendroit à Paris à point nommé et accompagneroit le Roy au parlement[1].

---

1. « Où le conseil avoit résolu qu'ils iroient avant les vacations et y feroient vérifier force édits. » (Ms. de Vienne, fol. 353 r°.)

Cependant l'armée entra en Flandres le 21me août et prit Cassel, Merville[1] où elle passa le Lys, Béthune[2], Saint Venant[3], et quelques autres bourgs de peu de considération, ce qui néanmoins devoit estre compté pour beaucoup, nos troupes pouvant prendre, comme elles firent, leurs quartiers d'hiver dans le pays ennemy, ce qui n'avoit point encore été fait durant toute la guerre. Mais le service que rendit icy Mr de la Rivière fut d'empescher nos généraux de s'étrangler, et d'employer tout le crédit qu'il avoit auprès d'eux et de son maistre pour faire que le service du Roy ne fut point retardé ni intéressé par leur mésintelligence. L'on remarquoit qu'il n'avoit jamais possédé si absolument Son Altesse royale, et qu'il s'étoit fait l'arbitre de tout dans l'armée; et, en cette humeur, il s'avisa d'une chose qui choqua extrêmement le cardinal, car il conseilla à Monseigneur d'écrire à Mr de Choisy, son chancelier[4], et se plaindre du chancelier de France et du controleur général sur ce qu'ils différoient de luy rendre justice touchant la succession de la Reyne, sa mère, quoiqu'ils fissent ce qu'ils devoient en cette rencontre. La lettre portoit que la Reyne et M^r le cardinal ayant trouvé raisonnable que l'on terminast

1. Merville, appelé aussi Merghem, chef-lieu de canton du département du Nord, est situé sur la rive gauche de la Lys, à 14 kil. S.-E. d'Hazebrouck.
2. Béthune, chef-lieu d'arrondissement du département du Pas-de-Calais, à 30 kil. N.-O. d'Arras, est située sur un roc baigné par la Brethe.
3. Saint-Venant, ville de l'arrondissement de Béthune, sur la rive droite de la Lys.
4. Jean de Choisy, seigneur de Belleray, chancelier du duc d'Orléans, fut le père du célèbre abbé de Choisy. Marié en 1628 avec Jeanne-Olympe Hurault de l'Hôpital, fille de Pierre, seigneur de Bélesbat, Jean de Choisy mourut à Blois en 1660.

cette affaire, il falloit que ces messieurs s'y opposassent, et que si, par le passé, il avoit donné des marques de sa douceur en pareilles occasions sans user des biais que pouvoit prendre un prince de sa naissance, il auroit une autre conduite à l'avenir et se feroit considérer. Hémery, controleur général, ayant vu cette lettre, dit à Mr de Choisy que l'on avoit autrefois brouillé M^r le chancelier avec Monseigneur, et que ses affaires ne s'en étoient pas mieux portées, et que les siennes (de Mr de Choisy) n'en iroient pas si bien. Il répliqua qu'il étoit sans intérest, et qu'en cette rencontre, il agissoit selon les ordres de son maistre et se comportoit comme il luy avoit été prescrit. Hémery croyoit faire sa cour au cardinal par cette répartie assez hautaine, sachant qu'il s'étoit licencié de parler de Monseigneur avec peu de respect, car quand Mardick fut pris, il dit publiquement que Monsieur avoit trop d'indulgence et d'estime pour les Espagnols ; et depuis, après la prise de Béthune, comme on l'assura que Monseigneur ne vouloit point venir et ne viendroit point, il répondit que l'on s'en passeroit. Néanmoins son mécontentement de La Rivière n'étoit que pour le haster et faire qu'il arrivast à la cour avant la fin du parlement ; aussi y fut-il la veille du dernier jour, le 6me septembre, c'est à dire justement en cadence pour que Son Altesse royale s'y trouvast ; et afin de le rendre plus souple l'on fit couler à Choisy certains avis qu'il ne manqua pas de porter à Œquen[1], quand Monseigneur y arriva. Il dit à La Rivière qu'il trouveroit du changement en la Reyne et au premier ministre ;

---

1. *Sic*, je crois, pour *Écouen*. Cependant cette terre appartenait aux Condé. (Note de M. Monmerqué.)

qu'ils étoient mal satisfaits de son procédé insolent; qu'ils trouvoient mauvais qu'il gourmandast tout le monde; qu'on leur avoit voulu persuader qu'il déclinoit juridiction et qu'il avoit d'étranges desseins. Mais, s'il prit l'alarme à ces discours, elle passa incontinent, car ayant vu M^r le cardinal et dit et fait ce qu'il falloit pour l'apaiser, il oublia tout et bons amis aux dépens de qui il appartiendra.

CHAPITRE XL.

De ce qui se passa depuis le retour de Son Altesse royale à la cour jusques à la fin de l'année 1645.

J'ay dit que Monseigneur arriva en cadence, et qu'il n'y avoit plus qu'un jour avant les vacations pour mener le Roy au parlement. Sa Majesté y alla donc le jour d'après son arrivée, et Son Altesse royale l'y accompagna, quelque répugnance qu'il eust pour tant d'édits qui passèrent au nombre de vingt trois; car personne ne branla dans cette compagnie : la Reyne y trouva la dernière obéissance et l'enregistrement fut fait sans murmure, quoique le bruit eust couru qu'on y étoit résolu de demander à la Reyne si elle menoit le Roy au parlement pour le faire déclarer majeur et d'exhorter le procureur général d'imiter son prédécesseur Bourdin[1], lequel, comme la reyne Catherine se fut trouvée au parlement, avec le roy Charles, son fils, pour un semblable sujet, avoit commencé par dire : « Je n'ay point de conclusions à prendre, car le

---

1. Gilles Bourdin, procureur général au parlement de Paris, né en 1517, mourut en 1570.

Roy, mon maistre, est muet. » Mais tant de beaux projets, s'ils furent pensés et médités, disparurent à la présence du Roy qui parla et dit ce peu de paroles : « Je viens icy pour mes affaires, et mon chancelier vous expliquera mes intentions. » Le parlement ne manqua pas de toucher un mot du retour du président Barillon, et voyant la satisfaction de Leurs Majestés, les en supplièrent, et il leur fut accordé. Les malins dirent là dessus que la nouvelle de sa mort étant arrivée la veille, la cour n'avoit rien accordé en accordant cette grâce[1].

Cet homme emporta une grande réputation en l'autre monde, et sans doute il avoit quantité de belles et bonnes parties : de la probité beaucoup, de la capacité aux affaires du Palais, de la bonté, de la fidélité pour ses amis, de la bonne gloire; mais il s'opposoit avec trop d'aigreur et d'emportement, pour le temps, aux volontés du souverain, et ne goustoit point ces voies moyennes des sages, *inter abruptam contumaciam et deforme obsequium*, et si, c'est la bonne façon d'agir en des rencontres difficiles et en un siècle comme celuy que nous avons vécu. L'on publia qu'il avoit été empoisonné comme la reyne de Navarre, parce qu'après sa mort on le fit ouvrir par les médecins de Pignerol, et ils ne regardèrent point dans la teste. Ce bruit étoit une grande sottise.

1. Le président Barillon, enfermé à Pignerol, mourut en octobre 1645. Gui Patin écrivait le 14 octobre : « Ces jours passés mourut à Pignerol M. le président Barillon, homme d'honneur et digne d'un meilleur siècle; et M. le président Gayant, fort vieux et disgracié, est mort ici. Ces deux hommes étoient véritablement *ex ultimis Gallorum*, et il n'y en a plus guère de leur trempe. »

Les murmures du parlement pour ravoir ce président attirèrent ceux de messieurs du clergé, qui ne se contentèrent pas de murmurer, mais firent quelques ordonnances pour empescher la cour d'entreprendre sur la liberté de leurs suffrages, comme il étoit arrivé en leur dernière assemblée, du temps du cardinal de Richelieu. Ils vouloient qu'on la leur laissast tout entière en celle cy, et avec raison. Néanmoins M^r le cardinal Mazarin gardoit plusieurs bénéfices en réserve afin de leurrer les plus fascheux députés, ce qui mit la paix partout.

La Reyne témoigna beaucoup de satisfaction de la conduite de Monseigneur, des services qu'il avoit rendus à l'armée, de son zèle pour faire obéir le Roy, de ses soins pour luy plaire, et certes les choses succédoient de tous costés selon ses souhaits. Elle avoit sujet de louer Dieu qui la favorisoit en tant de manières : l'armée de Monseigneur vivoit en Flandre aux dépens des ennemis, M^r d'Enghien avoit battu l'armée de Bavières en Allemagne, et M^r d'Harcourt venoit de mortifier les Espagnols en Italie.

M^r le Prince pourtant, jaloux du bon traitement que Son Altesse royale recevoit de Sa Majesté et de l'union qui paroissoit entre eux, sembloit vouloir troubler ce calme ; mesme il ne put s'empescher de faire paroistre son dépit dans le propre carrosse de Monseigneur, et il fut aussitost bien relevé par Mr de la Rivière. Il dit qu'il ne falloit point tant chanter de *Te Deum*, et que de petites places ne le valoient pas, que c'étoit pour le gain des grandes batailles qu'il en falloit chanter, ce qui alloit à Monseigneur tout droit, comme s'il eut voulu déprimer ses actions et relever celles de son fils; et La Rivière répondit que l'on devoit toujours remercier Dieu des heureux succès, et plustost pour la prise des places de conséquence, quand elles ne coustoient guères de sang, que pour les batailles sanglantes où périssoient les bons officiers et les meilleures troupes. Le soir il dit très plaisamment, après avoir fait ce conte, qu'il étoit plus à propos de chanter un *De Profundis* qu'un *Te Deum* pour le gain du combat de M^r d'Enghien[1], et que la France étoit perdue, si elle gagnoit encore deux batailles aux prix que coustoit celle d'Allemagne.

Mais quoique M^r le cardinal eust témoigné quelque mécontentement de Mr de la Rivière, il luy avoit pourtant gardé une abbaye de quinze mille livres de rente qu'il luy donna et que l'autre voulut avoir promptement, autant pour se nantir toujours que pour faire comprendre aux gens qui avoient été témoins des prosnes de la cour contre luy que son crédit n'en souffriroit pas; et ses amis, voyant cecy, le poussoient à prétendre davantage et demander les honneurs du royaume, dans la créance qu'en la posture où il étoit auprès de son maistre, on ne luy pouvoit refuser l'entrée du conseil d'en haut et d'estre ministre.

Ce fut environ ce temps cy que le parlement donna un arrest qui embarrassa extrêmement la cour et le conseil, car lorsqu'ils croyoient tirer beaucoup d'argent de la taxe des aisés par le moyen des partisans qui en avoient traité et qui se mettoient en devoir de contraindre et de recueillir, cet arrest parut, lequel déchargeoit tous ceux de la campagne, mettoit en

---

1. La bataille de Nordlingen.

sûreté ceux des villes qui n'étoient point officiers de finance, ou ne l'avoient point été, et défendoient toute contrainte par corps, tellement que cette grande affaire s'en alloit ruinée, et l'argent devenir fort court; ce que voyant le ministère, il demanda au clergé dix millions pour le Roy, sous prétexte que le parlement ayant par son arrest fait échouer une si grande affaire, Sa Majesté ne pouvoit avoir recours qu'à eux, dans l'extrémité où il se trouvoit.

Là dessus, messieurs du clergé délibèrent et continuent à redemander le rétablissement de l'évesque de Léon[1], dépossédé par le feu Roy pour avoir suivi la Reyne, sa mère. M^r l'archevesque de Toulouse porta la parole et représenta à Sa Majesté que les évesques étant commis de Dieu pour annoncer ses vérités aux peuples, les rois leur avoient été recommandés comme les autres hommes, et que devant en prendre le mesme soin, ils leur devoient aussi parler très librement et non pas en courtisans intéressés qui prétendent leur élévation et

___

1. « René de Rieux, évêque de Saint-Pol-de-Léon, dit M. Bazin, avait été privé de son évêché en 1635, en vertu d'un jugement rendu par quatre commissaires du pape Urbain VIII, suivant ses brefs de 1632 et de 1633. La cause du procès criminel était que cet évêque avait servi la reine mère dans sa sortie du royaume; mais on soutenait qu'il avait été jugé incompétemment et contre les libertés de l'Église gallicane. » — Cette affaire fut la grosse question qui agita l'assemblée du clergé de 1645, et le coadjuteur de Paris prit une vive part à sa discussion : « La contestation fut grande, dit Retz, M. le cardinal de Mazarin, selon sa coutume, céda après avoir beaucoup disputé..... » — Le 6 septembre 1646, quatre nouveaux commissaires rendirent un jugement qui ordonnait le rétablissement de l'évêque de Léon; mais René de Rieux ne fut réellement rétabli dans son évêché qu'à la fin de 1648. Il mourut le 8 mars 1651.

leurs bonnes grâces ; que la liberté est dangereuse avec les mauvais princes, et que l'Église ayant craint pour ses ministres et appréhendé que la calomnie ne les opprimast, avoit ordonné sagement qu'ils ne seroient jugés que par des juges de leur ordre et qu'on ne recevroit de témoignages contre eux que de gens irréprochables ; qu'en l'affaire de M^r l'évesque de Léon deux huguenots avoient été ouïs, et le jugement donné sur leur déposition, si bien qu'il étoit nul par les constitutions ecclésiastiques, et que la France avoit été blessée en une action si extraordinaire ; enfin que Sa Majesté étoit suppliée de permettre que leur confrère fust rétabli et rendu à leur ordre, puisque chacun voyoit qu'il avoit été opprimé, et connoissoit son innocence. M^r le chancelier répliqua et appuya particulièrement sur ces mots que *la France avoit été blessée*, faisant entendre que ces termes étoient trop injurieux au feu Roy. Néanmoins la Reyne n'en fit bruit que deux jours après, commandant qu'on avertist l'assemblée qu'elle s'offensoit des paroles de M^r l'archevesque de Toulouse, parce que la mémoire du feu Roy avoit été notablement intéressée par sa harangue. La vraie raison néanmoins de ce mécontentement et de sa plainte étoit que les prélats résistoient toujours de toute leur force aux entreprises du ministère et ne vouloient point souffrir qu'il détruisist la liberté des suffrages parmi eux.

Sur ces entrefaites la nouvelle arrive que M^r d'Enghien est extrêmement malade, et elle donna lieu à mille raisonnements et méditations. Les uns disoient que l'État perdoit beaucoup en la mort d'un si brave et si heureux général d'armée ; les autres qu'il gagnoit, étant le seul qui pouvoit troubler son repos. Les amis du cardinal soutenoient qu'il faisoit un grand gain, et que sa bonne fortune l'avoit tué; que ce prince ambitieux et courageux l'embarrasseroit, et que Monseigneur donnant les mains à sa dernière élévation, celuy-cy s'y opposeroit toujours et ne la souffriroit jamais; qu'il luy arrachoit plutost qu'il ne luy demandoit les grâces; que c'étoit un homme tout d'une pièce qui ne plioit point, un homme enflé et comme enivré de son bonheur, qui vouloit de la déférence mesme au premier ministre. L'on agita aussi en notre palais d'Orléans si cette mort seroit avantageuse à Monseigneur. Quelques uns disoient pour l'affirmative que les grandes et éclatantes actions de ce prince offusquoient les siennes; que le ministère s'en pouvoit servir contre luy; que ce luy étoit un objet perpétuel de jalousie et de chagrin : mais ils raisonnoient mal, car Son Altesse royale se pouvoit maintenir par sa seule naissance; il avoit une qualité qui le mettoit si fort au dessus de M^r d'Enghien qu'il n'en avoit rien à craindre, la lieutenance générale du Roy partout le royaume; et le jeune prince en usoit si mal et si hautement avec le ministre, qu'il ménageroit toujours Monseigneur et les siens pour s'en servir contre luy et l'humilier. Parmi tant de discours vrais et faux, l'on mande d'Allemagne que M^r d'Enghien est hors de danger; qu'à la vérité sa maladie l'avoit mis fort bas, la fièvre continue ayant été accompagnée de cours de ventre et de délire, mais que tout avoit cessé en mesme temps et qu'il n'avoit plus d'incommodité que sa foiblesse. Les mesmes lettres portoient que M^r de la

Chastre[1] étoit mort d'une contusion à la teste qu'un coup de mousquet dans son pot luy avoit faite au combat, et il fut fort regretté parce qu'on le tenoit homme de cœur et d'esprit, et qu'on savoit que sa générosité avoit ruiné sa fortune.

Bientost après, vers la fin de septembre, l'on envoya ordre aux maréchaux de France qui commandoient l'armée de Flandre de prendre par derrière le général Bec, posté sur le retranchement du canal de Bruges, pour en empescher le passage aux Hollandois. Ils l'exécutèrent avec grande bravoure et donnèrent telle épouvante à ses troupes, qu'elles laissèrent un de leurs canons dont les Hollandois s'emparèrent. Nos gens non seulement ouvrirent le passage, mais aussi prirent un assez considérable fort là auprès, et s'approchant du camp du prince d'Orange, il en sortit, il vint au devant d'eux, et il fut là tenu conseil sur ce qu'ils avoient à faire. Ensuite de quoy l'armée d'Hollande prit à gauche vers Anvers, par le milieu du bon pays de Flandre, et la nostre se rabattit du costé de Nieuport[2] et de Dunkerque pour faire que les ennemis ne quittassent point leur retranchement; mais ils[3] retournèrent tout court où ils avoient laissé leurs bagages, d'où M⁽ʳ⁾ de la Ferté partit avec mille chevaux

---

1. Edme de la Châtre, marquis de la Châtre, comte de Nançay, fils d'Henri de la Châtre, comte de Nançay, et de Marie de la Guesle, a laissé des mémoires. Colonel général des Suisses pendant quelques mois, il avait dû remettre la charge au maréchal de Bassompierre.

2. Nieuport, ville de Belgique (Flandre occidentale), à 16 kil. S.-O. d'Ostende.

3. C'est-à-dire : mais notre armée retourna tout court où elle avait laissé ses bagages.

pour investir La Bassée[1], place importante de laquelle les ennemis avoient tiré la plupart de la garnison; néanmoins il ne fut pas jugé à propos de faire ce siège, quoiqu'il se trouvast là auprès trois mille hommes de pied qui venoient de Lorraine pour le commencer.

La cour étoit en ce temps à Fontainebleau[2], où elle se divertissoit à la chasse, promenade, comédie, musique, collations, galanterie, etc. La Reyne s'y plaisoit fort et protestoit hautement d'y demeurer tant que la saison le luy permettroit, si la célèbre ambassade de Pologne ne la remenoit à Paris. L'on avoit nouvelle qu'elle approchoit pour enmener à leur roy la princesse Marie de Mantoue qui luy avoit été accordée depuis quelques mois. M[r] le cardinal affectionnoit fort cette affaire et avoit aplani toutes les difficultés qui s'étoient rencontrées durant son cours. Celle de l'argent comptant, que les Polonois vouloient toucher avant que de passer outre, étoit la plus grande, car la princesse n'avoit pas le premier sol, et l'on s'étonnoit fort que dans la nécessité qui étoit en France, l'on donnast quatre cent mille écus en cette rencontre et que le Roy en fist l'avance, ayant une si grande guerre sur les bras. L'on publia que les terres de la maison de Mantoue seroient vendues, et que si l'on prenoit cette somme dans les coffres du Roy, elle y seroit remise incontinent. Les ennemis du cardinal disoient à l'oreille qu'il y trouvoit son compte tout entier; car le pape s'étant moqué de luy sur la promotion au cardinalat du P. Mazarin, son frère, le roy de Pologne promettoit de le nommer et d'emporter

1. La Bassée, chef-lieu de canton de l'arrondissement de Lille, à l'ouest de cette ville.
2. Octobre 1645.

son chapeau au premier mot qu'il en diroit, car dans la dernière promotion pour les couronnes, le cardinal de celle là avoit été réservé *in petto*, comme ils disent en Italie, jusques à ce que le roy le demandast; si bien qu'il étoit fait : il ne falloit que la nomination.

Mais remarquons en passant la sagesse des Polonois et la conduite qu'ils ont eue touchant les cardinaux. Les évesques du pays ne leur cèdent point et les palatins n'en souffrent jamais dans leurs assemblées, tellement que le roy de Pologne, qui est traité avec raison par le Saint Siège comme les autres rois catholiques, ayant eu son chapeau, l'offre toujours à un étranger, et en prend de l'argent, sans se mettre en peine de la simonie. Celuy cy étoit destiné à un vénitien, je ne sais pas pour quelle somme, mais nos prétendants de France furent ravis de cette rencontre pour celuy-cy, lequel infailliblement auroit eu la nomination du Roy à la première promotion à l'exclusion d'eux tous; et M^r l'abbé de la Rivière qui se flattoit de cette gloire appréhendoit que son maistre n'eust pas ce dessein pour luy, et l'on m'assura à Fontainebleau qu'un homme de la cour luy ayant parlé de cette prétention qu'il pouvoit avoir légitimement, et le pressant sur le crédit que son maistre lui donnoit, il répliqua avec chagrin : « C'est un bel homme pour m'élever là ! »

C'est qu'il étoit alors révolté contre Monseigneur de ce que s'étant persuadé qu'il ne luy cachoit aucune de ses pensées, il avoit connu, et tout le monde comme luy, qu'il s'en étoit réservé une d'importance dont il n'étoit pas : le retour de Mme de Montbazon qu'il ménageoit auprès de la Reyne et du cardinal, dont le cardinal Bichi avoit fait la première ouverture, la trouvant belle, disoient les gens, et le plus grand ornement de la cour. L'affaire fut traitée et faite sans la participation de La Rivière, et la dame, suivant son chemin, vint remercier la Reyne, et passa au palais d'Orléans, chez Monseigneur, ne considérant pas plus notre ministre qu'un autre homme. Peut-estre savoit-elle avant tout cecy sa destinée et qu'elle retourneroit assurément, mais qu'il falloit que Son Altesse royale parust avoir demandé et obtenu la grâce de Sa Majesté. Quoi qu'il en soit, Mr de la Rivière fut extraordinairement piqué de cette rencontre, et chacun s'en aperçut à notre cour; car, quand Mr de Fromont, secrétaire des commandements de Monseigneur, lut la lettre que Son Altesse royale écrivoit à la dame, qui étoit assez bien faite et fort civile, La Rivière la condamna, disant les termes peu convenables à la dignité de son maistre; enfin il s'emporta là dessus et témoigna tant de chaleur qu'on la jugea l'effet de son dépit, qui d'ordinaire n'étoit pas si grand où il n'avoit pas d'intérêt.

A la fin de ce mois de septembre, il arriva à la cour un envoyé de Mme de Savoye qui venoit exprès savoir si la Reyne auroit agréable qu'elle reçust dans ses états le cardinal Antoine Barberin, neveu d'Urbain VIIIme, que le pape Innocent, créature de son oncle, persécutoit et poursuivoit à outrance. On luy manda qu'elle le pouvoit et feroit une chose dont Sa Majesté luy sauroit gré. Le cardinal Mazarin, outre la nouvelle liaison avec la famille Barberine, se croyoit venger par là de Pamphile, neveu du pape, avec lequel il étoit plus brouillé que jamais, et ses émissaires disoient partout qu'il étoit fort étrange qu'Innocent poursuivist si cruellement le sang d'Urbain, auquel il devoit toute sa fortune, l'ayant premièrement fait dataire du légat, son neveu, quand il vint en France, luy ayant donné la nonciature d'Espagne, de si grand profit qu'il y avoit gagné trois cent mille écus, au lieu que les autres sont de dépense, le chapeau ensuite et la connoissance des affaires plus secrètes et plus importantes. Mais on leur répondoit que le pape étoit excusable puisqu'il tourmentoit, en la personne d'Antoine, le bourreau de son neveu, laissant les autres parents d'Urbain en paix; que le jeune Pamphile, étant domestique d'Antoine, comme il l'eut envoyé quérir qu'il jouoit, dit impudemment et faussement : *L'ho nel cul tutta la notte, che mi lasci il giorno*, et que ce méchant propos ayant été rapporté au pape Urbain, il le prit au pied de la lettre et fut sur le point de perdre le serviteur et le maistre. Là dessus Antoine chasse Pamphile et de sa maison et de Rome, lequel, désespéré de sa disgràce, passe en Allemagne, où il est tué dans un combat (l'on rapporta) par un Italien de son parti, qui avoit été dépesché après et bien payé. Cette méchanceté découverte à Innocent et à son neveu, frère du défunt, ils pouvoient donc avec justice entreprendre Antoine, et le punir sans se noircir d'ingratitude et tacher leur réputation, mais il falloit faire un manifeste où l'Église seroit intéressée par l'infamie de ses ministres [1].

Un peu avant cecy M[r] le cardinal Mazarin avoit eu une preuve de la mauvaise volonté du pape en son endroit, dont il ne fut pas trop surpris. Le saint-père travail-

[1]. Cette cause de la haine d'Innocent X à l'égard d'Antoine Barberin semble être restée inconnue jusqu'à présent. (Note de M. Monmerqué.)

loit à une cabale contre luy dans la cour, et la mine fut éventée. L'histoire est qu'un nommé Hersant, grand prédicateur à Paris[1], avoit presché sur la matière de la grâce, nonobstant la défense de Mr l'archevesque, et il luy interdit la chaire. Hersant là dessus fait un livre où il rend raison de sa doctrine, et le porte à Rome. Le pape voit le livre et l'auteur, examine l'un et l'autre, ou les fait examiner, car de sa confession ce n'étoit pas un grand théologien, et dans les conférences, passant des matières de controverse aux politiques et à la guerre qui affligeoit la chrétienté, il demande si en France l'on étoit porté à la paix. Hersant répond que la Reyne la veut, mais que le cardinal Mazarin a tout pouvoir sur son esprit; que Monsieur la veut quoique ses armes prospèrent en Flandre, et que l'abbé de la Rivière, son favori, ne le détourneroit pas de ce bon dessein. Le pape alors se découvre et commande à Hersant de porter parole à cet abbé que s'il fait que son maistre y travaille de bonne sorte, il luy donnera un chapeau de cardinal. Hersant se chargea de faire la proposition qui ne pouvoit estre désagréable, demanda assurance par écrit pour ce chapeau, qu'on luy donna, et il partit de Rome aussitost et vint en France.

Monseigneur tournoit vers Béthune, quand il arriva à Paris, et luy se mit en chemin sans s'arrester, et

---

1. Charles Hersan ou Hersent, né vers la fin du xvie siècle, entra en 1615 à l'Oratoire, publia en 1640 l'ouvrage intitulé : *Optati Galli de cavendo schismate*, etc., prit parti pour les jansénistes, et mourut en 1660. On attribue également à Hersent un ouvrage intitulé : *Traité de la fréquente communion*. Paris, 1664, in-4°.

trouva Mr de la Rivière en ce lieu. Il l'aborde, il débite sa créance; il luy montre son écrit et il le met en très belle humeur. Néanmoins il n'en tira autre chose pour le coup que de belles paroles, et qu'il luy rendroit une réponse précise à Paris, où Son Altesse royale seroit bientost. Cependant il tint le cas fort secret et ne manda rien de cecy à la cour. Monseigneur étant retourné, comme vous avez vu, Mr de la Rivière dit en passant au cardinal qu'il avoit une petite affaire à luy communiquer, et se voulant ouvrir, à une conférence qu'ils eurent, un homme de grande qualité qui survint les interrompit et les sépara. Enfin, la troisième fois, il eut le temps de tout conter, et le cardinal luy conseilla d'écrire au pape des remerciements tels que méritoit la bonne volonté qu'il témoignoit pour luy, et de faire écrire par Hersant, de sa part, qu'il rend de très humbles grâces à Sa Sainteté de l'honneur qu'elle luy veut faire, mais que ne pouvant songer à l'élévation dont elle le juge digne que par la nomination de la Reyne et les offices de M^r le cardinal Mazarin, il La supplie de trouver bon qu'il leur en parle, et leur demande la grâce qu'ils luy peuvent faire en cette rencontre; qu'au reste la cour de France est bien intentionnée pour la paix; que les ministres du Roy la souhaitent et y travaillent, et qu'encore que son maistre n'ait pas besoin d'estre exhorté là dessus, il ne manqueroit point en temps et lieu de le faire souvenir du devoir d'un prince très chrétien, fils, frère et oncle des rois qui ont si justement porté ce titre.

A quelques jours de là, il assure le cardinal que Hersant a fait la réponse de la mesme teneur qu'il luy a prescrit; mais cet homme, défiant et corrompu, se doutant de quelque *inganne*, avoit des gens au guet pour intercepter la lettre ; elle luy est apportée, et la voyant contraire à ce qu'il avoit conseillé et dicté, il fait mettre Hersant à la Bastille. Le prisonnier interrogé proteste de n'avoir écrit que ce qu'on luy a fait écrire, et voilà Mr de la Rivière bien empesché ; il soutient pourtant jusques au bout qu'il ne luy a dit d'écrire que dans le sens de Son Éminence, mais il avoit affaire à un bon entendeur. Cependant comme il étoit grand bruit à la cour et dans la ville de cette affaire, le soir, après soupé, Mr de la Rivière nous en parla au palais d'Orléans, à deux ou trois de ses amis, dont Mr de la Feuillade étoit un, et nous dit que la chose s'étoit passée de cette sorte : que Hersant l'avoit vu et assuré à Béthune que le Pape le vouloit faire cardinal, à condition de favoriser la paix et de porter son maistre à la faire ; qu'il luy avoit donné une lettre de Sa Sainteté, confirmative de cette promesse dont il demandoit la réponse de cette teneur : qu'il travailleroit de toute sa force à ce grand ouvrage en conseillant Monsieur de l'entreprendre et le maintenant en la bonne disposition qu'il y avoit, et qu'il se souviendroit éternellement des bontés de Sa Sainteté et de l'honneur que luy faisoit le saint-siège ; qu'étant à Paris, et ayant découvert le tout à M^r le cardinal, il luy avoit conseillé de faire écrire au pape par Hersant que la Reyne et Monsieur vouloient la paix, et qu'il appuyast particulièrement sur ce qu'ils agissoient de concert en tout, et étoient dans la dernière union, ce qu'il avoit exécuté ponctuellement ; mais que Hersant l'avoit trompé, écrivant que Monsieur avoit entrepris la chose et réduit la Reyne à la désirer, et qu'eux deux avoient tiré le consentement du cardinal Mazarin, qui trouvoit bon alors qu'on traitast et que l'on conclust au plustost ; ainsi qu'il ne se pouvoit plus de disposition de la part de la France à ce grand ouvrage, qui s'en alloit réussir au contentement de Sa Sainteté ; qu'il l'en assuroit et ne luy mentoit pas, se souvenant du malheur d'Ananias et de Saphira, qui perdirent la vie pour avoir déguisé la vérité à saint Pierre, etc. C'est ce que M^r l'abbé de la Rivière nous dit par conversation, et peut estre aussi de dessein, afin que nous le débitassions de la sorte dans le monde.

Cependant il n'étoit pas sans inquiétude, ayant blessé un homme qui avoit toute l'autorité et pouvoit, se servant chez Monseigneur de Mr Goulas, son ennemi, mettre en compromis sa faveur et le perdre ; et néanmoins son imprudence, ou sa mauvaise fortune, fit qu'il donna de nouveaux ombrages à l'Éminence, car le cardinal de Valençay, retourné à Rome avec peu de satisfaction du ministère[1], s'étoit accommodé avec le pape, et l'abbé de Sillery, son neveu, ayant paru à Fontainebleau, étoit disparu aussitost, et l'on disoit qu'il avoit parlé à Mr de la Rivière et suivi la mine de Hersant. En effet ce dernier [La Rivière] avoit donné lieu à ce soupçon par ses conférences avec Mme de Puisieux[2], sous prétexte de la vente de Berny[3] qu'on

---

1. Le cardinal de Valençay mourut à Rome le 7 juillet 1646 ; il était né en 1593. Tallemant des Réaux (*Historiettes*, t. II, p. 242), dit de lui qu'il était « aussi fier que brave, » et il cite des exemples de sa fierté et de sa bravoure.

2. Charlotte d'Estampes-Valençay, femme de Pierre Brulart, marquis de Sillery, vicomte de Puisieux, née le 21 juillet 1597, morte le 8 septembre 1677, était mère de l'abbé de Sillery.

3. Berny, terre des Brulart.

publioit que Monseigneur vouloit acheter, et il se tourmentoit plus pour cette affaire peu considérable que pour les autres d'importance. Ainsi l'on en prit avec raison plus d'ombrage et la mauvaise humeur augmenta. Mais, comme le cardinal et luy avoient besoin l'un de l'autre, ils se rajustèrent, et Mr de la Rivière paroissant plus civil après le raccommodement, l'on crut que le ministre luy avoit fait sentir qu'il ne tenoit pas si fort à son maistre qu'on ne l'en déprist quand on voudroit.

Et certes Son Éminence n'étoit pas mal averty, car Mr de la Rivière, sans doute, prenoit plus d'autorité dans les affaires de Monseigneur qu'il ne luy en donnoit ; il le traitoit toujours comme n'ayant pas dessein de l'élever ; il ne l'appeloit jamais que La Rivière, quoiqu'il portast le cordon bleu et aspirast au cardinalat ; il soutenoit force gens contre luy ; il ne pouvoit consentir que ses gardes prissent les armes quand il passoit, et Mr de Saint-Aignan, pour obliger le favori, le luy ayant proposé et luy disant que chez le Roy on les prenoit pour les officiers principaux de la maison, il répondit qu'il n'en falloit plus parler. Mais il ne tint pas toujours si ferme, car au retour de Fontainebleau, Mr de la Rivière obtint la chose, et Son Altesse royale luy mesme travailla au rajustement du cardinal et de son ministre. L'on assura qu'il avoit promis au tout-puissant d'estre plus modéré à l'avenir, et que Monseigneur ne s'étoit meslé de cette paix que pour la forme, la chose étant déjà faite entre eux. L'on contoit mesme cette particularité que M^r le cardinal, pour l'assurer et se l'acquérir tout à fait, luy avoit sacrifié La Feuillade, lequel, sur le bruit qui courut à l'armée que la cour n'en étoit point satisfaite, avoit écrit à Palluau[1] que son Éminence ne trouveroit personne chez Monseigneur qui le servit plus fidèlement et plus utilement que luy, et qu'il luy pouvoit tout promettre de sa part; et l'Éminence avoit ce coup là sûr de découvrir les choses aux gens, et moins par amitié que pour les brouiller et mettre en ombrage.

L'on revint de Fontainebleau à la fin d'octobre, pour le mariage de la reyne de Pologne. Les ambassadeurs qui la devoient épouser et emmener arrivèrent en ce temps là. Il fut fort contesté au Palais Royal sur les marques de dignité et sur les rangs. M^r le Prince prétendit un prie-Dieu parceque Monseigneur en demandoit; et pour le mortifier et détruire sa prétention et ses instances, l'on dit qu'il devoit servir à table comme grand maistre, quoiqu'il ne le dust qu'aux festins des noces du Roy et des enfants de France. Les ducs disputèrent aux princes qui n'étoient pas ducs, et Mrs de Nemours voulurent précéder Mrs de Guise. Il arriva mesme une lettre de Madame Royale de Savoye en faveur de cette préférence. Le coadjuteur de Paris s'opposoit à ce que l'évesque Polonois[2] prétendoit de faire la cérémonie des épousailles, quoique la Reyne fust engagée et le luy eust promis. L'on assure mesme qu'il eut l'audace de luy dire, parlant à elle, qu'il ne le souffriroit jamais. Néanmoins

1. Philippe Clérembault, comte de Palluau, qui fut fait maréchal de France en 1653. Il mourut en 1665.

2. Venceslas, comte de Lesno, évêque de Warmie, petit pays de Pologne. — Voir, sur l'opposition du coadjuteur de Paris, les *Mémoires du cardinal de Retz* (t. I, p. 250 et suiv.).

Mr l'archevesque, son oncle, se relascha, et ils laissèrent cet honneur à l'évesque étranger. Enfin comme il arrive en ces rencontres, il y eut mille contestations et mille embarras que l'on assoupit tous en un moment, mariant la reyne de Pologne dans le Palais Royal. Ils disnèrent en mesme table, le Roy, les deux reynes, le petit Monsieur, Mr le duc d'Orléans et les ambassadeurs. Mademoiselle fut exclue par les menées de certaines gens, comme vous pourriez dire Mme la Princesse; et par la facilité, ou mauvaise volonté de la Reyne, elle perdit cette fois toute prétention d'estre traitée de fille de France. Aussitost après disné la reyne de Pologne fut visiter Mr le cardinal Mazarin pour luy témoigner son ressentiment de l'obligation qu'elle luy avoit, et elle luy dit en l'abordant : « Je vous viens rendre visite et prier de voir si la couronne que vous m'avez mise sur la teste me sied bien. » Ils eurent quelques propos ensemble et l'après-disnée se passa en conversation, et le soir le Roy et la Reyne la conduisirent à son hostel de Nevers et la laissèrent recevoir les compliments de ses amis[1].

Ce fut en ce temps là que Monseigneur rompit avec Saint-Maigrin qu'il avoit beaucoup aimée[2]. Le sujet fut qu'elle le jouoit, le trompoit, le conservoit seulement par intérest, afin d'en tirer toujours quelque présent et

---

[1]. Le mariage de Marie-Louise de Gonzague fut célébré le 5 novembre 1645. — Mme de Motteville (t. I, p. 252 et suiv.) décrit, avec le plus grand détail, les cérémonies de ce mariage. On peut également consulter sur ce sujet les *Mémoires de Mademoiselle* (t. I, p. 129 et suiv.), ainsi que les *Mémoires de Michel de Marolles* (t. I, p. 302 et suiv., éd. d'Amsterdam, 1755).

[2]. La passion de Monsieur pour Mlle de Saint-Maigrin s'était déclarée durant le séjour de la cour à Fontainebleau, pendant l'automne de 1644. (Voir plus haut, p. 50.)

faire des affaires. Il y entra de la jalousie de la part de Son Altesse royale, et pour sa honte l'on nommoit le galant, on le montroit auprès d'elle; en effet, Mr de Gerzé[1] étoit capable d'embarquer une jeune demoiselle; bien fait, bien parlant, brave, audacieux, et le portant d'un bel air dans la cour. L'on soupçonna Mr de la Rivière d'avoir contribué beaucoup à mettre son maistre en méchante humeur, craignant que Mr le cardinal ne se servit de la fille contre luy. Aussitost voilà l'alarme chez la Reyne; l'on y appréhende de perdre Monseigneur, dès qu'il aura perdu son amour, et l'on s'en prend à La Rivière. Mr le cardinal se plaignit à luy qu'il eust jalousie de Saint-Maigrin et qu'il la taillast en pièces auprès de Son Altesse royale; enfin la chose en vint là que Monseigneur protesta à la dame qu'il ne l'aimeroit jamais, et qu'elle répliqua fièrement de ne se point soucier de son amitié; mesme le jour de la rupture elle fut plus gaie, plus enjouée, plus folle, et se tint en conversation avec tous les gens dans le cabinet de la Reyne, témoignant la dernière indifférence de ce qui étoit arrivé; et elle ne se comporta pas autrement le lendemain, devant Monseigneur mesme, car ayant disné au Palais Royal chez Mr le cardinal, dont l'appartement étoit vis à vis celuy des filles, elle parut à la fenestre dans la mesme gaieté, faisant toutes les actions d'une personne ravie d'estre délivrée d'un fascheux, ce qui fascha tout à fait Son Altesse royale, et avec raison. Néanmoins, s'étant trouvé mal deux ou trois jours après, elle modéra sa

---

1. René du Plessis de la Roche-Pichemer, marquis de Jarzé, fils de François du Plessis, marquis de Jarzé, seigneur de la Roche-Pichemer, et de Catherine de Beaumanoir-Lavardin.

fierté, elle envoya savoir de ses nouvelles, elle ne fut point chez la Reyne, et le jour du bal pour les noces de la reyne de Pologne, elle y parut la plus triste et la plus négligée du monde ; ainsi elle donna à croire qu'elle se vouloit raccommoder et pensoit faire une grande perte, perdant un galant fils de roy. Vous jugez bien qu'ils ne manquèrent point de raccommodeurs.

Mais Mademoiselle alors tenoit son cœur et l'avoit fort gros de ce qu'elle n'avoit point mangé à la table du Roy, le jour des noces de la reyne de Pologne, avec la maison royale[1] ; elle ne se trouva point au cours célèbre que Sa Majesté avoit commandé ; elle manqua au grand bal, et tout cela sous prétexte de l'indisposition de Monseigneur, qui garda trois ou quatre jours la chambre pour une colique bilieuse ; et le jour du bal, comme elle envoya, le matin, savoir de ses nouvelles, elle luy fit demander s'il désiroit qu'elle allast au bal avec la douleur d'une migraine dont elle étoit tourmentée dès minuit. Il répondit : « Qu'elle fasse ce qu'elle voudra, » comme luy marquant qu'elle s'en pouvoit dispenser. La Reyne s'offensa fort de ce ressentiment de Mademoiselle, et s'en plaignit avec quelque aigreur, mesme de ce qu'elle avoit dit que ceux qui luy rendoient de mauvais offices faisoient par là leur cour à Sa Majesté. Néanmoins la princesse ne changea pas de conduite et se vengea adroitement d'une espèce de niche qu'elle [la Reyne] luy fit. Car, montant dans sa tribune pour entendre la comédie, et y

---

1. Mlle de Montpensier, après avoir dit qu'elle n'assistait pas à la cérémonie du mariage, ajoute : « Il m'auroit déplu d'ailleurs de n'avoir qu'un tabouret devant cette reine d'un jour que j'avois toujours vue au-dessous de moi. » (*Mémoires*, t. I, p. 132.)

faisant monter avec elle Mme la Princesse et Mme de Longueville, elle l'envoya en bas; Mademoiselle, piquée, résolut de s'en aller chez elle et, pour se sauver, luy dit : « Madame, je m'en vais. » La Reyne entendit qu'elle y alloit, mais ne l'y voyant point et apprenant qu'elle étoit sortie, elle ne put s'empescher de tonner et d'éclater; elle passa mesme jusques à faire des plaintes à Monseigneur, et dire que Madame et Mademoiselle l'échauffoient contre la cour, luy faisoient entendre qu'il recevoit mille outrages et n'en avoit point de sentiment, qu'elles les vouloient brouiller et travailloient à rompre leur union si nécessaire au royaume et à leur conservation particulière, tellement que Monseigneur retourna au palais d'Orléans en fort mauvaise humeur contre l'une et contre l'autre. Néanmoins jugeant à propos de remettre toutes choses en leur place, il raccommoda Mademoiselle avec la Reyne, mais en des termes à la persuader qu'il seroit toujours fort jaloux de sa dignité.

L'on m'assura que la Reyne avoit rendu cette raison de son animosité contre notre princesse qu'elle avoit des attaches avec des personnes suspectes, ce qu'on expliqua de Mme d'Épernon, laquelle, depuis son retour d'Angleterre, voyoit toujours les bannis qu'elle y avoit connus, dévoués la plupart à Mr de Beaufort.

Il est vray que, pour achever de mortifier Mademoiselle, l'on dit à la cour qu'il la falloit marier avec Mr de Mantoue[1], et c'étoit aussi pour leurrer ce prince d'un si grand et si illustre party, et luy fermer la

---

1. Charles de Gonzague-Clèves, duc de Mantoue, neveu de la reine de Pologne.

bouche dans un temps qu'il faisoit plus éclater ses plaintes de ce qu'on vouloit prendre le gros mariage de la reyne de Pologne sur ses biens de France, pour les faire vendre, et donner lieu à Mr le cardinal Mazarin de s'en accommoder. Il offrit de rendre l'argent moyennant qu'on luy rendist son bien.

L'on eut alors la nouvelle de la prise de Hulst[1], grand et considérable événement et qui donnoit échec aux Espagnols, et cette autre débitée avec faste par Mr le cardinal, comme l'ouvrage de son adresse, que le cardinal Barberin et D. Thadée, préfet de Rome, son frère[2], s'étoient déclarés hautement pour la France et avoient fait mettre, en plein jour, sur la porte de leurs palais, les armes du Roy, aux fanfares des trompettes, et de plus que le pape persécutant la maison Barberine sans sujet, elle passoit avec toutes ses créatures, cardinaux et autres, dans notre party, ce qui nous donnoit une grande faction en Italie et un merveilleux crédit. Mais beaucoup se rioient de cette fadaise, disant que le pape reconnu par la France se mettoit peu en peine des cabales du cardinal Mazarin, qu'il viendroit bientost à bout des Barberins et qu'il les chasseroit mesme de l'État ecclésiastique au premier jour, comme il arriva; que le refus du chapeau de l'archevesque d'Aix[3] ne devoit point brouiller le Roy avec Sa Sainteté, et que l'amitié des Barberins seroit à charge quand il leur faudroit donner protection; enfin que le mérite, ni les services de l'archevesque

1. Hulst, ville de Hollande, en Zélande, sur un bras de l'Escaut.
2. Thadée Barberini, prince de Palestrine, préfet de Rome sous le pape Urbain VIII.
3. Le frère du cardinal Mazarin.

d'Aix n'étoient pas tels qu'il fallust faire enfreindre l'ordonnance ou la bulle de Jules second qui défend, sous grosses peines, de donner le bonnet à deux frères, afin d'empescher les cabales au conclave, et que si Urbain l'avoit fait en faveur de sa maison, Innocent ne le feroit jamais pour le cardinal Mazarin.

Durant la feste du mariage de la reyne de Pologne, les femmes des marchands de Paris à qui l'on demandoit de l'argent pensèrent faire une sédition; elles s'assemblèrent plusieurs fois; elles allèrent à Notre-Dame parler à la Reyne; elles crièrent devant le Palais Royal, devant celuy d'Orléans et chez M^r le cardinal, et la chose passa si avant qu'il fallut leur faire défense sur peine de punition corporelle de s'assembler davantage : mesme quand la Reyne fut conduire celle de Pologne, l'on avoit commandé des gens armés pour arrester ces furieuses en cas qu'elles entreprissent quelque extravagance; il est vray que la défense de s'assembler n'avoit pas encore été publiée.

Mais si cette reyne s'en alla fort satisfaite de notre cour, hormis de Monseigneur, qui ne la conduisit pas jusques à son carrosse quand elle fut prendre congé de luy, elle ne le fut point du menu peuple, ni des faiseurs de libelles qui en débitèrent de sanglants contre elle et les firent tomber entre les mains des Polonois. Elle se pouvoit consoler de ce que la Reyne n'y étoit pas mieux traitée qu'elle, néanmoins elle (la Reyne) n'en sut rien, ou feignit de n'en rien savoir par le compliment qu'elle fit faire à la reyne de Pologne à Saint-Denis, comme si elle eust été seule offensée. Et il parut aussi un autre libelle[1] qui venoit de Flandre

---

1. Ce libelle, écrit en latin en forme de catalogue de livres, était

contre toute la maison royale et contre Mr le cardinal Mazarin, mais il étoit si mal fait et si ridicule qu'il ne fut pas jugé digne de réponse. Mr de Longueil[1], conseiller au parlement, en fut en peine pour l'avoir donné au libraire qui l'imprima[2], lequel après l'amende honorable fut banni. Longueil, protégé par son frère, le président de Maisons, bien avec le ministère, en fut quitte pour une réprimande de la Reyne.

Il y eut aussi quelque embarras dans notre palais d'Orléans. Il étoit question d'une gouvernante pour Mlle d'Orléans, et Monseigneur vouloit prendre Mme de Raray[3]. Madame, gagnée par une femme de chambre qui avoit eu de l'argent, vouloit celle qui avoit payé, et là dessus grand vacarme; mais Monseigneur, lassé de la contestation, mène Mme de Raray chez Madame et la luy présente comme gouvernante de sa fille, et se retire. Aussitost les souffleurs du désordre se mettent en campagne et s'affustent[4], croyant que Madame s'en prendroit à Mr de la Rivière, et ils apprirent à leur grand regret que tout étoit calmé et que Madame n'avoit de volonté que celle de Monseigneur. Ce fut par le conseil de Mr Goulas, lequel dit à ses confidents qu'elle se devoit bien garder de se prendre à La Rivière

---

intitulé *Bibliotheca gallo-suevica*, et avait d'abord été publié à Bruxelles.

1. Pierre de Longueil, conseiller-clerc au parlement de Paris, abbé de Beaulieu, chanoine de la Sainte-Chapelle de Paris, prieur de Ragny, mourut le 19 mai 1656.

2. Le libraire Guignard, logé au second pilier de la salle du Palais.

3. Nicolas de Lancy, baron de Raray, était chambellan de Monsieur.

4. Se disposent.

en cette rencontre, où il étoit de moitié avec son maistre, les favoris ne s'entamant point que quand il est question de leur seul intérêt.

Cette rumeur à peine fut cessée qu'il en naquit une autre de plus de suite. Monseigneur, toujours amoureux de Mlle de Saint-Maigrin, prit de nouveaux ombrages de Mr de Gerzé qu'elle retenoit toujours, peut-estre afin de donner plus d'amour à Son Altesse royale. Monseigneur en fait parler à Gerzé, et luy fait dire qu'il trouve mauvais qu'il s'approche de cette fille, et il répond qu'il ne l'approchera plus; néanmoins il continue et sans garder méthode, tellement que le prince emporté de dépit et de jalousie, commande aux officiers de ses gardes de le jeter par les fenestres, la première fois qu'il viendra chez luy; et sans doute il auroit sauté si sa bonne fortune ne l'eust empesché d'y venir. Monseigneur fait un petit voyage à Limours pour se divertir et dissiper sa mauvaise humeur, et apprend au retour que Gerzé a été aux Feuillants avec Mr de Joyeuse et a parlé à Saint-Maigrin. Il prend cela pour une assignation; il se désespère et redouble ses ordres qu'on le jette par les fenestres, s'il se présente au palais d'Orléans.

Le lendemain au soir, Monseigneur étant au Palais Royal, Mr de Laval, le voyant assez éloigné, s'assit, et Son Altesse royale, aussitost qu'il l'eut aperçu, commande tout haut que l'on porte un carreau à Mr de Laval, afin qu'il fust assis plus commodément. Ce gentilhomme de qualité, surpris et en peine de l'indignation de Monseigneur, pria Gerzé de parler à Mr de la Rivière et l'obliger de faire en sorte que Son Altesse royale reçut ses excuses : Mr de la Rivière le luy promet et s'en retourne au palais d'Orléans où il apprit qu'on a doublé les gardes. Il étoit assez tard ; Monseigneur s'étoit mis au lit, et il [La Rivière] se résolut de s'aller coucher, remettant au lendemain de s'éclaircir de la chose avec luy. Dès que le maistre fut éveillé, il descendit et alla chez luy, et demande d'abord d'où vient que sa garde est doublée, et ce qu'il y a de nouveau ; il le presse, il le conjure, il le prie ; enfin il tire qu'il se veut défaire de Gerzé et que, s'il vient, il sautera les fenestres. Mr de la Rivière, très étonné de cet ordre, luy remontre combien cette action seroit odieuse, injuste, tyrannique, et combien elle blesseroit la noblesse de France ; mais il demeure inflexible. Monseigneur s'habille et entre dans sa galerie ; La Rivière le suit, et s'étant approché d'une des fenestres du costé de la cour, il aperçoit Mrs de Laval et de Gerzé qui entroient ; il dit brusquement qu'il vouloit hasarder son indignation, et sa fortune, pour empescher une chose qui le couvriroit de honte, et luy causeroit un cuisant repentir le reste de sa vie, et s'en courut de toute sa force pour l'arrester. Il les trouve sur le grand degré ; il les mène en bas et dit à Gerzé qu'il est mort s'il ne se sauve, mais avec un visage si plein d'effroy, si pasle et si changé que ces messieurs connurent qu'il n'y avoit pas là de comédie. Ils descendirent dans la cour très promptement et n'eurent point tant de haste que de gagner la porte et de sortir.

Beaucoup blasmèrent cet emportement sur un soupçon et une bagatelle, disant que Gerzé étoit homme de qualité et officier du Roy, cornette des chevau-légers de sa garde, et qu'il y avoit différence entre luy et un simple gentilhomme, avec qui il seroit toujours mal d'aller si viste. D'autres disoient au contraire que les jeunes gens de la cour, prenant la liberté de donner sur Monseigneur et de le tailler en pièces, Gerzé en avoit usé trop insolemment de s'en réjouir avec Saint-Maigrin mesme, qu'il se radoucissoit publiquement auprès d'elle, et que la nymphe, pour rembarquer Son Altesse royale et le persuader qu'elle ne se soucioit point de Gerzé, luy avoit tout dit. Quoi qu'il en soit, la chose fit beaucoup de bien à notre maistre parce qu'on le crut homme de ressentiment et de dessein, et que l'on vit qu'il ne disoit pas tout à son ministre ; aussy commanda-t-il expressément aux officiers de ses gardes qu'il n'en sust rien, et le secret pourtant ne luy fut pas inconnu : Mr de Saint-Remy fut accusé d'avoir rompu le silence et sacrifié à la faveur.

Mr de Gerzé étant disparu, Monseigneur monta en carrosse et s'en alla au Palais Royal où M^r le cardinal Mazarin se sentit un peu de sa mauvaise humeur, car il luy parla plus fortement qu'il ne s'y attendoit ; mais il en fut bientost vengé par la Reyne, laquelle, quelques jours après, le rendit à Son Altesse royale, luy faisant des plaintes sérieuses de sa violence, et d'un dessein si étrange et si cruel sur un homme de qualité, domestique du Roy. L'on ne sait point ce qui fut dit et fait dans leur conférence qui se passa seul à seul, du moins n'est-il pas venu jusques à moy. Gerzé, de ce moment, reçut ordre de se retirer chez luy, c'est à dire que Mr de Noailles le fut trouver de la part de M^r le cardinal et luy porta cette parole en forme d'avis, et M^r d'Enghien, amy de Gerzé, vint au palais d'Orléans faire compliment à Monseigneur, et luy dit entre autres choses que si son ressentiment passoit jamais, et qu'il trouvast bon qu'on luy parlast du malheureux, il se jetteroit à ses pieds pour le fléchir, et obtenir de luy son retour.

Au milieu de cet embarras, voilà un courrier qui arrive et porte la nouvelle de la perte de Mardick. Ce malheur fascha tout le monde et Monseigneur particulièrement qui s'en prend au maréchal de Gassion et dit que la contribution l'occupe de sorte qu'il ne songe à autre chose. Néanmoins c'étoit la faute de la cour qui ne donnoit aucun ordre pour la subsistance des gens de guerre et la conservation des places conquises; tellement que les soldats mourant de faim se retiroient vers les ennemis, et leur faisoient ouvrir les yeux. Les Espagnols exécutèrent bravement et heureusement cette entreprise, car ils surprirent le bas fort et entrèrent pesle-mesle avec les nostres dans le grand, comme ils se retiroient, étant sortis étourdiment à la françoise. Le mal vint que Mr de Clanleu demanda congé pour quelque indisposition et sortit avant que son lieutenant, qui étoit à Boulogne, fust de retour, et ce lieutenant arresta Godaille que la cour avoit envoyé en poste sur quelques avis, et celuy cy arrivoit à temps sans son séjour en cette ville. Ainsi n'y ayant personne pour commander dans la place, les ennemis ne la devoient pas manquer[1]. L'ordre fut donné aussitost d'arrester Clanleu, lequel ne se put

---

1. « La nuit du 3 au 4 de décembre (1645), deux mille Espagnols surprirent le fort de Mardick et prirent tous les François qui étoient dedans prisonniers. » (*Mémoires de Montglat*, 1727, t. II, p. 170.)

sauver à Linck, étant malade. Il fut pris et mené en lieu de sûreté, mais Monseigneur l'en tira depuis et fit sa paix.

Ce coup de fortune toucha notre ministère extrêmement, quoique l'Éminence fit son capital des affaires de Rome et d'Italie. A la fin de novembre, il avoit nommé l'abbé de Saint Nicolas, Arnauld[1], pour y aller traiter quelque chose de fort secret avec tous les princes, ce qui mettoit le pape en ombrage, qu'il devoit voir le dernier; et ses ennemis blasmoient hautement sa conduite en cette rencontre, et se moquoient de son procédé avec le pape et avec les Barberins, disant que les uns et les autres l'avoient pris pour dupe : Sa Sainteté, quand elle luy promit tout par Gremonville et ne luy tint rien; car, en ce temps là, il en pouvoit tirer ses avantages, ou pour mieux dire ce qu'il auroit demandé, Innocent craignant qu'on ne le reconnust pas en France à cause de l'*affinitione simoniaca*, et dès qu'il eut tasté le pays et vu que l'envoyé se laissoit engager à le reconnoistre, il donna des paroles et se soucia peu de les garder : quant aux Barberins, ils l'avoient nettement trahy; ils avoient mis dans la chaire Saint Pierre un homme qui ne voyoit que par les yeux de Pancirole, son ennemi déclaré, un sujet auquel il avoit donné l'exclusion, et par conséquent dont il ne recevroit jamais que des marques de haine et de mépris, comme il avoit éprouvé au rebut de l'archevesque d'Aix, son frère, et au renouvellement de la bulle de Jules II contre la

1. Henri Arnauld, qui fut chargé de négocier avec le pape en 1646, resta à Rome jusqu'en 1648, et fut nommé dans la suite évêque d'Angers.

promotion au cardinalat de deux frères; et cependant il se vouloit appuyer d'eux, et les appuyer aussi par vengeance, sans se mettre en peine si les affaires de France, où il présidoit, souffriroient de ses pratiques et de ses intrigues; et les partisans du pape ne manquoient pas de donner sur la maison Barberine, qui avoit abusé de l'autorité sous le pontificat d'Urbain, et mis le feu dans l'Italie pour leurs intérests et leur ambition, qui avoit rançonné et pillé l'État ecclésiastique pendant vingt ans et plus, qui avoit tout ravy, en telle sorte que la famille du successeur ne pouvoit profiter que de ce qui luy seroit osté.

Nos François, peut-estre pour n'estre pas instruits de ce qui s'étoit passé à Rome, prosnoient de la sorte contre M^r le cardinal Mazarin sur sa conduite en son pays, et ne l'épargnoient pas non plus sur celle qu'il avoit en France; car ils trouvoient fort à dire qu'il ne portoit pas la Reyne à faire des créatures et s'établir puissamment, soutenant que Monseigneur n'y songeant pas non plus, la fortune jetoit tous les gens entre les bras de M^r d'Enghien, qui, protégeant ses serviteurs, en acqueroit de nouveaux, qui les favorisoit tous, qui demandoit, emportoit pour le tiers et le quart, et ne perdoit point d'occasion d'obliger les personnes de mérite et les attacher à ses intérests. Ils ajoutoient que Sa Majesté n'avoit obligé la reyne de Pologne que dans l'espérance de recevoir d'elle les mesmes courtoisies, quand elle auroit besoin d'une assistance étrangère, à l'exemple de la reyne, sa belle mère, puisque, agissant par les mesmes maximes, il luy arriveroit, sans doute, le mesme malheur. Mais ces raisonnements étoient ridicules, et la Reyne agissoit par les véritables principes de la sagesse mondaine et chrétienne, car ne prenant point d'établissements, et ne faisant pas de créatures, elle se laissoit entendre qu'elle ne vouloit de considération, après sa régence, que dans les bonnes grâces du Roy, son fils, et l'estime des François; qu'elle ne luy pouvoit rendre plus de service que de contenir, par son exemple, son oncle dans la modération et dans le devoir; apprendre aux grands l'obéissance et aux peuples l'amour du prince et de la patrie.

L'année 1645 finissant, les Espagnols eurent une touche[1] en Catalogne et perdirent un convoy et de l'argent[2].

CHAPITRE XLI.

De ce qui se passa à la cour et à Paris au commencement de l'année 1646, et jusques à la fin de la campagne de Son Altesse royale.

Je vous viens de dire comment la maison Barberine, pour se mettre à couvert de la persécution du pape et tascher de s'en venger, s'étoit ajustée avec nous ou notre ministre, et croyant de plus engager la France à la protéger, avoit hautement dans Rome embrassé

---

1. *Eurent une touche*, c'est-à-dire « reçurent un échec ».
2. Le Ms. de Vienne (fol. 362-364) contient quelques détails sur les échecs subis par les Espagnols en Catalogne. « Mais si nos armes étoient prospères en Espagne, dit Goulas, il n'en étoit pas de même en Italie, ... où le Cardinal espéroit de braver impunément le saint père et se rendre prophète en son pays... » — Voir à l'Appendice, IV.

notre party, au son et aux fanfares des trompettes. Je vous ay dit aussy comment Mme de Savoye avoit bien reçu le cardinal Antoine Barberin et donné part au Roy de son arrivée dans ses états. Celuy-cy en étant sorti incontinent pour s'acheminer à Paris, y arriva au mois de janvier, et M^r le cardinal le reçut, le régala, et le traita tout aussy bien qu'il pouvoit souhaiter. La cour, par ses offices et par son exemple, ne manqua pas de témoigner l'estime qu'elle faisoit de sa personne et de sa maison; si bien qu'il écrivit à ses frères qu'ils pouvoient venir et qu'ils trouveroient parmi nous toute sorte de bonne réception et de contentement.

Les civilités et les complaisances des courtisans n'empeschèrent pas qu'il ne passast pour *huomo da poco*, et ce qui fut plaisant, on l'avoit fait si laid à toutes les femmes, qu'il n'y en eut pas une qui ne le plaignit de l'injustice qu'il recevoit. Le cardinal François Barberin et le prince préfet[1] s'en étoient déjà fuis de l'État ecclésiastique, et ils arrivèrent en France à la fin du mois, avec la satisfaction du pape, qui crut avoir plus de droit alors de les pousser. Quand ils vinrent à Paris (ce fut en février, ce me semble, ou au commencement de mars), M^r le cardinal Mazarin se crut obligé de faire quelque chose d'éclat pour eux : il les alla recevoir à Picpuce, et il s'y trouva plus de cent carrosses à six chevaux, tant les gens du grand monde eurent de complaisance pour le premier ministre, lequel étoit ravi de triompher ainsi aux yeux des plus considérables de sa nation, et de se donner

---

1. Thadée Barberini.

la gloire de soutenir et d'appuyer la maison ébranlée d'un grand pape.

Tandis qu'il m'en souvient, il vous faut dire que ce cardinal François Barberin, dans une visite qu'il fit à Madame, luy parlant de la signora Olympia, qui avoit tout crédit sur Innocent, au grand scandale de toute la chrétienté, l'assura qu'il ne l'avoit fait pape que sous condition qu'il ne la verroit jamais, et qu'il le luy avoit promis avec serment. Ce saint père n'étoit pas esclave de sa parole, non plus que les autres[1].

Mais pour revenir aux affaires de notre cour, la Reyne cassa, à ce commencement d'année, la compagnie des mousquetaires du Roy, comme une dépense peu nécessaire, le Roy n'étant pas en âge d'aller loin, mais en effet le capitaine[2] ne l'ayant pas voulu remettre à Mr le cardinal pour un de ses parents, il l'en falloit chastier; d'ailleurs c'étoit un homme tout d'une pièce, fidèle à son maistre, bon François et très reconnoissant des bienfaits qu'il avoit reçus du feu Roy. Il ne vouloit dépendre que de Sa Majesté, et ne connoissoit que son maistre; mesme quand la Reyne luy fit parler pour sa récompense, il répondit qu'on ne luy en devoit point, qu'il n'en vouloit point, après tant de grâces et d'avantages dont le feu Roy l'avoit comblé; mais que Sa Majesté devoit considérer ses soldats qui avoient bien servi et longtemps, et manquoient de subsistance : ainsi la Reyne promit d'avoir soin des vieux qui avoient été mis dans la compagnie de la main du feu Roy, et donna le gouvernement de Foix à ce généreux, qui

1. Ce paragraphe ne figure pas dans le Ms. de Vienne.
2. Henri-Joseph de Peyre, comte de Troisville ou Tréville, était capitaine lieutenant des mousquetaires de la garde du roi.

vaquoit par la mort du comte de Cramail[1], avec quelque argent. Il prit d'abord l'argent, hésitant sur le sujet du gouvernement, à cause que Monseigneur le demandoit pour quelqu'un des siens, étant si voisin de Languedoc, et qu'il eut voulu joindre une grosse somme à la médiocre.

M[r] le cardinal, ayant ainsi écarté Mr de Troisville, feignit de rapprocher et de rétablir Mr de Chavigny dans sa charge de secrétaire d'État. Voilà Mr de Brienne en alarme à cette nouvelle; sa femme, bien avec la Reyne, luy en parle, se plaint que l'on aille destituer son mari, qui sert au gré de Sa Majesté et qui est sa créature. Mais, Mr de la Rivière, qui a peur si son ennemi déclaré rentre à sa place, fait intervenir Monseigneur afin qu'il rompe le coup; Mr de Brienne s'accroche là, et on le vit venir deux fois de suite chez Mr de la Rivière, et tous ensemble ils n'eurent pas peine à changer son Éminence, lequel n'avoit fait cette pièce, selon quelques uns, que pour humilier ceux-cy et les tenir dans le devoir.

Là dessus la Reyne parla à Monseigneur du retour de Gerzé et le pria d'oublier ses folies, et Son Altesse royale la pria aussi de pardonner à Fontaine Chalandray[2] qu'elle avoit banny pour avoir frappé à Fontainebleau un officier des gardes du Roy. Ils s'entre-

1. Adrien de Montluc, comte de Cramail, prince de Chabannais, était né en 1568. Enfermé en 1635 à la Bastille, où il demeura jusqu'à la mort de Richelieu, il mourut le 22 janvier 1646. Il est l'auteur des *Jeux de l'inconnu* et de la *Comédie des proverbes*. La *Gazette* dit que le comte de Cramail était « le plus complet gentilhomme du siècle », et qu'il a « laissé un regret universel à toute la cour ».
2. Louis de Montberon, comte de Fontaines-Chalandray, fils de Jean de Montberon, comte de Fontaines-Chalandray, premier écuyer de la duchesse d'Orléans, et de Louise de l'Aubespine.

accordèrent ce qu'ils désiroient l'un de l'autre, et les bannis furent rappelés. Mais Monseigneur n'eut pas peine de souffrir Gerzé à la cour, ayant presque étouffé sa passion pour Saint-Maigrin. Il y avoit une demoiselle, chez Madame[1], douée de tout ce qu'il falloit pour le prendre, jeune, belle, bien faite, spirituelle, sage, modeste, enfin avec toutes les qualités qui plaisent plus aux honnestes gens et les embarquent ; mais elle avoit le charme qui captivoit toujours Monseigneur : elle étoit brune, et son teint pourtant ne laissoit pas d'estre blanc et beau. Le bruit du monde étoit que Mr de la Rivière favorisoit cette affection naissante quoique le ministère luy eut témoigné qu'il falloit raccommoder Saint-Maigrin ; mais luy, qui la craignoit extrêmement, fut ravy de la conjoncture et se défendit d'y travailler ; car il croyoit de son intérêt de détacher son maistre du Palais Royal, et d'oster son cœur des mains d'une personne qui pouvoit à tout moment y verser ce que luy inspireroit la cour contre luy.

La Reyne alors jugea qu'il étoit temps de donner un gouverneur à Sa Majesté, et M^r le cardinal pour faire connoistre aux étrangers en quelle estime on l'avoit en France, se proposa et se nomma surintendant de l'éducation du Roy, et à cause qu'étant chargé du faix de l'État, il ne pouvoit vaquer si assiduement à ce grand employ, il mit Mr de Villeroy comme sous-gouverneur. Mais il ne se peut rien de plus plaisant que ce que dit le Roy sur ce sujet : la Reyne luy ayant

1. L'ainée des sœurs de Saujon, que Mademoiselle avait mise fille d'honneur de Madame (*Mémoires de Mlle de Montpensier*, t. I, p. 135).

annoncé qu'il avoit un surintendant de son éducation, il entendit que le surintendant des finances auroit sa conduite, dont étant tout affligé, il luy répliqua brusquement : « Je ne veux point d'un homme de robe. »

L'on avoit eu nouvelle de Flandre que le maréchal de Gassion avoit battu les ennemis, ce qui avoit mis la cour en belle humeur; mesme le marquis de la Vieuville avoit apporté deux drapeaux et les avoit présentés à Son Altesse royale. Les relations de Flandre portoient aussi que les généraux du roy d'Espagne étoient très mal, et que Beck[1] avoit rendu mille mauvais offices à Piccolomini, et dit entre autres choses que s'étant opiniastré mal à propos à garder le poste de Dunkerque, et ne s'étant jamais voulu joindre avec luy, on n'avoit point combattu Monseigneur avec avantage, et que c'étoit la cause de tous les progrès des François et des Hollandois. Elles nous apprenoient que le roy d'Espagne alloit faire le duc Charles[2] général de ses armées, et que celuy-cy avoit envoyé quantité d'argent en Allemagne, pour lever de la cavalerie et de l'infanterie; que les Flamands levoient aussi vingt mille hommes dans le pays, et les payoient pour six mois; qu'ils vouloient tout risquer avec nous et nous combattre à la première occasion; qu'ils ne craignoient pas que le prince d'Orange, les voyant forts, hasardast rien, parce que n'ayant que de mauvaise cavalerie, il se tiendroit clos et couvert : d'ailleurs il ne vouloit

---

1. Jean, baron de Beck, s'était élevé d'un rang obscur aux plus hautes dignités militaires de l'Empire. Il mourut, en 1648, des blessures qu'il avait reçues à la bataille de Lens, et qu'il ne voulut pas laisser panser.
2. Le duc Charles de Lorraine.

point mettre sa réputation en compromis sur la fin de ses jours, et dans sa vieillesse.

Mais ces bruits, fondés en raison, firent grand tort à l'Espagne, parce que l'on jugea qu'elle tenoit les Pays Bas perdus, puisqu'elle parloit de tout risquer et de se servir d'un prince malheureux, lequel ayant perdu son bien, conserveroit et sauveroit malaisement celuy d'autruy. La consternation de ces provinces et les avantages que nous avions sur elles d'avoir pris nos quartiers d'hiver dans le pays, faisoient que l'on songeoit sérieusement à la cour de leur donner, la campagne prochaine, le coup de la mort, et voicy comme le conseil du Roy raisonnoit : les Suédois sont bastans[1] d'occuper l'Empereur et le duc de Bavière, en Allemagne; les Turcs le menacent du costé d'Hongrie, et ils n'osent abandonner cette frontière; Mr de Turenne a des troupes suffisamment pour conserver nos conquestes deçà le Rhin; Mr d'Enghien avec un corps de dix mille hommes, entrant en Flandre d'un costé, Monsieur peut entrer de l'autre avec la grande armée, et, se joignant dans le besoin, l'on entreprendra des choses dont le succès infaillible donnera échec et mat aux Espagnols; et il y avoit certes tant d'apparence que toute l'Europe étoit de ce sentiment et les ennemis mesmes.

Mr d'Enghien ne se sentoit pas d'aise qu'il avoit d'un dessein si glorieux, dans la créance que Monseigneur quittant à la fin de la campagne, et son armée étant affoiblie, il la faudroit grossir de la sienne et qu'il demeureroit général; qu'ainsi il effaceroit l'automne

---

1. Suffisants pour occuper l'Empereur.

ce que Son Altesse royale auroit fait l'été, quelque beau et éclatant qu'il fut. L'on m'assura mesme qu'il avoit dit parmi ses petits maistres (c'est ainsi qu'on appeloit ses confidents), qu'ayant donné lieu à la conqueste de Flandre par la bataille de Rocroy, il étoit juste qu'il y eust grande part à la fin, et qu'il l'achevast puisqu'il l'avoit commencée.

Alors nos plénipotentiaires de Munster firent une faute qui embarrassa un peu la cour. Les Espagnols s'étant déclarés de vouloir la paix, et que le roy, leur maistre, en croiroit toujours la reyne de France, sa sœur, pour les conditions, répandirent ce bruit partout; et nos gens, au lieu de répondre que la Reyne ne feroit rien sans nos alliés, demandent du temps pour envoyer en France et y dépeschent, ce qui mit en grand ombrage les Suédois et les Hollandois. Là dessus les Espagnols pressent ceux-cy et disent aux Suédois qu'en France l'on désire la paix et que l'on n'y refusera point les articles qu'ils ont présentés, pour lesquels les plénipotentiaires ont dépesché, et que les Hollandois sont comme d'accord avec eux en Flandre; ils disent la mesme chose de nous aux Hollandois, et que les Suédois ont comme conclu avec l'Empereur; tellement que nos alliés, sur cette fourbe de nos ennemis et cette faute de nos ambassadeurs, prestent l'oreille et sont prests de nous renoncer; les Hollandois surseoient le traité que nous faisions avec eux pour la prochaine campagne en Flandre, et les Suédois se tiennent cois et écoutent en s'étrangeant[1] de nous. Mais le piège découvert, toutes choses rentrèrent en leur place, et

1. S'éloignant.

nous achevasmes le traité d'Hollande, comme je diray tantost.

Car à cette heure, je vous veux marquer le contentement que je reçus de ce que Mr de Rohan (les interests duquel, comme vous savez, m'étoient très chers) gagna son procès contre madame sa belle mère, à laquelle il fut défendu par arrest de qualifier son fils duc de Rohan, et à tout le reste du monde de le reconnoistre pour tel, et luy donner ce titre. Et Mme de Rohan, la douairière, ayant appris l'air du bureau, la veille du jugement[1], envoya ce fils à Charenton pour faire sa profession de foy et engager ainsi les huguenots à le reconnoistre. Là, M[r] le maréchal de la Force voulant obliger la mère, fit mille civilités au fils, s'efforça de le faire passer devant luy et après beaucoup de cérémonies et de compliments prit enfin le dessus, protestant toujours que Mr de Rohan l'avoit cédé à son âge. Ses enfants se mirent au dessous de luy, le traitant de duc de Rohan, aux yeux de Mme de Rohan, sa sœur, qui étoit là. Il est vray qu'elle en fut bien vengée le lendemain, puisque sans doute l'arrest du parlement valoit mieux en cette rencontre que les civilités de Charenton et les applaudissements de la synagogue.

Mais à Pasques[2], Son Altesse royale reçut un déplaisir qui le toucha sensiblement. Ayant fait ses dévotions, il voulut entendre vespres à Notre-Dame; tout étant prest, l'heure sonnée, les cierges allumés, les officiants ne paroissent point. On demande ce que c'est,

1. L'arrêt fut prononcé le 26 février 1646.
2. Le 1er avril 1646.

et l'on vient dire que Mʳ le coadjuteur se plaint de ce que les aumosniers de Monseigneur ont fait oster son drap de pied, et qu'il a commandé qu'on ne dist point vespres qu'il ne le luy eust fait remettre. Mʳ l'archevesque de Tours, premier aumosnier de Son Altesse royale, est appelé, et il soutient que Mʳ le coadjuteur n'en doit point avoir, puisqu'en une semblable occasion l'on avoit fait oster celuy du nonce. Après plusieurs allées et venues, Mʳ le coadjuteur demande un carreau, et on luy accorde. Il est vray que l'on fit mettre le pénitencier immédiatement après luy, afin que Monseigneur ne parut pas au dessus. Vespres se disent, et quand ce vint au *Magnificat*, qu'on donne l'encens, dès que le célébrant en eut donné à l'archevesque, le coadjuteur s'avance et en eut avant le prince, lequel n'y prit point garde, ou feignit de ne s'en apercevoir pas, à cause du jour. Le bon fut que le coadjuteur, comme s'il n'eut été de rien, le vint conduire, et il ne fut point parlé de cette entreprise sur l'heure; mais Monseigneur s'étant éclairci, et sachant que Mʳ le coadjuteur s'oublioit, ou s'étoit émancipé mal à propos, il s'emporte et ne traite pas moins le prélat que d'extravagant et de téméraire. La Reyne mesme, offensée du peu de complaisance qu'il avoit eue pour elle au mariage de la reyne de Pologne, attisa le feu, et crut très raisonnable de le mortifier, si bien que toutes les puissances donnant dessus, il offrit de venir demander pardon au palais d'Orléans et en fut refusé, Monseigneur soutenant qu'ayant fait une faute publique il devoit une réparation publique. Il y eut force gens qui dirent qu'il n'avoit point failli, parce qu'ayant le caractère d'évesque et coadjuteur de son oncle, il pouvoit tout prétendre dans l'église, et dans une cérémonie du service divin; mais l'on répondoit qu'un coadjuteur n'est pas l'archevesque et devient particulier, l'archevesque présent. Après tout, il fit une horrible faute de se commettre, car si Monseigneur luy eut fait l'affront qu'il méritoit, comme il le pouvoit impunément, chacun s'en fust moqué, l'on eust ri de sa folie, et on l'eut blasmé de s'estre attiré par orgueil ce qu'il pouvoit éviter par sa modestie, ou par son absence[1].

La Reyne, environ ce temps là, fit une action de piété et de justice tout ensemble dont elle fut d'abord fort louée. Le parlement de Toulouse ayant condamné de libertinage et fait appréhender le chevalier de Roquelaure[2], il se sauva des prisons et vint à Paris. La Reyne en étant avertie, sans en rien dire à M[r] le cardinal, luy met un prévost aux trousses avec ordre de le prendre vif ou mort. Le prévost l'attrape dans les rues de Paris, et le conduisant à la Bastille, voilà le jeune Roquelaure, accompagné de quelques uns de ses amis qui le charge et entreprend de recourre son frère. Les archers se défendent, et si bien, qu'après en avoir couché sur le pavé deux ou trois, et blessé dangereusement le marquis de Lavardin[3], il fallut reculer et laisser mener le prisonnier. La rumeur se

1. Rapprocher du récit de Goulas, sur cet incident de préséance, le récit du coadjuteur (*Mémoires de Retz,* t. I, p. 257 et suiv.).

2. Antoine de Roquelaure, chevalier de Malte, fils d'Antoine de Roquelaure, maréchal de France, et de Suzanne de Bassabat, sa seconde femme.

3. Jacques de Roquelaure, marquis de Laverdenx, frère cadet du chevalier de Roquelaure, mourut en 1678.

fait grande à Paris sur l'impiété des jeunes gens de la cour, et la chose alla si avant, que le clergé assemblé députa l'évesque d'Uzès[1] pour remontrer à la Reyne combien elle étoit obligée d'arrester le cours de si monstrueux excès. L'on dit qu'il toucha ces quatre points dans sa harangue : que Sa Majesté avoit obligation particulière de venger l'honneur de Dieu, blessé et souillé par les profanes propos des impies; que le blasphème étant une suite de l'impiété, il méritoit le mesme chastiment; qu'elle ne devoit point laisser impunies tant d'irrévérences qui se commettoient tous les jours dans les églises, mesme devant le saint-sacrement et durant la sainte messe; enfin qu'elle devoit faire rendre aux prélats ce qui leur est dû, comme étant les dépositaires de la puissance sacrée du fils de Dieu. Mais nonobstant ces belles paroles, et que le peuple demandast souvent quand on brûleroit le chevalier qui étoit à la Bastille, dès qu'on le vit entre les mains de la cour on le crut sauvé, et personne ne douta que Mr le cardinal ne l'accordast aux prières de son frère[2], ce qu'il fit au grand déplaisir des gens de bien; et il est vray que plusieurs s'en prirent à la Reyne et que son indulgence en cette rencontre luy fit un tort extrême.

Le clergé pourtant promit de donner au Roy quatre millions de livres, après s'estre longtemps défendu pour ne point passer douze cent mille écus[3]. Mais nous vismes

1. L'évêque d'Uzès était alors Nicolas de Grillé, qui avait été transféré sur ce siège en 1633.
2. Gaston, seigneur et depuis duc de Roquelaure, alors maréchal de camp.
3. Ce fut le 19 juillet 1645 que l'assemblée du clergé signa le

alors débiter une bulle du pape, laquelle eut des suites assez fascheuses pour Sa Sainteté. Elle citoit tous les cardinaux à Rome, sous prétexte que le pape avoit besoin de l'avis du sacré-collége sur les urgentes affaires de la chrétienté, le Turc menaçant l'Italie et la Hongrie ; mais chacun étoit informé de l'*inganne* et savoit que le pape vouloit avoir encore plus de matière de chastier les Barberins et les prendre par la désobéissance. Voilà pourquoy la bulle fut envoyée au parlement, et l'on dit à l'oreille au procureur général qu'il ne se contraignist pas et fist agir Messieurs selon leurs anciennes maximes. Ainsi la bulle fut examinée, et il fut dit que le pape ne pouvoit citer à Rome ceux que le Roy avoit pris en sa protection, sans assembler l'Église et prendre son avis. Le président de Mesmes, opinant, dit que le concile est par dessus le pape, et que Sa Sainteté, en des choses d'importance, devoit prendre conseil des évesques assemblés canoniquement et suivre en tout leurs décrets. Le parlement fit défense, par son arrest, de garder le contenu en la bulle et la fit porter au greffe.

Cet arrest pourtant n'étoit que du parchemin et M^r le cardinal se préparoit à faire marcher plusieurs canons et une bonne armée qui se levoit et s'assembloit en Provence et aux environs, dont le Pape étoit assez en alarme.

Mais tout à coup, la Reyne publia qu'elle vouloit aller à Péronne et y mener le Roy, mesme elle désigne

---

contrat du *don gratuit* qu'il était d'usage de faire au roi. Retz montra à cette occasion des dispositions conciliantes vis-à-vis de la cour, et contribua à élever le don gratuit à la somme de quatre millions (*Mémoires de Retz*, t. I, p. 264).

pour son partement le 2me may. Il n'est pas croyable combien cette nouvelle fit faire de méditations à Paris et ailleurs. Les Espagnols en furent embarrassés aux Pays Bas, et en prirent une telle alarme qu'ils changèrent quelques gouverneurs de leurs places frontières de notre costé.

L'on fut aussi fort surpris, au commencement de ce mois, de voir arrester Mr de Montrésor par le lieutenant du prévost qui le mena à la Bastille. Il fut trouvé écrivant une lettre qu'il jeta promptement dans le feu, et les gens dirent que Mr de la Rivière luy avoit causé cette disgrâce par ses rapports ou par son crédit, le tenant son ennemi irréconciliable ; mais il nous assura chez luy qu'il n'en étoit rien, et le dit de sorte et avec tant d'ingénuité que, contre mon ordinaire, j'ajoutay foy à ses paroles. Il protesta qu'au contraire il en avoit toujours empesché M^r le cardinal, lequel depuis longtemps étoit averty de sa conduite et de plusieurs autres qu'il n'avoit pas sujet d'aimer ; qu'il ne l'avoit pas servy par amitié, mais par crainte qu'on ne dit dans le monde, ce qu'on disoit alors, qu'il l'auroit noirci et perdu auprès de la Reyne et des ministres pour se venger. J'appris, incontinent après, que cette lettre qu'il écrivoit, quand il fut arresté, étoit d'affaire et qu'elle regardoit la maison de Guise, et que le cardinal l'ayant trouvé innocent de ce qu'on l'avoit accusé de faire tenir de l'argent et des bagues à Mme de Chevreuse, l'avoit osté de la Bastille et fait traduire au bois de Vincennes, où il avoit eu la liberté de se promener. M^r le cardinal pourtant avoit raison d'appréhender ceux qui ne faisoient pas scrupule de mettre la main sur les cardinaux, mesme de leur donner de l'épée dans le ventre selon les rencontres, et on accusoit avec raison Mr de Montrésor d'avoir eu ces pensées à Corbie[1].

Monseigneur partit le 22 may et alla à Compiègne où étoit la cour; ce fut où il fit connoistre à la Reyne qu'elle avoit eu tort de trouver mauvais qu'il ne se fust point hasté et de se tant haster elle mesme, puisqu'il n'avoit que faire sur la frontière, les troupes n'étant point prestes à marcher; et pour lui rendre son change, il la conjura d'aller à Amiens et d'y faire séjour, attendant la marche des armées.

L'on eut nouvelle à Compiègne que les Hollandois ne vouloient ou ne pouvoient mettre en campagne si tost que nous désirions, et que néanmoins ils envoyoient vers Hulst un corps de six mille hommes de pied et deux mille chevaux, commandé par Mr de Brederode, pour tenir les Espagnols en jalousie de ce costé. Monseigneur s'en alla devant à Amiens et de là à Dourlens, où le maréchal de Gassion le vint trouver; il l'informa de l'état des choses et de ce qu'il pouvoit faire en Flandre cette année, afin que Son Altesse royale résolut avec la Reyne et son conseil, ce qu'on entreprendroit cette campagne que l'on croyoit emporter la Flandre. Cependant les ennemis se tenoient cois dans leurs villes, et néanmoins sur la cavalcade du maréchal à Dourlens, ils assemblèrent toutes leurs troupes et s'allèrent camper sur l'Escaut, proche de Condé[2], témoignant de vouloir défendre le passage de cette rivière. Ils avoient pourtant un petit corps à

---

1. Voir les *Mémoires de Montrésor*, t. I, p. 297 et suivantes.
2. Condé-sur-l'Escaut, ville du département du Nord, arrondissement de Valenciennes.

Hondscotte[1] pour la jalousie qu'ils prenoient de Dunkerque.

Monseigneur revient à Amiens et y trouve la Reyne. L'on y tient plusieurs conseils, et après quatre ou cinq jours que l'armée avoit marché vers Arras, Monseigneur prit congé et se rendit en cette ville le 5ᵉ juin. Il avoit été résolu à la cour que l'on assiégeroit Douay, grande ville de nom et de considération ; néanmoins au conseil de guerre qui fut tenu à Arras, la plupart jugèrent que le siége de Courtray étoit plus à propos, et plus aisé à faire, à cause que nous tenions toutes les places du Lys et que sa prise auroit plus de suite, étant au milieu du pays et nous ouvrant toute la Flandre.

Mʳ d'Enghien ne manqua pas de demander une attaque, et Monseigneur la luy refusa tout net, et quelque instance qu'il fist, il demeura inflexible ; et la raison que m'en dit Mʳ de la Rivière fut qu'il le vouloit mortifier, et luy oster la pensée de prétendre tous les jours de nouveaux avantages. Cette dureté de Son Altesse royale le piqua de sorte qu'il en jeta des larmes, et fut prest de s'en retourner à la cour se plaindre d'un si rude traitement. Néanmoins on l'appaisa, et on le fit contenter de suivre la grande armée avec la sienne, comme un corps détaché favorisant nos desseins et garantissant les convois ; mais les ennemis s'étant approchés, on luy accorda ce qu'il voulut, et il nous en prit bien, comme vous verrez tantost.

L'on marcha du costé de Courtray, et costoyant

1. Hondschoote, situé à 20 kil. E.-S.-E. de Dunkerque, est aujourd'hui un chef-lieu de canton du département du Nord.

l'Escaut, il fut encore agité au conseil de guerre si on le passeroit. Mⁱ de Gassion, toujours porté aux entreprises hasardeuses, soutenoit l'affirmative et avoit persuadé presque tout le monde, disant : que celle-cy étoit aisée à la faveur du canon ; que les ennemis craignoient nos gens ; qu'il ne se pouvoit rien de plus glorieux à la vue de leur armée ; enfin qu'il étoit utile, puisque les peuples, voyant l'impuissance des Espagnols, tendroient les bras aux François. L'on répliquoit : que les vivres manqueroient aussitost, n'ayant aucune place sur cette rivière, supposé qu'on la passast, ce qui n'étoit pas si aisé, les ennemis pouvant nous prendre à moitié passés et nous combattre, et en cas qu'ils fussent battus, garnissant bien leurs villes, il les faudroit attaquer munies à merveille, dans la nécessité de toutes choses. Ainsi le premier dessein fut suivi, et l'on tourna vers Courtray. Mais les Espagnols, apprenant que nous ne voulions point passer l'Escaut, jugèrent que nous en voulions à cette place, et y jetèrent Dei Ponti, un de leurs meilleurs capitaines, avec quinze ou seize cents hommes, lesquels y entrèrent fort peu devant que nos coureurs et notre cavalerie y arrivassent[1].

Durant notre marche, Mⁱ d'Enghien, qui étoit sur nos ailes, prit le chasteau de Lannoy[2], où il perdit un capitaine de son régiment ; mais la nuit du 13 au 14 juin, le régiment de Piémont s'étant saisi de quelques maisons assez près de Courtray[3], Mⁱ de Rantzau,

---

1. Voir les *Mémoires de Montglat*, t. II, p. 190 et 192.
2. Lannoy, chef-lieu de canton de l'arrondissement de Lille.
3. « Courtray, dit ailleurs Goulas (Ms. de Vienne, fol. 371 v°),

cousin du maréchal, l'alla reconnoistre, et s'étant trop approché, reçut une mousquetade à travers le corps, dont il mourut peu de jours après. Le lendemain la tranchée fut ouverte, et la précipitation de nos braves officiers nous pensa couster cher, car soutenant qu'il n'étoit pas besoin de circonvallation, à cause que les ennemis paroissoient extrêmement froids, ils furent assez étonnés quand ils les virent fondre sur nous, et la première nouvelle qu'on eut d'eux fut qu'ils étoient retranchés à une portée de mousquet de M^r d'Enghien, campé à une heure de nous pour les arrester en cas qu'ils fissent dessein de nous surprendre.

L'on se résolut alors de travailler à la circonvallation. M^r d'Enghien se joignit à notre armée et vint occuper le poste de Son Altesse royale qui passa de l'autre costé du Lys, en un quartier estimé le plus assuré du camp et qui devint aussitost très mal assuré; car les ennemis, en costoyant nos gens, assirent leur camp sur le bord de la rivière, du costé de Gand, et le marquis de Caracène[1], qui commandoit un corps considérable près d'Ypres, les pouvant joindre à toute heure, ils nous prenoient tous ensemble, séparés du reste de notre armée par la rivière, qui l'empeschoit de nous secourir. Nous nous retranchasmes donc avec une merveilleuse diligence, et, ce qui n'avoit pas été fait d'abord par bravoure, se fit alors par nécessité. Néanmoins l'on dit parmi nous que l'on ne s'étoit point

---

est une grande et vaste place sur la rivière du Lys qui arrose les meilleurs et plus fertiles cantons de la Flandre. »

1. Général espagnol, qui fut plus tard (1659) gouverneur des Flandres.

retranché en arrivant, à cause que la cour s'étoit plainte l'année précédente que la circonvallation de Mardick avoit cousté cent mille francs.

Là dessus Son Altesse royale dépesche à la cour pour représenter l'état des choses, la nécessité d'argent où il étoit; que le ménage sur l'artillerie causoit mille désordres avec un notable intérest de la réputation, ne pouvant battre la place, faute de gros canon qui n'avoit pu venir parce que, au lieu de dix-huit cent chevaux qu'il falloit, il n'en avoit été ordonné que mille à douze cents, et tant d'officiers dans l'armée consommoient presque tout, chaque maréchal de camp, dont le nombre étoit excessif, prenant une charrette; d'ailleurs les écluses de la rivière du Lys étant rompues, et par conséquent la rivière n'étant point navigable, le canon de Béthune ne pouvoit estre envoyé par eau, comme on se l'étoit promis; enfin que la crainte de l'ennemi empeschoit qu'on ne le menast par terre, avec les munitions, l'escorte n'étant pas bastante et Son Altesse royale n'en pouvant donner, ayant les ennemis sur les bras; car se coulant le long du quartier de M[r] d'Enghien, ils étoient venus camper à Harlebec[1], vis à vis celuy de Mr de Gassion où ils dressoient des batteries et bastissoient un pont sur la rivière, afin de nous mettre en jalousie au quartier de Monseigneur, qui n'étoit pas commencé à retrancher.

Cependant, bien que nous manquassions de canon et de munitions, nos braves ne laissèrent pas de se pro-

1. Haerlebeke, sur la rive droite de la Lys, à une lieue au-dessous de Courtray.

mettre que nous emporterions la place avec la sape, et poussoient toujours la tranchée, lentement toutefois, avec l'étonnement des assiégés qui attribuoient à la peur que nous avions de leur armée ce qui étoit impuissance.

Le pont des ennemis fait, ils passèrent le Lys et joignirent le marquis de Caracène qui leur amenoit cinq à six mille hommes assemblés du costé de la mer : j'entends, leur avant garde, car le gros voulut faire une tentative à notre retranchement avant que de passer. Pour cet effet ils détachent mille mousquetaires choisis, et commandent de la cavalerie suffisamment pour les soutenir, et tous ceux-cy une heure devant jour se présentent inopinément à nos lignes où le régiment de Rambures étoit de garde[1]. Il ne dormoit pas si bien, que les ayant ouïs et connus, il fit si beau feu que ce fut à eux de reculer, laissant force soldats étendus sur le bord du retranchement et les deux officiers qui les commandoient. Tous tombèrent d'accord que s'ils eussent pris plus bas, où de foibles régiments étoient postés, ils auroient passé et jeté dans la place une bonne partie de cette mousqueterie, laquelle avec ce qui y étoit déjà nous auroit bien taillé de la besogne, tant il est important d'estre bien averty à la guerre.

Ce coup failly, toutes leurs troupes passèrent, et ce fut à nous de nous fortifier au quartier de Son Altesse royale. M^r d'Enghien nous envoya quelques uns de ses

---

1. Le régiment de Rambures, un des cinq régiments d'infanterie appelés *petits vieux*, appartenait alors à Charles de Rambures, fils de Charles, sire de Rambures, et de Renée de Boullainvillier, sa seconde femme. Charles de Rambures était le quatrième colonel de ce nom.

régiments, et Mr de Gassion nous fortifia aussi des siens, et Monseigneur, secondé par M^r d'Enghien, diligenta tellement son travail que nous nous vismes en état, deux jours après, de bien recevoir les Espagnols, s'ils eussent donné à notre retranchement, comme ils s'en vantoient. Mais ce n'étoit pas leur bravoure que nous craignions dans le camp, c'étoit le manquement de munitions, et le conseil considérant que ce défaut des choses si nécessaires retardoit le siége et rendoit l'ennemi audacieux, résolut que M^r le maréchal de la Meilleraye iroit à Béthune et amèneroit promptement ce que nous avions besoin, ce qu'il fit.

Nos lignes étant presque achevées, l'on eut soupçon que les ennemis songeoient à déloger et comme les nouvelles qu'on avoit d'eux n'étoient pas fort assurées, l'on jugea à propos de les faire reconnoistre. Mr de Gassion détache quatre cents hommes et leur commande de se saisir de l'église de Curne, village situé entre nos lignes et leur camp, mais fort coupé de fossés et embarrassé de haies. Les nostres étant dans cette église, et quelques uns ayant monté au clocher, ils aperçurent à la teste du camp des ennemis environ deux mille hommes de pied, en bataille, ce qui leur fit croire qu'ils délogeoient. Ils perdirent bientost cette pensée, car les premiers, s'étant avancés le long des haies, sans estre vus, chargèrent avec tant de furie ce qu'ils rencontrèrent là, qu'ils reconnurent tous les nostres jusques à notre retranchement, et nous tuèrent bien deux cents hommes; et sans Mr de la Feuillade, qui y avoit son régiment de cavalerie en garde, nous eussions reçu de la honte et peut estre plus de perte. Il soutint tout leur effort; il les arresta, les repoussa, donna moyen à plusieurs de nos officiers de se garantir de la mort ou de la prison; son cheval fut blessé, celui de M^r de La Mothe Fénelon[1] tué, et le maréchal des logis de la Feuillade fit prisonnier le marquis de Trelon, gentilhomme flamand[2], lequel donna jusques à notre retranchement et y entra, mais non pas en victorieux.

Les ennemis, de la confession de leurs prisonniers, et au rapport de leurs transfuges, perdirent plus de quatre cents hommes, et pour se venger ou nous braver, se vinrent retrancher à la portée du pistolet de la ligne, où ils travaillèrent à deux batteries qui nous foudroyèrent d'importance. Elles furent si bien placées et si bien servies que l'on ne pouvoit plus durer nulle part, j'entends au quartier du maréchal de Gassion et à celuy du maréchal de Rantzau, c'est à dire une partie de ce dernier, et nous ne songeasmes plus qu'à faire des épaulements partout, qui furent achevés en vingt quatre heures, tant les prodigieux effets de ces foudres diligentèrent nos soldats; et Son Altesse royale mesme avoit déjà couru grand fortune d'estre emporté; car, parlant au maréchal de Gassion, un coup donna assez près de luy au milieu de sa noblesse et de ses gardes, blessa le cheval du marquis de Mauny, son premier écuyer[3], tua celui de Plainville, son pre-

---

1. Pons de Salignac, comte de la Mothe-Fénelon, fils de François de Salignac, baron de la Mothe-Fénelon, et de Marie de Bonneval, marié en premières noces à Isabelle d'Esparbez de Lussan, et en secondes noces à Louise de la Cropte de Saint-Abre, qui fut mère de l'archevêque de Cambrai.
2. N. de Merode, marquis de Trelon en Flandre.
3. François d'Estampes, marquis de Mauny, fils de Jacques

mier chambellan, et emporta la jambe du maistre; il bondit encore à plus de cent pas de là.

Cependant le manquement de poudre empeschant nos attaques de la ville, les ennemis en prirent cœur. Ils sortirent du costé de M^r d'Enghien et malmenèrent assez ses gens, jusques là que le régiment de la Meilleraye trouva à dire le lendemain quinze ou seize de ses officiers. Mais nonobstant toute cette bravoure, tous nos défauts et la chicane du commandant de la place, Dei Ponti, nous fismes un logement sur la pointe de la demi-lune qui tenoit lieu de bastion, ce qui les obligea de parler; mesme considérant que leurs gens ne donnoient point aux lignes et nous avoient laissé mettre en état de ne pouvoir plus estre forcés. Ce fut le jeudi 28e juin, et Son Altesse royale voulut qu'ils sortissent le jour mesme avec leurs armes et bagage. Le voisinage de leur grosse armée leur fit accorder cette honorable composition, et puis Monseigneur étoit bien aise de donner des marques de sa courtoisie aux ennemis. Il entra le lendemain dans la ville et s'y logea avec toute sa cour, et l'armée campa le long des murailles. Ainsi le marquis de Caracène reprit la route de la mer, et les autres chefs de l'armée espagnole menèrent leurs gens à Deynse, petite ville entre Gand et Courtray[1].

La veille de la capitulation, Mr de Lorraine avoit fait dire à Mr de Marcheville[2], premier chambellan de Son

---

d'Estampes, marquis de la Ferté-Imbault, et de Catherine-Blanche de Choiseul, mourut en 1667.

1. Deynse, ville de Belgique, sur la rive gauche de la Lys.
2. Henry de Gournay, seigneur de Marcheville.

Altesse royale, qui avoit été autrefois son gouverneur, par un trompette, venu au camp pour l'échange de quelques prisonniers, que si Son Altesse royale avoit agréable qu'il le vint voir, il seroit ravy d'avoir cet honneur et de luy rendre ses devoirs en traitant de l'échange de leurs gens. Monseigneur eut très agréable la proposition, et afin de le préparer à ce qu'il désiroit de luy dire, il donna charge au négociateur de luy remontrer qu'il est temps qu'il sorte d'un vaisseau qui fait naufrage, qu'il n'a plus rien à attendre des Espagnols et de l'Empereur, qu'il doit tout espérer du Roy, et qu'il luy offre son assistance et sa protection. Mr de Lorraine, peu satisfait de l'Espagne, écouta volontiers et prit goust à l'avis; et en effet il n'avoit désiré parler à Marcheville que pour traiter avec nous. Il se plaignit d'abord de M^r le cardinal Mazarin, lequel l'avoit réduit par sa lenteur et ses remises à se rembarquer avec des gens qui le méprisoient et ne luy donnoient aucune satisfaction; il dit qu'il l'avoit fait rechercher tout l'hiver, qu'il luy avoit offert ses troupes et sa personne pour servir la France; qu'on l'avoit mené jusques à la mi-may, et que ne pouvant différer davantage à prendre party, il avoit été contraint de s'engager avec l'Espagne, parce qu'on n'avoit pas voulu de luy à la cour. Marcheville le presse de passer de notre costé, et il en tombe d'accord, pourvu qu'on ne le fasse servir ni en Catalogne, ni en Italie. Monseigneur donna avis de cecy à la Reyne et cependant force allées et venues de Mr de Marcheville, sous prétexte de faire condescendre Son Altesse royale à ce que Courtray demeurast neutre, puisqu'il n'augmentoit les contributions des François en Flandre. Mais la cour ne répondant catégoriquement, Mr de Lorraine ne nous vint point voir, et toute la négociation demeura là, parce, à mon opinion, que Mr de Lorraine vouloit servir avec son armée en Allemagne ou en Bourgogne, et l'on ne le vouloit nullement du monde en ces quartiers, à cause qu'on ne se fioit point de luy.

Le lendemain de la prise de Courtray, nous eusmes nouvelle des Hollandois que l'on avoit extrêmement pestés parmi nous de ce qu'ils ne faisoient pas la diversion qu'ils avoient promise, car ils ne s'étoient pas mis en campagne, comme l'on avoit convenu, et leur lenteur nous jetoit trente mille hommes sur les bras; mesme nous demeurasmes quelques jours depuis que nous eusmes vu l'envoyé de M^r le prince d'Orange, sans savoir s'ils exécuteroient leurs nouvelles promesses, pendant quoy l'on nous apprit une assez surprenante chose: la mort de M^r le duc de Brezé, tué près d'Orbitelle, canonnant avec les galères d'Espagne. M^r d'Enghien en fut extrêmement touché, perdant là le plus établi homme de France, qui ne pouvoit jamais estre que son serviteur, ayant l'honneur d'estre son beau frère[1]. L'on nous assura mesme que M^r le cardinal avoit dit, le regrettant, qu'il luy avoit promis amitié et qu'il en étoit très assuré; et j'ay su depuis que ce propos étoit fondé sur l'alliance qu'il devoit prendre avec luy du consentement de M^r d'Enghien, et qu'il devoit bientost épouser une de ses nièces.

---

1. Armand de Maillé, duc de Fronsac et de Caumont, fils d'Urbain de Maillé, marquis de Brézé, et de Nicole du Plessis-Richelieu, amiral de France, tué le 14 juin 1646, à l'âge de vingt-sept ans, était frère de Claire-Clémence de Maillé-Brézé, duchesse d'Enghien, et depuis princesse de Condé.

Mais la surprise et la douleur du prince fut de beaucoup augmentée, quand on luy écrivit que la Reyne s'étoit nantie de sa dépouille et qu'il n'y avoit rien à prétendre pour luy à l'amirauté, aux Iles et à Brouage[1]. Il fit pourtant bonne mine et ne parla de son mécontentement qu'à peu de personnes, et de ses plus affidés. L'on ne manqua pas de philosopher sur le procédé de la cour, tout nouveau à la vérité, puisqu'elle quittoit sa lenteur ordinaire et disposoit aussitost de ces grands établissements, et les lettres me dirent qu'elle avoit appréhendé que Monseigneur n'interposast ses offices en faveur de Mr d'Enghien, et ne l'obligeast par ce témoignage d'amitié qui auroit pu donner naissance à leur union qu'on ne vouloit point, et que la Reyne avoit été sur le point d'écrire et de dépescher exprès pour rompre ce coup, mais que d'Hémery, confident du cardinal, l'empescha, soutenant que Monseigneur ne le feroit point parce qu'il n'étoit pas de son intérest. Néanmoins Son Altesse royale offrit d'abord de le faire, et Mr d'Enghien très prudemment l'en remercia et le refusa, dans la pensée que la recommandation ne feroit point la chose et ne serviroit qu'à marquer ce que l'on craignoit.

Le mesme courrier apporta la disgrâce de Mlle de Beaumont[2], laquelle avoit eu ordre de la Reyne de ne plus entrer au Palais Royal. L'on disoit qu'elle avoit défendu Mr de Chavigny lorsqu'on donnoit sur luy, pour avoir écrit la mort de Mr de Brezé à

1. Brouage, petite place forte au milieu des marais salants, à peu de distance de Marennes.
2. « Fille de qualité, ajoute le Ms. de Vienne (fol. 374), laquelle parloit assez librement au Roy et à la Reyne. »

Mʳ le comte d'Alais¹, et non pas à la cour, dans la pensée que par son moyen Mʳ le Prince seroit incontinent averty de ce malheur. En effet celuy-cy dépescha au maréchal de Brezé, afin qu'il se saisist de Brouage et se mist en possession de ce riche gouvernement; mais d'autres croyoient que Beaumont parlant trop hardiment au Roy, et luy pouvant dire des choses à luy donner des impressions qu'on ne vouloit point, l'on avoit été bien aise de trouver occasion de l'éloigner, et que celle-cy, bonne ou mauvaise, étant la première, on l'avoit embrassée.

Environ ce temps, Mʳ le maréchal de la Meilleraye qui avoit servy à l'armée comme volontaire, s'en retournant en France accompagné de Mʳ du Terrail² que l'on envoyoit à Béthune pour faire venir notre gros canon, rencontra trois à quatre cents chevaux des garnisons de Lille, Tournay et la Bassée, et les défit, ce qui consterna fort les ennemis, et rendit l'abord de notre camp plus sûr de ce costé.

Nous demeurasmes bien trois semaines dans Courtray, pendant lesquelles mon camarade Mʳ de Vallons, de Languedoc, qui avoit été porter la nouvelle de la prise à Sa Majesté revint. Je vous confesse qu'il me surprit extrêmement quand il assura que l'on comptoit à la cour pour peu notre conqueste et qu'on s'étonnoit que Monseigneur n'eust fait que prendre Courtray avec une si puissante armée. Il m'ajouta mesme que le cardinal avoit dit d'abord : « Nous

---

1. Louis de Valois, comte d'Alais et depuis duc d'Angoulême, fils de Charles de Valois, comte d'Auvergne et duc d'Angoulême, et de Charlotte de Montmorency, neveu du prince de Condé.

2. M. du Terrail, maréchal de camp.

faut-il un *Te Deum* pour cela? » Cependant une grande place, et de la dernière considération, avoit été emportée sans canons, sans poudres, sans balles, sans mèches, à la vue de trente mille hommes et plus, qui s'étoient approchés de nos lignes de moins que la portée du mousquet; une belle et grosse ville, au cœur de la Flandre, qui couvroit et assuroit nos conquestes sur le Lys et mettoit les Flamands au désespoir.

Le conseil du Roy croyoit peut-estre qu'il n'y avoit qu'à envoyer les maréchaux des logis de l'armée aux portes des villes, et qu'elles seroient ouvertes incontinent, mais les ennemis les persuadèrent du contraire peu de jours après; car Monseigneur ne pouvant faire passer six mille François au camp du prince d'Orange sans péril, se résolut de favoriser leur marche et s'en approcher, et M^r le maréchal de Gassion opinoit à aller droit aux ennemis et les combattre, raisonnant de cette sorte : « Nos avis portent tous qu'ils délogent de Thielt[1], le poste est mauvais et désavantageux pour eux, et nous les prendrons ainsi à notre avantage; s'ils sont délogés, nous ferons passer nos six mille hommes sans péril, et s'ils ne sont qu'à moitié délogés et que nous y trouvions encore l'arrière garde, elle est indubitablement défaite. » Et sur ce qu'on répliquoit que ne combattant point, comme ils s'en pouvoient empescher, ils nous prendroient au retour affoiblis de six mille hommes et nous battroient, il disoit : « qu'au lieu de revenir à Courtray il falloit gagner Dunkerque et se jeter dans le retranchement abandonné, et qu'encore

1. Thielt, ville de Belgique, province de la Flandre occidentale.

qu'ils soupçonnassent ce dessein et nous suivissent pour le rompre, nous y arriverions toujours plus tost qu'eux, et qu'ayant ce retranchement nous aurions la ville. » Cette pensée d'homme de guerre fut trouvée belle, mais l'on en demeura là ; on se contenta de faire ce dont l'on étoit convenu avec les Hollandois, lesquels s'ils ne comparoissoient pas encore, nous avoient pourtant fait savoir de leurs nouvelles par un de leurs capitaines françois, nommé Remon, lequel dit positivement que par le traité ils n'étoient obligés de se trouver sur le canal de Bruges qu'au 22ᵉ du mois et qu'il n'étoit que le 16 ; il retourna et revint aussitost assurer que Mʳ le prince d'Orange ne manqueroit pas au rendez-vous, sur quoy Mʳ l'abbé de la Rivière se mettant en colère, donna hautement sur les Hollandois, disant qu'ils nous vouloient trahir, que leur trève étoit faite, qu'ils étoient d'accord avec les Espagnols, et s'emporta mesme contre Remon, lequel, plus sage que luy, parla toujours avec la dernière modération. Il étoit vray pourtant que Mʳ le cardinal avoit mandé qu'il étoit assuré du prince d'Orange, et qu'au printemps il avoit empesché cette trève sur le point qu'ils alloient signer, l'Espagne ayant tout accordé pour détacher les Hollandois d'avec nous ; et notre cardinal, ayant Orbitelle[1] en teste, pour se venger du pape, et tenir en cervelle la cour de Rome, vouloit que le roy d'Espagne eust des affaires partout et ne pust empescher ce dessein de réussir.

Monseigneur partit donc de Courtray, et en trois

1. Orbitello, ville forte de Toscane, fut assiégée le 10 mai 1646 par le prince Thomas de Savoie, qui fut contraint de lever le siège le 15 juillet suivant.

jours de marche se rendit sur le canal, campant sa grande armée dans la grande bruyère de Bruges, et n'ayant pas eu de nouvelles du prince d'Orange, il luy dépescha Mr de Marcheville. Mais il faut savoir que Mr de la Rivière s'étoit bien donné de garde d'accompagner son maistre en cette occasion qu'il avoit crue fort périlleuse : il avoit feint d'estre malade, il s'étoit fait tirer du sang, il s'étoit beaucoup plaint, et se servant de la pâleur que la crainte avoit mise sur son visage, il étoit demeuré à Courtray comme malade; et, ce qui fut merveilleux, les soldats voyant Son Altesse royale partir avec gaieté, déclamèrent contre la poltronnerie du favori et l'accusèrent d'empescher que l'on n'entreprist rien de hasardeux et de beau. Ils se souvenoient de ce qu'il avoit fait quand les ennemis pensèrent à attaquer le quartier de Son Altesse royale, car il témoigna là encore une peur à réjouir tous les gens; il en perdit les repas et le repos; il résolut de se retirer à Menene[1]; il y envoya devant ses meilleures hardes et son argent, et Mr de Fromont, secrétaire des commandements de Monseigneur, pour faire sa cour à son ministre, mit son sac de nuit sur un de ses mulets; enfin l'on eut toutes les peines du monde à le rassurer[2]. J'ay ouy dire de bonne part que les ennemis eurent avis de cette poltronnerie, et en devinrent plus fiers dans la créance qu'un homme de cette humeur, ayant beaucoup de crédit parmi nous, ne nous per-

---

1. Menin, petite ville sur la Lys, qui fut enlevée par les Espagnols en 1646. Le nom flamand de cette ville est *Meenen*.

2. Monglat parle aussi de la terreur éprouvée par l'abbé de la Rivière en cette occasion (*Mémoires*, t. II, p. 191).

mettroit jamais de les combattre, et qu'ils avoient résolu une fois là dessus d'empescher notre jonction avec les Hollandois[1].

M' de Marcheville donc eut ordre de Son Altesse de dire au prince d'Orange que pour satisfaire à ce qu'il avoit promis, il avoit voulu luy-mesme conduire les troupes que le Roy donnoit à Messieurs des États cette année, jusques au canal; et M' de Rantzau crut qu'il devoit ajouter cette cageollerie : et que ce qui luy en avoit augmenté le désir étoit celuy de le voir. Il n'étoit que le 20 du mois, et comme j'ay dit l'on ne devoit estre au rendez-vous que le 22, ce qui le surprit extrêmement et fit qu'ayant répondu avec grand respect, comme il le devoit, au compliment de Son Altesse royale, il se plaignit ensuite de ce manquement et dit entre autres choses qu'il y avoit des gens que Son Altesse royale ne désavoueroit pas, qui l'avoient assuré que les troupes ne passeroient que le 21. Il s'excusa de s'avancer sur son indisposition, et envoya aussitost son fils[2] avec ce qu'il avoit de cavalerie, lequel trouva Monseigneur sur le canal, à son pont que l'on achevoit. Il salua Son Altesse royale à cet endroit, conféra quelque temps avec luy et enmena quatre mille trois cents de nos hommes que M' le maréchal de Gramont alla commander. Mais notre marche si

1. Les deux dernières phrases de ce paragraphe ne figurent pas au Ms. de Vienne.

2. Guillaume de Nassau, fils de Henri-Frédéric de Nassau, prince d'Orange, stathouder de Hollande, et d'Amélie de Solms, fut prince d'Orange et stathouder de Hollande après son père, et mourut le 6 novembre 1650, à l'âge de vingt-quatre ans.

précipitée ne manqua pas de donner lieu aux méditations et de faire demander pourquoy, vu que nous ne pouvions ignorer le jour du rendez-vous, et que Remon s'étoit toujours récrié que Messieurs des États demeuroient dans les termes de leur traité et n'étoient obligés de se trouver sur le canal que le 22ᵉ, nonobstant quoy Mʳ de la Rivière l'avoit pris à partie, et avoit pesté hautement les Hollandois. L'on crut ainsi que nos gens cherchoient matière de crier les premiers, afin de se dégager d'avec eux et avoir prétexte de rompre. Ce fut pourtant un faux raisonnement et une vision ridicule, comme il parut par notre conduite suivante et par la leur.

Mʳ le prince Guillaume ayant emmené nos troupes, et les ennemis ne branlant point de dessous le canon de Bruges, Son Altesse royale partit de nuit, afin de gagner promptement un grand défilé et avoir loisir de le passer, et il est certain que nous pouvions recevoir quelque échec à ce passage, s'ils eussent été bien avertis, ou eu le cœur de nous suivre et nous combattre; ainsi nous revinsmes heureusement à Courtray et prismes en passant un petit chasteau qui fut la curée de quelques unes de nos troupes[1].

Mais Monseigneur, ayant avis en arrivant que les ennemis croyoient que la jonction de nos troupes avec l'armée d'Hollande s'étoit faite pour assiéger Anvers, il fut résolu pour les en persuader tout à fait et leur donner le change, que nous nous posterions sur le Lys, mesme que l'on y feroit un pont pour les mettre

---

1. Monsieur prit en passant le château d'Inglemunster (*Mémoires de Monglat*, t. II, p. 194).

aussi en jalousie de leurs places de l'Escaut. Le bagage néanmoins fila le long du Lys, en remontant, et tout à coup nous marchasmes, avec une diligence incroyable et pendant une chaleur extrême, droit à Berghes. Mʳ de Gassion, qui menoit l'avant garde, n'ayant trouvé personne à Hondscotte, ni dans le retranchement qui est auprès, et s'étant saisi, sans presque de combat, de deux redoutes qui en défendoient l'entrée, manda à Son Altesse royale qu'il pouvoit tenter Dunkerque, ce qui fut assez mal reçu parce qu'il n'y avoit aucune apparence, les ennemis tenant Berghes et Mardick et l'armée se trouvant sans pain, recrue de la grande marche et de la chaleur, et l'infanterie fort diminuée; les paysans avoient arresté et dévalisé les paresseux et les avoient livrés aux Espagnols. En effet nous fusmes trois jours à Berghes, sans pain, à la vue de nos clochers de France, si bien qu'on s'en prit au cardinal, lequel négligeoit tout et ne songeoit qu'à faire réussir son dessein sur Orbitelle, où il échoua après une dépense de six millions d'or.

Mais parlons un peu de cette expédition et de nos Argonautes que la fortune ne favorisa ni sur la mer, ni sur la terre, et prenons la chose de plus haut. Nous avons dit que Mʳ le cardinal, mal satisfait du pape, s'étoit réconcilié avec les cardinaux Barberin[1], ses ennemis, que Sa Sainteté persécutoit, et cela afin de faire une puissante cabale dans Rome, pour opposer au népotisme et emporter de hauteur ce qu'il désiroit de Sa Sainteté. Ils projetèrent que le Roy prenant Orbitelle, muniroit cette place, voisine de Rome et

---

1. Voir plus haut p. 136 et suivantes.

comme dans les terres de l'Église, et qu'avec une puissante garnison, elle donneroit jalousie au pape et aux Espagnols, et appuyeroit les créatures des Barberins et les mécontents du pontificat présent. Mr le cardinal donc ayant concerté et pris ses mesures avec Mr le prince Thomas pour ce siége, celuy-cy partit et fondit bientost après sur Orbitelle, Mr de Brezé, amiral, ayant eu ordre de tenir la mer, et d'empescher le secours que les Espagnols y pourroient jeter par le moyen de leurs galères. Nos gens firent assez bien d'abord : ils battirent deux fois les ennemis, qui entreprenoient de la secourir ; ils se comportèrent toujours avec grande bravoure ; mais nonobstant cela, le siége alloit lentement, ils n'avançoient point, et après deux mois écoulés et deux secours défaits, ils étoient sur le point de le lever ; car, outre que Mr le prince Thomas se pouvoit dire avec vérité le plus malheureux capitaine de l'Europe, ses officiers principaux manquoient d'expérience, au sentiment des nostres de Flandre. L'on avoit donné peu d'ordre à son équipage d'artillerie ; tout étoit en Provence : poudres, balles, mèches, pain ; et son canon demeura trois semaines sans tirer, tellement que la petite armée, sentant approcher le troisième secours, et ne se jugeant pas bastante de le combattre avec les ongles, prit le parti de se retirer[1]. Il est vray qu'un moment après, l'armée navale de France arrive avec de tout[2], et il n'étoit plus temps :

---

1. 15 juillet 1646.
2. Cette armée, sous la conduite du maréchal de la Meilleraye, grand-maître de l'artillerie, arriva, dit Mme de Motteville (p. 290), quarante jours après le siège levé d'Orbitello.

elle servit à rafraîchir nos hommes et les reporter en Provence[1].

Il n'est pas croyable combien ce mauvais succès affligea notre Éminence et ce que luy fit faire son chagrin; et si ce qu'on en a dit est véritable, il devoit bien avoir du remords et des épines dans l'âme, car l'on a cru que l'envie d'occuper ce poste, c'est à dire de se venger du pape et s'attirer considération à Rome et en Italie, avoit empesché la paix, et que les Espagnols l'avoient offerte si avantageuse qu'ils n'estimoient pas que nous la pussions refuser; néanmoins ils furent rebutés et ils en crièrent vengeance à Dieu qui les écouta et chastia M[r] le cardinal de toutes manières, comme nous allons voir par la suite. Ses partisans le défendoient, protestant que c'étoit un artifice des Espagnols pour décrier notre ministre et luy susciter des ennemis, et que ne faisant rien sans la participation de Son Altesse royale et de M[r] le Prince, s'ils eussent estimé de l'intérest de l'État de la faire, ils auroient embrassé l'occasion; mais l'on répliquoit que Monseigneur fut persuadé par Mr de la Rivière de laisser aller la chose au gré du cardinal, et que ce bon abbé toucha de l'argent pour un si bon service, dont il acheta Petit-Bourg, et que M[r] le Prince fut leurré de belles espérances de la liaison dernière de son fils avec le cardinal par le moyen du mariage d'une de

1. Le prince Thomas fut obligé de lever le siège d'Orbitello en perdant le canon et les bagages. « Jamais le cardinal Mazarin ne fut si affligé,.... il avoit dépensé des sommes d'argent immenses pour faire cet armement qu'il prenoit tellement à cœur qu'il eût souhaité que la France eût eu du malheur de tous les autres côtés, pourvu que celui-ci eût réussi » (*Mémoires de Monglat*, t. II, p. 211).

ses nièces avec Mr de Brezé, qui devenoit ainsi le ciment de leur amitié. Je m'en rapporte à ce qui en est, mais nous verrons bientost la passion qu'avoit notre ministre de se poster sur la mer de Toscane et d'avoir une place et des gens de guerre françois plus près de Rome qu'Antibes, ou Marseille.

Revenons à notre famine devant Berghes et au siége de cette ville qui nous facilitoit celuy de Dunkerque. Berghes, ayant été investie comme j'ay dit, fut prise en vingt quatre heures[1] et cousta néanmoins beaucoup de sang, car nos volontaires, la nuit que la tranchée fut ouverte, s'emportèrent mal à propos, et allèrent baiser une barrière, s'il se faut exprimer ainsi, qui fermoit le pont de la demi-lune, et cela sur un faux avis. Les ennemis avoient quelques fuseliers dehors qui tiroient à une église que nous voulions gagner à dessein de nous en couvrir; quelqu'un s'écrie que ceux-cy fuient et vont droit à leur demi-lune, si bien que nos braves emportés de la noble ardeur, se débandent pour les couper et les joindre, se mettent à l'eau jusques au col, et passant les *Wattergands*[2], s'approchent si près que les voilà canardés et mattrassés, et ne pouvant plus demeurer là à découvert, où on les tiroit comme au blanc, il fallut revenir plus vite que le pas. Nous y perdismes le marquis de Tronquedec, de Bretagne, très brave et accompli gentilhomme, le comte de Belin, de notre cour[3], et quelques autres. Mr de Vallons, mon camarade, eut une

1. La ville de Berghes fut prise le 31 juillet 1646.
2. *Waterkant,* en flamand, berge.
3. N. de Faudoas d'Averton, comte de Belin.

grande mousquetade en l'épaule, qui la luy perça de part en part, avec une grande escarre[1] à l'entrée. Le jour venu, deux capitaines aux gardes furent blessés, parce que M^r le maréchal de Rantzau ayant fait débauche n'avoit pas connu qu'il attaquoit la place par l'endroit plus fort ; mais aussitost après, le gouverneur envoya supplier Son Altesse royale de permettre que sa femme, qui étoit fort grosse, sortist et quelques autres dames avec elle. M^r d'Enghien, qui se trouva auprès de Monseigneur, dit en riant que la requeste pouvoit estre répondue et accordée, mais qu'il seroit bon de luy faire valoir cette grâce, et de luy envoyer quelque prosneur qui luy en relevast le mérite ; il ajoute que Possegut feroit aussi bien cela qu'homme de l'armée[2] ; Monseigneur approuve la chose, et Possegut part. Il est vray que la rhétorique fit l'effet que l'on s'en étoit promis, car en moins de demi-heure il persuada Mr Puteanus de sortir dès le lendemain avec ses trois cents hommes qui furent sûrement conduits à Ypres. Possegut fut mis dans la place pour y commander la garnison, en attendant les ordres de la cour ; mais l'on agita dans le conseil de guerre ce qui étoit de faire, la fortune présentant, par cette marche surprenante et la prise d'une place qui avoit des conséquences, de belles occasions de profiter. Et en effet les ennemis ne pouvoient comprendre que ceux qu'ils avoient vus

1. Ouverture faite avec violence.
2. Jacques de Chastenet, seigneur de Puységur, fils de Jean de Chastenet, seigneur de Puységur, et de Madeleine d'Espagne, fut plus tard colonel du régiment de Piémont. Il a laissé des mémoires, dans lesquels il rappelle qu'on l'appelait aussi Poisigut, quoique ce ne fût pas son vrai nom.

depuis quatre jours sur le Lys faisant des ponts, pour passer cette rivière, fussent alors devant Dunkerque avec tout leur bagage et leur canon, à moins qu'ils eussent volé, ou usé de magie.

Nos guerriers furent partagés ; quelques uns conseillèrent le siége de Saint-Omer, s'appuyant qu'encore qu'il n'y eust plus dans l'armée que dix mille hommes de pied et que Saint-Omer fust une place qu'on ne peut attaquer qu'en faisant trois quartiers séparés par des marais, néanmoins cette infanterie étoit plus que suffisante pour la prendre, n'y ayant dedans que des bourgeois ; d'ailleurs que l'on seroit retranché avant que les ennemis y pussent venir, et qu'en cas qu'ils se présentassent, Mr de la Ferté Senneterre avoit un corps considérable près de nous, et nous joignant en peu d'heures nous mettroit en état de les battre ; enfin qu'il y avoit à Calais des Anglois et des Polonois avec lesquels l'on grossiroit encore l'armée. Tout cecy étoit spécieux et faisable, mais Monseigneur ne se put résoudre ; il craignoit de manquer de vivres, et son inclination alloit à la mer et à prendre Dunkerque. Pour cet effet, il envoya investir Mardick, et quoique beaucoup de gens ne pussent gouster ce dessein et le blâmassent, il s'y opiniastra et le voulut absolument. Ils le condamnoient parce que la place étoit pourvue de tout abondamment, que les Hollandois n'étant pas devant le port, elle seroit rafraîchie à toute heure ; que ces bons alliés témoignoient peu d'inclination à y venir, et que c'étoit entreprendre de boire la mer et ruiner toute l'infanterie de France, de s'y attacher sans eux.

Jamais il ne fut tant canonné qu'à ce siége ; les

assiégés ayant communication avec Dunkerque toutes les nuits, pouvoient tout entreprendre sans rien craindre, et quoiqu'ils se défendissent assez bien, ils ne firent pas pourtant la résistance que l'on pouvoit attendre de leur nombre, car un transfuge nous apprit qu'ils étoient là trois mille hommes de guerre, et qu'il ne se passoit pas de nuit qu'il n'y en entrast encore, aussi bien que des munitions et jusqu'aux affûts de canon, ce qui faisoit que le leur répondoit exactement au nostre et nous incommodoit toujours beaucoup. Ils sortirent sur l'attaque de Son Altesse royale, le maréchal de Gassion étant de garde, et tuèrent le chevalier de la Feuillade[1] et quelques gens ; mais le comte, son frère, qui étoit en jour de maréchal de camp, les repoussa si vertement avec les gardes suisses qu'il leur osta l'envie de taster davantage la tranchée. Deux jours après ils sortirent sur celle de M^r d'Enghien et la pensèrent gagner; ils avoient déjà nettoyé la teste, comme le prince, qui n'en faisoit que partir, s'y rendit à toute bride, avec quelques gens de la garde de cavalerie; Mr de Nemours y arriva aussi et plusieurs volontaires, tellement que le bataillon des ennemis, qui se formoit pour soutenir ceux qui avoient donné à la tranchée, se vit investi par ces princes et ne put résister à leur effort : il fut renversé dans leur contrescarpe, et M^r d'Enghien, en mesme temps se jetant dans sa tranchée, donna cœur aux siens par sa présence et son exemple, et tua tout ce qu'il y trouva d'ennemis qui avoient pénétré jusqu'à son canon.

---

1. Paul d'Aubusson, fils puiné de François d'Aubusson, comte de la Feuillade, et d'Isabelle Brachet, était chevalier de l'ordre de Malte.

Mrs de Fleix¹, de la Roche Guyon², le chevalier de Fiesque³ et quelques autres y perdirent la vie; Mr de Nemours fut blessé à la jambe, Mr de Marcillac à l'épaule, le duc de Pont de Vaux⁴ à la mâchoire, et chacun avoua que si M^r d'Enghien n'eut fait ce qu'il fit, payant de cœur et de teste, il n'auroit plus eu de tranchée à un moment de là, et il luy eut fallu recommencer⁵. Le lendemain le marquis de Thémines fut tué d'une mousquetade dans la tranchée de Son Altesse royale, faisant sa garde⁶, et le jour d'après M^r d'Enghien, étant à la teste de son travail, un pot à feu lancé par les ennemis, fit prendre de la poudre qui étoit là auprès, dont il eut le visage tout brûlé.

1. Jean-Baptiste-Gaston de Foix, comte de Fleix, fils de Frédéric de Foix, comte de Gurson et de Fleix, fut tué le 13 août 1646.

2. Henri-Roger du Plessis-Liancourt, comte de la Roche-Guyon, fils de Roger du Plessis-Liancourt, duc de la Roche-Guyon, et de Jeanne de Schomberg.

3. Jean-Louis de Fiesque, chevalier de Malte, fils puiné de François de Fiesque, comte de Lavagne, et d'Anne le Veneur de Tillières.

4. Philippe-Eugène de Gorrevod, duc de Pont-de-Vaux, prince du Saint-Empire, fils de Charles-Emanuel de Gorrevod, duc de Pont-de-Vaux, et d'Isabelle de Bourgogne, servait comme volontaire sous le duc d'Enghien. Il mourut en 1681.

5. Le courage du duc d'Enghien fut au-dessus de tout éloge; Bussy-Rabutin a dit, en parlant du siège de Mardick : « Je ne songe point à l'état où je trouvai ce prince, qu'il ne me semble voir un de ces tableaux où le peintre a fait un effort d'imagination pour bien représenter un Mars dans la chaleur du combat. Il avoit le poignet de chemise ensanglanté de la main dont il tenoit l'épée. Je luy demandai s'il n'étoit point blessé : « Non, me dit-il, c'est du sang de ces coquins. »

6. Pons-Charles de Lauzières, marquis de Thémines, fils de Charles de Lauzières-Thémines, et d'Anne Habert de Montmort, mestre de camp du régiment de Navarre, fut tué à l'âge de vingt-six ans.

Tant d'illustres morts et les blessures des plus illustres étonnèrent nos gens, et la peste qui se prit dans le camp en découragea beaucoup, tellement que si les Hollandois tant attendus ne fussent arrivés, l'on auroit parlé de se retirer et lever le siége, puisque des plus entendus du métier y concluoient, donnant pourtant sur l'auteur du dessein d'attaquer la place, qu'ils disoient estre Mʳ de la Rivière, lequel s'en lavoit à tous ses amis et désignoit le maréchal de Rantzau, n'osant dire que c'étoit son maistre. Et certes il y eut un étrange murmure contre luy dans toute l'armée ; la soldatesque l'avoit en horreur, ils le pestoient continuellement, et vouloient que sa poltronnerie les eut amenés devant Mardick, afin qu'il se vist dans un pays coupé de fossés et inaccessible aux ennemis, ayant leur retranchement ; qu'il ne songeoit qu'à se mettre en sûreté, et empescher qu'on ne combattist en campagne, où les Espagnols ne tenoient point devant eux, et où il y avoit du butin à faire ; qu'il se soucioit peu qu'on les assommast, puisqu'il ne se mettoit point en danger d'estre assommé. Les officiers crioient qu'il les traitoit de ridicules de les vouloir persuader que Mʳ de Rantzau avoit conseillé le siége de Mardick ; qu'il étoit homme de guerre, et par conséquent ne pouvoit avoir eu cette pensée, mais qu'il étoit courtisan et l'avoit voulu flatter, enfin que c'étoit son esclave et qu'il ne disoit jamais dans le conseil que ce qui luy étoit inspiré par luy. Mais les serviteurs et les amis de Mʳ d'Enghien passèrent plus outre, voyant qu'il s'exposoit, et couroit trop de fortune ; ils protestèrent que s'il luy mésarrivoit, ils étrangleroient le donneur de conseils, ce qui l'obligea de l'aller voir et luy demander protection contre ses gens, comme si son maistre ne l'eust pas pu protéger. L'on remarqua qu'il ne le fut visiter après sa brûlure qu'avec Son Altesse royale, et que depuis, prenant plus de cœur par les amitiés du prince, il y retourna accompagné de ses amis et ses serviteurs en assez grand nombre.

La cour, en ce temps là, n'étoit pas sans inquiétude du mécontentement de Mr le Prince et de sa retraite; elle ne pouvoit gouster les prosnes qu'il avoit faits au plus fort de son chagrin, jusques à dire que des intérêts particuliers avoient empesché la paix générale, et qu'on exposoit Son Altesse royale et Mr d'Enghien, sans se soucier du péril qu'ils couroient à tout moment. D'autre part Mme la Princesse ne bougeoit de chez Mademoiselle pour accroistre la jalousie qu'on avoit de la bonne intelligence qui paroissoit entre Monseigneur et Mr d'Enghien. Tout cecy fondé sur ce que la Reyne n'avoit point considéré leur fils à la mort de Mr de Brezé, son beau frère, et qu'on ne luy avoit donné ni fait espérer aucun de ses établissements. Et ils arrivèrent à leur but, car la Reyne, sous prétexte de la peste qui étoit dans l'armée, envoya le lieutenant de ses gardes à Son Altesse royale le prier de revenir, et en effet pour l'oster d'auprès de Mr d'Enghien; et il s'en excusa, protestant que ce luy seroit trop de honte d'abandonner son siége dont il vouloit sortir à son honneur. Mr le cardinal apaisa bientost Mr le Prince, et moyennant quelques bénéfices, ils furent comme auparavant, ce qui rendit à l'Éminence une partie de sa bonne humeur, et le nouveau dessein sur Porto Longo[1] le

---

1. Porto-Longone, dans l'île d'Elbe, fut pris le 29 octobre 1646.

consola entièrement de sa disgrâce d'Orbitelle mesme, quand il eut fait résoudre notre preneur de villes, le maréchal de la Meilleraye d'entreprendre ce siége, ne doutant plus du succès, dès qu'il le crut à sa dévotion ; et certes il ne se donna pas pour peu, car on l'assura de la survivance de sa charge de grand maistre de l'artillerie pour son fils, qu'on savoit qu'il désiroit extrêmement. L'on fit courir le bruit que la France confuse et ayant honte d'avoir manqué Orbitelle, armoit de nouveau pour se venger de cet affront, et la prendroit.

Mais durant ce temps là il y avoit toujours quelqu'un de mouché à Mardick. Mr du Terrail, maréchal de camp, brave gentilhomme de la maison du fameux chevalier Bayard, fut tué d'une mousquetade à la teste ; Mr de Grignan, capitaine aux gardes[1], fut emporté d'un coup de canon, et plusieurs autres de non moins illustres et d'aussi grand cœur. Enfin la porte du secours étant bouchée (je veux dire la mer), et les vaisseaux hollandois et les nostres ayant pris les frégates des ennemis, Fernando Soli capitula, ou, pour mieux parler, accepta la capitulation que Monseigneur luy voulut faire. Il luy donna la liberté et à quelques officiers, et tous ses soldats demeurèrent prisonniers de guerre. Il y en avoit près de trois mille qui servirent à retirer les nostres perdus à Menin, qu'ils nous enlevèrent, en plein jour, d'une seule attaque à la petite guerre et dans la grande marche que nous avions faite de Courtray à Berghes. Et voyez de grâce jusques où

---

1. Philippe, fils puiné de Louis-François Adhémar de Monteil, comte de Grignan, et de Jeanne d'Ancezune.

va la fourberie dans la cour : le cardinal qui faisoit mander Monseigneur par la Reyne, luy renvoya Mʳ du Frétoy pour luy persuader de ne pas venir sans prendre Dunkerque, parce que infailliblement, s'il laissoit l'armée à Mʳ d'Enghien, ce prince la prendroit; et le mesme Mʳ du Frétoy assuroit que Son Altesse royale retournant selon le désir de la Reyne, après la peur où elle avoit été de sa liaison avec Mʳ d'Enghien, il obtiendroit tout ce qu'il demanderoit. Je ne sais s'il demanda quelque chose à son retour, mais il partit brusquement[1], au grand déplaisir de ses bons serviteurs qui luy voyoient quitter à un autre le plus beau laurier à cueillir de toute l'Europe, car Dunkerque étoit connue des extrémités de la terre[2].

CHAPITRE XLII.

De ce qui se passa à la cour, Monseigneur y étant retourné après la prise de Mardick.

Si le précédent chapitre a été long, celuy cy ne le sera pas autant, quoique cette année 1646 se puisse marquer pour très féconde en événements notables, tant à la campagne qu'à Paris, tant pour la guerre que pour la paix.

Vous jugez bien quelle pouvoit estre la joye de

---

1. Monsieur se retira de l'armée le 26 août 1646, laissant le commandement des troupes au duc d'Enghien, et vint trouver la reine à Fontainebleau le 1ᵉʳ septembre.

2. Ce port était en grande réputation et ses pilotes redoutés dans toutes les mers (*Mémoires de Monglat*, t. II, p. 198).

Mʳ d'Enghien de se voir à la teste d'une armée victorieuse, avec tout le chemin aplani pour entrer dans la fameuse Dunkerque. Il crut que Furnes[1] luy étoit nécessaire, et avec raison, si bien qu'il l'emporta en peu de jours, pendant quoy Mʳ de la Moussaye[2] qu'il avoit dépesché à la cour revint avec toute sorte de satisfaction, ayant obtenu hommes, argent, munitions, pour venir bientost à bout de ce dessein si illustre.

Il fortifia Furnes, afin que les ennemis ne le pussent inquiéter durant son siége, et ainsi sa circonvallation étoit faite et merveilleuse, car tenant outre cela Mardick et Berghes, il n'y avoit plus d'espérance de secours à Dunkerque que par mer. Il promit de la prendre dans le 10ᵉ d'octobre, et il tint parole, puisque les ennemis capitulèrent à deux ou trois jours près[3], et le marquis de Leyde en sortit avec treize à

1. Furnes, ville de Belgique (Flandre occidentale), autrefois sur la côte et aujourd'hui à 4 kil. de la mer du Nord, au S.-O. de Bruges. Furnes est reliée à Dunkerque et à Berghes par des canaux. — Le duc d'Enghien se rendit maître de cette ville le 7 septembre 1646, après s'en être ouvert le chemin par quelques escarmouches.

2. François Goyon, baron de la Moussaye, fils puîné d'Amaury Goyon, marquis de la Moussaye, et de Catherine de Champagne, était lieutenant général et gouverneur de Stenay. Il fut l'auteur anonyme d'une relation des campagnes de Rocroi et de Fribourg, dédiée au duc d'Enghien.

3. Investie le 19 septembre 1646, Dunkerque capitula le 7 octobre et le duc d'Enghien y fit son entrée le 11. Terminé en treize jours, le siège de Dunkerque fut un des grands faits militaires de l'époque. Voir, pour les détails, dans les *OEuvres de M. Sarrasin* (1663), l'*Histoire du siège de Dunkerque,* dans laquelle sont décrits les travaux d'Isaac Arnaud de Corbeville, maitre de camp général des carabins de France.

quatorze cents hommes[1]. Je ne parleray pas davantage de cette grande action, parce que je n'étois pas à ce siége, je m'en revins avec Monseigneur. Je dis seulement que la place nous cousta de fort honnestes gens, comme il arrive toujours aux siéges opiniastres. Nous y perdismes Mr de Laval, gendre de M[r] le chancelier, et M[r] le chevalier de Chabot[2], frère de mon cher ami Mr de Rohan, tous deux braves, de grande naissance, et qui pouvoient monter aux premiers honneurs du royaume, allant, comme ils faisoient, le chemin de la belle gloire.

Nos affaires étoient en très bon état partout : en Flandre voyez quels succès; en Italie, si l'on avoit manqué Orbitelle, nous comptions Porto Longo à nous, et nous avions là notre compte tout entier, cette place étant sur la mer de Toscane, et Piombino, fort près, nous établissoit à deux pas de Rome. En Catalogne M[r] d'Harcourt pressoit extrêmement Lerida, et en Allemagne, tout faisoit jour à nos armées depuis la jonction de Mr de Turenne avec celle des confédérés. Mais d'autant que voicy le terme fatal du calme de M[r] le cardinal Mazarin et de l'estime que l'on avoit pour luy en France, arrestons nous un peu sur ce qui luy a osté l'un et l'autre et prenons les choses de plus haut.

Il est certain qu'en 1645 et au commencement de 1646, tous les potentats de l'Europe, lassés de la longue guerre qui les consumoit et ruinoit depuis si longtemps, désirant la paix, songeoient sérieusement

---

1. Voir à l'Appendice, V, quelques détails sur la ville de Dunkerque.

2. Guy-Aldonce, fils puiné de Charles Chabot, seigneur de Sainte-Aulaye, et de Henriette de Lur.

à la faire. La France n'y pouvoit que trouver son compte, étant victorieuse partout; l'Espagne misérable et désespérant de nous brouiller au dedans, cherchoit les biais de s'accommoder avec quelque honneur, pressée par nous et par ses rebelles ; l'Empereur, accablé de mille manières, la vouloit; les Suédois, ses ennemis, appréhendant l'armement du roy de Pologne et éprouvant quelque revers en leur bonne fortune, y étoient plus portés que par le passé; Mr de Bavière en importunoit l'Empereur, se voyant vieil et prétendant de conserver à sa maison et à ses enfants tout ce qu'il avoit acquis pendant le désordre; mais les Hollandois s'en déclaroient hautement et publioient que si on ne la faisoit générale, ils feroient la leur particulière et s'accommoderoient avec l'Espagne; M^r le cardinal avoit trouvé un biais de la faire désirer au pape, de jeter la guerre aux portes de Rome, lorsque la France se plaignoit de Sa Sainteté; enfin tout conspiroit, ce semble, à la perfection de ce grand ouvrage, hormis l'intérest de notre premier ministre qui ne s'y rencontroit pas; car, soit qu'il voulust s'établir près de Rome par le moyen d'Orbitelle et s'y rendre considérable, faisant trembler le pape et sa cour, soit qu'il crust se mieux maintenir en France par la guerre et plus profiter, ou qu'il craignist que son crédit diminuast par la paix; soit enfin qu'il espérast, avant que couronner l'œuvre, faire une grande conqueste en Flandre, que les quartiers d'hiver qu'on y avoit pris promettoient au printemps, l'on dit qu'il la refusa lorsqu'il étoit en ses mains de la conclure, et les Hollandois, outrés de son procédé, la signoient avec l'Espagne au commencement de 1646, et ruinoient ainsi tous nos desseins de

Flandre, s'il n'eut employé toute sa rhétorique auprès de M^r le prince d'Orange pour l'empescher, et il en tira la parole seulement pour la campagne : aussi manda-t-il à Courtray, comme j'ai dit, qu'il étoit assuré du prince d'Orange[1]. Certes M^r le Prince luy fit grand tort et grand dépit tout ensemble de l'avoir laissé entendre durant son mécontentement et sa sortie de la cour, et rien ne le pouvoit plus ruiner parmi les peuples désespérés des charges dont ils étoient accablés et qu'ils croyoient devoir cesser par la paix : aussi se mit-on à le détester partout, et l'aversion que l'on prit de sa personne commença là et a fait depuis le progrès que l'on a vu. Mais afin de se rétablir et de dissiper tant de mauvais bruits, il crut ne devoir point laisser périr Mr de Bavière et ruiner l'Empereur, et il sera bon de représenter en cet endroit l'état des affaires d'Allemagne, lesquelles avançoient ou retardoient le traité, selon que la fortune favorisoit, ou disgracioit les différents partis.

Les armées de ceux-là étant jointes surpassoient de beaucoup celle de Suède et l'avoient obligée de reculer ; elles l'avoient poussée dans le pays de Hesse, où elles s'étoient postées aussi au grand dommage de Mme la landgrave[2] et de ses sujets. Les Suédois appréhendant d'estre défaits imploroient le secours de France, je veux dire demandoient que

---

1. Cette page, qui résume à merveille l'état de l'Europe à la fin de 1645 et au commencement de 1646, est un des morceaux peut-être les plus soignés de N. Goulas. Nous avons pensé qu'il serait intéressant de la rapprocher du Ms. de Vienne. Voir à l'Appendice, VI.

2. Amélie-Élisabeth de Hanau, veuve de Guillaume V, landgrave de Hesse-Cassel, et mère du jeune landgrave Guillaume VI.

l'armée de Mr de Turenne les joignist; mais il ne pouvoit, se trouvant alors autour de Mayence, et n'ayant point de passage sur le Rhin; mesme quand il auroit passé ce grand fleuve, les armées ennemies étoient entre nos alliés et luy. Il descendit donc promptement jusques à Wesel[1], place appartenant aux États, où M^r le prince d'Orange l'ayant accommodé d'un pont, il franchit le Rhin et se joignit aux Suédois[2]. Il est à croire qu'ils furent ravis d'un si considérable secours qui fit retirer les Impériaux à leur tour, si bien qu'ils s'allèrent poster sur le bord du Mein. Les confédérés les suivent en diligence, et trouvant un passage gardé par quelques gens, se présentent, les chargent, les taillent en pièces, et se jettent de l'autre costé de la rivière; et sans s'arrester marchent droit au Danube, et de là au Lech; ils marchandent Memminghe[3], et Mr de Bavière, la voulant sauver, passa l'eau. Sur l'avis, l'armée confédérée se résout de combattre, s'approche, et parce qu'il reculoit vers les montagnes, elle investit tout à coup Landsberg[4], où il y avoit un grand magasin de vivres, et de munitions pour l'armée de l'Empereur. Cette place bien attaquée fut incontinent prise avec le magasin qui accommoda nos gens. Il est vray que s'étant si heureusement rendus maistres de

1. Wesel, ville forte, au confluent de la Lippe et du Rhin, à 39 kil. E.-S.-E. de Clèves.
2. Le maréchal de Turenne franchit le Rhin le 20 juillet 1646, et joignit le général suédois Wrangel sur les frontières de la Hesse.
3. Memmingen, ville du duché de Bavière, en Souabe, à 68 kil. S.-O. d'Augsbourg. — Les confédérés étaient devant cette ville vers le 15 octobre 1646.
4. Landsberg, sur le Lech, est située à 51 kil. O.-S.-O. de Munich. — Cette place fut investie et prise par les confédérés en novembre 1646.

cette porte de la Bavière, ils y passèrent la rivière et se débordèrent par tout ce riche pays, y firent des ravages inconcevables et se gorgèrent de toute sorte de butin; et les gens du colonel Roze[1] se mettoient en devoir de tout réduire en cendres, pour faire qu'on leur rendist leur général major, moyennant une raisonnable rançon. Il retourna au camp, et s'ils ne brûlèrent plus, ils ne pillèrent pas moins.

Mʳ de Bavière, voyant son pays en feu et qu'il falloit que ses amis et ses soldats achevassent de le ruiner pour en chasser les ennemis, dépescha à Munster pour avoir notre protection, demanda la neutralité, et offrit d'abandonner l'Empereur. Il fut écouté favorablement de nos plénipotentiaires : c'étoit assez que de l'avoir chastié, l'on ne le vouloit pas perdre, si bien que des députés furent envoyés à Ulm pour traiter avec luy et les ordres à Mʳ de Turenne de s'approcher de notre frontière, de repasser le Rhin, et d'entrer dans le pays de Luxembourg. Les Suédois eurent grand'peine de députer à Ulm, se doutant de ce qui arriveroit, c'est-à-dire que quelques promesses et quelques assurances que donnast Mʳ de Bavière, il manqueroit au premier jour, et il le fit aussi quelques mois après.

Ce revers, souffert par l'Empereur, n'étoit pas capable d'empescher la paix, mais il pouvoit préjudicier à la religion catholique dans la paix, et ce fut le prétexte que l'on prit pour ne pas faire ce qu'on pouvoit en cette rencontre. Néanmoins Mʳ le cardinal

1. Reinhold de Rosen Gross-Ropp, colonel suédois, un des quatre généraux de l'armée du duc de Weimar passés au service de France, fut depuis lieutenant général des armées du roi. Il mourut en 1667.

Mazarin prosnoit dans la cour qu'elle [la paix] étoit fort avancée, et il affecta tellement de débiter cette nouvelle que l'on n'en crut rien ; quelques raffineurs pourtant disoient qu'une preuve infaillible que l'on travailloit sérieusement à la paix étoit la conduite du pape, lequel s'étoit accommodé avec les Barberins lorsqu'il les poussoit avec plus d'aigreur, et cela à l'instigation des Espagnols qui, nécessités d'achever promptement le traité, croyoient que la persécution de cette maison y faisoit obstacle, la France s'étant engagée à la soutenir et ayant tant consommé d'argent et d'hommes à Orbitelle pour cet effet.

Environ ce temps là mourut M^r le maréchal de Bassompierre, au retour de la maison du contrôleur général, où il avoit fait trop bonne chère[1]. Je le sais d'un homme qui y étoit et qui m'assura au retour que jamais il n'avoit tant vu manger. Et sans doute ce fut très grand dommage que la perte de ce seigneur, qui avoit été quarante ans durant l'ornement de notre cour et ne s'étoit plu qu'à obliger tout le monde. Sa belle présence, son esprit délié et agréable, sa politesse, sa libéralité, ou pour mieux parler sa magnificence, son adresse, son grand cœur l'avoient rendu si recommandable que quand l'on vouloit figurer un honneste homme en France, et parmi les étrangers mesme, l'on disoit : « C'est un Bassompierre. » Néanmoins chacun

---

1. Le maréchal de Bassompierre mourut le 12 octobre 1646 ; ses gens le trouvèrent mort dans son lit à Provins, où il s'était arrêté en revenant de chez M. Bouthillier, ancien surintendant des finances (Voir la *Notice historique et bibliographique,* placée en tête de l'édition des *Mémoires de Bassompierre,* par M. le marquis de Chantérac, p. xx).

le blasma de n'avoir donné aucun ordre à ses affaires, et d'avoir laissé un fils qu'il avoit eu de la princesse de Conti[1], des mieux faits et des plus braves de la cour, sans subsistance et sans établissement. Son autre fils, l'abbé de Bassompierre, qu'il avoit eu de Mlle d'Entragues[2], se porta pour héritier où il n'y avoit rien à hériter, sur la prétention de sa mère qui se disoit mariée, et se faisoit appeler Mme de Bassompierre. Il demanda pourtant au parlement d'estre déclaré légitime, et je ne sais s'ils le luy accordèrent, mais je sais bien qu'il n'y avoit pas un plus honneste homme en France, et plus vertueux. Aussi la Reyne l'a-t-elle fait évesque de Saintes où il a réussi à merveille au gré de ses ouailles de l'une et l'autre religion.

Mr de Villeroy, gouverneur de Sa Majesté sous le surintendant de l'éducation, eut son baston de maréchal de France incontinent après[3].

Toute la cour en ce temps là croyoit, ou feignoit de croire que Mr de la Rivière fust mal avec son maistre; ils disoient qu'il ne pouvoit estre autrement puisqu'il luy avoit conseillé de revenir, au lieu de le porter à faire le siége de Dunkerque, et emporter cette place

---

1. C'était François de la Tour qui, blessé le 10 août 1648, à la prise de Vietri, dans le royaume de Naples, mourut probablement des suites de sa blessure.

2. Louis de Bassompierre, né de Charlotte-Marie d'Entragues, fut évêque de Saintes, et mourut le 1er juillet 1676 (Voir une lettre de Mme de Sévigné datée du 1er juillet, et la *Gazette* du 4 juillet).

3. C'est le 20 octobre que le bâton de maréchal, laissé libre par la mort de M. de Bassompierre, fut donné au marquis, depuis duc de Villeroy.

de si grand nom; que luy ayant fait remettre l'armée à M^r d'Enghien, il avoit donné matière à celuy-cy d'obscurcir tout ce que Monseigneur avoit jamais fait de beau; que c'étoit trahir visiblement Son Altesse royale que de déférer au jeune prince, et qu'il ne fascinoit point les yeux à qui les avoit bons et voyoit tout ce que voyoient les autres; et ce bruit fut si grand, et mesme que M^r le cardinal l'avoit raccommodé, qu'il en prit très mal à Mr de Jouy que l'on accusa d'en estre l'auteur. Ce gentilhomme est de notre Brie, beau père de Mr de Fleurigny, notre allié, et il commençoit alors de se mettre fort bien avec Son Altesse royale. En effet c'étoit un de ceux auxquels il se communiquoit davantage et Mr de la Rivière portoit plus de jalousie; mais le bon abbé, au désespoir de ce vacarme, s'en prend à luy, et se plaint à Monseigneur que Jouy est son ennemi, qu'il l'a voulu devenir sans sujet; qu'il ne peut souffrir que Son Altesse royale l'approche de sa personne et l'emploie dans ses affaires; qu'il a juré sa perte et qu'il y travaille continuellement; qu'il le veut réduire à ne le pouvoir servir auprès de la Reyne, le faisant passer pour décrédité; enfin que s'il veut témoigner le contraire il doit chastier sa malice, ou sa présomption, ayant en pensée de devenir son ministre par sa ruine. Monseigneur, croyant celuy auquel il avoit donné toute sa créance, s'éloigne de Jouy, ne luy parle presque plus, le laisse quand il va au Palais Royal, et lorsqu'il se présente pour l'accompagner, ne fait pas semblant de le voir, ce qui luy étoit une étrange mortification.

Mais le cardinal alors sortit de celle que lui avoient donnée les mauvais succès d'Italie, car il eut nouvelle de la prise de Piombino¹, où nos gens étoient entrés trois jours après avoir mis pied à terre sur cette coste, aux dépens de la vie du marquis de Béthune, fils aisné du comte d'Orval². La mesme dépesche portoit qu'ils étoient passés de là en l'isle d'Elbe, où ils assiégeoient Porto Longo, et que cette bonne place ne leur pouvoit échapper.

La joye pourtant fut bientost suivie d'inquiétude et de crainte pour une espèce d'émeute qui arriva à Paris de ce qu'un bourgeois avoit été poursuivy par les émissaires du surintendant sur une taxe d'*aisé* qu'il ne vouloit point payer; et nous pouvons mettre aussi dans la catégorie des choses amères de Son Éminence la demande qui luy fut faite de la part de Mr de Longueville de la charge de colonel des Suisses, car ce compliment l'embarrassa au dernier point, d'autant qu'il étoit à Munster plénipotentiaire du Roy, et qu'il ne le falloit pas mécontenter. Toute la cour condamna la demande et la prétention, la chose ne convenant point du tout à un prince riche, établi, puissant et affectant le rang des princes du sang. Peut-estre vouloit-il s'attirer un refus pour se mettre en état de n'estre pas refusé à la première grâce. S'il eust été averti du procédé de M[r] le cardinal en fait de charges, il ne se fust pas tant hasté de demander celle-cy et de la prétendre pour rien, car l'Éminence trafiquoit des grandes, des médiocres et des petites, et ne donnoit rien qu'argent bas. Mr de la Feuillade avoit

1. Piombino, ville forte, située en face de l'île d'Elbe, fut prise le 8 octobre 1646.
2. Maximilien-Léonor, marquis de Béthune, était fils de François de Béthune, comte d'Orval, jadis gouverneur de Montauban pour les protestants, et de Jacqueline de Caumont.

obtenu la lieutenance de roy d'Auvergne que possédoit Mr du Terrail, et Monseigneur ayant parlé pour luy, il s'étoit persuadé que tout étoit fait, mesme ayant servi la campagne au gré de tout le monde. Quand il fut prendre sa patente, il vit dessus une promesse en blanc de dix mille écus, et on luy dit en termes formels qu'il ne l'emporteroit point qu'il n'eust signé, ce qu'il fit. La mesme chose arriva à Despesses, lequel avoit perdu la cornette des mousquetaires, quand l'on cassa la compagnie. Il vaque une lieutenance aux gardes qu'on luy donne pour récompense avec la mesme cérémonie, c'est-à-dire une promesse de quinze mille francs sur le parchemin, qu'il fallut signer pour l'avoir. C'étoit la manière d'Italie qui s'introduisoit en France, et bien qu'on en murmurast d'abord, l'on commençoit de s'y accoutumer, tant elle s'étoit rendue familière. Mr de la Feuillade étoit admirable là dessus.

Mais si le cardinal reçut du déplaisir en ces rencontres, Monseigneur en eut un très sensible de la pièce que lui fit Mlle de Saint-Maigrin, qu'il avoit chèrement aimée. Connoissant que son affection pour elle étoit morte, et que néanmoins il continuoit sa galanterie après s'estre embarqué ailleurs, enfin qu'il la vouloit prendre pour dupe, elle se résolut de le prévenir et de luy donner congé. Elle le pria donc de la laisser et de ne la plus traiter de ridicule, étant très bien avertie de l'engagement qu'il avoit avec Mlle de Saujon, fille de Madame, et que sa passion pour elle étoit très violente. Monseigneur se rit de sa jalousie et tasche de la détruire, mais inutilement, car luy ayant avoué qu'il parloit à Saujon, comme aux autres filles de Madame, et que pour s'empescher de la voir il n'y avoit point d'autre remède que de faire porter et tendre sa tente dans la petite cour des filles de la Reyne et la venir habiter, elle ne se paya point ni de la raillerie, ni du sérieux; elle rompit. Il est certain que Monseigneur fut infiniment touché de cette pièce, et ce qui m'en fit apercevoir des premiers fut qu'il me dit qu'on l'avoit chassé, au Palais Royal, de chez les filles de la Reyne, parce qu'on vouloit cinquante mille écus pour le souffrir, et qu'en amour il ne falloit payer que d'amour. Et certes cette demoiselle avoit assez bien pris son temps pour avoir les cinquante mille écus, si Monseigneur m'avoit dit vray, car la Reyne luy en venoit de donner cent mille en conséquence des grandes pertes qu'il avoit faites au jeu depuis quelques jours, et peut estre aussi afin de l'amuser à ce divertissement qu'il aimoit, et qu'il laissast le cardinal maistre des affaires et arbitre de tout. C'est comme en parloient ses serviteurs plus zélés à sa gloire, et avec une douleur extrême qu'il n'eut pas dans le gouvernement la part qui luy appartenoit, et qu'il reçust pour grâce de l'argent, et non pas les choses essentielles.

Ce qui se passa ensuite en l'affaire de Saint-Quentin[1] augmenta bien les murmures. Monseigneur luy avoit promis la lieutenance de roy de Dunkerque, et la cour étoit engagée à un autre. Monseigneur s'opiniastra qu'il l'eust, à l'instigation de certains petits messieurs, qui commençoient d'entrer en faveur auprès de luy, que Saint-Quentin faisoit agir; enfin la Reyne céda et l'envoya très satisfait d'avoir obtenu cet employ. Mais Mr Goulas, vieux et adroit courtisan, me fit le pronostic de sa

---

1. M. de Saint-Quentin était gentilhomme de Monsieur.

fortune : qu'il seroit si mal traité du maréchal de Rantzau qu'il demanderoit de revenir, et qu'on y mettroit alors son concurrent qui étoit mieux appuyé et avoit eu la voix de Mr le cardinal. Ce qui arriva, car à peine fut-il là que le maréchal de Rantzau s'en plaignit, et dit que Son Altesse royale ne luy pouvoit envoyer personne qu'il eut plus à contre cœur; mesme il témoigna à Saint-Quentin, parlant à luy, qu'il n'entendoit point qu'il se meslast de beaucoup de choses, et que n'étoit la considération de son maistre, il ne le souffriroit jamais en ce poste.

Environ ce temps, les ennemis reprirent Lannoy, petit chasteau dont j'ay parlé[1], et en récompense Mr de Gassion leur défit quelques troupes, et mit un grand convoi dans Courtray, où il avoit son quartier d'hiver. Mais s'il faisoit bien ses affaires en Flandre, l'on disoit, à Paris, que notre ministre étranger faisoit encore mieux les siennes en France et en tiroit d'incomparablement plus grosses contributions, car, prenant les fonds de la guerre au juste et ne payant presque personne, il mettoit de grands deniers à couvert, sans qu'on s'en prist garde, et qu'on le pust vérifier. Jamais ministre n'avoit été si absolu dans la cour, jamais n'y avoit été si puissant, et cette grande autorité venoit de la jalousie qu'il nourrissoit adroitement entre les deux princes, Son Altesse royale et Mr d'Enghien, et des différends qu'il semoit entre eux, dont il devoit estre le seul arbitre. Il joua toujours cette comédie qui luy réussit, et voulant alors contenter Mr d'Enghien, à ce qu'il disoit, lequel demandoit instamment Clermont,

1. Voir plus haut p. 154.

Stenay et Jamets en souveraineté, pour récompense de la charge d'amiral qu'avoit eue son beau frère, il luy faisoit tout espérer. Le prince luy avoit proposé d'abord de luy donner sa grande armée à la prochaine campagne, pour conquérir le comté de Bourgogne qu'il retiendroit en propre, sauf l'hommage à la couronne, mais cecy étoit un peu trop fort et ne le fascha pas moins que la levée du siége de Lérida, dont voicy le récit[1].

Sur l'avis qu'eut le marquis de Leganez, général de l'armée d'Espagne, en Catalogne[2], que Mr du Plessis Praslin arrivoit d'Italie avec un corps considérable, pour joindre M^r d'Harcourt[3] et presser son siége, il se résolut de donner aux lignes, avant leur jonction, ne doutant point que la place ne se perdît s'ils mettoient leurs troupes ensemble. Il les fit donc attaquer par quatre endroits, et s'étant saisi d'un fort il l'aplanit du costé de la campagne, et rangea de l'autre ses meilleures troupes pour empescher les nostres de le regagner, et le leur rendre inutile s'ils l'en chassoient. M^r d'Harcourt, autant brave qu'homme du monde[4],

---

1. Lérida, en Catalogne, sur la rive droite de la Sègre. — Commencé en mai 1646, le siège de Lérida dura sept mois, après lesquels le duc d'Harcourt fut forcé à la retraite (22 novembre 1646). — Monglat raconte en détail, dans sa douzième campagne, la levée du siège de Lérida.

2. Jacques-Philippe de Guzman, marquis de Leganez, avait déjà servi en Piémont contre les Français, et n'avait pu parvenir, en 1639, à prendre Turin.

3. Henri de Lorraine, comte d'Harcourt, surnommé *Cadet la Perle*, mort en 1666.

4. « Les plus modérés disaient de lui à la cour qu'il était vaillant, mais qu'il ne savait pas commander. » (*Mémoires de Mme de Motteville*, p. 296.)

donne là par quatre fois et en est toujours repoussé, et au plus fort du combat, il se coule dans la ville trois cents mulets chargés de vivres et de munitions. Ayant appris que ce secours est entré et voyant ses gens fort rebutés, il se retire à son quartier général avec le reste de ses troupes, et puis à trois ou quatre lieues de là, désespéré de son infortune. Nous perdismes en cette occasion quatre à cinq cents hommes, plusieurs officiers et trois maistres de camp, fort honnestes gens, Dorigny, Vaillac et Tamarie, jeune gentilhomme catalan de grand mérite. L'on ne manqua pas de donner rudement sur M^r d'Harcourt, chez le premier ministre, de ce que toute la dépense de la campagne de ce pays là s'en étoit allée en fumée, et le chagrin fut si grand, ou l'on travailla si bien à le faire paroistre tel, que Monseigneur se crut obligé d'offrir sa personne à la Reyne, et de se proposer pour aller rétablir les affaires. M^r le cardinal protestoit que ce n'avoit point été son avis d'attaquer Lérida et la prendre par longueur de siége, et il étoit vray ; et l'on ne cessoit de blasmer l'imprudence de M^r d'Harcourt, parce qu'on ne pouvoit l'accuser de manquer de cœur.

L'on ne parloit d'autre chose à Paris, lorsque M^r le Prince tomba malade. Beaucoup de gens le crurent mort, parce que ne se conservant point, ou se contraignant quelques jours et retournant aussitost à sa façon de vivre ordinaire, il étoit difficile qu'il recouvrast la santé. Il apprit, pendant l'effort de son mal, une chose qui le consola extrêmement, tant les grands ont de peine à se dépouiller de l'ambition et de la vanité de ce monde. Madame, qui étoit près de son terme, accoucha et ne fit qu'une fille ; ainsi il étoit toujours premier prince du sang[1]. Enfin vers la fin de l'année, il fallut payer ce qu'il devoit à la nature, et monsieur son fils obtint tous ses établissements[2]. L'on croyoit qu'il dust demander le Mont Olympe et Charleville, au lieu de l'amirauté qu'il avoit toujours à la bouche[3], mais il s'en désista à cause que l'on fit que Son Altesse royale demanda de son costé, le cardinal voulant pour luy ces deux pièces. La Reyne témoigna qu'il falloit contenter Monseigneur, et luy donner une grosse somme d'argent à prendre sur le Languedoc, afin qu'il achetast quelque bien de fond qui demeurast en propre à ses enfants, ne possédant rien encore que de reversible à la couronne, moyennant quoy il luy céderoit le palais d'Orléans. Mais ce ne fut que des paroles et de beaux projets, Son Altesse royale n'en tira rien de solide, que la lieutenance générale de Languedoc, que céda enfin Mr de Schomberg, après en avoir tiré une bonne récompense. Elle fut offerte par la cour à Mr de la Rivière, et il la refusa, peut-estre à

---

1. Madame accoucha le 26 décembre 1646, le jour même de la mort du prince de Condé, d'une fille, Élisabeth d'Orléans, qui épousa, le 15 mai 1667, Louis-Joseph de Lorraine, duc de Guise, et mourut le 17 mars 1696. Jusqu'à son mariage, Élisabeth d'Orléans porta le titre de Mlle d'Alençon.

2. Henri II, prince de Condé, mourut le 26 décembre 1646. — « Ses défauts égalaient ses vertus, dit Mme de Motteville (p. 298), les uns et les autres étaient considérables. Outre la mauvaise réputation qu'il avait eue dans sa jeunesse, il était avare et malheureux à la guerre; c'est le terme le plus doux dont on puisse se servir pour parler d'un prince qui ne passoit pas pour vaillant. »

3. On sait que le duc d'Enghien sollicitait la charge d'amiral, laissée vacante par suite de la mort de son beau-frère, Armand de Maillé-Brézé.

cause qu'il avoit pressenti que son maistre ne l'auroit pas agréable, ou qu'on luy avoit fait sentir qu'acceptant ce grand établissement, il falloit renoncer au chapeau rouge.

Mais, à propos de la mort de M^r le Prince, Monseigneur dit une chose admirable qui mérite d'avoir icy sa place. Il fut pour visiter Mme la Princesse sur cette perte, et entrant chez elle, voilà un gentilhomme qui se présente et supplie Son Altesse royale de luy pardonner s'il le conjure de ne pas faire l'honneur à Mme la Princesse de la voir vestu de deuil comme il étoit, parce qu'on ne luy avoit encore osé dire la mort de M^r le Prince. Monseigneur, sachant qu'il n'y avoit jamais eu beaucoup d'amour entre eux, et qu'elle ne pouvoit estre beaucoup faschée, puisqu'il la laissoit à l'aumosne et la contraignoit infiniment, eut envie de rire de cette comédie; néanmoins pour y bien jouer son personnage il pria civilement le gentilhomme de luy témoigner, dès qu'elle sauroit son malheur, qu'il étoit venu mesler ses larmes avec les siennes, et prendre toute la part qu'il devoit à son affliction, et se tournant vers ceux qui étoient dans son carrosse, leur dit assez bas : « Est-il possible qu'elle n'ait pas d'ami à la cour qui l'ait avertie du bien qui luy est arrivé[1]? » Et fit toucher à son palais[2].

---

1. S'il faut en croire Mme de Motteville (p. 300), Mme de Rambouillet aurait dit à cette occasion « que Mme la Princesse n'avait jamais eu que deux belles journées avec M. le Prince, qui furent le jour qu'il l'épousa, par le haut rang qu'il lui donna, et le jour de sa mort par la liberté qu'il lui rendit et le grand bien qu'il lui laissa. »

2. Ce paragraphe et le suivant ne figurent pas dans le Ms. de Vienne.

Il ne faut pas finir ce chapitre ni l'année, sans conter un incident qui pensa causer bien de la rumeur. Ce fut un peu avant la mort de M^r le Prince, que M^r d'Enghien étant à la comédie au Palais Royal, et voyant un homme de la cour auprès de luy fort poudré et dont le collet du manteau étoit tout blanc de poudre, il fit la représentation d'un membre viril sur ce collet, qui attira le rire des voisins premièrement, et puis des plus éloignés. Le Roy étoit là, Mademoiselle, la plupart des princes et quantité de personnes de condition, tellement que le bruit et le rire se fortifiant, il n'y eut pas manque de gens qui se scandalisèrent du peu de respect qu'on avoit pour le Roy et qui s'en plaignirent après à la Reyne. Elle n'y étoit pas à cause du deuil du prince d'Espagne; mais le lendemain, comme Mr de la Rivière entra chez elle, dans sa petite chambre, elle luy dit tout haut : « C'est à Monsieur, qui est lieutenant général du Roy par tout son royaume, de luy faire garder le respect qui luy est dû ; il ne faut point qu'il souffre que l'on s'émancipe en sa présence. » Voilà les gens fort surpris, et Mr de la Rivière fait semblant de l'estre plus que les autres. Elle reprend aussitost : « M^r d'Enghien a fait hier tout le désordre, et je m'étonne qu'il en use ainsi devant le Roy. » L'on admira davantage qu'elle l'eut nommé devant le monde, et ne l'eut point ménagé ; mais les vieux courtisans jugèrent que tout cecy étoit de concert et que le ministère vouloit humilier M^r d'Enghien en ne luy laissant rien passer, et luy faisant connoistre que la Reyne et Monseigneur étoient unis et le seroient toujours pour le renfermer dans son cercle.

L'année 1646 finit ainsi avec la vie de M^r le Prince ;

ce qui fit appréhender aux plus éclairés que cette mort ne causast beaucoup de changements dans la cour et dans l'État, rien n'arrestant plus les emportements et l'ambition de monsieur son fils qui prit le nom de prince de Condé : nous ne l'appellerons plus autrement dans la suite de ce discours[1].

CHAPITRE XLIII.

De ce qui se passa en France durant l'hiver 1647.

Au commencement de cette année, il parut une chose au jour que l'on avoit longtemps traitée en secret : le mariage d'un fils du prince Thomas[2] avec Mlle d'Angoulesme[3]. M^r le grand chambellan[4] l'avoit prétendue, et Mr de Guise, qui voyoit son fils aisné en humeur de se ruiner, désiroit ce grand parti pour celuy-cy, espérant de rentrer par là dans le gouvernement de Provence, et tenir toujours la maison dans le grand éclat. L'on blasmoit Son Altesse royale de ne pas appuyer les intérêts du grand chambellan, parce que la maison de Lorraine avoit pris parti avec luy, sans

1. Dans le Ms. de Vienne (fol. 383 v°), Goulas consacre quelques lignes d'éloges au prince de Condé. — Voir à l'Appendice, VII.
2. Le prince Thomas de Savoie avait épousé Marie de Bourbon, sœur du comte de Soissons, tué à la Marfée.
3. Marie-Françoise de Valois, duchesse d'Angoulême, devenue par la mort de ses frères fille unique de Louis de Valois, comte d'Alais, depuis duc d'Angoulême, et d'Henriette de la Guiche.
4. Louis de Lorraine, duc de Joyeuse, fils puiné de Charles de Lorraine, duc de Guise, et d'Henriette-Catherine, duchesse de Joyeuse. Ce fut lui qui en définitive épousa Mlle d'Angoulême le 3 novembre 1649.

hésiter, à la mort du Roy. Néanmoins celuy cy, depuis, s'étoit lié avec Mr d'Enghien, et Monseigneur croyant qu'il luy étoit trop préjudiciable de le fortifier d'un gouverneur de Provence si voisin de son gouvernement de Languedoc, donnoit les mains pour l'autre, persuadé par Mr de la Rivière, lequel se vengeoit, en cette rencontre, du grand chambellan, ami intime de Mrs de Montrésor et de Béthune, ses ennemis. D'ailleurs il servoit au goust de Mr le cardinal tout pénétré de la maison de Savoye à laquelle il reféroit en partie son élévation, et qui considéroit leur état comme son chemin d'Italie, en cas de retraite précipitée.

La Reyne, en ce temps là, avoit envoyé un gentilhomme à Mr de Longueville, pour se condouloir de la mort de Mr le Prince, et Monseigneur, étant obligé de luy faire le mesme honneur, luy dépescha Mr de Marcheville. Celuy-cy, qui avoit été gouverneur de Mr de Lorraine, pensa qu'il auroit moyen de le voir en Flandre, et Madame se préparoit déjà à luy écrire par cette voie, comme la cour en étant avertie témoigna de ne le pas trouver bon, et fit dire à Madame qu'il iroit par la Suisse, à cause que Mr de Longueville, revenant en France, faisoit état de passer par son comté de Neufchastel.

Mr le Prince se mit alors en possession de toutes les charges et prérogatives qu'avoit eues feu monsieur son père et assista à tous les conseils. Il prétendit aussitost qu'au conseil du Roy son secrétaire se devoit mettre derrière sa chaise, de mesme que celuy de Monseigneur, quoique feu Mr le Prince ne le fist pas. Son Altesse royale trouvant fort mauvais qu'il se voulust ainsi égaler à luy, ne luy passa point cette licence, et

Mʳ le chancelier et le contrôleur général luy disant que pour cette fois seulement il pouvoit souffrir la chose, et que Mʳ le cardinal la régleroit, il prit Mʳ Goulas en particulier et luy commanda de leur aller dire que ce n'étoit point une affaire de Mʳ le cardinal, et que si le secrétaire de son cousin étoit si hardi que de se mettre derrière sa chaise, il le feroit sortir aussitost; si bien que ce secrétaire demeura auprès de la cheminée. Le lendemain, Mʳ le chancelier envoya avertir Mʳ le Prince qu'il menast son secrétaire, l'après disnée, craignant qu'il ne fut piqué de n'avoir pas eu contentement le jour précédent, et songeant à luy faire un sacrifice; il fit ajouter que Goulas luy en avoit porté parole et assuré qu'il avoit été convenu de la sorte. Mʳ Goulas, ayant su cela, soutint hautement qu'il n'en avoit point parlé, et Monseigneur demeura ferme en la négative et témoigna qu'en son absence son cousin feroit ce qui luy plairoit, et que luy présent il ne le devoit point faire. Mʳ le Prince se plaignit fort à Mʳ de la Rivière qu'on luy eust fait un affront en cette rencontre, et le bon abbé ne manqua pas de tout rejeter sur Mʳ Goulas. Néanmoins si le prince voulut mal alors à celuy cy, il déclara pourtant depuis qu'en son âme il ne pouvoit que l'estimer, le voyant si ferme dans les intérêts de son maistre.

A peine ce bouillon étoit calmé qu'il arriva une chose d'assez grande conséquence, puisqu'elle brouilla la conscience de la Reyne. Le curé de Saint-Germain vit une affiche des comédiens italiens, où il trouva de quoy le beaucoup scandaliser, si bien qu'inférant que sur le théâtre il se disoit et faisoit des choses à intéresser les bonnes mœurs, il va trouver des docteurs et des curés de ses amis, et leur proposant ses doutes, ils conviennent et signent tous que la comédie ne peut estre fréquentée sans péché par les chrétiens, et que les princes doivent chasser les comédiens de leurs états. Il en parle à Mr Vincent, il luy montre le résultat de la consultation qu'il a faite, il la luy fait approuver, et Mr Vincent se charge de le porter à Sa Majesté. Il le luy présente au Val de Grâce, sans en rien dire à M^r le cardinal, et la Reyne, de retour au Palais Royal, fait appeler l'abbé de Beaumont qui étoit venu chez elle quand et le Roy[1], et luy demande si la comédie est permise et quel est le sentiment des Pères de l'Église et des docteurs. Il répond là dessus qu'elle est permise et qu'il le soutiendra. La Reyne tirant la consultation de sa poche, et la luy montrant, le voilà fort étonné de ce que tant de gens de piété et habiles sont de sentiment contraire; néanmoins il persiste et prie Sa Majesté de trouver bon qu'il fasse encore consulter la chose en Sorbonne. Il y va, il propose la question, et la faculté est partagée. M^r le cardinal, que cette affaire regardoit en quelque façon par le plaisir qu'il prenoit à la comédie italienne principalement, jugea à propos de ne rien dire, sachant qu'il avoit assez de complaisants à la cour et de gens de passe-temps qui soutiendroient son intérêt en cette rencontre; mais il connut que la dévotion n'étoit pas pour luy et ne pouvoit digérer ce jeu continuel, cette attache aux saletés du théâtre et la pratique des plus méchants et débordés de la cour

---

[1]. Hardouin de Beaumont de Péréfixe, né en Poitou en 1605, membre de l'Académie française et archevêque de Paris, mourut en 1670. — Au moment des faits racontés ici par Goulas, l'abbé de Beaumont était précepteur du roi.

qu'il appeloit dans ses plaisirs et qu'il avoit continuellement chez luy.

Cependant il gouvernoit avec douceur. Il paroissoit qu'il travailloit à la paix, et il maintenoit la cour en union et en repos, ce qui faisoit le bonheur de l'État. Nos spéculatifs remarquoient que sa méthode étoit de gagner temps, de parer toujours, et de tenir M^r le Prince en devoir par la liaison étroite de la Reyne et de Monseigneur. Car il est certain que le prince luy donnoit mille embarras par ses continuelles prétentions, et le pressant chaque jour de s'accommoder solidement avec luy; et lorsqu'il luy protestoit de la passion qu'il avoit à son service, et ne pouvoit faire pour luy que ce qu'il faisoit, vu la jalousie et la défiance de Monseigneur, il se moquoit luy repartant : « Il fera ce que vous voudrez puisque vous disposez de La Rivière. » Et certes M^r le Prince fit alors une étrange faute, car voyant monsieur son père à l'extrémité, il s'amusoit à chicaner sur les places de Clermont et de Jametz qu'on luy offroit pour récompense de la charge d'amiral, voulant que le Roy l'en fit souverain, et il ne considéroit pas qu'en étant le maistre il en étoit le souverain, et que monsieur son père mourant, on luy accorderoit aussitost tous ses établissements, et il auroit ceux-cy de plus, en étant déjà en possession.

L'on crut au mois de février que Mr de la Rivière étoit brouillé à la cour, ou qu'il feignoit de l'estre, car Monseigneur s'étant plaint de Mr de Schomberg, et ayant demandé qu'on le luy ostast de Languedoc, et la cour proposant le maréchal du Plessis pour lui succéder, il publioit hautement que Son Altesse royale n'y vouloit personne et que son service désiroit que la charge fust comme en séquestre, afin de leurrer quelque intéressé lequel se donneroit sans doute pour quatre-vingt mille livres de rente que valoit cette lieutenance. Néanmoins le cardinal mettoit toujours en jeu le maréchal du Plessis, et faisoit sous main que Mʳ de Schomberg tenoit ferme et demandoit pour sa récompense toutes les Indes[1]; et ce qui étoit admirable, le cardinal, avant la mort de Mʳ le Prince, ayant Mʳ d'Enghien sur les bras, promettoit à Monseigneur des monts d'or, et Mʳ de la Rivière nous disoit que la Reyne luy alloit donner deux cent mille écus de rente; et dès que Mʳ d'Enghien fut content par le moyen des établissements de Mʳ le Prince son père, la Reyne ne voulut plus rien donner. Elle fit seulement toucher cent mille écus à notre maistre, qu'il joua, et qui furent expédiés en trois semaines. Et voilà le tableau du monde et les comédies qui se jouent sur le grand théâtre de la cour, où souvent les plus fins sont attrapés, et plus souvent que ceux qui ne sont pas fins.

Mʳ d'Enghien donc se voyant Mʳ le Prince, et en possession des grands biens et des beaux établissements de monsieur son père, prit la main droite chez luy avec les princes étrangers établis dans le royaume, ce qui les désobligea extrêmement la plupart et les fit fort murmurer, à cause que feu Mʳ le Prince ne l'avoit point prétendu. Il disoit que si monsieur son père avoit négligé une prérogative qui luy appartenoit, il n'en vouloit pas faire de mesme; que les princes du sang la luy devant et la luy laissant, les autres la luy devoient bien aussi et la luy pouvoient laisser puisqu'il pouvoit estre

1. Tous les trésors des Indes.

leur maistre. Il commença par le marquis de Mouy de
la maison de Lorraine et aisné de Mr de Guise[1]; il en
parla à Mrs de Nemours et de Joyeuse et leur dit
qu'étant de ses amis, il les prioit qu'ils vécussent chez
luy sans cérémonie, et en mesme temps il embrassa
encore avec plus de chaleur l'affaire du dernier et
pressa Mr d'Angoulesme de conclure le mariage de sa
fille avec luy. Il luy dépescha mesme un gentilhomme
exprès avec une lettre la plus forte du monde.

Mais voicy un événement assez surprenant, qui ne
fut au bout du compte qu'une fadaise. Un pédant,
causant auprès du feu, avec deux écoliers, tout à coup,
l'un de ces écoliers haussant la voix dit : « Il me tombe
à l'esprit à cette heure de tuer le Roy »; et reprit
aussitost : « Voilà une détestable pensée, je voudrois
pour beaucoup ne l'avoir pas eue. » L'autre écolier
sort là dessus, va chez un docteur de Sorbonne de sa
connoissance, luy conte cecy et luy demande ce qu'il
doit faire, et s'il en avertira. Le docteur luy conseilla
de l'aller dire à Mr le coadjuteur de Paris. Le coadjuteur écoute et le mène à Mr le chancelier, lequel ayant
interrogé celuy-cy, envoya quérir les deux autres.
Étant arrivés et interrogés ils nient tout, l'un d'avoir
proféré telles paroles, l'autre de les avoir ouïes. Mr le
chancelier ne fut jamais si empesché : car de donner
la question au délateur pour savoir ce qui l'a mu à
inventer cette fausse accusation, en une matière si
délicate, l'on n'aura plus de délateurs; de la donner à
l'accusé, il est injuste, si le témoin le décharge; de la

1. Henri de Lorraine, marquis de Mouy, second fils d'Henri de
Lorraine-Mercœur, marquis de Mouy, comte de Chaligny, et de
Claude de Mouy, né en 1596, mort en 1672.

donner au témoin, il est encore plus injuste : ainsi M^r le chancelier les envoie tous en prison, jusques à ce qu'il ait résolu ce qu'il doit faire[1].

L'on parloit fort alors du voyage de Lyon, et parce qu'on faisoit force méditations dessus, la Reyne déclara qu'elle alloit en Picardie. L'on dit aussi que M^r le Prince passeroit en Italie ou en Catalogne, pour y commander les armées du Roy, et qu'on vouloit oster M^r d'Harcourt de la dernière, puisqu'il n'y faisoit rien qui vaille. Prévoyant cecy, ou averty par ses amis, il avoit demandé son congé, et le pressoit de toute sa force, protestant qu'il n'y pouvoit demeurer davantage.

Mais quoique Mr de Longueville prétendit toujours la charge de colonel des Suisses et en fit faire les dernières instances, elle fut offerte et donnée à Mr de Schomberg pour récompense de sa lieutenance générale de Languedoc; il toucha aussi quelque argent et eut mille promesses de la Reyne qui le firent résoudre à ce qu'on voulut, et Monseigneur ayant terminé cette affaire qui avoit si longtemps langui, s'en alla prendre des eaux à Bourbon. Les amis de Mr de Longueville grondèrent assez haut de ce qu'on faisoit si peu d'état de sa prétention et de sa demande; ils dirent mesme qu'il avoit si adroitement servi en Allemagne, que la paix seroit faite si on l'avoit voulu à la cour, et non seulement celle de l'Empire, mais aussi celle d'entre les couronnes, les Espagnols la désirant de toute leur force et s'en étant assez déclarés; que voyant Dunkerque perdue, ils avoient cru la Flandre perdue pour

---

[1]. Les Mémoires de Retz sont muets sur « cet événement qui n'est, comme le dit Goulas, qu'une fadaise. »

eux, et que tout se révolteroit au Pays Bas, et que partant ils accordoient ce qu'ils avoient contesté jusques là, et nous laissoient toutes nos conquestes, toutes les villes avec leurs baillages et juridictions; ils consentoient que la Catalogne demeurast trente ans en séquestre, après quoy elle retourneroit à la couronne d'Espagne comme auparavant. Ils nous laissoient Rozes, quoiqu'elle ne fust pas du comté de Roussillon, mais ils vouloient que nous abandonnassions les Portugais; et non seulement nous refusions de les abandonner, mais nous demandions mesme qu'il nous fust libre de les secourir, et qu'il fust mis un article exprès dans le traité, par lequel le Roy pourroit assister tous ses alliés. Il y eut plusieurs expédients proposés là dessus que nous rejetasmes, nous arrestant à ce qu'on en fit un article secret, si la réputation d'Espagne y étoit si notablement intéressée. La raison d'État d'Espagne, outre cette crainte de perdre la Flandre, désiroit la paix, parce que le roy étoit maladif, n'avoit qu'une fille fort jeune; plusieurs grands avoient des prétentions légitimes sur les royaumes qui composent cette monarchie, et l'exemple du Portugal. L'Empereur demandoit instamment la paix, se voyant presque désarmé et considérant les armées des confédérés en état d'entrer dans ses pays héréditaires, Mr de Bavière ayant traité avec eux et accepté la neutralité, ayant donné plusieurs places, promis de désarmer ou de donner ses troupes aux Vénitiens. Enfin toute l'Allemagne lasse de la guerre ne respiroit que la paix, et les Suédois mesme à qui l'on faisoit le compte tout entier; l'Alsace nous demeuroit, Brisach, et tous les princes du Rhin nous devoient leur rétablissement et leur bonheur.

Mr de Marcheville, retournant de Munster complimenter Mr et Mme de Longueville sur la mort de Mr le Prince, de la part de Son Altesse royale, en étoit tout persuadé [de la conclusion de la paix], et nous l'assura; cependant personne ne la croyoit en France, sachant que Mr le cardinal n'avoit pas encore mis le pape à la raison, et n'avoit pas le chapeau de son frère, et que ne pouvant consentir de relascher Porto Longo et Piombino, tout s'en iroit en fumée. Il s'étoit mis en teste que l'unique moyen d'estre extrêmement considéré à Rome étoit de garder ces deux postes, et que le pape, bon gré mal gré, feroit non seulement l'archevesque d'Aix cardinal[1], mais aussi rétabliroit la maison Barberine en sa splendeur, ce qui relèveroit sa gloire en son pays et par toute l'Europe. L'on disoit à Paris que le nonce s'étoit fort tourmenté là dessus avec luy, jusqu'à luy pronostiquer qu'il se repentiroit un jour de n'avoir point accepté la paix, et que la continuation de la guerre feroit naistre en France des mouvements qui ruineroient sa fortune. L'on ajoutoit que les Espagnols s'étant relaschés de tout, Mr de Longueville et Mr d'Avaux se préparèrent à signer, et que Servien insista et emporta d'envoyer encore à la cour, que le courrier retourna avec ordre exprès de rompre sur les prétentions du duc d'Atri[2], ce qui à mon sens est ridicule et grossier; et il est plus probable que ce fut sur la restitution de Porto Longo et de Piombino, et qu'il [le cardinal] jugeoit raisonnable que, les rendant,

---

1. Michel Mazarin.
2. Les ducs d'Atri étaient de la grande maison d'Aquaviva au royaume de Naples.

les Espagnols devoient aussi laisser libres Lérida et Tarragone.

De quelque façon que ce soit, toute la France a été persuadée que Mʳ le cardinal Mazarin, en ce temps là, refusa la paix avec l'Espagne pour ses intérests particuliers et pour satisfaire sa vanité qui luy dictoit que comme le pape Urbain avoit fait deux neveux cardinaux, contre la teneur de la bulle de Jules II, et le cardinal de Richelieu avoit élevé son frère à cette grandeur, nonobstant cette mesme bulle, il étoit de sa gloire de mettre dans le sacré-collège deux cardinaux Mazarin.

Mais les serviteurs et partisans de Son Éminence représentoient au contraire qu'il étoit de son intérest de faire la paix; qu'il l'auroit faite sans la malice et les fourbes des Espagnols, qui étoient allés à Munster avec un tout autre dessein; que Pignerande[1] n'y avoit songé qu'à débaucher nos alliés; qu'ayant vainement tenté les Suédois, il avoit séduit les Hollandois, après quoy il étoit parti triomphant, comme ayant heureusement exécuté ses ordres secrets, à notre dommage; et Mʳ d'Avaux étoit la cause[2] de cette disgrâce, ayant gourmandé leurs ambassadeurs et les ayant pressés extraordinairement de rétablir la religion catholique dans leur état; que ceux-cy avoient appréhendé les François, si hauts à la main dans leur pros-

---

1. Francisco de Zuniga, 3ᵉ duc de Peñaranda et 8ᵉ comte de Miranda, fils de Didacus de Zuniga, 2ᵉ duc de Peñaranda, et de Françoise de Sandoval, mourut en 1662.

2. *La cause;* ces deux mots sont en interligne et de la même écriture que le corps du manuscrit. Dans le Ms. de Vienne il y a : « La fierté de M. d'Avaux avoit causé ce malheur. »

périté qu'ils devoient à leur assistance ; que les Espagnols les tastant sur leur mauvaise humeur et faisant leur compte, ils l'avoient accepté, mesme qu'ils avoient cru que, comme nous ne serions plus en état à l'avenir de faire de grands progrès en Flandre, peut-estre nous ne les gourmanderions plus.

L'on discouroit ainsi à Paris, et la conduite du cardinal donnoit lieu à des raisonnements qui ne luy étoient pas avantageux ; mais le pape, ne tenant rien de ce qu'il avoit promis touchant la famille Barberine, peut-estre pour témoigner qu'il ne nous craignoit pas, Mʳ de Fontenay Mareuil fut envoyé à Sa Sainteté ambassadeur avec ordre de faire cette instance, et il en eut un secret de travailler à embarquer le grand duc avec nous. Mais les Espagnols, désirant de rompre ce coup, mesme d'assurer le pape, firent un grand armement sur la mer Méditerrannée et crurent aussi de nous arracher bientost nos conquestes trop éloignées de nos ports pour estre conservées par des gens que l'on a accusés de tout temps de peu de prévoyance.

Monseigneur faisoit courir le bruit qu'il entreroit dans le cœur de la Flandre cette année et luy donneroit le dernier échec, et les ennemis se préparoient à le bien recevoir, attendant des forces d'Allemagne et l'archiduc Léopold pour les commander. Ils fortifioient Ostende et Nieuport dans la pensée que ces places leur tiendroient lieu de Dunkerque.

Son Altesse royale pourtant s'embarquoit plus que jamais dans le jeu, et sa passion se porta jusqu'à tel excès qu'ayant perdu les cent mille écus dont j'ay parlé[1], il perdit encore deux cent mille francs contre le chevalier de Gramont[2] qui n'avoit pas cent pistoles à perdre, tellement que tous ses serviteurs ne se purent plus retenir, et ils en murmurèrent, comme ceux qui ne l'étoient pas. Mesme les principaux de sa maison se crurent obligés de luy représenter le tort qu'il se faisoit de passer ainsi visiblement pour dupe, et qu'il perdoit plus que de l'argent en cette rencontre, s'il perdoit la réputation. La cour eut peur que ce décri n'allast trop avant, et que l'abaissement de Monseigneur n'élevast trop Mr le Prince, auquel elle vouloit qu'il fist ombre. Enfin il se résolut de ne plus jouer, et il fut heureux en quelque façon dans son malheur de s'estre corrigé de ce défaut, et que la comédie de Mr le cardinal causa tant de bruit et de vacarme parmi le peuple, qu'il ne songea point à ses pertes.

Car chacun s'acharna sur l'horrible dépense des machines et des musiciens italiens qui étoient venus de Rome et d'ailleurs à grands frais, parce qu'il les fallut payer pour partir, venir, et s'entretenir en France. Il y avoit douze ou quinze chastrés et quelques femmes, dont l'une ayant eu réputation de vendre sa beauté en Italie, ne laissa pas d'estre reçue chez la Reyne, et jusques dans le cabinet. L'on dit qu'un jour, comme la Reyne demanda à la femme du préfet Barberin[3], si

---

1. Voir plus haut page 193.
2. Philibert, dit *le comte* de Gramont, auteur de mémoires, était fils puiné d'Antoine, duc de Gramont, et de Claude de Montmorency-Bouteville, sa seconde femme. Il mourut en 1707, à l'âge de quatre-vingt-six ans.
3. La princesse de Palestrine.

elle ne la voyoit pas souvent quand elle étoit à Rome et ne la faisoit pas venir chez elle, chantant si bien et ayant tant d'esprit, cette femme superbe, qui étoit fille du connétable Colonne, ne luy répondit rien d'abord, et Sa Majesté la pressant, elle échappa et dit : « Si elle y fut venue, je l'aurois fait jeter par les fenestres, » ce qui surprit fort la Reyne, et l'obligea de changer de propos[1].

Ce fut en ce temps que M^r le Prince partit pour la Catalogne, désespéré et extrêmement révolté contre ses gens de guerre[2], particulièrement contre les officiers, lesquels avoient négligé leurs recrues, peut-estre faute d'argent, et son chagrin passa jusques à en vouloir casser la plupart.

L'on avoit résolu avant son partement de contenter Mr de Longueville, et au lieu de la charge de colonel des Suisses, on luy donna le chasteau de Caen et le Pont de l'Arche dans son gouvernement de Normandie, la survivance de ce beau gouvernement pour son fils, trente mille livres de rente, et une place près de son comté de Neufchastel, des appartenances de l'Empire, que l'Empereur luy devoit laisser par la paix. Il est vray qu'il la promit et ne la donna pas. Et certes il étoit important pour le ministère d'avoir ce prince pour ami, et il ne falloit pas qu'il parlast à son retour, dans la créance où l'on étoit à Paris que le cardinal embarrassoit le traité et n'accepteroit point la paix

---

1. Le Ms. de Vienne (fol. 388 r°) ajoute : « ce qui l'obligea de changer de propos *après avoir changé de couleur.* »

2. Le prince de Condé partit de Paris le 23 mars 1647, en passant par son gouvernement de Bourgogne, et se rendit bientôt à Barcelone où le maréchal de Gramont le joignit.

qu'il n'eust de quoy se rendre redoutable au pape ; car outre Piombino et Porto Longo, il demandoit au grand duc Porto Ferrajo[1] ; mesme l'on assuroit à la cour que le Roy en avoit offert quatre millions, et que les Espagnols, bien avertis de tout, pour rompre nos mesures en Italie, armoient puissamment sur ces mers et songeoient à nous en chasser.

Cependant Monseigneur s'en alla à Bourbon, au commencement du mois d'avril, et la Reyne partit aussi de Paris et prit le chemin de Picardie, le bruit disoit pour aller à Dunkerque[2]. Avant qu'ils se séparassent, elle et Monseigneur, elle le fit convenir qu'il ne commanderoit point l'armée de Flandre cette année, quoiqu'il l'eust publié hautement, et il en demeura d'accord, sans en donner part à Mr de la Rivière, lequel ayant appris ce secret ne manqua pas de renverser la chose, afin de faire connoistre à l'Éminence qu'il falloit toujours parler à luy. Cette hardiesse les mit mal ensemble, et le cardinal le prit d'un ton à fort embarrasser notre favory, tellement qu'il l'obligea de renoncer au chapeau et de luy protester qu'il n'y songeroit jamais ; et pour montrer qu'il cherchoit à le pointiller, il prit du mauvais costé ce qu'il avoit dit au gentilhomme de Mr de Longueville, car celuy-cy se plaignant que son maistre qui servoit très bien en Allemagne, et y faisoit une furieuse dépense pour l'honneur de la France, étoit peu considéré, qu'on ne luy payoit point ses appointements et qu'il n'en avoit presque rien touché depuis la mort du Roy, La

1. Porto-Ferrajo, chef-lieu de l'île d'Elbe.
2. « Le roi a quitté Paris le 9 mai, disait *La Gazette,* pour aller assembler son armée vers la frontière de Picardie. »

Rivière luy répondit que s'il avoit eu peu de chose de la cour, c'étoit sa faute, qu'il y falloit toujours demander et prendre, et qu'un petit don étoit suivi d'un plus grand ; et le cardinal vouloit qu'il eust dit qu'il falloit toujours prendre de luy, et l'obliger toujours à donner.

Mais si l'Éminence le poussoit ainsi, c'est qu'il avoit connu son crédit moindre, et qu'il n'avoit pas le pouvoir sur l'esprit de son maistre qu'il luy faisoit accroire ; ce qu'il vit très distinctement en cette rencontre, car étant tombé malade et ne pouvant suivre Monseigneur à Bourbon, Son Altesse royale partant fut à sa chambre à la vérité, mais il n'y demeura qu'un moment et ne luy parla point en particulier. Pendant tout le voyage le prince ne témoigna pas de s'en soucier beaucoup, jusques là qu'il ne luy écrivit qu'une courte lettre en six semaines d'absence ; et cet oubli parut tel à tout le monde que M[r] d'Elbeuf ne se put empescher de dire tout haut que l'on se passoit bien des gens dès qu'on ne les voyoit plus. Néanmoins, au retour, tout alla comme auparavant, et il traita Monseigneur et Madame à Petit-Bourg[1], le jour qu'ils devoient arriver à Paris, avec toute la magnificence et la politesse possible.

L'on parla fort en ce temps là de l'accommodement du duc Charles, et l'on en débita beaucoup de particularités, comme de lui rendre toutes ses places, hormis Nancy que l'on garderoit jusques à la majorité ; que moyennant cela il romproit avec l'Espagne et se

1. Petit-Bourg était un magnifique château que La Rivière avait fait construire ; c'est aujourd'hui une propriété dépendant du village d'Évry-sur-Seine, canton de Corbeil.

joindroit à l'armée de Mme la landgrave, en Allemagne; qu'il reprendroit Mme de Lorraine, sa femme, et quitteroit Mme de Cantecroix; et il étoit d'accord de tout, mais il vouloit l'exécution du traité et rentrer dans ses places, avant que de sortir de Flandre et de rompre avec ses amis, ce qu'on ne jugea pas à propos de hasarder.

L'on eut nouvelle, en ce mois d'avril, d'une chose dont l'on ne fit guère de cas, et qui mérite néanmoins d'avoir place icy. Le commandeur de Poincy s'étoit établi dans l'isle Saint Christophe[1] depuis longtemps et avoit obtenu de la cour la patente de vice roy[2]. Comme il y faisoit bien ses affaires, un nommé Patrocle, frère du beau fils de la demoiselle d'Ance, femme de l'apothicaire de la Reyne, se mit en teste de l'en oster et d'avoir sa place[3]. Les femmes de chambre en parlent à Sa Majesté et l'importunent à tel point, qu'elle consent la chose et luy fait expédier toutes ses lettres. Cet homme s'équipe, tranche du vice roy et part, mais en arrivant, comme il voulut user de son pouvoir, Poincy, aimé des siens qu'il gouvernoit sagement et justement, luy courut sus, le défit et le prit prisonnier. Il dépescha à la cour aussitost et se plaignit fort du traitement qu'on luy faisoit de le déposséder ainsi, sans avoir égard aux avances et aux frais qu'il luy a fallu faire en ces quartiers pour servir le Roy, et finit

1. Une des Antilles.
2. N. Giraud, seigneur du Poyet de Poincy, anobli pour sa valeur en 1666. Catherine Giraud, sa fille, épousa Charles-François d'Angennes, marquis de Maintenon.
3. Et d'avoir sa place *pour un beau frère*. Ms. de Vienne, fol. 380 r°.

que Patrocle ayant commis mille excès, il mérite chastiment exemplaire. Il agit en cette rencontre comme le gouverneur de Frise du temps de Tibère, et s'en trouva bien, car M. le cardinal fut très aise d'avoir prétexte de laisser entendre à la Reine que les femmes de chambre étoient de mauvaises conseillères, et qu'il n'étoit pas à propos de croire toujours les gens de chapelet, qui quelquefois sont intéressés comme les autres. Je ne sais ce que devint Patrocle, mais le commandeur de Poincy demeura.

L'on eut nouvelle alors de Catalogne, et M' le Prince écrivit qu'il n'avoit rien trouvé du tout dans la province, ni hommes, ni munitions, ni argent, et que la prime[1] étoit si avancée, qu'avant qu'il luy put rien venir, il faudroit mettre en quartier d'été, (c'est ainsi que l'on fait la guerre en Espagne, où les chaleurs sont telles que l'on est contraint de quitter la campagne au mois de juillet), enfin que les Espagnols faisoient de grands préparatifs pour s'opposer à ses desseins en automne. Force gens crurent qu'il n'étoit rien de tout cecy[2] et qu'il vouloit surprendre la cour, faisant de belles choses lorsqu'on s'y attendoit le moins.

L'on croyoit aussi que nous nous brouillerions avec les Suédois, et que nous en étions sur le point, parce qu'ils opiniastroient que l'on créast un quatrième électeur protestant, l'Empereur en ayant fait un quatrième

---

1. *La prime,* c'est-à-dire le printemps, la *prima vera* des Italiens (Note de M. Monmerqué).

2. Il y a dans le Ms. de Paris (fol. 206 r°) après : de tout cecy, les mots : « que l'excessive chaleur » qui sont rayés. — Le Ms. de Vienne (fol. 389 r°) porte : « qu'il n'étoit rien de tout cela que l'extrême chaleur et qu'il vouloit surprendre, etc. »

catholique, le duc de Bavière. Néanmoins le débat entre nos plénipotentiaires n'empescha pas la Suède de conspirer avec nous pour purger le Rhin des garnisons impériales, et de mettre en neutralité tous les princes de ce long trajet, ecclésiastiques et autres.

Monseigneur, ayant pris les eaux à Bourbon et n'en ayant pas reçu tout le soulagement qu'il s'étoit promis, vint trouver la cour à Amiens[1], laquelle s'y étoit acheminée à cause qu'elle craignoit un puissant effort des ennemis du costé de la mer, et nous n'avions pas de quoy nous parer. M^r le cardinal n'avoit point donné d'argent pour les recrues, et notre armée n'étoit pas ensemble au mois de juin. Son Altesse royale s'en plaignit à l'Éminence mesme qui le trouva mauvais, et qui sachant le bruit que ce manquement faisoit à Paris, et qu'il renouveloit les propos de sa folle dépense de la comédie, se prit aux maistres de camp et fit mettre Mrs de la Vieuville[2] et d'Estrées[3] dans la citadelle, et arrester Mr de Vassé[4] à l'armée, afin de rejeter sa faute sur qui n'en pouvoit mais. Là dessus il donne de l'argent, et il étoit si tard que l'on n'en tira pas grand secours.

L'armement considérable sur terre et sur mer que les Espagnols faisoient en Italie, obligea le prince

1. Étant arrivé à Paris le 21 mai 1647, de retour des eaux, Monsieur en partit le 28 pour aller trouver la reine.

2. Charles, duc de la Vieuville après son père, était fils de Charles, duc de la Vieuville, et de Marie Bouhier.

3. François-Annibal, duc d'Estrées après son père, était fils de François-Annibal, marquis de Cœuvres, maréchal, puis duc d'Estrées, et de Marie de Béthune, sa première femme.

4. Henri-François, marquis de Vassé, fils d'Henri, seigneur de Vassé, et de Renée le Cornu, mourut en 1684.

Thomas de venir en poste à la cour, pour demander secours et voir ce qu'il y avoit à faire. Arrivant au commencement de juin, il la trouva fort triste de la perte d'Armentières[1] et non seulement de celle de la place, mais de deux mille hommes qui l'avoient défendue auxquels l'archiduc ne voulut jamais accorder de capitulation, que celle que Monsieur faisoit l'année d'auparavant aux siens, les prenant prisonniers de guerre. Ils se défendirent très bien et ne succombèrent que dans les formes. Cependant ces deux mille hommes étoient de nos meilleures troupes, s'étant trouvé là dedans six compagnies des gardes, huit cents Suisses et le régiment de Navarre; et pour surcroist de malheur, notre armée s'assemblant, les ennemis surprirent une partie du bagage et gagnèrent bien cent mille écus, et afin qu'il ne manquast rien pour attirer notre ruine entière, nos généraux s'étrangloient et ne se pouvoient souffrir[2]. Ainsi le maréchal de Villeroy fut envoyé au camp et leur porta les ordres qu'ils devoient suivre, avec force exhortations de se bien entendre à l'avenir; mais on le leur devoit donner pour directeur, et il falloit qu'il passast la campagne avec eux[3].

Enfin Monseigneur craignit alors extrêmement la perte de Courtray, sa belle et illustre conqueste, et ne se pouvoit taire du mauvais ordre pour les recrues. Quelques uns vouloient qu'il fust échauffé par son

1. Armentières, place forte sur la Lys; aujourd'hui chef-lieu de canton du département du Nord, arrondissement de Lille.
2. L'on sait la jalousie qui exista toujours entre les maréchaux de Rantzau et de Gassion.
3. Le maréchal de Villeroy fut envoyé en mission le 6 juin 1647.

ministre, lequel effectivement étoit brouillé avec l'Éminence, et tout le monde remarqua qu'il attendoit longtemps dans l'antichambre, et que ne pouvant supporter cette espèce de défaveur, il s'abstenoit d'aller si souvent faire sa cour. L'on m'assura mesme que Mr de la Feuillade, retournant de Bourbon, où il avoit fort entretenu et gouverné Monseigneur, et passant par Amiens pour aller à l'armée, avoit donné rudement sur luy, et que le cardinal fasché que Son Altesse royale fut absente durant les mauvais succès, comme pour luy en faire porter l'iniquité, avoit obligé le maréchal de Villeroy de dire à La Feuillade que La Rivière n'inspirant rien de hardy et de généreux à Monsieur, il falloit que ce fut luy qui luy eut conseillé de ne se point trouver à la cour au temps que les choses alloient mal, et que La Feuillade, craignant l'indignation du tout-puissant, s'en lava aux dépens de La Rivière. Quand je parlay de cecy à Mr de la Feuillade, il en tomba en quelque façon d'accord, mais il est constant que Mr de la Rivière, voyant tous les gens persuadés que M^r le cardinal n'étoit pas satisfait de sa conduite, s'en prit à Mr de Lyonne, et se plaignit qu'il luy rendoit de mauvais offices; celuy-cy, intrinsèque au cardinal comme ayant son secret, répartit de grande hauteur, ce qui les brouilla à tel point qu'il fallut que le maréchal d'Estrées s'entremist pour les accommoder, ce que les sensés courtisans trouvèrent extrêmement ridicule, que le favory d'un Monsieur, pendant la régence, fut accordé avec Mr de Lyonne. Mais cet embarras de notre ministre nous parut incontinent à tous, car sa table devint déserte, grande solitude chez luy; la plupart l'abandonnèrent, par cette excellente raison qu'ils avoient plus à gagner de l'autre costé, et, sans mentir, Mr de la Rivière souffrit justement en cette rencontre, car ayant abaissé son maistre, n'étoit-il pas raisonnable qu'on le méprisast après? Mais Monseigneur se soucioit médiocrement de son ministre; il s'étoit remis dans le jeu nonobstant ses serments, et il perdit encore là cent mille francs.

Mr le cardinal cependant ayant mauvaise satisfaction de La Rivière, songea à[1] sortir Mr de Montrésor, son ennemy, du bois de Vincennes[2]; il en envoya l'ordre à Paris, et il fut tiré de là vers la mi-juin. L'innocence de ce gentilhomme parut manifestement de ce qu'on le laissa en liberté d'aller où bon luy sembleroit, ce qui fut imputé à faute à l'Éminence, qui ne devoit pas laisser ternir ainsi le ministère et comme avouer qu'il eut failly, puisque les prisonniers d'État ne sortent point qu'on ne les envoye en quelque lieu tiers, pour se défaire des restes de leurs péchés, avant qu'obtenir la grâce de contempler la gloire du seigneur, en se présentant à la cour.

Nous avions alors une entreprise sur Saint-Omer qui manqua, et l'on dit qu'elle avoit été la cause du voyage de Picardie. L'on nous devoit livrer le faubourg, mais les ennemis ayant découvert la trahison y mirent de leurs meilleurs hommes, et quand les nostres s'y présentèrent, ils les reçurent à grands

---

1. Sur le Ms. de Paris (fol. 117 r°) la main de M. Monmerqué a ajouté le mot : *faire* au-dessus du mot : *sortir*. — Le Ms. de Vienne (fol. 394 r°) porte : « Le Cardinal..... *voulut sortir* de Vincennes le comte de Montrésor. »

2. Montrésor avait été compromis par sa liaison avec la duchesse de Chevreuse; arrêté en 1646 et mis au donjon de Vincennes (voir plus haut, p. 151), il n'en sortit qu'après quatorze mois de détention.

coups de mousquet et tuèrent M' de Saint-Paul, maistre de camp, et quelques soldats. Mais comme notre armée de Flandre n'étoit ni forte, ni en bon état, et qu'au contraire celle des ennemis étoit fort grande et bien pourvue de toute chose, la cour craignoit avec raison une irruption en France, dont ils nous menaçoient à tout moment ; ainsi elle avoit mandé au maréchal de Gassion de les combattre, et à M' de Turenne de passer le Rhin et d'entrer dans le Luxembourg ; mais les Allemands de celuy-cy firent une espèce de sédition et refusèrent de suivre au delà de cette rivière, disant qu'ils avoient été levés pour servir en Allemagne et non pas en France. M' de Turenne les pria, conjura, menaça mesme de les charger pour les faire obéir, et voyant qu'il ne gagnoit rien sur leurs courages, il les laissa en liberté de servir ou de se retirer ; ainsi les ennemis, informés de cet embarras, et ne craignant rien de ce costé, se rabattirent sur Landrecy, c'est à dire le général Beck qui s'étoit avancé pour arrester M' de Turenne, et l'archiduc l'y fut joindre, après avoir pris Comines et Lens.

Là dessus M' le prince Thomas s'en retourna en Italie avec force belles promesses, mais peu de gens et d'argent. Quant à M' le Prince qui avoit eu ordre en partant d'assiéger Tarragone, quoique son armée fut foible, il ne laissa pas de se présenter devant et de l'investir, attendant l'armée navale, laquelle se devoit jeter dans le port en mesme temps ; et cette armée ne paroissant point, sur l'avis qu'il eut qu'il n'y avoit presque personne dans Lérida, il part à l'improviste, se campe devant et fait travailler à sa circonvallation[1]. Certes il

1. 13 mai 1647.

employa tout ce que son bon esprit, son expérience et son grand cœur luy purent suggérer en cette rencontre, et néanmoins il ne réussit pas[1]. L'on nous dit que les Espagnols s'étoient servis d'une excellente ruse pour ruiner sa médiocre armée. Ils publièrent qu'ils donneroient douze écus et un passeport à chaque soldat qui déserteroit et s'en voudroit retourner en France ; et en deux ou trois nuits, ils luy en ostèrent près de deux mille ; et les sorties et les attaques en ayant fait périr beaucoup, M^r le Prince vit son infanterie réduite à la moitié, si bien qu'étant entré des gens dans la place, il ne put prendre de meilleur parti que de se retirer, ce qu'il fit en bon ordre. Il y perdit le chevalier de la Vallière[2], Clermont Vertillac[3] et quelques autres. Il n'eut pas plus de haste que d'envoyer à la cour Mr de la Moussaye porter cette nouvelle et demander des hommes et de l'argent.

La Moussaye ayant fait grande diligence, selon son ordre, arriva chez Monseigneur à l'improviste, et Son Altesse royale, le voyant, crut Lérida pris et s'en courut au devant de luy, criant que son cousin avoit fait là une très belle action, et La Moussaye, d'un visage sérieux luy dit que le siége étoit levé, et luy en conta les particularités ; après quoy nous conclusmes tous, qui

1. Le siège fut levé, sur la proposition du prince de Condé, le 18 juin 1647.
2. François de la Baume le Blanc, chevalier de la Vallière, fils de Jean de la Baume le Blanc, seigneur de la Vallière, et de Françoise de Beauvau du Rivau, né le 13 juillet 1613, était maréchal de camp. Sa nièce fut la célèbre duchesse de la Vallière.
3. N. de Clermont-Vertillac, maréchal de bataille du duc d'Enghien.

connoissions Monseigneur, que cette joye extérieure étoit passée dans son cœur, ne pouvant estre fasché que son cousin fut abandonné de la fortune, afin de le modérer. La Moussaye ne manqua pas de se plaindre bien haut que l'on avoit manqué en tout à Mr le Prince, et obtint trois cent mille écus et force infanterie de Languedoc.

Néanmoins, comme il [le prince] ne pouvoit demeurer tout l'hiver en Catalogne, l'on jeta les yeux sur Mr de Bouillon pour le relever, nonobstant sa femme espagnole[1] et son malheur perpétuel, le cardinal l'ayant contenté et raccommodé avec la cour; et comme un de ses confidents luy représenta que ce sujet n'étoit point propre à cet important employ sur un débris d'affaires, il répondit qu'il falloit bien se servir de luy s'ils n'avoient personne à y envoyer. Ce coup de malheur en Catalogne, arrivé mesme à notre conquérant, nous rendit le pape beaucoup plus dur, et quoique l'archevesque d'Aix eut porté à Rome trente mille écus pour se rendre favorable la signora Olympia, il ne laissa pas de rencontrer des difficultés en son affaire. Le mesme coup fit encore qu'il [le pape] refusa de recevoir l'ambassadeur du roy de Portugal, qu'il étoit sur le point de voir à notre recommandation.

Mais voyons ce que font les Espagnols à Landrecy, et ce que nous faisons durant leur attaque. Nous tentasmes inutilement d'y jeter du secours, parce qu'ils

---

1. Frédéric-Maurice de la Tour, duc de Bouillon, vicomte de Lanquais, frère ainé du vicomte de Turenne, avait épousé Éléonore-Catherine-Fébronie de Bergh, de la maison des comtes de Bergh au pays de Gueldre.

avoient travaillé d'abord à leur circonvallation et que leur armée étoit bonne et grande. Le conseil du Roy les voyant attachés, résolut que nos deux corps d'armée feroient en mesme temps deux attaques de différentes places. Le maréchal de Rantzau eut ordre d'investir Dixmude[1], et le maréchal de Gassion la Bassée[2]. La première nous servoit à mener nos convois de la mer à Courtray; voilà pourquoy il ne la falloit pas manquer, et l'on fortifia Mr de Rantzau de l'infanterie qui nous étoit venue de Pologne et d'Irlande. Nos gens la prirent d'emblée, par une boutade françoise, car ils se jetèrent dans les portes et entrèrent pesle mesle avec ceux qui en étoient sortis pour escarmoucher et les arrester; mais la foule ayant trop chargé le pont-levis, il rompit et les braves qui étoient déjà dans la ville demeurèrent prisonniers. Vous croyez bien que les preneurs firent bonne guerre voyant qu'ils seroient pris le lendemain, et comme on ne se peut exposer de la sorte sans qu'il en couste, nous eusmes quelques gens tués et blessés, et du nombre de ces derniers furent Mrs de Noirmoustier[3] et de Clanleu qui en eut le gouvernement.

A quelques jours de là que la place commençoit d'estre en bon état, Mr de Rantzau marcha vers les forts de Rieudan et de l'Escluse, et les trouvant

1. Dixmude, sur la rive droite de l'Yser, dans la Flandre occidentale, à 13 kil. E.-S.-E. de Furnes, fut prise le 15 juillet 1647.
2. La Bassée, aujourd'hui chef-lieu de canton du département du Nord, sur le canal de la Deule, à 23 kil. S.-O. de Lille, fut prise le 19 juillet 1647.
3. Louis de la Trémoille, marquis, puis duc de Noirmoustier, fils de Louis de la Trémoille, marquis de Noirmoustier, et de Lucrèce Bouhier, né le 25 décembre 1612, mort le 12 octobre 1666.

abandonnés, les ruina. Il est vray qu'au retour il fut chargé assez vertement; et les nostres aussi reçurent très bien les ennemis, tellement qu'après un assez long combat ils furent contraints de se retirer avec perte, et nos gens marchèrent à Dixmude sans estre plus inquiétés. M[r] de l'Islebonne[1], de la maison de Lorraine, fut blessé au bras d'une mousquetade en cette occasion où il acquit beaucoup d'honneur. Pour Mr de Gassion, il attaqua la Bassée avec sa bravoure ordinaire, et à dire la vérité parce que Monseigneur opiniastra qu'il fit ce siége. Ils avoient nouvelle à la cour qu'il n'y avoit que peu de gens dans la place, et Mr de Monteclair, gouverneur de Dourlens, l'avoit confirmé par ses lettres qui portoient qu'il n'y étoit demeuré que le régiment wallon du comte de Reux[2], des plus foibles; enfin Mr de Gassion ayant pris un soldat de la garnison qui luy assura la mesme chose, il y fit donner teste baissée, et les ennemis voyant les nostres monter à leurs bastions, qui n'étoient point revestus, craignirent d'estre emportés et capitulèrent certes très à propos pour notre armée, car Landrecy fut pris presque en mesme temps, et si l'archiduc eut été libre, il l'auroit infailliblement défaite n'étant pas pour résister à la sienne.

Quant à Landrecy il se défendit assez bien du commencement et obligea les Espagnols de l'attaquer dans

---

1. François-Marie de Lorraine, comte de l'Islebonne, quatrième fils de Charles de Lorraine, duc d'Elbeuf, et de Catherine-Henriette légitimée de France, né le 4 avril 1624, mort le 11 janvier 1694.

2. Albert-Claude de Croy, comte de Rœux, fils aîné d'Eustache de Croy, comte de Rœux, et de Théodore-Gertrude-Marie de Ketler.

les formes[1]. La femme du gouverneur y fit merveille : elle exhortoit tout le monde, elle alloit au travail, elle donnoit aux soldats, elle avoit soin des blessés, et si son mari eut voulu soutenir un assaut comme il le pouvoit avec huit cents bons hommes, ou attendre que la mine eut joué, il y auroit acquis beaucoup d'honneur, au lieu qu'on parla de le mettre au conseil de guerre et le livrer au bourreau, nonobstant sa capitulation honorable, et qu'il eut sauvé sa garnison. Dès qu'il fut sorty, il se sauva en Hainault, et tomba entre les mains des paysans qui le firent prisonnier.

Les ennemis étant maistres de Landrecy s'approchèrent incontinent de la Bassée en victorieux, et sur l'avis que Mr de la Ferté Imbault étoit parti du camp avec quatre mille hommes, pour escorter le Roy qui alloit à Boulogne, ils vinrent bravement jusques à un grand village qui étoit à la teste, poussèrent la garde et baisèrent presque le retranchement, faisant mine d'y donner ; néanmoins voyant les nostres en bon état, et en volonté de les bien recevoir, et notre canon tonner effroyablement, ils se retirèrent, laissant force cavaliers et force chevaux étendus dans le village et par la campagne. Le bruit courut que l'archiduc avoit été blessé au visage d'un éclat de canon, mais légèrement.

L'on acheva en ce temps là à la cour une affaire qui traisnoit depuis plusieurs mois. M^r d'Hemery, intrinsèque au cardinal, vouloit la surintendance, et d'autant qu'elle se trouvoit entre les mains d'un homme

---

1. Le siège de Landrecies commença le 27 juin 1647.

sans reproche, il n'y avoit pas moyen de la luy oster. Ils s'avisèrent de cette pièce pour le faire parler. M⁰ le président de Bailleul, surintendant, désiroit fort de tirer récompense de la charge de chancelier de la Reyne, et autant de fois qu'il en avoit demandé la permission, elle luy avoit été refusée. On luy fit comprendre qu'avant que de l'obtenir, il falloit sortir de sa place, si bien qu'ayant parlé aussitost de remettre la surintendance entre les mains du Roy, il ne fut rebuté ni pour l'une ni pour l'autre, et on luy fit ses avantages comme il les désira. Il dit à un de ses amis que ne faisant pas la surintendance, il luy étoit honteux de la garder, et qu'étant mal traité pour l'obliger de s'en défaire, il avoit pris patience jusques à ce qu'il eut établi sa maison, alors qu'ayant marié richement son fils [1], il sortoit volontiers de cet employ. Il demeura ministre d'État avec les mesmes appointements que quand il étoit surintendant. Et certes il étoit raisonnable qu'Hemery dévoué entièrement au cardinal eust grand part à sa fortune. Il luy laissoit la disposition de tout l'argent, il en envoyoit en Italie tout autant qu'il luy plaisoit, il se chargeoit du soin d'en recouvrer et en tiroit de tous costés *in ogni modo*.

Cet habile courtisan, sachant l'ombrage que l'Éminence avoit de M⁰ de la Rivière, ne voulut pas estre trop son ami; il le méprisoit, il s'en moquoit et ne pouvoit souffrir qu'il se prostituast pour une médiocre somme; et je sais qu'il avoit très mauvaise opinion de

1. Louis de Bailleul, seigneur de Soisy, fils du président de Bailleul, et d'Élisabeth Mallier, sa seconde femme, épousa en 1647 Marie le Ragois, fille de Claude le Ragois, seigneur de Bretonvilliers, et de Marie Acarie.

sa faveur, voyant le cardinal le tourmenter et l'embarrasser de temps en temps, et que l'autre, pour se venger, portoit son maistre à faire des niches au premier ministre; car il est constant que l'hiver, comme le cardinal luy parla de la paix, et luy voulut faire valoir Piombino et Porto Longo, Monseigneur luy répondit brusquement que ces places n'étoient bonnes à rien à la France, ce qui l'outra tout à fait. D'ailleurs il savoit l'histoire de Mʳ de Montrésor, lequel étant venu voir Mʳ le cardinal, après sa sortie du bois de Vincennes, et Mʳ de la Rivière nouvellement raccommodé l'ayant prié de les remettre bien ensemble, le cardinal luy en parla, et Montrésor luy ayant répondu que si ses bonnes grâces étoient attachées à cela, il le feroit, Son Éminence dit que ne prétendant pas le gesner en rien, il le laissoit en sa liberté; sur quoy Montrésor répliqua habilement qu'il le prioit d'avoir agréable qu'il vécust à l'accoustumée, parce que La Rivière en seroit plus souple; il [le cardinal] sourit sans répartir et ils se séparèrent. Mais à dire vray, si Mʳ le cardinal eut eu envie de les rajuster, il l'auroit fait sentir à Montrésor par quelque voie souterraine, avant que de le luy proposer; il le traita à merveille, il le fit manger avec luy; il le mena chez la Reyne, et il luy donna toute l'audience qu'il voulut.

Cependant Mᵐᵉ de Longueville, étant arrivée de Munster, ne put s'empescher de parler. Elle dit nettement que nous avions refusé la paix, et que son mari étant d'accord de tout avec l'Espagne, et prest à signer, Mʳ Servien l'en avoit empesché, luy montrant l'ordre de rompre. L'on publia mesme à Paris, pour faire connoistre que cette paix avoit manqué par le seul intérêt du ministre, et qu'elle étoit très avantageuse à la France, que l'Espagne offroit Cambray avec ses dépendances, au lieu de Piombino et Porto Longo, et laissoit toute l'étendue des chastellenies des places conquises en Flandres et ailleurs, et la seule ville de Courtray en avoit quatre qui alloient jusques aux portes de Bruges et de Gand. Or il est certain que tous ces bruits étonnèrent le cardinal et firent qu'il s'attacha plus à Monseigneur et voulut regagner son ministre. Il mit l'un en meilleure disposition pour luy, par le moyen de deux cent mille francs qu'il toucha et qu'on luy dit estre destinés à ses menus plaisirs, et l'autre en eut cinquante mille qui luy semblèrent plus considérables et plus agréables que l'amitié de Mr de Montrésor. Mais s'étant étayé de ce costé, et ayant changé de style avec les gens de la cour qu'il caressa, qu'il ménagea, s'efforçant que personne ne se séparast de luy mécontent, il s'emporta contre ceux qu'il ne croyoit pas de ses amis, ou qu'il croyoit pester le gouvernement et la seigneurie. Le comte de Fiesque eut ordre de se retirer chez luy[1], l'évesque de Rennes d'aller à son évesché[2], Mr de Belesbat, conseiller d'État que Mme de Choisy, notre chancelière, sa sœur, avoit raccommodé l'hiver[3],

---

1. Le comte de Fiesque, « cet ennemi réconcilié, dit Mme de Motteville (p. 358), ne pouvoit souffrir de favori; il n'étoit jamais content, et il désapprouvoit toujours les actions de ceux qui gouvernoient..... Sa conduite força le ministre de l'éloigner tout de nouveau. »

2. Henri de la Mothe, évêque de Rennes, et depuis archevêque d'Auch, s'était plaint trop ouvertement devant le cardinal de la détention qu'on faisait subir, depuis 1644, à son frère le maréchal de la Mothe-Houdencourt, dans la prison de Pierre-Encise.

3. Henri Hurault de l'Hôpital, seigneur de Belesbat, fils de

fut relégué en Bretagne, à Landerneau, où l'on ne parle pas françois; Sarrazin, faiseur de vers, fut banni en quelque contrée éloignée, pour des satires[1], et cependant ceux-cy n'étoient pas plus coupables que le reste de la France qui se déchaisnoit continuellement contre le refus de la paix et déchiroit le refuseur. Néanmoins il parut si puissant sur l'esprit de la Reyne en cette rencontre, et tellement maistre de la cour, Monseigneur ni Mr le Prince n'ayant osé le contredire là dessus, que tous les gens songèrent à se jeter dans son parti; mesme Mr le chevalier de Guise quitta le nostre et s'y mit; il ne vint plus si souvent au palais d'Orléans, et pour faire comprendre que les Espagnols, nonobstant quelque avantage qu'ils avoient eu cette année en Flandre et en Catalogne, reviendroient et se relascheroient encore pour la paix aux conditions que nous avions refusées, il fit fort valoir les prises de Dixmude et de la Bassée, et un nouveau traité avec la Hollande, comme voulant marquer que nos alliés, que l'on croyoit accommodés, s'obligeoient à reprendre les armes, pour contraindre les Espagnols à se contenter de ce qui avoit été convenu premièrement; mais enfin ils conclurent leur paix et nous laissèrent.

Cette autorité si grande de Son Éminence luy fit désirer d'avoir des gardes allemands, et je ne sais de quel esprit Monseigneur fut poussé, mais il est constant

---

Pierre Hurault de l'Hôpital, seigneur de Belesbat, et de Claire de Gessey, mourut en 1684. Sa sœur, Jeanne-Olympe Hurault de l'Hôpital, avait épousé en 1628 Jean de Choisy, conseiller d'État.

1. Jean-François Sarrasin, né en 1604 à Hermanville, près de Caen, fut secrétaire des commandements du prince de Conti, et mourut en 1654. Il a laissé des opuscules de peu de valeur qui furent publiés en 1656, in-4°.

qu'il s'y opposa et l'empescha ; ce qui donna lieu de croire que c'étoit un reste de la picoterie de l'argent des recrues et qu'ils n'étoient pas si bien rajustés. Néanmoins comme l'on vit trois nièces nouvellement venues d'Italie[1], l'on crut avec raison qu'il se sentoit fort et que marchant sur les pas du prédécesseur, il se mettroit bientost en état, par ses alliances et par ses places, de ne craindre personne et de pousser quiconque le choqueroit.

CHAPITRE XLIV.

Des événements de l'automne et du reste de l'année 1647.

La cour retourna à Paris au commencement d'aoust, et l'on y parla de porter force édits au parlement, afin de faire un grand fonds pour la campagne prochaine. Mais en revenant il arriva une merveilleuse avanture à Mr de la Rivière, qui réjouit extrêmement tous les gens. Monseigneur, partant d'Amiens, fut coucher à Clermont, et dit le soir qu'il seroit en carrosse le lendemain de grand matin, afin d'estre de bonne heure à Paris. Mrs de Béthune et de Montrésor alloient à la cour, et arrivèrent assez tard à cette ville ; ils apprirent aussitost que Monseigneur y étoit, si bien qu'ils se

1. Les trois nièces du cardinal Mazarin arrivèrent à Paris le 11 septembre 1647. — Une d'elles, Laure, fille du seigneur Mancini, devint duchesse de Mercœur ; une autre fille de Mancini, Olympe, devint comtesse de Soissons ; enfin Anne-Marie Martinozzi épousa par la suite le prince de Conti. Mme de Motteville (p. 368) a tracé le portrait de ces trois petites filles, « dont l'âge étoit depuis sept ans jusqu'à onze. »

crurent obligés de le voir et le saluer. Le lendemain Monseigneur, s'étant éveillé dès trois heures, demande son carrosse, et Mr de la Rivière, qui ne croyoit partir qu'à quatre, n'étoit pas prest. Son Altesse royale le faisant appeler par deux fois, se met en devoir de partir; Mr d'Elbeuf l'arreste et luy représente qu'il n'y a point d'apparence de le laisser, ses ennemis étant là qui luy peuvent faire un outrage; mais notre maistre, inquiet et impatient naturellement, ou peut-estre voulant montrer à ces messieurs que La Rivière n'étoit pas trop son favori, comme ils publioient, s'en va disant à Mr d'Elbeuf qu'il trouvoit bon qu'il demeurast et l'amenast quand et luy. S'en venant derrière assez doucement, tout à coup ils entendirent un grand bruit de chevaux qui galopoient, et ayant dans l'esprit Mrs de Montrésor et de Béthune, ils crurent qu'ils alloient fondre sur eux, tellement que Mr d'Elbeuf sortit de carrosse et monta promptement à cheval, mais s'étant quelque peu avancé pour reconnoistre, il voit une troupe de valets de chambre qui n'épargnoient point du tout les montures de leurs maistres, et qui s'étoient mis en teste d'arriver à Paris aussitost qu'eux. Il ne fut pas moins honteux que Mr de la Rivière satisfait de ce qu'on n'attentoit pas sur sa chère personne. Cette histoire débitée par Mr d'Elbeuf mesme, donna matière de rire à tout le monde, et Mr le cardinal ne s'en contraignit pas.

Mais ayant tantost laissé Mr de Turenne sur le Rhin[1], fort empesché après ses reistres qui ne le vouloient point passer, il faut dire comment il s'en démesla. Le

---

1. Voir plus haut p. 222.

général Roze, qui sortoit de prison, où il avoit été détenu longtemps en Bavière, fomentoit leur mauvaise humeur, outré de ce que Mr de Bavière luy avoit fait dire que la cour de France avoit empesché qu'il ne le renvoyast pour sa rançon. D'autres assuroient que voulant les honneurs du royaume et les croyant aussi bien mériter par ses services que Mrs de Rantzau et de Gassion, il avoit envie de faire parler Mr le cardinal; enfin l'on disoit que luy étant dû force argent, il se vouloit faire payer : tant y a que voyant notre armée absolument nécessaire pour détourner l'orage qui nous menaçoit, il jugea le temps propre et s'en servit. Mr de Turenne offre d'abord de l'argent, cageolle les chefs, flatte les soldats, intéresse tout le monde, et n'avançant rien il arreste Roze et l'envoie à Philipsbourg. Après quoy, ayant dépesché à la cour pour rendre compte de son procédé, il passa le Rhin et suivit qui voulut. Il s'achemine en Luxembourg et se campe devant Montmédy, et les ennemis apprenant sa marche et son entrée dans leur pays, furent contraints de séparer leurs troupes, et d'envoyer dix régiments pour l'observer.

Ce coup ruina ainsi leurs desseins et les réduisit à la défensive en Flandre; mais il causa de la joye à la cour qui avoit si fort craint une irruption en France cette année par l'archiduc, mesmement à Mr le cardinal. Il en eut une plus grande encore de la nouvelle qui luy fut apportée d'Italie que le pape avoit enfin promis le chapeau pour son frère et d'une manière à ne point douter qu'il n'exécutast sa promesse, car il avoit dit nettement qu'il se moquoit de la nomination de Pologne et ne donnoit pas ainsi dans une petite intrigue; qu'il vouloit faire la chose de bonne grâce et pour l'amour de la Reyne, si elle l'affectionnoit si fort; qu'étant père commun il désiroit savoir comment l'Espagne recevroit ce passe-droit qu'il faisoit à la France, et ce qu'elle luy demanderoit pour le balancer, tellement qu'il dépescha un courrier à Madrid, qui devoit estre de retour aux Quatre Temps de septembre, que Sa Sainteté avoit résolu de remplir les places du sacré-collège. L'archevesque d'Aix, étant cardinal, devoit aller en Catalogne, vice roy, et le maréchal du Plessis, sous luy, devoit y commander les armes. Le pape pourtant avoit toujours une extrême aversion des Mazarins, et ne pouvoit s'empescher de dire qu'*haveva visto quel frate in carozza con putane*, parlant de l'archevesque d'Aix.

Rome cependant n'étoit pas moins scandalisée du crédit qu'il donnoit à sa belle sœur, et pour le luy faire sentir on luy porta jusques dans son propre palais un présent rare et admirable, un tableau où il étoit peint au naturel, vestu des habits de cette femme, et elle coiffée de sa tiare avec ses habits pontificaux. L'auteur, ou un homme, de sa part, s'étoit présenté un jour qu'on ne le voyoit point, disant que c'étoit une peinture qu'un certain prince d'Italie envoyoit à Sa Sainteté. Le camérier le remit au lendemain, et celuy-cy se retirant le pria de trouver bon qu'il laissast sa caisse dans l'antichambre. Il se donna pourtant bien de garde de retourner, et son présent fut ainsi vu de toute la famille papale et de Sa Sainteté mesme[1], laquelle ne s'en mit pas trop en peine et n'en fit pas de recherche. Elle

---

1. Les mots : « Et de Sa Sainteté mesme » ont été ajoutés en marge, de l'écriture de Goulas.

étoit accoustumée à des choses semblables et n'ignoroit point ce qu'avoit dit le cardinal Bichi dans le Conclave, lorsqu'il vit aller les vœux à Pamphile : *Signori, faremo una papessa*. Peut-estre le pape crut-il alors que le cardinal Mazarin se feroit souverain de l'isle d'Elbe et acheteroit beaucoup de millions Porto Ferrajo du grand duc, ce prince ayant besoin d'argent et de la faveur des François pour conquester la seigneurie de Lucques, si fort en sa bienséance. Enfin nous voyant les plus forts il nous craignoit : Modène s'étoit déclaré pour nous et joignoit ses armes aux nostres pour entrer dans le Milanois, les États d'Italie du roy d'Espagne couroient fortune, tout se rebelloit à Naples et en Sicile, les spéculatifs de Rome et d'ailleurs attendoient une grande révolution, et il ne falloit pas estre mal avec la France en ce temps là.

La joye de Mʳ le cardinal pourtant fut modérée par un événement de rien, qui ne laissa pas de le fascher beaucoup. Mʳ de Fontrailles[1] ayant eu si grande part en l'affaire de Mʳ le Grand, et s'y étant comporté avec tout le cœur, toute l'adresse et toute la générosité d'un très galant homme, avoit acquis assez de réputation et d'estime, pour obliger Son Éminence à désirer qu'il fut de ses amis; il luy fit offrir une pension de la part de la Reyne, il le loua dans les rencontres, il témoigna de vouloir faire pour luy, en présence de plusieurs personnes, enfin il fit des avances auxquelles Mʳ de Fontrailles, je ne sais par quelle raison, ne

---

1. Louis d'Astarac, marquis de Marestang et de Fontrailles, fils de Benjamin d'Astarac, baron de Marestang et de Fontrailles, et de Marguerite de Montesquiou, mourut le 15 juillet 1677. — Voir t. I, p. 380 et suiv., le rôle de M. de Fontrailles dans l'affaire de M. le Grand.

répondit qu'en disant qu'il avoit assez de bien, et qu'étant débauché de son métier, il vouloit estre en liberté; ce que Mr le cardinal expliqua qu'il étoit attaché à Monseigneur et avoit pris parti avec luy, à cause de la liaison ancienne contre le cardinal de Richelieu.

Un jour Mrs de Candale[1], de Brissac[2], Fontrailles, Matta[3] et plusieurs autres jeunes gens de qualité, ayant fait débauche, encore tout chauds de vin, s'étoient répandus dans les rues de Paris, commettant mille insolences, arrestant les femmes pour les baiser, chantant injure aux passants; enfin ils passèrent[4] jusques à brusler l'échelle du Temple, ce qui révolta toute la bourgeoisie. Non contents de cette équipée, ils firent le dessein d'un repas superbe et délicieux sur l'eau, avec la comédie d'un costé et les violons de l'autre; enfin de porter le vice et le scandale jusques à l'excès. La Reyne, avertie de tout cecy, se résolut d'en arrester le cours, et parce que Mr de Fontrailles étoit des plus coupables, mais envers Mr le cardinal, pour avoir refusé ses bienfaits, il fut résolu d'en faire un exemple. Fontrailles en ayant eu le vent, s'adresse à Monseigneur et le supplie de détourner l'orage qui le menace, et Son

1. Louis-Charles-Gaston de Nogaret, de la Valette et de Foix, duc de Candale, fils de Bernard de Nogaret, de la Valette et de Foix, duc d'Épernon, et de Gabrielle-Angélique légitimée de France, né le 14 avril 1627, mort le 28 janvier 1658.

2. Louis de Cossé, depuis duc de Brissac, fils de François de Cossé, duc de Brissac, et de Guyonne Ruellan, mourut en 1661, à l'âge de trente-cinq ans.

3. Charles de Bourdeille, comte de Mastas, fils de Claude de Bourdeille, baron de Mastas, et de Marguerite du Breuil, mort le 14 juillet 1674.

4. M. Monmerqué a dans le Ms. de Paris (fol. 210 v°) mis au-dessus du mot *passèrent* le mot : *allèrent*.

Altesse royale le luy promet; mesme il le mène, le matin, au Palais Royal dans son carrosse, et chez M^r le cardinal. Son Éminence le prend et luy remontre qu'il a fait une faute insigne, que tout Paris en est offensé, que la Reyne en est blessée, et que le mépris de la justice, bruslant l'échelle du Temple, va droit au Roy, et par conséquent mérite un chastiment exemplaire. Peut-estre s'attendoit-il que Mr de Fontrailles tremblant imploreroit sa toute-puissance, mais il arriva le contraire : il luy dit seulement que c'étoit une affaire plutost du parlement que de la Reyne, et que cette action étant si noire qu'on la faisoit, il l'en falloit laisser informer; ce qui piqua M^r le cardinal à tel point que le lendemain il fut mis à la Bastille, quoique Monseigneur luy eut promis qu'il accommoderoit la chose.

L'on trouva fort à dire dans le monde que Son Altesse royale ne l'eust pas sauvé, puisqu'on le croyoit à luy, ou ne l'eust pas fait avertir de se retirer; mesme ses ennemis voulurent qu'il l'eust renié et désavoué pour son serviteur. Force gens crurent que Mr de la Rivière trempoit dans son infortune, à cause que Fontrailles étoit son ennemi déclaré et n'avoit jamais pu estre persuadé de se rajuster avec luy; mais constamment il n'en savoit rien, et Son Altesse royale luy en dit la première nouvelle; peut-estre aussi que prévoyant qu'on s'attaqueroit plutost à Fontrailles, comme promoteur de la débauche que la Reyne vouloit détruire, il avoit fermé les yeux; enfin il parut clairement qu'il entroit en cette occasion plus que de l'échelle du Temple, car ce gentilhomme, étant à la Bastille, fut enfermé à quatre serrures, et n'eut pas la

ANNÉE 1647. 239

liberté de voir aucun de ses amis; mesme le bruit courut qu'on le méneroit à Sedan. Il ne l'a pas pardonné à M' le cardinal Mazarin.

La Reyne alors méditoit un voyage à Fontainebleau, et les édits qu'elle vouloit faire passer au parlement le retardoient. Pour pressentir l'air du bureau, elle fit venir leurs députés au Palais Royal, et leur déclara sa volonté. Depuis ils eurent une conférence avec M' le cardinal et les ministres, où M' d'Hemery, nouveau surintendant, leur proposa beaucoup d'édits, avec grand apparat de belles paroles, et la nécessité de faire de l'argent promptement, afin de soutenir avec gloire le faix de tant d'affaires dedans et dehors le royaume[1]. Ces messieurs les députés s'en chargèrent et les présentèrent à leur compagnie, qui passa les uns et refusa les autres, particulièrement celuy du tarif : il est vray que pendant la délibération le peuple murmura extrêmement, et donna sur les présidents au mortier, comme étant esclaves de la cour et dévoués tout à fait au ministère; ils furent fort maltraités par cette canaille qui s'étoit assemblée en grand nombre au Palais, et qui perdit tout respect en cette rencontre.

Sa Majesté eut encore un embarras qui l'arresta à Paris, quelque passion qu'elle eust d'en sortir. Le petit Monsieur tomba malade d'une fièvre fascheuse qui le mit très bas[2]; néanmoins avec les remèdes et le

1. Cette conférence eut lieu le samedi 31 août 1647, entre trois et quatre heures, dans la galerie de la Reine, au Palais-Royal. — Comparez sur cette conférence le récit de Mme de Motteville (p. 364) et celui d'Omer Talon (*Mémoires*, t. IV, p. 166 et suiv.).

2. *Le petit Monsieur*, c'est Philippe de France, duc d'Anjou et depuis d'Orléans, « qui eut alors, dit Monglat, une dyssenterie qui

régime il commença de se ravoir, et la Reyne ne le voyant pas assez fort, le laissa convalescent et partit. Mais d'autre costé le Roy l'embarrassa un peu, car l'on s'aperçut qu'il devenoit fort sévère; il fit une réprimande aigre à M. le grand chambellan[1] de ce qu'il venoit trop tard à son lever; il gourmanda son premier gentilhomme de la chambre et d'un ton à faire connoistre qu'il étoit roy et le croyoit bien; enfin l'on crut à propos d'aller au devant de cette humeur et de cette hauteur. La Reyne le menaça du fouet, s'il continuoit, et M. le cardinal dit en riant qu'elle feroit aussi fouetter M. le maréchal de Villeroy s'il ne faisoit son devoir en cette importante occasion; il répliqua, comme un bon courtisan, que le plus grand chastiment qu'il put recevoir jamais seroit la mauvaise satisfaction de Sa Majesté et de Son Éminence.

En ce temps là, M. de la Rivière se servoit de M. d'Elbeuf, auprès de Monseigneur, pour luy faire trouver bon qu'il poursuivist le chapeau de cardinal, et l'on disoit qu'il y avoit là dessous quelque matte[2], car constamment il avoit promis au cardinal qu'il n'y songeroit point, et l'Éminence ne le vouloit point en ce poste, mesme il luy donnoit toujours quelque botte, et l'on remarqua l'aversion qu'il avoit à l'élever davantage à ces bagatelles cy, qui ne laissent pas de décou-

---

dégénéra en une espèce de flux hépathique duquel il fut en grand péril. »

1. Louis de Lorraine-Guise, duc de Joyeuse.

2. *Matte* est une expression de marine qui désigne, d'après Littré, la qualité d'un fond de mer inégal et où l'on trouve des herbages entrelacés. « Il y avoit là dessous quelque matte » voudrait dire, dans ce sens, qu'il y avait bien des embarras.

vrir le fond de l'âme : ayant été voir Mme de Chavigny[1] avant que de partir pour Fontainebleau, et parlant avec elle de Fontrailles, qui avoit refusé son amitié à cause de l'attache qu'il avoit à Monseigneur, il luy dit : « Cependant, Madame, il étoit assez insolent pour morguer son favori! » Depuis, à Petit Bourg où il coucha, afin de se rendre le lendemain de meilleure heure à Fontainebleau, Mr de la Rivière luy montrant un appartement très beau et très bien meublé, et luy disant qu'il le trouvoit petit et qu'il l'agrandiroit, il luy répliqua d'un visage sérieux : « Voilà assez de dépense. » Enfin il ne pouvoit souffrir qu'il gourmandast les gens à l'armée, luy semblant qu'il faisoit déjà le maistre et le patron à son préjudice.

La Reyne ne vouloit point que Madame suivit Monseigneur à Fontainebleau, de peur qu'elle ne la contraignist trop; elle disoit qu'elle luy mèneroit des fascheuses, Mme de Guise et Mme d'Elbeuf; et comme elle la fut voir partir du Palais Royal, elle ne se put empescher de luy donner un coup de dent, luy disant : « Monsieur est cause que nous vous aurons cette année; » elle luy faisoit entendre que sans l'amour de Son Altesse royale pour une de ses filles, il ne se seroit pas soucié de l'amener.

Mais à la fin du mois le petit Monsieur retomba, et il luy prit un flux de ventre si violent que l'on douta de sa vie. La Reyne, apprenant l'extrémité où il étoit, revint aussitost[2] et cet enfant témoigna beaucoup de conten-

1. Anne Phelipeaux, fille de Jean Phelipeaux, seigneur de Villesavin, et d'Isabelle Blondeau, avait épousé, en 1627, Léon Bouthillier, comte de Chavigny.
2. La reine revint de Fontainebleau le 29 septembre et resta à Paris près de son fils jusqu'au 2 octobre.

tement de la voir; le trouvant mieux elle eut impatience de retourner, et en effet elle l'eust quitté dès le lendemain, s'il ne l'eust conjurée de luy donner un jour qu'elle luy accorda.

Comme la cour se réjouissoit en ce beau lieu, notre armée de Flandre assiégeoit Lens, petite place et foible, mais qui nous incommodoit beaucoup, tellement que les ennemis y avoient jeté leurs meilleures troupes et en bon nombre; aussi se défendirent-elles très bien, et après avoir gardé toutes les formes, se voyant pressées, elles demandèrent une capitulation honorable qu'on leur refusa; M[r] le maréchal les vouloit avoir à discrétion. Là dessus l'assaut se donne, et Mr de Gassion y faisant des merveilles à son ordinaire, reçut une arquebusade à la teste dont il mourut bientost après[1]. Ce fut une perte extrême pour la France que ce grand homme de guerre, déterminé soldat, excellent capitaine, habile au conseil, intelligent, conservant toujours le jugement dans le péril, accrédité parmi les soldats qui ne croyoient point pouvoir estre battus quand ils l'avoient à leur teste; enfin ils en firent tous grand deuil, et la cour se réjouit de sa mort à cause qu'il avoit trop d'estime, qu'il étoit trop grand huguenot et que Son Éminence le disoit incompatible. L'on a cru qu'il étoit entré en ombrage de l'intelligence étroite qu'il conservoit avec la Hollande, ayant halené[2] un certain traité par lequel il devoit commander leurs armes, la paix se faisant; ils le prenoient en leur protection contre tous, comme il promettoit de les servir

---

1. Le maréchal de Gassion, blessé le 28 septembre, mourut le 2 octobre 1647.

2. Ayant eu vent d'un certain traité.

contre tous sans exception. Ainsi l'on doutoit[1] avec raison qu'il se fust engagé à leur livrer Courtray, ou qu'il songeast à s'y maintenir et de s'en faire souverain par leur appuy. Il est vray qu'il avoit accommodé cette place à merveille, qu'il y tenoit une puissante garnison, et que jamais il n'avoit voulu, quelque ordre qu'il reçut de la cour, en rien sortir pour fortifier l'armée, quelque foible qu'elle fut. Enfin il s'étoit peu soucié du ministère, cette campagne, et j'appris, étant en Flandre, où il commandoit sous Monseigneur, qu'un jour ayant reçu une longue lettre de Son Éminence, il sourioit à chaque ligne qu'il lisoit, et qu'en achevant il s'emporta de rire et dit à ceux qui étoient près de luy : « Morbleu ! que de fadaises ! » Ce qui ayant été reporté à l'intéressé, il la luy avoit gardée bonne, jusques là qu'un homme de la cour ayant un jour en sa présence donné sur M' de Rantzau de ce qu'il s'enivroit si souvent, le cardinal repartit aussitost que s'il étoit ivre quelquefois, le maréchal de Gassion l'étoit toujours par son extravagance. Ses amis disoient en le défendant qu'il luy étoit insupportable que, sachant mieux la guerre et la Flandre que qui que ce fust, on luy envoyast continuellement des ordres d'entreprendre des choses contre le bon sens et les maximes du métier, et qu'on rebutast et méprisast ce qu'il proposoit, qui étoit aisé et avantageux ; ils alléguoient pour un ridicule dessein le siége de Nieuport qu'on vouloit qu'il fist, et les ennemis y tenoient quatre mille hommes, l'avoient fortifiée tout l'hiver, et il falloit des vaisseaux pour tenir la mer, que nous n'avions point, les Hollandois ne nous voulant point du tout en ce poste.

1. *L'on doutoit*, c'est-à-dire : l'on soupçonnoit.

Mr de Palluau eut Courtray, et le cardinal témoigna par là qu'il avoit en pensée de l'élever et le traiter comme son ami et un intrinsèque.

Lens nous ravit encore un excellent homme, le comte de la Feuillade, lequel ayant été blessé d'une mousquetade à la teste, qu'il ne croyoit rien, il le fallut pourtant trépaner, et la fièvre que luy causa l'opération l'emporta. Gentilhomme certes des plus accomplis de ce royaume, brave, ambitieux de la bonne ambition, sage, habile courtisan, agréable en conversation, spirituel, magnifique sans prodigalité, civil sans s'abaisser, hautain sans s'en faire accroire, et avec toutes les autres bonnes qualités que l'on peut désirer en un homme de grande naissance, comme il étoit; enfin je n'en saurois tant dire de bien qu'il y en avoit, et je confesse que j'étois son admirateur parce que m'honorant de son amitié, il se communiquoit à moy plus qu'à un autre, et je luy voyois l'âme si belle et tant de cœur et de conduite que j'attendois de luy des choses à opposer aux plus belles de l'antiquité. Mr de la Rivière, qui le disoit du nombre de ses amis, le regretta fort en public, et fit la cérémonie; chacun savoit néanmoins qu'il avoit perdu le plus dangereux ennemy de sa faveur, pour lequel il conservoit la dernière jalousie, Mr de la Feuillade étant la véritable inclination de Monseigneur.

Le séjour que l'on fit à Lens, tant à l'attaque qu'après la prise, donna lieu aux ennemis d'assiéger Dixmude, dont ils recevoient la mesme incommodité que nous de celle-cy, parce qu'elle désesperoit ceux d'Ypre et de Nieuport. Clanleu en étoit gouverneur, et la rendit après quinze jours de tranchée ouverte, avec la composition qu'il voulut. Il n'est pas croyable le déplaisir que témoigna la cour de cette perte : l'on donna sur le pauvre gouverneur; on le blasma de ce qu'il ne s'étoit pas laissé forcer, car Mr de Rantzau sur le premier avis du siége avoit eu ordre de le secourir et en effet y avoit marché en diligence. Certes il y arriva plus qu'à temps, et fit les signaux, auxquels il ne fut pas répondu, la capitulation étant signée, dont les nostres eurent le dernier regret, dans la créance où ils étoient de la sauver, mesme de faire ensuite quelque chose de beau. C'est comme les ennemis en parlèrent eux-mesmes, ajoutant que Dixmude ne s'étoit pas si bien défendue que Landrecy, quoique la garnison fut deux fois plus forte et que nous y eussions nos meilleures troupes. Les amis de Clanleu repartoient que Mr de Rantzau avoit voulu qu'elle fust prise, car outre quelque démeslé qu'il y avoit eu entre luy et Clanleu pour des dépendances de leurs gouvernements, elle luy ostoit ses contributions et diminuoit le revenu de Dunkerque. Quoi qu'il en soit, l'on se révolta de sorte à la cour contre Mr de Clanleu que le ministère le fit arrester à Amiens, et mettre dans la citadelle; l'on parla mesme de le livrer au conseil de guerre et d'en faire un exemple.

Pendant le siége de Dixmude, Mr le cardinal envoya un plaisant ordre en Flandre, et qui confirma ce que le feu maréchal de Gassion disoit de luy, qu'il leur débitoit des fadaises. Il commandoit aux gouverneurs d'Arras, de Bapaume, de Béthune et de la Bassée de mettre ensemble ce qu'ils pourroient de gens, leurs places garnies, et de commencer le siége de Douay, afin de faire diversion et de retirer l'armée ennemie de devant Dixmude. Cependant il falloit au moins vingt mille hommes pour une telle entreprise, et ils n'en pouvoient fournir douze cents, ce qui les dispensa d'obéir, et ils s'en excusèrent à Son Éminence ; et d'autant que c'étoient tous gens sages et qui avoient affaire du premier ministre, ils se contentèrent de se réjouir entre eux d'un si beau dessein et d'un si merveilleux ordre, et tinrent le cas secret, de peur qu'il ne passast à l'archiduc et aux Espagnols, qui ne l'auroient point pardonné à notre pilote.

C'est ainsi que le commun Mars partageoit ses faveurs en Flandre aux deux partis, n'ayant presque pas donné d'avantage aux uns ni aux autres ; et la cour en ce mesme temps goustoit tous les plaisirs de la saison à Fontainebleau. Elle y régala le prince de Galles[1] et le landgrave[2] ; elle les divertit à la chasse, à la comédie, au bal, enfin toute sorte de musique et de ragouts exquis.

Mais un soir que deux gentilshommes de la manche du Roy s'entretenoient de la fortune de ce landgrave, l'un dit qu'il s'en alloit en son pays et qu'il y seroit fort heureux parce qu'il étoit en âge de prendre possession de son état et d'estre le maistre ; le Roy qui les écoutoit ne manqua pas de remarquer et bien retenir qu'on étoit heureux quand on étoit le maistre, tellement qu'il demanda le soir à la Reyne quand il seroit en âge de gouverner son état, parce qu'il faisoit bon estre le maistre. Ce propos la surprit, comme vous pouvez penser, et l'ayant fort tourné pour savoir qui

1. Depuis Charles II, roi d'Angleterre.
2. Wilhelm VI, landgrave de Hesse-Cassel, fils de Wilhelm V, landgrave de Hesse-Cassel, et d'Amélie-Élisabeth de Hanau, né en 1629, mort en 1663.

luy avoit appris ce qu'il disoit, il conta comme le tout s'étoit passé et sauva ainsi ses gentilshommes, à cause que pour peu qu'on eust soupçonné qu'ils eussent parlé de dessein, on les auroit bien empeschés de recommencer.

Mʳ le Prince s'étant tenu coi depuis son malheur et la levée du siége de Lérida, ou pour s'exprimer comme faisoient ses favoris, « depuis que son grand dada avoit bronché devant Lérida, » attaqua une petite place qui incommodoit les Catalans, et les pouvoit beaucoup accommoder leur ouvrant une porte de l'Aragon. Il les voulut un peu consoler dans la consternation où ils étoient, et en effet il prit d'assaut la pauvre villote d'Ager[1] qui fut pillée, et en mesme temps fit marcher ses gens droit aux ennemis, lesquels se prévalant de ce qu'il s'étoit rabattu de ce costé et le croyant attaché là, avoient assiégé Constantin, petit fort près de Tarragone[2]. Ils se retirèrent à l'approche des siens, et luy, ne voyant pas qu'avec si peu de forces qu'il avoit il pust rien entreprendre de beau, partit et prit le chemin de France. A peine fut-il sur la frontière que les Espagnols s'étant assemblés promptement passèrent la Sègre, sous la conduite du marquis d'Aytone, et attaquèrent Balaguier, dont étant averty, il revint sur ses pas, et ramassant ce qu'il put de cavalerie, il la joignit à son infanterie et avança aux ennemis en dessein de les combattre ; mais sur l'avis qu'ils en eurent, ils regagnèrent Lérida avec assez de précipitation ; néanmoins ils payèrent des paresseux

1. Ager fut pris le 9 octobre 1647.
2. Constantin fut assiégé le 22 octobre.

et des mal montés, et coururent fortune de perdre toute leur arrière-garde. La fortune se raccommoda ainsi avec Mʳ le Prince, après la niche qu'elle luy avoit faite, et obligea les Espagnols de témoigner qu'ils avoient plus de cœur en son absence, et ne craignoient pas moins son courage que sa conduite. Après cela il passa en France[1], et laissa le maréchal de Gramont dans le pays pour commander en sa place, lequel devoit estre relevé bientost par le cardinal d'Aix, ou de Sainte Cécile, nouvellement honoré de cette dignité[2].

Dès que Mʳ de la Rivière le vit revestu de cette pourpre, il pensa qu'il n'y avoit plus d'obstacle pour luy, ou qu'il n'y en devoit plus avoir, et la poursuivit plus chaudement que jamais, quoiqu'il se fust engagé de n'y pas prétendre. Il en importuna Son Éminence qui ne répondant pas à son gré, et luy faisant reproche de ce qu'il avoit oublié leurs conventions, ils se mirent mal et il parut grande froideur entre eux. L'on disoit que Mʳ d'Elbeuf ayant fait trouver bon à Son Altesse royale qu'il y pensast, Elle avoit promis de l'aider, quoique jusques là Elle n'eut pas trop songé à élever ce favory. Il est certain qu'il pouvoit estre alors en meilleure humeur qu'auparavant, puisqu'on luy venoit offrir des couronnes jusques dans son palais; car le roy de Portugal fit proposer le mariage de Mademoiselle avec son fils aisné D. Théodose[3], moyennant quoy il feroit Monseigneur roy de

1. M. le Prince revint à Paris le 27 novembre 1647.

2. Le cardinal d'Aix était le frère de Mazarin qui venait enfin d'obtenir le chapeau de cardinal et portait le titre de Sainte-Cécile.

3. Don Théodose, prince de Portugal, duc de Bragance, fils de

Portugal présentement, qui promettroit aussi qu'après sa mort, D. Théodose et Mademoiselle monteroient sur le trosne, ou les enfants qui en naistroient. L'autre couronne fut celle de Naples que les peuples du pays luy présentoient pourvu qu'on les protégeast contre l'Espagne, et il les refusa toutes deux, persuadé qu'un duc d'Orléans en France n'étoit pas moins grand seigneur qu'un roy à Naples ou à Lisbonne, dont la couronne est contestée.

Mais disons icy que les Napolitains s'étant attiré la dernière indignation des Espagnols par leurs rébellions et leurs extravagances, appréhendoient justement d'estre chastiés, et avec toute la sévérité de Castille. Ils savoient ce qui s'étoit résolu à Madrid, que l'on en feroit un exemple; que D. Jehan d'Autriche étoit en mer avec toutes les galères du roy, son maistre, et leur apportoit la paix ou la guerre : la paix et l'amnistie du passé, s'ils obéissoient, la guerre s'ils persévéroient dans leur félonie. D. Jehan entra dans le port de Naples en grande pompe, et y fut reçu avec toute la magnificence dont l'on se put aviser. Il commande d'abord que l'on mette les armes bas, et le peuple luy rend toute sorte d'obéissance, chacun se retirant chez soy; mais ayant fait faire le ban de porter toutes les armes en un certain lieu, et cassé certains ordres établis durant le désordre, il commença de murmurer et usa ensuite de violence; si bien que D. Jehan se voyant obligé d'employer la force, se saisit des postes plus importants de la ville et songea à s'en rendre maistre. Le peuple, s'étant reconnu et assemblé, attaque cou-

---

Jean IV, roi de Portugal, et de Louise de Guzman, né le 8 février 1634, mort le 15 mai 1653.

rageusement les Espagnols, regagne les postes occupés par eux, et pointant le canon contre les chasteaux et les vaisseaux, ce fut à D. Jehan à gagner ses galères et le largue de la mer, après avoir perdu beaucoup de ses gens et quelques vaisseaux. Ensuite de cela, Naples secoua le joug hautement, se mit en la protection du Roy, et en donna avis à son ambassadeur qui étoit à Rome, enfin députa vers Mr de Guise, lequel voyageoit en Italie et se trouvoit alors assez près, pour le prier d'accepter le commandement de ses armes, ce qu'il fit nonobstant la cruauté de ce peuple enragé, exercée sur le prince de Massa, qu'il égorgea sur un soupçon peut-estre mal fondé.

Au retour de Fontainebleau, le Roy à peine avoit été quinze jours à Paris qu'il tombe malade de la petite vérole ; ce fut, ce me semble, le propre jour de saint Martin[1]. Cet accident surprit et alarma fort le Palais Royal et la Reyne particulièrement qui s'enferma avec luy sans hésiter. Elle le veilla, elle en eut un soin extrême, elle luy témoigna enfin tout l'amour dont un cœur de mère est capable. Il fut saigné d'abord afin de faire sortir la vérole, mais la fièvre augmentant, il fallut réitérer la saignée jusques à la quatrième fois. Les huit et neuvième jour il fut mal, et le 13 et 14 il donna beaucoup d'appréhension ; enfin un cours de ventre arriva et une érésipèle qui le sauvèrent. Un certain astrologue d'Italie avoit écrit à Mr de Brienne que le Roy tomberoit malade l'onzième novembre, que sa maladie le mettroit en danger, mais ne seroit point mortelle.

1. Le jeune roi tomba malade dans les premiers jours de novembre ; ce fut le 11 que la petite vérole se déclara.

Cependant l'on étoit fort alerte dans la cour et dans la ville, où force gens désiroient du changement; quelques uns dirent qu'il falloit faire un régent et oster le pouvoir à la Reyne, qui s'en étoit mal acquittée; le bruit couroit aussi qu'une personne de grande piété avoit dit depuis un an que Dieu chastieroit Sa Majesté en ce qu'elle aimoit le plus, et que s'étant adressée à un homme de la cour de condition, pour en avertir la Reyne, il ne s'étoit point voulu charger de l'avis et avoit répondu qu'il le présenteroit s'il vouloit, et que celuy cy, se contentant d'avoir averty, n'en parla plus. Toutes ces choses mises ensemble épouvantèrent Sa Majesté, et craignant que Monseigneur n'entreprist de luy oster la régence, le Roy mourant, elle manda M^r le Prince en diligence pour s'en appuyer. Il vint en si grande haste que chacun le remarqua[1], et Son Altesse royale en parla à Sa Majesté, disant qu'il avoit piqué[2], comme celuy qui s'étoit figuré un étrange changement à la cour, et en vouloit profiter. Il tint le mesme propos à des gens qui se moquèrent de

1. Madame de Motteville (p. 398) contredit ici l'assertion de Goulas; suivant elle, M. le Prince avait su l'extrémité de la maladie du roi, et malgré plusieurs courriers envoyés par la reine pour le presser de venir, « n'avoit pas voulu hâter son retour, exprès pour ne pas témoigner d'empressement dans un temps où il auroit semblé qu'il fût venu pour partager la puissance avec le duc d'Orléans, dont apparemment il auroit eu la meilleure part. » — Monsieur, s'il faut en croire Monglat (13e campagne), se laissait au contraire saluer, à cette époque, du titre de nouveau régent, et dans un souper chez Frémont, avec M. de la Rivière, on avait même été jusqu'à boire à la santé de Gaston Ier (*Journal d'Olivier d'Ormesson*).
2. En marine on dit : piquer au vent, c'est-à-dire se tenir près du vent. (Littré.)

luy et ne comprenoient point qu'il ne vist pas qu'on ne faisoit ainsi venir le prince que pour le luy opposer et s'en servir contre luy. Mais Sa Majesté désiroit plusieurs cordes à son arc; car outre M^r le Prince, elle s'assura encore de Mr de la Rivière, auquel ils promirent à ce coup le chapeau, moyennant quoy il s'engagea de faire que son maistre laisseroit la régence à Sa Majesté, à pur et à plein, comme la première fois.

Le Roy guéry, la Reyne tomba malade à son tour d'une fièvre de rhume qui passa incontinent. Mais il se fit une intrigue au palais d'Orléans qui embarrassa notre désigné cardinal; Madame et Mademoiselle, en bonne intelligence, donnèrent toutes deux[1] sur luy. Madame habilement sollicitoit Monseigneur de songer à ses affaires et de mettre du bien solide à couvert pour ses enfants, disant qu'il ne possédoit rien au monde que de reversible à la couronne en cas qu'il n'eust point d'enfants masles, et que ses filles demeureroient à la mercy de la cour et des ministres pour leur subsistance, et elle faisoit toucher du doigt qu'il avoit été mal servy de celuy auquel il donnoit toute sa confiance, qui se faisoit tout d'or et le laissoit misérable. Mais Mr de la Rivière, averti de ces propos, s'en prit avec raison à la maréchale d'Ornane[2], laquelle parloit beaucoup à Madame, et effectivement avoit intention de

1. Bien que les deux mots : *toutes deux* soient rayés sur le Ms. de Paris (fol. 214 r°), nous les maintenons, car la rature est de date récente et ne semble pas avoir été faite par l'auteur des mémoires.

2. Marie de Raymond, comtesse de Montlor, fille de Louis de Raymond, marquis de Maubec, comte de Montlor, et de Marie de Maugiron, était veuve de Jean-Baptiste d'Ornano, maréchal de France.

le ruiner par là, ayant proposé au cardinal de luy donner Madame, laquelle deviendroit le milieu entre Monseigneur et luy, et qu'elle, la maréchale d'Ornane, feroit les allées et venues et porteroit les paroles ; mais le cardinal, rusé courtisan, se trouvant bien de La Rivière, et craignant que ces femmes fissent mal, luy sacrifia la maréchale et luy découvrit toute l'intrigue, si bien que notre favory, sachant qu'il seroit bien secondé, éclata contre elle, dit à toute la terre qu'elle l'avoit voulu ruiner, protesta à son maistre qu'elle le veut empaumer et tenir par Madame, à laquelle la cour ne peut prendre confiance, passionnée comme elle est pour Mr de Lorraine et pour sa maison; et Monseigneur, entrant en mauvaise humeur, commanda à Madame de la bannir de chez elle, gardant bienséance pourtant, et luy faisant dire de n'y plus venir ; ce qui fut fait par un homme exprès que l'on envoya chez elle.

La pauvre maréchale se vit abandonnée de tout le monde en cette rencontre, mesme de ses plus proches, et quoiqu'un des fils de M^r d'Elbeuf eust épousé sa nièce[1], à laquelle elle avoit donné son bien, le père ne laissa pas de la pester comme les autres qu'elle croyoit de ses amis; et parce qu'elle avoit parlé d'une récompense pour le Pont Saint-Esprit, gouvernement de son feu mari, Mr de la Frette, que Monseigneur en avoit gratifié à la recommandation de Mr de la Rivière,

1. Anne d'Ornano, comtesse de Montlor, marquise de Maubec, fille d'Henri-François-Alphonse d'Ornano, et de Marguerite de Raymond de Montlor, avait épousé, en 1645, François de Lorraine, fils puîné de Charles de Lorraine, duc d'Elbeuf, et de Catherine-Henriette, légitimée de France.

tonna bien haut, protestant que c'étoit à luy qu'il se falloit adresser, et non pas faire des intrigues et des cabales contre son bienfaiteur et son ami. Quant à M^r d'Elbeuf, il est certain que Mr de la Rivière, voyant que la maison de Guise avoit quitté Monseigneur à son occasion, ne voulut pas que tous les princes de Lorraine s'en détachassent; il regagna celuy-cy, en luy promettant qu'il le feroit sortir de certaines prétentions, et ne cessa de le cageoler jusques à ce qu'il l'eut absolument engagé; mesme il luy dit un jour que Monseigneur luy avoit commandé d'estre son serviteur, et qu'il pouvoit voir par là l'estime qu'il faisoit de sa personne, puisqu'il vouloit que celuy duquel il se confioit luy demandast ses bonnes grâces.

Mais, durant ces embarras de cour, l'on traitoit la paix à Munster avec plus d'ardeur que par le passé, et l'Empereur espéroit de détacher les Suédois d'avec nous. On le disoit ainsi à Paris, et que toute la soldatesque d'Allemagne pourroit fondre sur nos frontières. Néanmoins l'argent qu'on leur fit toucher et la fermeté de leur reyne dans notre alliance rajustèrent tout, et nous rétablismes si bien nos affaires que les ennemis, qui avoient poussé les confédérés, furent poussés à leur tour et laissèrent Mme la landgrave en repos, au pays de laquelle ils avoient fait d'horribles ruines. Elle demeura très constante dans notre party, et quoiqu'on luy bruslast ses villages sous les bastions de sa capitale, elle ne voulut jamais d'accommodement particulier et refusa toute chose. On luy envoya de l'argent, et Mr de Turenne repassa le Rhin, et s'étant joint aux Suédois, ils firent reculer l'armée impériale, et la suivirent chaudement, comme luy donnant la chasse; ce qui nous rendit, et nos alliés, plus difficiles, tellement que Mᵣ de Longueville se résolut de revenir, et en demanda la permission à la Reyne, qu'il obtint aussitost. L'on m'assura alors qu'un homme de très grande considération en France s'étoit expliqué là dessus, en ces termes : qu'il n'y falloit plus penser.

En ces entrefaites, la nouvelle vient à Paris que le pape est malade; et vous pouvez penser que l'on en fut assez réjouy à la cour. Les cardinaux Barberin partirent là dessus, et l'on dit qu'Antoine s'arresteroit dans le Montferrat, sous prétexte d'y commander pour le Roy, jusqu'à ce qu'il fallust entrer au conclave.

Mais la Reyne ne pouvoit souffrir la mauvaise volonté de tous les ordres du royaume qu'elle avoit connue durant la maladie du Roy, et elle étoit extrêmement embarrassée des révoltes qui se faisoient dans les provinces et des mouvements qui menaçoient de guerre civile quand et l'étrangère. Aussi envoya-t-elle promptement en Anjou des compagnies du régiment des gardes pour empescher que le mal n'augmentast et étouffer celuy qui étoit commencé. Elle ne voulut aucun divertissement cette année, soit que le Roy, encore foible et marqué de sa vérole, ne désirast pas d'estre vu en cet état, soit qu'elle fust encore blessée que l'hiver précédent l'on eust tant fait de bruit de la dépense de la comédie, ou enfin que les gens de piété l'eussent persuadée qu'il falloit bannir de la cour les plaisirs qui la corrompent.

Nous eusmes aussi de l'embarras à notre palais d'Orléans, car Mademoiselle demanda son bien à Monseigneur et se plaignit qu'il avoit été mal ménagé; elle ajouta que s'il ne l'en vouloit pas mettre en possession, du moins il commandast qu'elle eust ce qui luy étoit nécessaire. Monseigneur luy donna d'assez bonnes paroles et la remit à une autre fois. Il est vray qu'à deux jours de là, Mr de la Rivière s'en alla chez elle, jeta feu et flamme, protesta que Monseigneur étoit dans la dernière colère, et faisant un gros crime à cette princesse d'une proposition si raisonnable, qu'il appela chimérique, luy tira beaucoup de larmes des yeux. Monseigneur qui n'avoit pas été si fasché, parlant teste à teste avec sa fille, le fut extrêmement dès qu'il eust parlé à son ministre : il s'emporta ; il tonna, et Mr de la Rivière le secondant vouloit qu'il chassast tous ceux qui inspiroient de telles choses à Mademoiselle, c'est à dire ceux qu'il craignoit ou qu'il n'aimoit pas, les accusant d'avoir donné naissance à ce mauvais ménage, ou l'avoir fomenté. Mademoiselle voyant ses emportements et sa violence ne manqua pas de s'en offenser et de s'en plaindre ; elle l'obligea ainsi à désavouer une partie de ce qu'il avoit dit, et protester qu'il n'étoit jamais sorty du respect ; enfin il fallut que le cardinal s'en meslast, et Son Altesse royale perdit toute sa mauvaise humeur dès que Mademoiselle ne luy demanda rien. Mais celle de Mr de la Rivière tomba sur Dallibert, surintendant des finances de Monseigneur, qu'il pouilla jusques à l'excès quoique sa créature, parce qu'il avoit été la cause innocente du vacarme. Le bon fut que le Roy averty de ce désordre trouva mauvais que La Rivière eust eu l'audace de maltraiter sa cousine, et dit des choses là dessus qui passoient son âge ; il est vray qu'il avoua de les avoir ouy dire à la Reyne.

En ce mois de décembre, le chevalier de Roquelaure

fut jugé au parlement et pensa porter la peine de ses impiétés et de ses blasphèmes. Je ne sais si vous vous souviendrez combien l'indulgence de votre compagnie[1] luy fit de tort, car l'on cria contre elle dans la cour, dans la ville et dans toutes les maisons religieuses, de ce qu'elle ne l'avoit point condamné à perdre la vie. L'on passa mesme jusqu'à dire que s'il avoit outragé un conseiller, on l'auroit sévèrement chastié, et que l'injure faite à Dieu n'avoit pas été vengée.

Ce fut comme se passa et finit l'année 1647 ; et je ne finirai pas ce chapitre sans toucher, en passant, les affaires de Naples que les Espagnols perdirent. J'entends qu'ils furent non-seulement chassés de la ville, mais de plusieurs places des environs, que Mr de Guise, commandant les armes des Napolitains, prit afin d'ouvrir le chemin des vivres et tenir ce peuple en la mesme humeur, par la commodité d'avoir toujours la mesme subsistance. Il s'empara d'Averse[2], du costé de terre, qui donnoit communication avec la Calabre, et de certaines petites places vers Salerne, qui assuroient le commerce de la mer ; et si nous l'eussions appuyé de bonne sorte et dans le temps, il auroit fort embarrassé les Espagnols en Italie. J'ay appris depuis, et de bon lieu, qu'un homme d'importance avoit demandé à Mr le cardinal ce qui l'en avoit empesché, et qu'il répondit : « Mr de Guise luy mesme, car avant que d'estre étably, il commençoit à décliner jurisdiction[3]. »

---

1. On se rappelle que les présents mémoires sont adressés à M. Marescot, membre du parlement de Paris.

2. Averse fut prise le 9 décembre 1647.

3. Goulas est très laconique sur la fameuse révolte de Naples à la tête de laquelle le peuple plaça Mas Aniello. Les mémoires

CHAPITRE XLV.

De ce qui se passa et se dit à la cour et en France pendant l'hiver 1648.

Nous allons voir un étrange changement de théâtre et des choses à étonner la postérité, mais aussi à enseigner ceux qui se trouveront en place de ne pas abuser de leur puissance, et ne pas attaquer les honnestes gens, après avoir ruiné les petits [1].

Au mois de janvier, la Reyne mena le Roy au parlement, et le fit accompagner de tous les grands du royaume, mesme de M[r] le cardinal Mazarin [2]. C'étoit pour faire enregistrer force édits et trouver de l'argent ensuite, dont l'on étoit extrêmement épuisé à l'épargne. L'on assure que M[r] le chancelier parla fort mal, aussi la matière étoit-elle odieuse; et Mr Talon fort bien et en bon François. Il dit qu'autrefois les rois venoient au parlement pour résoudre la paix ou la guerre, et n'y entroient que pour des délibérations de

de Monglat, du duc de Guise et du comte de Brienne donnent de complets détails sur ce que Goulas appelle ici « les affaires de Naples »; M. Bazin, dans son *Histoire du ministère de Mazarin*, p. 210-232, les a résumés avec beaucoup de précision.

1. Le Ms. de Vienne (fol. 400 v°) ajoute ici cette phrase : « Un habile homme du siècle passé a dit, parlant de la prison de François Ier, que la fortune du royaume avoit sauvé le Roy; mais ici, nous pouvons dire que la fortune du Roy sauva le royaume, tant les François étoient dévoués à leur perte et forcenés à leur ruine. »

2. Le roi vint au parlement le 15 janvier 1648. On peut consulter sur cette importante séance les *Mémoires* de Molé (t. III, p. 195-199), ceux de Talon, à la date du 15 janvier, et le *Journal d'Ormesson* (t. I, p. 417).

cette nature, et qu'aujourd'huy le Roy y venoit avec bruit, éclat et terreur; qu'autrefois il étoit permis de contredire les rois, de dire librement : « Sire, cela n'est pas juste; » mais qu'aujourd'huy, par un désordre et une illusion dans la politique, l'on y apportoit des édits tout dressés, dont la vérification étoit assurée; que la cour avoit résisté au roy François premier, âgé de trente ans, lorsqu'il vouloit surcharger son peuple, et qu'aujourd'huy l'on ne refusoit rien au Roy pendant sa minorité; que le discours qu'il faut contraindre par les armes nos ennemis à faire la paix, est un discours vain et captieux, parce que les victoires du Roy ne diminuent point la misère de ses peuples réduits au désespoir; que toutes les provinces gémissent sous le poids des impositions, et que l'argent qui en provient va la pluspart à fomenter la débauche et le luxe de quelques particuliers; que tous les sujets du Roy n'ont plus que leurs âmes à eux, et que si elles eussent pu estre mises à l'encan, elles leur auroient été ravies; que les François de tout temps ont cru naistre avec la liberté; qu'ils se sont toujours estimés libres et non pas esclaves; qu'ils pleurent le despotique traitement qu'ils reçoivent, et qu'il y en peut avoir qui maudissent dans leur cœur ce qu'ils sont obligés de respecter au dehors; et, s'adressant à la Reyne : « C'est à Votre Majesté, Madame, à faire réflexion sur ces choses, à se remettre devant les yeux tant de misères, et quand Elle sera dans son cabinet, de considérer que pour entretenir la guerre, il faut tant faire verser de larmes et affliger tant de personnes; faites, Madame, que la bonté et l'humanité puissent estre naturalisées au Louvre, etc. » C'est le précis de la harangue de

Mr Talon[1], laquelle fut fort louée et estimée, et luy encore plus loué et estimé de l'avoir faite et récitée en si bonne compagnie. Certes la multitude et la qualité des édits épouvantèrent tout le monde, mais l'on fut fort étonné à la cour quand l'on sut que le parlement avoit défendu au greffier de les délivrer qu'il n'eust délibéré dessus. Il passa les uns et modéra les autres.

Le Roy avoit créé douze maistres des requestes, trois par quartier, et les anciens d'entre eux en ayant eu l'avis, pas un ne se trouva à la cérémonie; mesme ils présentèrent requeste depuis au parlement, comme étant du corps, et demandèrent sa protection contre les entreprises du conseil, ce qui les fit interdire, comme nous verrons[2].

Mais dans les provinces, l'on n'étoit pas moins opposé à la cour qu'à Paris : à Rennes le parlement ne voulut plus d'intendant de justice dans son ressort; en Provence ils avoient chassé le leur; il y avoit eu du bruit à Angers et à Cognac, et l'on y avoit envoyé des gens de guerre qui, par leurs désordres, mirent bien les bourgeois à la raison, ou hors de la raison. Enfin tous ces mécontentements et toutes ces nouveautés

---

1. Les termes dont se sert ici Goulas pour retracer la harangue de M. Talon ne sont pas exactement les mêmes que ceux qui figurent dans la *Harangue de M. Talon, advocat general, au lit de justice du roy, tenu au parlement, à Paris, le 15 janvier 1648, comme elle a été publiée en Hollande;* mais le sens en est le même.

2. Sur toute cette affaire des maitres des requêtes, « qui devoit être, dit Mme de Motteville (t. II, p. 12 et 13), la cause et le commencement de beaucoup de grands événements, » il faut consulter le *Journal d'Ormesson* (t. I, p. 421 et 422). — On comprend d'ailleurs avec quel mécontentement les anciens maitres des requêtes virent leur compagnie s'augmenter de douze nouveaux membres, avec lesquels il faudrait partager les bénéfices de leurs fonctions.

faisoient craindre une grande révolution dans l'État, et Mʳ le cardinal songea à réunir la maison royale, et faire comme une seule teste des trois premières du royaume.

Cependant les Espagnols étoient aux écoutes et attendoient de la rumeur parmi nous, pour en profiter. Ils ne doutoient presque plus qu'il n'en arrivast, ce qui les obligea de rompre le traité que nous avions avec eux à Munster, et ils espérèrent que nos divisions éclatant, ils sépareroient d'avec nous les Suédois, comme ils en avoient détaché les Hollandois, et que, demeurant seuls, ils en auroient bon marché. Pour avoir prétexte de rompre, ils demandèrent que nous restituassions la Lorraine entière, et ils n'en avoient point parlé l'année précédente. Ils insistèrent de sorte là dessus qu'on promit de rendre l'ancienne Lorraine, démembrée du bailliage d'Allemagne dépendant de la seigneurie d'Alsace que l'Empereur laissoit au Roy, et des terres usurpées sur les éveschés, avec Nancy démantelé. Ils refusèrent nos offres parce qu'ils avoient résolu de rompre, et Mʳ le cardinal que l'on accusoit d'avoir empesché la paix pour ses intérests, désirant que toute l'Europe vist que c'étoient les Espagnols qui n'en vouloient point, envoya ordre à nos plénipotentiaires de faire part au nonce de Sa Sainteté de la négociation, afin qu'il témoignast à Rome et ailleurs qu'il ne tenoit pas aux François, comme l'on avoit tant dit et on le disoit encore. Là dessus Mʳ de Longueville partit de Munster pour revenir en France[1], bien

1. Dubuisson-Aubenay écrit dans son journal, à la date du 8 février 1648 : « On parle du retour de M. de Longueville. » — D'Ormesson, dans son journal, dit, à la date du 15 février, que M. de Longueville est à Calais.

fasché de n'avoir pas achevé le grand ouvrage[1], et de ce que les Hollandois s'étoient séparés d'avec nous; peut-estre appréhendoit-il que la Suède n'en fist autant.

Mais il faut témoigner en cet endroit qu'un des députés de Hollande en usa à merveille (ce fut celuy d'Utrecht ou de Frize), car il ne voulut jamais signer avec les Espagnols, disant toujours qu'il ne le pouvoit sans nouvel ordre de M^{rs} les États, lesquels n'étoient pas pour abandonner ainsi leurs alliés qui avoient leur parole, et que leur intention étoit de la garder et d'agir toujours en cette rencontre de concert avec la France et la Suède.

Cependant notre cour, quoique apparemment en bonne intelligence, ne laissoit pas d'estre divisée par les artifices de M^r le cardinal, qui croyoit de l'intérest de la Reyne et du sien que Monseigneur et M^r le Prince ne fussent pas si bien ensemble. Il avoit promis à ce dernier le commandement de l'armée de Flandre, et Son Altesse royale la vouloit aller commander. Dans cet embarras, il [le cardinal] a recours à Mr de la Rivière, qu'il trouva disposé de le servir à souhait, ayant besoin de luy pour son chapeau. Il représente à son maistre que l'on ne sauroit rien faire cette année, les ennemis étant plus forts que nous; que le parlement d'Angleterre envoye des gens à l'archiduc; que les troupes d'Hollande, pour la pluspart, prennent party avec luy, et que leurs forces étant si grandes, il y peut laisser aller M^r le Prince, lequel indubitablement recevra un affront à quelque place, comme à Lérida; d'ailleurs que Son Altesse royale est lieutenant général du Roy par tout

---

1. *Le grand ouvrage*, c'est-à-dire les négociations qui devaient aboutir plus tard à la paix de Westphalie.

le royaume, et que se trouvant sur la frontière où la cour passeroit l'été, si Mr le Prince réussissoit il auroit part à sa gloire du succès, et s'il faisoit mal il luy en laisseroit toute la honte. Il le persécuta tant qu'il le fit consentir, et aussitost les lieutenants généraux furent nommés, les maréchaux de la Meilleraye et de Gramont. Le maréchal de Rantzau devoit commander un petit corps près de Dunkerque, pour donner jalousie aux ennemis de ce costé et couvrir la place.

Mais l'on débutoit mal si l'on avoit envie de faire quelque chose de bon, car Mr le cardinal avoit fait proposer aux Suisses, à qui l'on devoit beaucoup, de quitter[1] le passé et prendre caution pour l'avenir, espérant que si ceux des gardes abandonnoient, l'on se serviroit des autres pour la garde du Roy, qui ne refuseroient jamais le party; mais ils s'unirent tous et protestèrent que toute la nation romproit avec nous, si l'on ne leur faisoit[2] justice. Ainsi il les fallut contenter, et l'on ne manqua de leur compter de l'argent et donner des paroles, le temps ne comportant pas de nous priver de cette excellente infanterie.

Au sortir de l'embarras des Suisses, les pères jésuites en excitèrent un qui donna matière de beaucoup parler et pester à beaucoup de monde. Ces pères avoient entrepris le père Desmares de l'Oratoire, et l'accusoient d'avoir prêché et de soutenir des erreurs touchant la grâce; luy se défendoit, et prétendoit de montrer que c'étoient leurs théologiens qui enseignoient et preschoient des erreurs[3]; voilà grand bruit

1. De donner quittance pour le passé.
2. Une main étrangère a transformé, sur le Ms. de Paris, le mot *faisoit* en *gardoit*. Le Ms. de Vienne (fol. 402 r°) porte *faisoit*.
3. Goulas raconte ici un des épisodes de la lutte qui existait

de part et d'autre, car ce père Desmares étoit constamment un des plus forts prédicateurs du royaume, et des plus hommes de bien, et j'en rends ce témoignage après le père de Condren, son général, qui en faisoit une estime toute particulière. Il me souvient qu'un jour, me promenant avec luy dans sa chambre, comme nous fusmes auprès de la fenestre, il l'aperçut qui passoit dans la cour, et me dit : « Voyez-vous ce père, ce sera un jour un des meilleurs prédicateurs de Paris, et j'aime plus en luy qu'il aime plus Dieu que sa réputation ; il est né de pauvres parents qui vivent encore ; dès qu'on luy a donné quelque chose, il le leur envoye. » Ce père, dis-je, zélé pour la doctrine de saint Augustin, et faisant ombre aux célèbres de la Société[1], fut entrepris par elle, et comme elle a crédit à la cour, ses émissaires obligèrent la Reyne de l'éloigner, et luy envoyer un exempt des gardes du Roy pour luy faire commandement d'aller à Quimper-Corentin, au fonds de la Bretagne, où l'on ne parle pas françois[2]. Il en eut avis et se cacha. M^r le coadjuteur, qui faisoit grand cas du père Desmares et n'aimoit guères les jésuites, prend l'affirmative pour luy, se plaint que la cour veuille connoistre de la doctrine de l'Église, et chastier les prestres, qui ne sont pas de sa jurisdiction, proteste que les jésuites se meslent de trop de choses et les dit auteurs de cette procédure

---

alors entre les jansénistes et les molinistes. On peut consulter sur cette lutte entre deux sectes religieuses célèbres les *Mémoires de René Rapin;* Racine, *Histoire de Port-Royal;* Varin, *La vérité sur les Arnauld;* Sainte-Beuve, *Histoire de Port-Royal;* etc.

1. De la société de Jésus.
2. « Samedy 8 (février 1648), le P. Desmares, prédicateur insigne, est cherché à Saint-Cloud et dans Paris, par ordre de la reine, pour estre arresté. » *(Journal de Dubuisson-Aubenay.)*

extraordinaire; enfin il les prend à partie; mais Mr l'archevesque, son oncle, intervient et calme les premiers bouillons de sa colère. Néanmoins, voulant passer outre et se souciant peu de se charger de la haine du gouvernement, ou pour mieux parler, étant très aise que l'on sut qu'il se falloit adresser à luy en ces rencontres, la cour s'expliqua et dit qu'elle avoit fait chercher le père Desmares et résolu de l'éloigner pour affaires d'État, ce qui luy ferma la bouche.

Or nonobstant que Mr le cardinal eust rallié la maison royale, et que nos princes parussent extrêmement unis avec la Reyne, comme j'ay dit, l'on ne laissoit pas de se plaindre et de murmurer partout; l'on parloit librement, l'on s'opposoit à tout ce que le ministère témoignoit désirer, l'on faisoit sonner haut les excès des intendants de justice et des finances dans les provinces, les cruautés de leurs fuzeliers[1], les violences et les rapines des partisans[2], le désespoir des peuples; le mécontentement étoit général. Là dessus Mr de Longueville arrive de Munster et dit nettement qu'il ne faut pas songer à la paix qu'après la campagne, et que les Espagnols attendent quelque révolution en France; soit qu'ils vissent qu'il nous étoit impossible de recouvrer de l'argent, et que faisant des violences pour en avoir, tout éclateroit en révolte, ou qu'ils espérassent en l'inconstance de la fortune, qui se lassoit de faire des coups de dé pour nous et tournoit le dos.

---

1. Les *fuseliers,* c'est-à-dire les huissiers, sergents ou recors que les receveurs des tailles envoyaient aux collecteurs de paroisses pour le recouvrement des impôts. (Dictionnaire de Trévoux.)

2. Les *partisans,* c'est-à-dire ceux qui formaient des partis ou sociétés pour la levée de certains impôts.

Ce bruit que la conclusion de la paix est différée augmenta la mauvaise humeur et les murmures, et le peuple recommença ses plaintes et ses pesteries contre le cardinal, qui, disoit-il, avoit rompu le traité pour satisfaire ses passions; et quelques indiscrets de la suite de Mr de Longueville, ou qu'il avoit entretenus à son retour, semèrent dans Paris qu'une fois il avoit été prest de la signer contre ses ordres, et qu'ayant consulté M^r le Prince là dessus, et l'ayant prié de le protéger en cas qu'on luy en fist un crime, il luy avoit mandé de ne se point brouiller à la cour, et que pour luy il vouloit estre toujours bien avec M^r le cardinal, ce qui l'avoit arresté tout court et obligé de suivre l'instruction de Mr Servien. L'on me donna tout cecy pour véritable, et j'ay appris depuis que M^r d'Avaux, après sa disgrâce, étoit résolu de publier un manifeste de son procédé de Munster et de toute la négociation de la paix, et qu'il en fut empesché par ses amis, qui luy remontrèrent qu'infailliblement il se ruineroit et toute sa maison, s'il découvroit le secret du ministère durant ces fâcheuses conjonctures.

Mais M^r le cardinal désirant d'adoucir le monde, particulièrement les honnestes gens de la cour, et prendre réputation d'homme sans fiel et plein de bonté et d'humanité, fit sortir de la Bastille Mr de Fontraille et l'envoya chez luy, en Gascogne, pour quelques mois. Il ne fut pas admis à la présence du Roy et des ministres, et je ne sais s'il n'eut pas ordre de ne rester point à Paris, mais il est certain qu'il demeura sept ou huit jours en une maison près de la ville, où toute la France s'alla réjouir avec luy de sa liberté.

C'étoit au temps que l'on se plaignoit à la cour de la

lenteur du parlement, lequel ayant eu ordre d'examiner les édits, à cause qu'étant criblés par la compagnie, les partisans en offrent plus hardiment de l'argent, ne finissoit pas assez tost au gré du conseil. Quelques uns disoient qu'il sembloit que ces messieurs ignorassent que le Roy pust faire enregistrer de nouveaux édits dans son parlement, durant sa minorité ; et il fut tant fait de bruit là dessus, que le parlement députa afin d'éclaircir la Reyne, au sujet de la longueur que l'on tenoit si criminelle ; et ces députés appuyèrent principalement sur ce que Sa Majesté avoit désiré d'avoir leurs avis en cette rencontre, luy protestant que la compagnie ne révoquoit nullement en doute l'autorité suprême de Sa Majesté royale ; et elle [la Reyne] répondit dans le mesme sens des plaintes qui avoient été faites, que le Roy accompagné de la Reyne sa mère régente, et des princes, pouvoit tout comme s'il étoit majeur. Les princes ensuite parlèrent sur la mesme note, ce qui fut bien remarqué tant des gens du parlement que de ceux de la cour et de la ville, car affectant de témoigner leur union à tout propos et hors de propos, l'on inféra qu'ils craignoient beaucoup, et sans doute cela nuisit plus qu'il ne servit au ministère[1].

Mr de la Rivière, incontinent après, eut une bonne

---

1. Le parlement voulait apporter de telles modifications aux édits qui lui étaient présentés, que la reine crut devoir lui défendre de continuer à prendre connaissance de ces nouveaux édits, avant d'avoir déclaré en forme s'il prétendait donner des bornes à l'autorité du roi. Ce fut le 16 février 1648 que cette défense fut portée au parlement, et ce n'est que le 3 mars que celui-ci, après une très longue contestation, *multis contradicentibus,* ajouta à son arrêt cette formule : *Sous le bon plaisir du Roy.*

abbaye, comme le prix du bon service qu'il avoit rendu, en liant son maistre de la dernière liaison avec la Reyne et avec Son Éminence, et de luy avoir fait trouver bon que Mᵣ le Prince allast commander la grande armée; outre cela Mᵣ le cardinal le leurroit du chapeau, et l'assuroit de la nomination de la France à la première promotion, mesme de luy donner tous ses amis pour travailler à cette affaire efficacement; et il le persuada de telle sorte qu'il se crut déjà cardinal et en reçut les compliments de ses plus familiers, auxquels il témoignoit mesme que cet honneur ne luy pouvoit fuir. Néanmoins la promotion n'étoit pas si preste, n'y ayant aucun chapeau de vacant, et l'on disoit que le pape fort vieux venant à mourir, et le nouveau pape donnant toujours la première promotion à ses créatures, celle des couronnes sembloit extrêmement éloignée, et n'arriver que bien avant dans la majorité; que le crédit et le besoin qu'on en avoit se faisant médiocres, cette élévation regardoit bien autant un autre que luy.

La liaison ou union de la maison royale ayant paru grande en cette grande rencontre, Mᵣ le cardinal crut d'avoir une belle matière à la persuader tout à fait, et convaincre les gens qu'il n'avoit rien à craindre des grands de l'État.

Mᵣ le comte d'Harcourt luy porta la démission du gouvernement de Brest qu'avoit Mᵣ de Pontchasteau, son beau père, que ce bon homme luy mit entre les mains[1] dans l'extrémité de sa maladie, s'ima-

---

1. Les mots *que ce bonhomme luy mit entre les mains,* placés dans l'interligne, remplacent deux mots fortement rayés que nous n'avons pu lire. Cette correction, faite avec une plume plus grosse

ginant qu'on ne luy refuseroit jamais sa place. Il la luy demanda et fit fort valoir ses services et sa grande fidélité en tous les emplois dont il avoit été honoré. La réponse fut qu'à la vérité il avoit très bien servy et qu'il méritoit beaucoup davantage, mais que la Reyne ayant résolu de ne donner aucune place aux princes, durant la minorité du Roy, il le prioit de le dispenser d'en parler, et de croire qu'aucun de son rang ne recevroit de pareilles grâces; ce qui alloit au prince d'Harcourt, son neveu, lequel ayant épousé la fille du comte de Lannoy, gouverneur de Montreuil[1], sembloit ne l'avoir recherchée que dans la vue de cet établissement, pour le joindre au gouvernement de Picardie qui le regardoit. Ainsi M^r le cardinal, appuyé à merveille, fermoit hardiment la porte aux importunités de cette nature, et se mettoit peu en peine si les gens sortoient d'avec luy contents ou mécontents[2].

L'on étoit à la fin de mars et il falloit songer aux préparatifs pour la campagne. L'on fit donc partir les deux lieutenants généraux de l'armée de Flandre.

---

et une encre plus noire que le reste du manuscrit, nous paraît cependant être de la main de Goulas.

1. Charles de Lorraine, comte d'Harcourt, et depuis duc d'Elbeuf, fils de Charles de Lorraine, duc d'Elbeuf, et de Catherine-Henriette, légitimée de France, avait épousé, le 7 mars 1648, Anne-Élisabeth, comtesse de Lannoy, veuve du comte de la Rocheguyon, et fille du comte de Lannoy et d'Anne d'Aumont.

2. Pour montrer de quelle nature sont, en général, les variantes qu'il faudrait relever en collationnant le manuscrit de Paris avec celui de Vienne, nous rapportons cette dernière phrase telle qu'elle est écrite dans le Ms. de Vienne (fol. 402 v°) : « Ainsi le cardinal, appuyé de tous costés, fermoit hardiment la porte aux requêtes et aux prétentions de cette nature, et rebutoit les demandeurs. »

Mʳ le maréchal de Gramont s'en alla à Marle¹ amasser son corps, et Mʳ le maréchal de la Meilleraye à Arras, en dessein, disoient quelques-uns, de se jeter dans Béthune que les ennemis menaçoient, d'autres pour assembler les troupes qui luy étoient destinées. Mʳ le Prince faisoit état de se rendre à Laon, vers Pasques, et que son armée, étant ensemble, monteroit à trente mille hommes ; il protesta hautement qu'il ne marchanderoit point l'archiduc et qu'il le combattroit s'il en vouloit venir à un combat général, ou s'il le rencontroit en beau début.

Mais les événements étranges et tout à fait surprenants de l'Angleterre méritent bien que nous nous y arrestions un peu, et que nous en disions quelque chose, le Roy étant tombé au plus déplorable état où la fortune puisse réduire un si grand prince. Je ne sais si j'ay dit comment ses peuples l'avoient poussé et comment son parlement armé le poursuivoit à outrance. Il s'étoit sauvé en l'isle de Wigt, et pour parler plus véritablement il ne se sauva pas ; au contraire le capitaine qui y commandoit, entre les bras duquel il s'étoit jeté, l'arresta et le mit prisonnier dans son chasteau. Le peuple de l'isle, offensé de cette perfidie, s'émut en sa faveur, prit les armes et s'efforça de le tirer de cette misère ; mais manquant de tout, hors de bonne volonté, il luy fallut recevoir la loy du plus fort qui étoit le gouverneur, lequel fit prendre et chastier celuy qu'il crut chef de l'émotion ; et par une cruauté plus que barbare, osta tous les serviteurs du prince

---

1. Marle, village du canton de Houdain, arrondissement de Béthune, département du Pas-de-Calais.

d'auprès de sa personne, jusques aux plus nécessaires et à ses aumosniers. Le parlement, ayant eu avis de ce qui s'étoit passé, déclara traistres tous ceux qui seroient si osés que de communiquer avec le roy sans son ordre, et, levant le masque, travailla à son procès : chose inouie que des sujets portent l'insolence et la tyrannie si loin. Ils l'accusèrent d'avoir fait mourir son père pour régner, de n'avoir pas secouru la Rochelle, d'avoir violé leurs lois, etc.; enfin la rigueur qu'ils exercèrent fut telle que le parlement d'Écosse la condamna, et ces deux compagnies qui agissoient de concert se virent sur le point de rompre ; il est vray que le parlement d'Angleterre ne pouvoit digérer que l'autre se fut accommodé avec les catholiques d'Irlande, et semblast favoriser ceux pour lesquels il avoit une horrible aversion. Il craignoit d'ailleurs que toute l'Écosse, se joignant avec l'Irlande, et ces deux royaumes ralliant leurs partisans[1], ils ne leur dressassent une assez forte partie pour les mettre enfin à la raison; si bien que leur général, Fairfax, fut envoyé promptement avec l'armée sur la frontière d'Écosse, arrester une nuée d'Écossois qui menaçoient d'entrer en Angleterre : car des trois cabales qui étoient en ce royaume, deux tenoient hautement pour le roy, savoir celles du duc d'Hamilton et du comte Calender[2], et l'autre branloit et ne savoit à quoy se résoudre.

Quant à Naples, Mʳ de Guise en avoit été déclaré

1. Il y avait primitivement, et on peut le lire encore sous les ratures : « ralliant tout ce que le roy avoit de partisans parmi eux. »

2. Thomas Fairfax, général de l'armée parlementaire, vainqueur à Naseby. — Jacques, premier duc d'Hamilton. — Sans doute Édouard Hyde, comte de Clarendon.

duc avec beaucoup de cérémonie, et la première chose qu'il fit après ruina sa principauté et sa créance, car il déposa Gennaro Annese[1], chef du peuple, lequel avoit extrêmement contribué à son élévation. On luy conseilla d'en user de la sorte, parce que celuy-cy étant odieux à tous les gens de qualité, il n'y avoit pas moyen de les réunir avec le peuple, tandis que leur ennemi le conduiroit et en seroit le chef. Ils ne s'y pouvoient fier, ils l'avoient en horreur, ils le tenoient et le qualifioient leur tyran et leur bourreau. Mais comme Annese se vit décrédité et poussé, il fit parler aux Espagnols qui furent ravis de l'avoir pour eux, prétendant bien, avec cet homme adoré de la canaille, renverser incontinent la prétendue souveraineté de Mr de Guise. L'on fit grand bruit à Paris d'un combat devant Naples entre nos galères et nos vaisseaux, et l'armée navale d'Espagne, et l'on dit que nous avions obtenu une illustre victoire; mais ce fut une victoire imaginaire, étant certain qu'il n'y eut que quelques canonnades et mousquetades tirées de part et d'autre, et que nous fusmes obligés de nous retirer. Cette montre pourtant de notre puissance sur ces mers causa du bien à Mr de Guise, ses partisans concevant beaucoup d'espérance qu'il seroit secouru dès que le temps se rendroit propre à la navigation et à la marche des galères.

Vous allez rire, sans doute, de la surprise qu'eut la Reyne et tout le conseil d'une chose qu'on ne sauroit assez admirer. Mr de Guise luy écrivit et à M^r le cardinal, premier ministre, et ses lettres étoient datées

---

[1]. Gennaro ou Janvier Annèse fut, après Thomas Aniello, un des chefs du peuple napolitain.

du 23 février : ne croyez-vous pas qu'il demande du secours et prie que l'on soutienne sa nouvelle couronne par intérêt d'État, etc.? Ce n'est rien de cela, il conjure Sa Majesté et le directeur des affaires de France d'avoir soin de sa maistresse, et la mieux traiter que par le passé[1] : voilà tout. Et pour achever son histoire, Gennaro Annese, lié avec les Espagnols, comme j'ay dit, convint avec eux qu'ils feroient en sorte que Mr de Guise sortit la ville, luy en présentant l'occasion, et qu'en son absence leurs partisans et ses amis, qui étoient en grand nombre, prendroient les armes, crieroient : Vive l'Espagne! et se saisiroient d'un poste où ils recevroient D. Juan et ses soldats. Aussitost D. Juan envoye des troupes vers Nisida[2], petit port où notre armée navale pour le secours devoit descendre, et par conséquent de la dernière importance aux Napolitains; fait répandre le bruit qu'il est attaqué, et l'alarme est grande dans la ville; ils se mettent en devoir d'y aller, et le duc de Naples, toujours brave, se met à la teste de ses braves et sort, mais il n'est guère éloigné que les Espagnols se présentant à la porte gardée par les amis d'Annese, ils y sont reçus et vont droit au tourion[3] des Carmes, où étoit Annese; qui le remet à D. Juan, tellement que le *Vive Espagne*

1. Au mois de janvier 1648, la reine avait cru devoir faire enfermer dans un couvent la jeune fille pour laquelle le duc de Guise était allé en Italie conquérir une couronne. Suzanne de Pons, fille de Jean-Jacques de Pons, était *gloutonne de plaisirs*, dit Mme de Motteville, et c'est pour entraver ce penchant que la reine, dont elle avait été une des filles d'honneur, lui ordonna de se retirer au couvent des filles de Sainte-Marie.
2. Goulas écrit *Nizzite*. Nisida est située près de la côte de Pouzzoles.
3. *Au tourion*, c'est-à-dire à la petite tour.

résonnant partout, ils ne trouvèrent aucune résistance nulle part, et Annese fit jurer à D. Juan, dans l'église de ces pères, le traité qu'il avoit fait avec luy, et sortant accompagné des plus considérables de ses amis et des Espagnols, pesle-mesle, ils donnèrent à la maison de Mʳ le duc et la pillèrent; les François qui y étoient furent mis aux fers et les prisonniers de la famille Doria eurent liberté et se soûlèrent de vengeance[1].

Mʳ de Guise ne demeura pas bien longtemps sans avoir avis de ce malheur, et considérant que la ville étoit perdue pour luy, sa souveraineté en fumée, et que ceux dont il étoit suivi n'hésiteroient pas à l'abandonner au plus tost, prit le parti de gagner l'État ecclésiastique; mais, passant une rivière près de Capoue, il fut aresté sur le pont. Il n'est pas étrange qu'on l'eust fait attendre à cet endroit, puisque c'étoit le seul par où il se pouvoit retirer. Et certes les Espagnols en usèrent le mieux du monde : ils luy permirent d'écrire en France; ils le laissèrent dans Capoue, sans autre garde que trois soldats qui l'accompagnoient toujours; ils luy offrirent de l'argent; ils l'accommodèrent de toute chose; enfin ils crurent qu'il étoit assez chastié par son malheur. Ses amis nous disoient qu'il n'y avoit pas de sa faute; qu'il avoit bien pris ses mesures; qu'il avoit payé de cœur et de teste en toute rencontre; qu'il avoit gagné les volontés du peuple de Naples à tel point que, s'il ne fut pas sorti la ville, jamais Annese n'eut fait réussir sa trahison, et que, si on l'avoit secouru à temps, il auroit enlevé à l'Espagne ce bel état; que nous n'avions pas écouté le gouverneur

---

1. La prise de possession de Naples par les Espagnols eut lieu le 6 avril 1648.

du *Castel dell' ovo*, qui vouloit se donner à la France; qu'il sembloit que la cour eust craint que Mʳ de Guise ne s'établist; qu'elle s'étoit toujours plainte de luy; que l'armée navale avoit ordre exprès de ne rien entreprendre dans l'état de Naples, et que si Mʳ de Guise eust mis le pied dans quelqu'un de nos vaisseaux, ceux qui avoient le secret l'auroient mené à Marseille; soit que la Reyne et Mʳ le cardinal ne voulussent pas oster ce grand royaume à l'Espagne, soit que le traité étant presque fait, ils jugeassent cecy un grand obstacle à sa conclusion, ou que jetant la guerre aux deux extrémités de l'Italie, ils appréhendassent de se rendre ennemis tous les princes. Sans doute la paix de l'Empire s'avançoit fort, et apparemment l'Empereur ne devoit pas nous y comprendre que nous ne fussions accommodés avec l'Espagne; et il n'étoit pas de l'habileté de conclure avec l'Empereur, sans estre assurés des Espagnols; car qui garantiroit que la paix faite, et nos alliés ayant désarmé, l'Empereur ne les assistast contre nous comme il a fait depuis? Enfin Mʳ le cardinal, ayant laissé seul en Allemagne Mʳ Servien, sa créature, après l'avoir fait ministre d'État, l'on présumoit qu'il avoit envie de la paix, et d'en tirer ses avantages, sans que personne en pust avoir connoissance : il y avoit donc lieu de croire avec raison que Mʳ de Guise avoit été abandonné et que sa disgrâce étoit plus agréable qu'ennuyeuse à la cour[1].

Le bruit étoit en ce temps là que le Roy iroit à Com-

1. On peut consulter, sur l'expédition du duc de Guise à Naples, les *Lettres et Instructions diplomatiques de la cour de France* (1647-1648), publiées par MM. Loiseleur et Baguenault de Puchesse; Paris, 1875.

piègne, et que si Monseigneur l'y accompagnoit, il n'y demeureroit que trois ou quatre jours, étant expédient qu'il se tint à Paris, où tous les gens avoient le poignard dans le sein. Quelques-uns disoient à l'oreille qu'il importunoit la Reyne et le cardinal, et qu'ils l'aimoient mieux ailleurs qu'auprès d'eux, étant assurés de son ministre; ils luy firent mesme trouver bon qu'il n'y eust plus de conseil de guerre chez luy le vendredy jusques au mois d'octobre, parce que M^r le cardinal ne pouvoit venir si loin sans grande incommodité, et que n'y ayant point de résolutions à prendre, les généraux d'armée étant en campagne et ayant leurs ordres, il étoit injuste de la luy donner pour rien. Mais ils jugèrent à propos, avant que de partir, que Monseigneur portast des édits à la chambre des comptes et les y fist vérifier. Ce fut le 28e d'avril. Il ne manqua pas de représenter à la compagnie le déplaisir qu'il avoit d'y venir pour ce sujet, et que néanmoins le Roy étant embarqué dans une grande guerre, il ne se pouvoit passer d'argent, et les moyens ordinaires d'en recouvrer manquant, il falloit avoir recours aux extraordinaires; enfin que ces édits étoient les moins onéreux aux sujets de Sa Majesté. Un conseiller d'État s'étendit davantage et appuya fort que c'étoit la volonté du Roy. Le premier président[1], prenant la parole, dès qu'il eust achevé son discours, en fit un très beau et très hardy, et dit entre autres choses qu'en ce temps le silence des compagnies souveraines n'étoit pas une marque de leur approbation à ce qui leur

1. Antoine de Nicolaï, deuxième du nom, fut reçu premier président de la chambre des comptes le 15 juin 1624, et mourut le 1er mars 1656.

étoit proposé, mais bien de respect à la volonté absolue du souverain ; qu'il y avoit sujet de s'étonner que Monsieur qui devoit estre employé à poursuivre nos ennemis, et qui avoit donné, ces campagnes passées, de si belles preuves de son cœur et de sa conduite, se chargeast d'apporter une botte d'édits que mesme on ne lisoit pas au conseil du Roy, à cause qu'ils étoient trop odieux, et que le désordre étoit venu à ce point et les choses à un tel excès que l'on en voyoit dans leur compagnie qui avoient amassé des biens immenses en très peu de temps, au préjudice de l'État et du public, et qui, mettant un prix excessif aux charges, empeschoient ainsi les gens de bien d'y entrer[1], etc. Les édits furent enregistrés, et à la cour des aides, où fut M^r le prince de Conti[2], pendant que Monseigneur étoit à la chambre des comptes. Ces messieurs y copièrent le parlement[3] et ayant fait mettre les édits dans le registre, délibérèrent ensuite dessus afin de les modifier, ce qui offensa extrêmement le ministère.

1. Antoine de Nicolaï termina sa harangue énergique par ces mots : « Qu'il nous soit donc permis, Monsieur, de jeter les yeux de ce côté-là (vers le ciel) et d'implorer son assistance, vous priant toutefois de vous ressouvenir que notre silence n'est point un aveu ni un consentement aux édits qu'on vous fait apporter aujourd'hui, afin que tout le monde sache que nous n'avons jamais favorisé les voleries et les dérèglements de l'État. » (*L'histoire du temps, ou le Véritable récit de ce qui s'est passé dans le parlement de Paris depuis le mois d'août* 1647 *jusques au mois de novembre* 1648, p. 49.)

2. Le prince de Conti était frère du prince de Condé.

3. A la cour des aides, le premier président Amelot termina son discours en disant : « Tout ce discours ne sera pas un consentement à la vérification des édits, mais au contraire une protestation formelle que nous nous y opposerons toujours avec vigueur, afin de faire voir qu'il y a encore dans le royaume de bons et fidèles sujets du Roy. » (*L'histoire du temps*, p. 46.)

Cependant M^r le cardinal qui avoit promis à Mr de la Rivière qu'il auroit sa nomination au cardinalat à Pasques l'avoit remis à Compiègne, afin de gagner toujours ce temps et le tenir plus souple et plus soumis dans cette grande espérance; et il étoit intéressé plus que jamais de s'assurer de Monseigneur par son moyen, abbayé et abominé de touts endroits; et il s'alla aviser d'une chose qui pensa faire perdre patience aux plus résignés et luy mit toute la France à dos. Il donna la paulette[1] aux cours souveraines, moyennant quatre années de leurs gages que le Roy retenoit, et parce que le parlement n'a que de petits gages, on les leur laissa et Sa Majesté leur voulut témoigner la différence qu'il faisoit de leur compagnie aux autres. Aussitost l'alarme se prend et devient grande; chacun croit que voilà les gages perdus; l'on crie, l'on tempeste à la chambre des comptes et à la cour des aides, et l'on y dit que n'y ayant pas de gages quatre ans durant, le Roy les leur osteroit entièrement à sa majorité, sans qu'ils s'osassent plaindre. Là dessus ces deux compagnies députent au parlement[2] et luy représentent que leurs intérests ayant été communs jusques là, ils ne devoient pas les abandonner; qu'aux autres occasions

1. Goulas écrit partout *polette* sans égard pour l'origine de ce mot, qui venait du nom du financier Paulet. — La paulette était un impôt, établi sous Henri IV; pour assurer l'hérédité de leurs offices, les membres des corps de magistrature payaient un impôt annuel du soixantième du prix de leur charge. En donnant la paulette aux membres des cours souveraines, c'est-à-dire l'espoir de transmettre leurs charges à leurs enfants, moyennant la prestation d'un droit annuel, on demandait aux magistrats, en retour de cette faveur à venir, l'abandon provisoire de quatre années de leurs gages.

2. Le mercredi 29 avril 1648. (V. *Journal d'Ormesson*, t. I, p. 482.)

ils ont reçu les grâces du prince conjointement avec eux, et qu'il n'y avoit pas de raison aujourd'huy de les séparer; qu'ils les conjurent d'écouter leurs justes plaintes et les recevoir, de leur donner protection et de leur faire obtenir ce qu'ils ont toujours eu quand et les autres. Les Enquestes se tourmentèrent tant[1] qu'il fut donné arrest par lequel le parlement se joignoit aux autres compagnies pour appuyer leurs prétentions auprès de Sa Majesté[2]. Ils s'entredisoient que le conseil taschoit de les désunir de la chambre des comptes et de la cour des aides, et qu'en étant venu à bout, il travailleroit à les séparer de la Grand'-Chambre et d'arrester aussi leurs gages, et mesme qu'elle en tasteroit à la fin. Ainsi ils demandèrent opiniastrement l'assemblée des chambres, en dessein de députer à la Reyne sur ce sujet. Le premier président s'efforça de l'empescher à l'instigation de la cour, et fit toujours naistre quelque affaire qui la reculoit, ce qui réussit d'abord; mais étant découvert, il n'est

1. La chambre des Enquêtes était surtout composée de ces jeunes conseillers turbulents, sans intelligence, dédaigneux des affaires du palais, et parlant volontiers de tout ce qu'ils ne savaient pas. Ils sembloient, dit Mme de Motteville, « des anges descendus du ciel pour dissiper la tyrannie de Mazarin. »

2. L'arrêt d'union, du 13 mai 1648, est rapporté très exactement à la page 3 du livre appelé généralement *Journal du Parlement*, et dont le vrai titre est : *Journal contenant tout ce qui s'est fait et passé en la cour de parlement de Paris, toutes les chambres assemblées, sur le sujet des affaires du temps present* (Paris, chez Gervais Aliot, 1649, in-4°). — *L'arrêt d'union* fut une véritable déclaration de guerre contre Mazarin; le cardinal prononçait à l'italienne : *arrêt d'ongnon*, ce nom qui lui devenait odieux (*Mémoires de la duchesse de Nemours*) et la satire populaire en fit le mot : *Arrêt d'oignon* dans un pamphlet qui peut être compté parmi les premières mazarinades.

pas croyable combien il devint odieux à son corps.

Quelques-uns crurent que le président de Mesmes avoit beaucoup aidé à cette jonction des compagnies, pour se venger du cardinal qui venoit de maltraiter son frère, M^r d'Avaux; car celuy-cy avoit eu ordre de quitter Munster et de retourner en France[1]; et il est vray qu'approchant de Paris, on luy fit dire qu'il y pouvoit venir, s'il vouloit, mais qu'il ne verroit ni la Reyne, ni M^r le cardinal. Il jugea donc qu'on n'avoit pas agréable qu'il approchast de la cour, et il s'abstint d'y aller faire ses révérences. Les courtisans ne manquèrent pas de demander la cause de sa disgrâce et de la chercher, et on leur en apprit plusieurs vraies ou fausses : qu'il avoit fait plus de chemin dans le traité de paix qu'on ne désiroit; qu'ayant eu plusieurs démeslés avec Servien, créature intrinsèque du cardinal, cet ennemi puissant auprès du tout-puissant luy avoit rendu mille mauvais offices par le moyen de Lyonne, son neveu[2], confident et domestique du premier ministre; quelques-uns dirent qu'Hemery, surintendant, qui ne pouvoit souffrir de compagnon et un homme qu'il ne traiteroit point comme le président de Bailleul, luy avoit donné le coup; enfin l'on ajouta qu'il avoit prétendu au cardinalat sans la participation du ministère, et qu'il avoit un secret commerce avec le nonce, à Munster, et pris des attaches avec le pape. Mais un de mes amis, assez bien informé des choses du monde, me débita une petite histoire, laquelle si elle étoit véritable, une de ses railleries auroit bien

1. La disgrâce de M. d'Avaux date de la fin d'avril 1648.
2. Hugues de Lionne, qui fut secrétaire et ministre d'État, avait pour mère Isabelle Servien.

autant contribué à sa chute que tout cela ensemble ; la voici : étant en conférence avec l'ambassadeur de Venise (c'étoit, ce me semble, à Munster), comme celuy-cy se plaignoit que les François refusant la paix, seroient cause de la ruine entière de leur république, qui succomberoit à la longue contre un si puissant ennemy que le Turc, il répondit que les François ne s'opposoient point à la paix, mais les Italiens ; l'ambassadeur surpris exagère le désir qu'en ont les princes et les potentats d'Italie, remontre qu'il est de leur intérêt à tous qu'elle se conclue promptement, et s'étend sur leurs raisons ; M^r d'Avaux, ayant écouté patiemment, dit avec un sourire à témoigner l'aigreur de son âme, que les Italiens qui étoient en Italie désiroient la paix, mais que ceux qui étoient en France ne la vouloient pas. Et en voilà assez pour gaster un ambassadeur que l'on tient en pays étranger afin de mentir pour l'État et pour le Roy. Disons icy avec les Italiens : *se non è vero, è ben trovato;* et à propos de ce pays-là, que M^r d'Estrade, qui en revenoit, fut envoyé alors en Hollande, et qu'on nous assura que sa commission secrète étoit d'exhorter le généreux député qui avoit tant eu de peine à signer avec l'Espagne de tenir bon et d'embarrasser encore l'affaire, lorsqu'on procéderoit à la ratification et publication du traité. Il nous dit pourtant que ses affaires particulières l'y menoient, et que c'étoit pour s'éclaircir du traitement que M^{rs} des États luy feroient pendant la paix, après les avoir si bien servis durant la guerre.

Mais je vous vais apprendre une chose admirable. Le cardinal de Sainte-Cécile, ayant été envoyé en Catalogne vice-roy, avoit aussitost repris le chemin de

Provence, sans congé, et planté là l'employ et la vice-royauté, où il ne se jugeoit pas propre[1]. Ses amis débitèrent pour l'excuser que M^r le cardinal l'y avoit fait aller malgré luy, lorsqu'il demandoit de servir à Rome ou à Munster, en qualité de plénipotentiaire ; mais ses ennemis, ou ceux de son frère, qui n'étoient pas en petit nombre, répondoient que c'étoit un homme de néant, un capricieux, un fou, qui avoit suivy la première vision qui luy étoit venue, un extravagant, un emporté, qui ne se souvenoit plus de l'obligation qu'il avoit à son frère et à la France, et de ce qu'on avoit fait pour luy. M^r le cardinal fut sensiblement touché et offensé de cette retraite et se repentit d'avoir élevé *fra Michele*, et de l'avoir mis en un poste où il étoit exposé aux yeux de toute l'Europe ; et au milieu de son dégoust, il en eut encore un à luy faire peine : il prit ombrage de M^rs d'Estrées et de Senneterre sur la liaison qui paroissoit entre eux et Mr de la Rivière. Quelques gens nous assurèrent qu'il s'en étoit déclaré et ne les avoit pas ménagés. Quoy qu'il en soit, il est constant qu'ils firent moins de cour à Monseigneur et cessèrent de venir au palais d'Orléans.

Néanmoins il [le cardinal] devoit estre plus en peine des mauvais propos que l'on tenoit de luy partout, cha-

---

1. Le cardinal de Sainte-Cécile prit possession de sa vice-royauté le 28 février 1648 ; le 21 juin suivant, il était de retour à Paris où « il disoit la messe au grand couvent des Jacobins. » Tous les mémoires du temps qui parlent de la pétulance de son esprit ne rapportent aucun acte bon ou mauvais de sa courte administration en Catalogne. Personnage insignifiant, le frère de Mazarin mourut bientôt (31 août) à Rome, de maladie. Ce fut le maréchal de Schomberg qui, le 5 juin 1648, alla remplacer en Catalogne le **cardinal de Sainte-Cécile.**

cun donnant sur le surintendant de l'éducation du Roy, auquel l'on n'apprenoit rien, que l'on laissoit jouer et brelander continuellement, et si plein de ses volontés qu'il y avoit lieu d'en craindre les suites. L'on dit mesme que le gouverneur s'en étoit plaint à la Reyne, luy faisant entendre que sa trop grande indulgence pour Sa Majesté en étoit cause, et qu'elle demandoit trop souvent congé pour luy, afin de luy plaire. Mais M^r le cardinal se croyoit au dessus de tout, vu la grande estime que faisoit la Reyne de sa capacité, et l'amitié qu'elle luy portoit; car elle en parloit toujours très avantageusement, et louoit Dieu de luy avoir envoyé cet homme, dont la suffisance et la fidélité avoient maintenu la réputation de la France et les affaires au point glorieux que le feu Roy les luy avoit laissées. Peut-estre affectoit-elle ces louanges pour fermer la bouche à ses ennemis qui en médisoient, et obliger Monseigneur et M^r le Prince d'en faire grand cas et de bien vivre avec luy.

Durant les brouilleries d'entre le ministère et le parlement, il arriva une chose à la cour qui fascha la Reyne et brouilla extrêmement Mademoiselle avec Son Altesse royale. L'on découvrit que Saujon, capitaine au régiment des gardes, traitoit avec un bourgmestre de Furnes le mariage de cette princesse et de l'archiduc. Des lettres interceptées manifestèrent l'intelligence avec le comte de Fuensaldagne, ambassadeur d'Espagne au Pays-Bas et l'homme du roy. Là-dessus Saujon est arresté, on l'interroge, on le tourne, on le presse, et il ne confesse rien. Monseigneur, au lieu d'étouffer l'affaire par une réprimande à sa fille, en particulier, la mène à la Reyne, la maltraite, et veut qu'elle demande pardon à Sa Majesté et qu'elle confesse; mais elle nie et maintient qu'elle ne sait ce qu'on luy veut; enfin elle persiste en la négative : ainsi voyant qu'ils n'en pouvoient rien tirer, ils la congédièrent. Mademoiselle, au sortir de la chambre de la Reyne, passe à travers tous les gens avec un visage ouvert, salue tout le monde, et ne témoigne quoy que ce soit de ce qui s'est passé. Il est vray que le lendemain, elle eut ordre de Monseigneur de ne point sortir de son logis, et son suisse commandement exprès de n'y laisser entrer âme vivante. Le chagrin luy causa une maladie, et très à propos pour couvrir cette espèce de prison, et Monseigneur, outré de cette opiniastreté ou de sa constance, luy osta une femme de chambre que l'on croyoit sa confidente. Tout cela ne fit pas pénétrer davantage dans l'affaire, ni n'obligea de parler aucun des acteurs; Saujon n'avoit rien dit au lieutenant criminel qui l'avoit interrogé, et ne dit pas grand chose à M. le cardinal qui luy voulut parler, tellement qu'on résolut de l'envoyer à Lyon, à Pierre-Encise, et Son Altesse royale empescha qu'il ne fut procédé plus rigoureusement contre luy, à cause de sa sœur qu'il aimoit et à laquelle il avoit promis qu'il n'auroit point de mal.

Mais Mademoiselle demeuroit toujours prisonnière et dans une étrange solitude, pour l'obliger de confesser, et quelque rigueur qu'on luy gardast, elle ne parla jamais, tellement que M. de la Rivière qu'elle n'aimoit point et qui peut-estre avoit fomenté la mauvaise humeur de son maistre par complaisance pour la Reyne, désirant d'acquérir mérite auprès d'elle, intervint et se mit en devoir de la raccommoder, et Monseigneur y ayant donné les mains, le dit à quelques uns de ses serviteurs, dont il se repentit bientost, à cause que la Reyne avoit peine à revenir. Néanmoins au bout de huit jours *pace con tutti :* Monseigneur luy fit une remontrance de père, douce et cordiale, et voulut qu'elle vint chez luy, disant que puisqu'il étoit son père et qu'elle l'avoit fasché, il étoit raisonnable qu'elle fit cette démarche la première. Pour la Reyne, elle tonna et foudroya; elle passa jusques à luy dire qu'elle ne la pouvoit aimer quoy qu'elle fit; qu'elle avoit mille prétentions qui ne luy appartenoient point; qu'elle luy donnoit toujours de la peine, etc. : les gens de la cour [disoient] que M^r le cardinal, pour faire valoir ses offices auprès de la Reyne, l'avoit ainsi allumée, et avoit joué au Palais-Royal la mesme pièce que Mr de la Rivière au palais d'Orléans. Enfin chacun loua Mademoiselle de fermeté et de constance; car encore que l'on publiast que Saujon en auroit la teste tranchée, et que Monseigneur eust assuré qu'il avoit retiré sa parole de sa sœur[1], elle n'en branla pas, et n'en fut pas plus disposée à épouser Mr de Savoye, qui est ce qu'on désiroit d'elle. L'on dit qu'elle se déclara de ne pas vouloir de ce prince pour deux raisons : la première qu'il étoit trop jeune, l'autre que le procédé de Madame royale ne luy plaisoit pas, et qu'elle craignoit de ne se pouvoir accommoder avec elle. Mais comme l'on ne garde guère justice en ce monde, particulièrement aux grands, chacun accusoit son père, pour avoir lieu de l'excuser : on le blasmoit d'avoir laissé passer par négligence deux occasions de la marier avantageu-

---

[1]. Christine de France, duchesse de Savoie. — Charles-Emmanuel, duc de Savoie, son second fils, était né en 1634.

sement; l'on disoit que le roy d'Espagne l'avoit désirée et qu'on ne la luy avoit pas voulu donner qu'il n'accordast sa fille au Roy, ce qu'il ne pouvoit à cette heure là qu'elle étoit seule et héritière, pour les raisons que chacun sait, et que l'Empereur en ayant fait parler, et que s'étant voulu servir de l'entremise du prince François de Lorraine, qui s'étoit adressé à Madame, l'on avoit répondu fort froidement; si bien qu'il étoit pardonnable à Mademoiselle si elle songeoit à ses affaires sans la participation de la cour et de Monseigneur, qui les avoient négligées. Enfin Mr de la Rivière fut blasmé d'avoir laissé faire à son maistre une si grande faute que de manifester celle de sa fille, et cela croyant sacrifier à la Reyne, laquelle jugea à propos, après ce qui s'étoit passé, de faire filer les grâces[1] à sa nièce, et ne luy pas rendre si tost la femme de chambre que Mademoiselle demanda plusieurs fois; et elle répondit toujours que dès qu'il seroit temps, on la luy rendroit[2].

CHAPITRE XLVI.

Des démeslés du ministère et du parlement et de ce qui se passa à la campagne.

Il est bien raisonnable de faire un chapitre de ces

---

1. *Faire filer les grâces,* c'est-à-dire, par analogie avec l'expression de jeu : filer ses cartes, découvrir lentement et peu à peu ses grâces.

2. On peut comparer le récit de Goulas sur l'affaire de Saujon avec le récit qu'en donne Mademoiselle dans ses *Mémoires* (t. I, p. 160-174). — Tous les faits racontés ici se passèrent en mai 1648.

démeslés[1] ; mais, pour mieux divertir l'esprit, il les faut mesler avec les événements de la campagne. Sans doute il seroit grand et long le chapitre, si je m'attachois à toutes les circonstances de la grande affaire d'entre le conseil du Roy et toutes les robes longues du royaume. Oui, je l'appelle une grande affaire avec raison, puisque la désunion des tribunaux où réside toute la puissance du souverain, le conseil privé de Sa Majesté et le parlement, fut comme une maladie dangereuse qui attaquoit les parties nobles de l'État, et qui enfin le mit en danger de sa totale ruine[2].

L'arresté d'union avec les autres compagnies, qui fut donné au parlement le 13º may 1648, parut et fut en effet un grand coup de tonnerre qui réveilla tous les peuples, tous les officiers des villes, tous les autres parlements ; et l'on ne vit par tout le royaume que cabales, où les gentilshommes entrèrent dans les provinces, pour se rendre considérables et se faire rechercher.

1. A cet endroit, le Ms. de Vienne (fol. 406 v°) contient cette phrase qui nous paraît caractériser les événements dont Goulas va maintenant parler : « Mais nous voici tantost au moment funeste que la France tomba dans une horrible maladie, que l'État éprouva des secousses à la ruiner de fond en comble, et que les François, aveugles et forcenés, déchirèrent misérablement une partie, et la portoient au tombeau si Dieu ne l'eut sauvée par miracle. Il est vray que le cardinal Mazarin mérite de grandes louanges de n'avoir point abandonné le timon durant un si grand orage que celuy qui s'éleva, et d'avoir soutenu un faix que chacun crut qui l'accableroit. »

2. Le parlement de Paris se divisait en plusieurs chambres : les *Enquêtes*, les *Requêtes* et la *Grand'Chambre*; la *Chambre de la Tournelle* était composée de magistrats distraits des autres chambres, et établis pour connaître des causes criminelles. Il y avait, en dehors du parlement, la *Cour des aides* et la *Cour des comptes*. Voilà, en résumé, ce que Goulas appelle : « toutes les robes longues du royaume. »

Nous avons marqué cy dessus la faute que fit M^r le cardinal Mazarin de vouloir ménager le parlement aux dépens des autres, sans s'en estre assuré ; mais il en fit une seconde, car il conseilla à la Reyne de se rétracter touchant la paulette, qu'elle avoit donnée à la compagnie, et le trésorier des parties casuelles[1] eut ordre de ne plus recevoir au droit annuel, de rendre l'argent qu'il avoit touché, et de contraindre mesme ceux qui avoient payé de le reprendre, afin que tous les offices généralement vaquassent par mort. Il y avoit bien en cette fascheuse rencontre de quoy embarrasser le ministère, car quelle résistance n'apportoit-on point aux volontés de la Reyne ? et l'on voyoit les choses en telle assiette qu'il falloit faire une horrible playe à l'autorité royale, cédant aux caprices des sujets, ou s'engager en des violences à produire d'étranges suites ; néanmoins la politique vouloit que l'on tint bon jusques au bout, et qu'on se maintinst dans son retranchement.

Le premier président eut ordre de s'opposer au torrent de sa compagnie, et d'empescher, autant qu'il pourroit, l'assemblée des chambres. Il intervint mesme, le jour qu'il avoit promis de la donner, une lettre de cachet qui la défendoit, et quand on luy fut dire que les députés des autres corps étoient là, il les renvoya sans vouloir leur parler ni les voir. Ceux-cy demandoient non seulement que le parlement appuyast en tout leurs intérests, mais qu'il donnast des marques que leur jonction étoit réelle et effective.

---

1. Le trésorier des parties casuelles était chargé de recouvrer les revenus éventuels du roi, tels que les produits des aubaines, confiscations, paulette, etc.

Je ne sais si je dis bien, et dorénavant je ne me veux point hasarder d'écrire ce qui s'est passé où vous étiez, puisque vous en avez eu toute connoissance et que je ne saurois que mal parler la langue du Palais. Je ne toucheray pas non plus à ce qu'un faiseur de mémoires devroit toucher; je laisse les partis différents de votre corps, et vous loue de ce que vous n'estes entré dans aucun party que celuy de la raison, que vous n'avez eu aucun commerce avec les frondeurs et les mazarins, et que vous alliez droit à votre devoir : j'entends à maintenir ce qui appartenoit à votre compagnie, laquelle a été instituée par les sages rois pour délibérer de toute sorte d'affaires et leur remontrer ce qui est du droit et de la justice, quand la puissance souveraine s'échappe et s'en éloigne[1].

Je m'attacheray donc aux mouvements de la cour et du cabinet qui tomba dans une horrible consternation, voyant tant et de si fortes batteries contre luy; il crut devoir faire effort en cette rencontre, et qu'il falloit proscrire ceux que l'on ne pouvoit gagner par menaces, conservant toujours les mesmes égards pour le parlement; ainsi de ces messieurs les députés, ceux du grand conseil furent menés au Mont-Olympe[2], ceux de la cour des aides envoyés je ne sais où, et les plus mutins de ce corps eurent aussi ordre de déloger. Les gens de la cour ne pouvoient s'empescher de donner dessus, disant que depuis la révocation de la paulette, le Roy ne demandant plus les quatres années de gages, il n'y avoit pas lieu de murmurer, et que le bruit qui

1. Ce paragraphe ne figure pas au Ms. de Vienne. On se rappelle que Goulas s'adresse ici à M. Malo, conseiller du roi au Parlement.
2. Forteresse sur la Meuse.

se faisoit depuis ne procédoit que de l'esprit de vengeance, et de personnes mal intentionnées pour l'État et comme d'intelligence avec nos ennemis. Ils disoient aussi que si le conseil du Roy respectoit si fort le parlement, ce n'étoit pas par amitié et par estime, mais afin de le séparer d'avec les autres en leur donnant de la jalousie; et s'il laissoit en paix les maistres des requestes, c'est qu'il croyoit qu'ils reviendroient d'euxmesmes et offriroient de recevoir les nouveaux créés, voyant qu'ils devoient estre extrêmement odieux à la Reyne et au ministère, pour avoir donné visée aux autres officiers de se pourvoir au parlement.

J'appris en ce temps-là que Son Éminence eut envie de connoistre Mr Le Goult, votre amy, et de l'entendre parler, et qu'il n'en eut pas toute la satisfaction qu'il s'étoit promise, car il le poussa d'une force sur le mauvais gouvernement des finances à luy faire comprendre qu'on étoit bien informé dans Paris de ce qui se passoit derrière le théâtre et du mic-mac de ses créatures : vous savez le particulier de la conversation. Je viens aux choses générales et à ce qui paroissoit à tous les gens, comme que Mr de Schomberg fut envoyé en Catalogne au lieu du cardinal de Sainte-Cécile, qui s'étoit retiré sans dire mot[1]; qu'on destinoit le commandement de l'armée navale au prince Thomas, qui étoit à la cour; que la Reyne se déclara qu'elle ne feroit point le voyage de Compiègne, et ce fut cet embarras du parlement et des cours souveraines qui l'en empescha, quoiqu'elle en eut envie et que le Roy le désirast avec passion; que Mr le Prince assiégeoit Ypres,

---

1. Le 5 juin 1648; voir plus haut, p. 282.

où les ennemis avoient fait entrer quinze cents hommes, lesquels donnèrent tant de cœur à la bourgeoisie qu'elle prit les armes et fit si beau feu qu'on dit que jamais il ne fut tant tiré que pendant les quinze jours du siége[1]. Il est vray que conquestant Ypres, nous perdismes Courtray[2], et ce malheur nous arriva de cette sorte : M[r] le Prince, formant son siége, envoya un ordre de la cour au commandant de Courtray pour en faire sortir la garnison, afin de s'en servir en son attaque, et celuy-cy obéit si ponctuellement qu'à peine laissa-t-il dans la place de quoy fermer les portes. Les ennemis, avertis par la bourgeoisie, ne manquèrent pas de profiter de l'occasion ; ils se présentent devant la ville, et y entrent et attaquent vertement la citadelle ; ils la pressèrent de sorte qu'en trois jours ils l'emportèrent ; mais sachant que Ypres tomberoit bientost entre nos mains, ils se hastèrent de réparer cette citadelle que feu Mr de Gassion avoit faite très bonne, y laissèrent force gens, et séparant leur armée en deux, une moitié s'en alla camper sous Dixmude et l'autre sous Armentières.

Dès que nous eusmes appris à Paris ce qui s'étoit passé à Courtray, et que les serviteurs de M[r] le Prince assuroient que M[r] le cardinal en avoit ainsi fait sortir toute la garnison par ordre exprès, nous nous réjouismes de cette perte, parce que nous conclusmes tous que c'étoit un effet du traité de paix. Nous

---

1. Investie le 13 mai, par toutes les troupes que commandaient le maréchal de Rantzau et le comte de Paluau, la ville d'Ypres se rendit le 29 mai 1648, après seize jours de résistance.

2. Les Espagnols, profitant en effet de l'abandon de Courtray dont la garnison avait été appelée au siège d'Ypres, s'emparèrent de cette place le 18 mai, après un seul assaut.

crusmes qu'il avoit été stipulé, et que Courtray étant de la dernière importance aux Espagnols pour couvrir leur pays, l'on étoit convenu qu'ils la reprendroient. Mais ce fut un mauvais raisonnement, et l'événement nous montra que les Espagnols prétendoient profiter beaucoup davantage de nos désordres et n'étoient guère disposés à la paix.

Durant le siége d'Ypres, Mʳ le Prince écrivit une chose à la cour qui surprit assez les gens, et Mʳ de la Rivière plus que les autres : que ne désespérant pas de faire résoudre Mʳ le prince de Conti, son frère, à embrasser tout à fait la profession ecclésiastique, il prioit la Reyne de ne pas nommer Mʳ de la Rivière au cardinalat pour la première promotion, afin que Mʳ le prince de Conti passast devant. Il est certain que la chose fut dite en ce temps-là, et je ne sais pas bien si elle fut écrite; et l'on vit après que Mʳ le Prince la fit éclater et la poursuivit hautement, et qu'il gagna si bien Mʳ de la Rivière, faisant déporter monsieur son frère du chapeau, que sa conduite mit en ombrage Monseigneur, et enfin ruina sa fortune. Mais cecy n'arriva que longtemps après. Chacun savoit que Mʳ le cardinal ne le vouloit point cardinal et qu'il faisoit tout ce qu'il pouvoit pour témoigner le contraire, et qu'il l'élèveroit à cette grandeur à cause qu'il travailloit efficacement à étayer la sienne.

Mais la nouvelle si fascheuse de la perte de Courtray fut compensée par deux autres qui nous consolèrent : la prise d'Ypres, grande et riche ville, qui avoit des conséquences, et celle d'un grand combat en Allemagne, gagné par les confédérés, où Melander[1], géné-

1. Melander, baron de Holtzappel, fut tué, au mois de mai 1648,

ral de l'armée de l'Empereur, fut tué, perdit trois mille hommes, vingt-huit drapeaux ou étendards; et il tint à peu que la maison d'Autriche ne fut entièrement ruinée en ce pays-là; ce qui arrivoit sans la bravoure du duc de Wurtemberg, lequel, pendant que l'armée passoit une petite rivière, soutint avec huit cents chevaux et douze cents mousquetaires choisis, toute la furie du canon des armées suédoise et françoise, et conserva opiniastrement son poste jusques à la nuit qu'il passa le dernier la rivière et joignit ses gens qu'il avoit sauvés. Après cela les Impériaux plus faibles et en peur fuirent toujours, et mirent le Leck entre les confédérés et eux; mais ceux-cy l'ayant passé se répandirent dans la Bavière et obligèrent le duc[1] d'abandonner son état. M[r] le cardinal débita tout cecy avec faste, et grossit de sorte ces avantages qu'il en fit douter force gens. L'on s'imagina que cet événement venoit trop en cadence, et que l'affectation de le prosner avec mille belles circonstances alloit à consterner la robe longue et à réjouir le peuple.

En ce mesme temps, le prince de Galles, qui étoit en France, s'apprestoit à partir pour l'Écosse, et la reyne, sa mère, avoit vendu le reste de ses bagues et de ses hardes pour luy faire une considérable somme, avec laquelle il tenteroit quelque chose en faveur du roy, son père; car non seulement les Écossois étoient offensés de l'injuste détention de leur roy, et se vouloient mettre en devoir de venger tant d'outrages qu'il

près d'Augsbourg, à la tête de l'armée impériale qui vouloit arrêter les Suédois au passage du Danube.

1. Maximilien Ier, né le 17 avril 1573, électeur de Bavière en 1596, mort le 27 septembre 1651.

avoit soufferts en Angleterre, mais mesme beaucoup d'Anglois commençoient à ouvrir les yeux et songer de finir les maux de leur isle, bannissant l'anarchie qui y régnoit, et rétablissant l'autorité royale qui y devoit régner. Force gens abandonnoient le parlement et passoient du costé du roy. Il y avoit mesme dans la province de Galles un petit corps d'armée pour luy, qui avoit eu quelques heureux succès, et une sédition étoit arrivée à Londres en sa faveur, où le peuple avoit demandé tout haut la liberté du roy, et avec tant d'audace et de chagrin, que, sans les troupes que le parlement fit entrer dans la ville pour sa sûreté, il auroit été mis en pièces. Enfin le duc d'York, second fils du roy, s'étoit sauvé de la tour de Londres et avoit passé heureusement en Hollande. Ainsi tout tendoit à changement dans le pays, et il étoit expédient que le prince de Galles parust à la teste des Écossois, afin de donner chaleur au party du roy, son père, et se montrer en état d'assister ses serviteurs déclarés, et de persuader les secrets de se déclarer.

Nous verrons tantost le succès de son voyage, et cependant nous parlerons un peu du jubilé qui arriva de Rome incontinent après l'exil des robes longues. Le pape l'accordoit pour impétrer de Dieu la paix tant désirée de tous les bons chrétiens, et sa bulle ne manquoit point de couleurs qui relevoient son zèle et représentoient ses paternelles entrailles déchirées de la douleur que lui causoient les maux de la chrétienté. Néanmoins quelques relations d'Italie portoient que Sa Sainteté avoit plus considéré en cette rencontre le rétablissement des affaires d'Espagne à Naples que la paix générale, à cause que le peuple ne pouvant gagner les indulgences qu'en quittant l'esprit de révolte, et les confesseurs ne pouvant absoudre personne sans le voir en disposition de reconnoistre la puissance légitime, c'étoit un moyen très doux et très assuré pour ruiner la sédition et rappeler les séditieux. Aussi l'effet s'en ensuivit-il, au contentement des Espagnols qui profitèrent plus de ce jubilé que du gain de trois batailles. Néanmoins, pour ne rien dire qui puisse blesser le chef de l'Église, soutenons les relations menteuses et assurons que les Espagnols, fort habiles et fort avisés, se servirent de la conjoncture au rétablissement de leurs affaires.

Mais revenons aux nostres de France qui se brouilloient de jour en jour, particulièrement depuis le coup inopiné que la fortune donna à M^r le cardinal. Le jubilé devoit commencer à Paris le lendemain de la Pentecoste[1], et le jour de la feste, Mr de Beaufort, prisonnier au bois de Vincennes, se sauva. En voicy l'histoire : incontinent après disné il demanda d'aller dans une petite galerie qui aboutissoit à son appartement, où il avoit quelquefois la liberté de se promener. Il avoit jugé ce temps propre pour évader, à cause que ses gardes qui disnoient de sa desserte, songeoient plutost à manger et faire bonne chère qu'à leur prisonnier. Il en avoit gagné un de longue main, breton de naissance, lequel étoit de jour auprès de sa personne[2]. Il n'avoit plus le valet de chambre du Roy, que la cour luy avoit donné d'abord pour le servir;

1. « Le lundi 1er juin, pour durer quinze jours. » (*Journal de Dubuisson-Aubenay*, à la date du 4 juin.)

2. Un nommé Balloy, neveu de Balloy, exempt qui avait gardé M. de Vendôme (*Journal d'Ormesson*, t. I, p. 503).

il étoit mort, et on luy avoit permis d'en prendre un des siens. Celuy-cy étoit de la partie, si bien qu'ils entrèrent tous trois dans la galerie avec l'exempt qui commandoit sa garde. Comme ils furent au bout, le garde ami qui étoit demeuré à la porte, la ferme au verrou, de peur que ses compagnons ne vinssent secourir l'exempt quand il crieroit, et aussitost il s'avance et saisit son exempt avec le valet de chambre pour le baillonner ; il se défend, il veut mettre l'épée à la main, mais le baillon l'empescha, et son garde le voulant tuer, Mr de Beaufort le luy défendit et l'exhorta de songer à sa sûreté et de descendre ; l'autre faisoit des civilités, disant qu'ils étoient là pour sauver le prince ; mais Mr de Beaufort craignant que si la corde rompoit, ce misérable ne demeurast et ne fust roué irrémissiblement, le fit passer le premier, descendit après, et enfin le valet de chambre. Comme ils furent au fond du fossé, ils n'eurent pas peine, s'entre-aidant, de monter dans le jardin du gouverneur, le fossé n'étant pas fort creux en cet endroit, et de passer par dessus la muraille assez basse qui le ferme. Étant venus à pied à la porte du parc dite de Charenton, non seulement elle n'étoit pas ouverte, mais ils ne trouvèrent personne pour l'ouvrir ; il la leur fallut rompre à grand'peine et ils en vinrent à bout à la fin. Ce fut alors que le prince se crut en liberté, car il joignit incontinent vingt ou vingt-cinq chevaux qui l'attendoient et gagna pays avec cette escorte.

M^r le cardinal, averty de son évasion, s'en moqua et ne proposa pas mesme d'envoyer après ; il dit seulement qu'il avoit eu avis de son dessein, la semaine de Pasques, et qu'il l'avoit donné à l'exempt afin qu'il y prit garde, mesme luy avoit marqué le jour de la Pentecoste. Peut-estre que cette confiance étoit fondée sur son accommodement avec la maison de Vendosme, qui se traitoit, et l'alliance qu'il devoit faire avec elle, qu'il croyoit en sa main, s'assurant qu'il n'avoit rien à craindre de Mr de Beaufort, quand il avoit son frère pour neveu; ou il s'imaginoit que rien ne luy pouvoit nuire en France, tandis qu'il tiendroit bien unie toute la maison royale, comme il faisoit par le moyen de Mr de la Rivière, qui ne preschoit autre chose à son maistre, recevant mille bienfaits présents pour cela, et attendant le chapeau de cardinal à l'avenir. Son Éminence, parlant à une personne de considération du dessein qu'avoit la Reyne d'élever Mr de la Rivière à cette grande dignité, luy dit que les services qu'il rendoit la méritoient, empeschant par ses soins et son adresse les mauvais esprits de la maison de Monsieur de brouiller et d'altérer la bonne intelligence si nécessaire à l'État, qui étoit et devoit estre entre Sa Majesté et Son Altesse royale. Ainsi cinq ou six jours avant la Pentecoste, il fit déclarer la Reyne que le Roy nommeroit l'abbé de la Rivière pour estre fait cardinal à la première promotion des couronnes, et chacun alors luy en fit compliment et le traita de désigné.

Il ne faut point oublier icy une chose que vous avez sans doute ouï dire et qui vous sembla admirable : que la sortie de Mr de Beaufort fut prédite par un astrologue à Mme sa mère, six mois devant, et que mesme le jour luy fut marqué. Peut-estre que cette prédiction qu'il sut, luy en fit venir la pensée; et non seulement celuy-cy le prédit en France, mais les astrologues d'Italie en avertirent aussi Mr le cardinal, et l'on me dit que c'étoit d'eux qu'étoit venu l'avis qu'il donna à l'exempt qui l'avoit en garde.

Cependant la conduite du ministère devint si molle et si lasche en l'affaire du parlement et des autres compagnies, que ses ennemis en prirent une étrange audace. Ils s'attachèrent principalement au premier ministre : ils le déchiroient continuellement parmy le peuple; ils le traitoient de brigand et voleur public; ils donnoient sur son incapacité, et il leur donnoit de la matière tous les jours, et un entre autres qu'ayant désiré parler aux principaux du grand conseil[1] qui se plaignoient plus haut, à cause de l'exil de leurs confrères, il leur fit de petites questions ridicules qui achevèrent de le gaster parmy eux et tout le reste du monde. L'on publia qu'il avoit pris les glands du collet d'un d'entre eux, et luy avoit demandé, si la Reyne luy ordonnoit de ne plus porter de glands, s'il ne luy obéiroit pas; ayant répondu que oui, il reprit : « Que n'obéissez-vous donc à ce qu'elle ordonne de ne vous pas joindre, de ne vous pas assembler[2]? » Ces façons d'agir, puériles et méprisables[3], avec une espèce de trafic introduit depuis peu en la collation des bénéfices, l'achevèrent; car les ecclésiastiques se mirent de moitié avec les gens de robe pour le décrier; ceux à qui l'on

1. Dans la matinée du 5 juin 1648, le cardinal reçut en effet MM. de Machault, président, Bouqueval et Masparault (*Journal d'Ormesson*, t. I, p. 506).

2. Le cardinal de Retz parle de cette question posée par Mazarin à Bouqueval, et ajoute : « Marigny paraphrasa ce mot en prose et en vers, et l'effet que fit cette paraphrase est inconcevable. »

3. Dans le Ms. de Vienne (fol. 409 v°) Goulas qualifie ces façons d'agir de « basses et de niaises ».

donnoit quelque bénéfice de conséquence le récompensoient d'un médiocre, et qui avoit le médiocre en laissoit un moindre à qui étoit nommé par M^r le cardinal; un évesché luy produisoit une abbaye, et une abbaye un prieuré, qui entroit dans quelque commerce déplorable, à révolter tous les gens qui se souvenoient du procédé noble et généreux du feu cardinal de Richelieu.

Là dessus il arrive un mauvais succès qui releva encore l'audace des clabaudeurs. M^r le Prince avoit une entreprise sur Ostende qui luy sembloit infaillible, aussi bien qu'à beaucoup d'autres, et ne laissa pas de faillir. Nos gens se devoient présenter devant la place à deux heures après minuit; mais le vent contraire et le temps mauvais firent qu'ils arrivèrent à deux heures de jour, tellement qu'étant découverts, non seulement ils ne purent exécuter leur dessein, mais il leur fut impossible de se retirer, car il se trouva là auprès un corps de cavalerie de l'ennemi, qui étant averty que cette proye tomboit d'elle-mesme dans ses griffes, fondit dessus à l'improviste, en tua quelques-uns et prit le reste[1]. Nous y perdismes sept ou huit cents bons hommes, car l'on n'avoit pas choisi des pagnottes[2] pour cette entreprise. M^r le Prince, qui la tenoit infaillible, comme j'ay dit, s'étoit avancé vers Dixmude pour la favoriser, et M^r l'archiduc, qui ne s'en doutoit en aucune façon et qui croyoit qu'il en voulust à cette der-

---

1. « Vendredy 19 (juin 1648), avis que l'entreprise faite par nos gens sur Ostende, ayant été trahie, il en est demeuré des nostres douze cents de prisonniers » (*Journal de Dubuisson-Aubenay*).

2. Des *pagnottes*, de l'italien *pagnotta*, c'est-à-dire des gens sans courage et sans énergie.

nière place, la munit de tout, mit force gens dans Armentières, en passant le Lys, et s'approcha de notre Picardie. Ils avoient cru au Pays-Bas que M' le Prince attaqueroit Cambray au commencement de la campagne ; voilà pourquoy ils y avoient jeté d'abord de leurs meilleurs hommes. Ceux-cy, devenus inutiles, reçurent ordre de sortir et donner jalousie à nos places de frontière; ils parurent devant La Capelle, ils approchèrent du Catelet, et tout à coup firent passer la rivière de Somme à quelque cavalerie, qui ne trouvant personne en armes pour se défendre, pilla des villages, emmena des prisonniers, courut et ruina tout ce canton de Picardie.

Le bruit se répandant à Paris que les ennemis étoient près, le peuple s'en prit à M' le cardinal, et la conjoncture fascheuse fit que les médisances, railleries, malédictions, imprécations se fortifièrent; et lorsque l'on vit celuy qui venoit de tonner et éclairer, qui avoit lancé la foudre en proscrivant et exilant, qui avoit envoyé des défenses si expresses et si hautes de s'assembler et délibérer, se jouer avec les glands de M`rs` du grand conseil, il n'est point croyable le mépris que l'on conçut pour ce Jupiter haut et bas, lequel prenoit de si différentes formes, et représentoit de si différents personnages.

Voicy encore une chose de rien qui luy fit grand tort. Le président de Mesmes luy étoit suspect à cause de la disgrâce de son frère; il luy découple un espion qui ne part point de sa porte, pour voir qui entre et sort et en donner avis. Cet homme ignorant le métier fut aussitost découvert et arresté par les domestiques, et le président commanda qu'ils le menassent à la conciergerie. Le Palais-Royal averty de son malheur, et craignant qu'on l'interrogeast en plein parlement et ne répondist mal à propos, envoya de nuit un officier des gardes du Roy à la prison, qui l'en sortit et luy défendit de plus paroistre dans la ville.

Ces bagatelles aigrissoient les courages et augmentoient la haine et le mépris du ministère ; aussi toute la jeunesse du parlement, révoltée de ce que durant une minorité, le conseil du Roy entreprist de luy oster ce que le corps avoit toujours eu, je veux dire les assemblées et les délibérations touchant les affaires de la compagnie et les publiques[1], s'assembla un matin sur la défense qui avoit été faite de s'assembler, et sur la révocation du droit annuel. Comme l'on en venoit aux avis, le premier président fit dire aux gens du Roy de se présenter, et ils mirent sur le bureau un arrest du conseil d'en haut et une déclaration qui cassoient l'arrest de jonction des compagnies avec commandement de le tirer du registre et le lacérer. L'heure sonnant, l'on résolut que l'on s'assembleroit là dessus, et le 15me juin, il fut ordonné dans l'assemblée que sans avoir égard à l'arrest du conseil qui cassoit le leur du 13me may, il ne laisseroit pas d'avoir lieu et que l'on en avertiroit les compagnies, non pas par députés de peur qu'on ne les envoyast en exil, mais par les huissiers, ce qui fut fait[2].

1. Des assemblées du parlement, composées de députés de toutes les cours, avaient en effet été tenues en 1594, en 1597 et en 1618, pour délibérer, non plus seulement sur des questions de justice, mais sur des questions d'administration et de politique, telles que les rentes différées, la mendicité, les fortifications de Paris.

2. D'Ormesson a donné le texte de cet arrêt qui fit tant de bruit (t. I, p. 517).

La délibération achevée, Mr de Guenégault[1], secrétaire d'État, entra dans le Palais, accompagné d'un officier des gardes du corps[2], pour se saisir de l'arrest, et le porter à Sa Majesté, et le greffier s'évadant promptement, il ne fut pas en son pouvoir d'exécuter ce qu'on luy avoit commandé, dont il demeura très confus; mais sa commission ayant été sue, il n'est pas croyable l'indignation que ces messieurs en conçurent, le murmure que le peuple en fit; quelques-uns se mirent en devoir d'outrager ses gens, et s'il ne se fust retiré brusquement, il couroit fortune aussi bien que l'homme à baston qu'il avoit eu pour escorte.

Le parlement ne cessant point de s'assembler, contre l'exprès commandement de la Reyne, elle le manda et le reçut au Palais-Royal sur un haut dais, avec grande gravité et grande pompe; elle appela ses assemblées séditieuses, elle défendit au premier président de parler, elle commanda à M^r le chancelier de leur expliquer les sentiments du Roy, et il les traita avec des termes qui les mirent presque au désespoir, car il usa du mot de rébellion et d'autres qui n'étoient pas moins injurieux. C'est qu'ils n'avoient point apporté la feuille qui leur étoit demandée, afin de la déchirer.

Ce mauvais traitement et ces injures n'empeschèrent

1. Henri de Guénégaud, seigneur du Plessis, de Plancy et de Fresne, comte de Montbrison, secrétaire d'État depuis 1643, devint garde des sceaux des ordres du roi en 1656, et mourut le 16 mars 1676, âgé de soixante-seize ans.

2. Cet officier était un gentilhomme breton du nom de Kernevenoy, qu'on appelait à la cour : *Carnavalet*. C'est lui qui a donné son nom à l'hôtel rendu célèbre par Mme de Sévigné.

point les assemblées; au contraire, l'on s'assembla dès l'après-disnée mesme, et il y eut trois avis : le plus modéré de députer au Roy pour luy remontrer que le parlement ne faisoit rien et n'avoit rien fait jusque-là que ce dont il étoit en possession ; les autres plus forts. Mr le cardinal vouloit réduire ces messieurs à s'adresser à luy pour les raccommoder avec la Reyne ; voilà pourquoy il la poussoit à tonner et menacer. Ses émissaires débitoient qu'elle en feroit prendre quelques-uns et que le chancelier travailleroit aussitost à leur procès; et en mesme temps, que ce n'étoit point luy qui la mettoit en cette mauvaise humeur; qu'Hemery étoit le conseiller des violences, qu'il avoit tout gasté[1], qu'il étoit l'auteur des désordres, qu'on luy avoit laissé la conduite du dedans de l'État, et que le premier ministre n'étoit chargé que du dehors. Mais on le méprisoit de sorte que l'on rebutoit son interposition ; ils vouloient que Monseigneur s'entremist et les rajustast, leur faisant accorder le droit annuel; et Son Altesse royale, persuadé par Mr de la Rivière, les refusoit, disant qu'ayant offensé la Reyne, il ne se pouvoit séparer de ses sentiments, et leur indiquoit l'Éminence.

Enfin la cour ayant eu avis que les délibérations du parlement alloient à demander le soulagement du peuple et travailler à la réformation de l'État, elle crut qu'il étoit temps de leur tout offrir et d'obliger Monseigneur à parler et s'entremettre, ce qu'il fit. Il

1. D'Ormesson (*Journal*, t. I, p. 518) dit en effet que MM. d'Hemery et de Chavigny étaient d'avis, avec la reine, d'arrêter les députés du parlement qui se réunissaient dans la chambre de Saint-Louis.

manda les députés de la compagnie et leur dit, de la part de la Reyne, qu'elle trouvoit bon qu'ils s'assemblassent, qu'ils délibérassent des affaires publiques dans la chambre de Saint-Louis[1], par députés, suivant leur arresté, et qu'ils avisassent aux moyens de soulager le peuple et d'assister le Roy; qu'elle vouloit que l'arrest du conseil qui les avoit blessés fust supprimé et qu'elle leur accordoit la paulette. Il y eut encore quelque chose dont il ne me souvient pas, et je pense que c'étoit de l'encens pour Messieurs.

Les députés ayant fait leur rapport, l'on résolut que Monsieur seroit remercié et prié de continuer sa bonne volonté au parlement, mais qu'étant question du soulagement du peuple et d'assister le Roy, il en falloit délibérer et ne pas songer à leur intérest particulier, et qu'après avoir servy le Roy et le public, l'on parleroit du droit annuel. Il fut résolu encore de députer à la Reyne pour luy donner part des résolutions de la compagnie, et luy protester qu'elle demeureroit toujours dans le respect qu'elle devoit à Sa Majesté, et qu'elle avoit jugé à propos de s'assembler suivant sa permission pour des sujets si légitimes, après quoy elle accepteroit la grâce qu'elle luy faisoit l'honneur de luy offrir. M[r] le président de Bellièvre porta la parole chez Monseigneur et luy parla succinctement et très bien, et M[r] le premier président fut au Palais-Royal et fit une harangue à la Reyne si forte et si étrange que la rou-

---

1. On appelait la Grande-Chambre *Salle* ou *Chambre de Saint-Louis,* parce qu'elle avait été autrefois la chambre à coucher de Louis IX ; elle était située au premier étage du palais de la Cité : aujourd'hui elle sert de salle d'audience à la 1re chambre du tribunal de la Seine.

geur luy en monta au visage[1]. Il rendit le change à Mr le chancelier des termes injurieux dont il s'étoit servy, leur parlant et les traitant de séditieux et de rebelles; enfin il donna sur le mauvais ménage des finances et sur le surintendant qui étoit là, d'une façon à l'épouvanter, quoiqu'il fust assez ferme, et ne pust croire que le cardinal consentist jamais sa perte, vu la grande et étroite liaison qui étoit entre eux. Le premier président fut extrêmement loué de sa hardiesse et de ce discours si libre et si fort, et tant plus les gens de la cour appuyoient sur ses paroles, et tant plus donnoient-ils dans la créance du malin qui soutenoit qu'il ne s'étoit licencié de la sorte que par ordre de la Reyne, laquelle désiroit qu'il reprist autorité dans sa compagnie où il s'étoit ruiné depuis peu, afin de pouvoir servir utilement à l'avenir. Enfin Hemery, qui n'eust jamais pensé que la chose dust aller si avant, se trouva très empesché, mesme ayant remarqué quelque froideur en Mr le cardinal, lequel commençoit de connoistre et de craindre que les violences de cet homme ne l'embarrassent trop; il espéroit pourtant en la protection de Monseigneur, et que Mr de la Rivière, à l'instigation de l'Éminence auquel il ne refusoit rien alors, emploieroit tout son crédit auprès de son maistre pour le sauver.

L'on dit en ce temps-là chez nous que le parlement désiroit quatre choses de la Reyne, qui banniroient les

---

1. Le discours du premier président se trouve dans les *Mémoires de Mathieu Molé* (t. III, p. 225-230). La fermeté de ce magistrat, en cette circonstance, « étonna extrêmement Sa Majesté et toute l'assistance, » dit un contemporain (Bibl. nationale, Ms. 10273, p. 51).

abus des finances : que la taille ne fust plus mise en party[1], et qu'il n'y eust plus de solidité[2]; que les intendants fussent rappelés des provinces et leurs fuzeliers, et qu'ils rendissent compte; que l'on révoquast les impositions établies aux portes de Paris en vertu des arrests du conseil, et qu'on n'y fist rien payer qu'en conséquence d'une vérification au parlement; enfin qu'on rabattist un quart de la taille[3]. Certes il n'étoit rien de si juste que tout cecy, mais il étoit hors de saison et très dangereux, car l'autorité que prit le parlement et l'abaissement de la cour achevèrent d'affoiblir la monarchie, lorsque la guerre et les exactions indues l'avoient mise extrêmement bas; et il est certain qu'elle ne s'est sauvée que par miracle.

Le parlement se devoit arrester court, après avoir

1. *Mettre la taille en parti*, c'est-à-dire confier le recouvrement de cet impôt à un groupe de financiers, appelés *partisans*, d'après des conventions arrêtées à l'avance.

2. *Solidité* se disait pour *solidarité*, dans le sens du latin *soliditas*.

3. Les propositions de la chambre de Saint-Louis, véritables États généraux de la magistrature parisienne, peuvent se formuler en six articles, savoir : 1° remettre au peuple le quart des tailles qui se donnait aux partisans pour leur profit; — 2° remettre au peuple ce qu'il devait des dernières années, par égard pour son insolvabilité; — 3° révoquer les intendants de province qui foulaient le peuple, et rendre seuls responsables des deniers du roi les trésoriers de France, les élus, receveurs généraux ou particuliers; — 4° ne plus mettre personne en prison, sans que, passé le délai de vingt-quatre heures, le détenu soit interrogé par le parlement qui, à l'avenir, prendra connaissance des motifs d'arrestation; — 5° n'établir ni impôts, ni taxes, avant que les édits en aient été dûment vérifiés; — 6° établir une chambre de justice, composée des quatre cours souveraines, pour juger des abus et malversations qui se sont faites dans les finances (Gaillardin, *Histoire du règne de Louis XIV*, t. I, p. 350).

fait sentir au conseil qu'il avoit assez de force pour le luitter[1], mais aussi qu'il avoit assez de prudence pour se modérer, et qu'en cas qu'il continuast sa tyrannie et ses brigandages, l'on pousseroit les choses à l'extrême. Il ne se devoit plus assembler dès qu'il eut la permission de s'assembler, et ayant obtenu ce qui vient d'estre dit, n'auroit-il pas mieux fait de juger des procès comme auparavant, que de copier l'ancien sénat de Rome et prescrire des lois au souverain?

Vous savez que j'en ay toujours parlé de la sorte, craignant ce qui est arrivé depuis et qui devoit infailliblement arriver; car si l'on a dit autrefois que les princes sont mortels et la république éternelle, j'ay toujours eu peur que le ressentiment de cette éternelle ne meure point. Au reste je me suis attaché à ce qui s'est passé dans votre corps contre ma promesse et mon dessein; c'est qu'écrivant les actions de Monseigneur et les choses où il a eu part, dont j'ay été témoin, il l'a eue très grande en toutes celles-cy, et par conséquent j'étois obligé d'en parler : si ç'a été mal vous aurez la charité de me redresser, et je consens que vous mettiez en marge mes bévues[2].

Il me souvient que deux ou trois jours avant la députation de vos Messieurs, nous vismes une chose qui nous sembla très méchante. Mr de Chasteauneuf, qui étoit toujours à sa maison de Montrouge, eut ordre de la Reyne de l'aller trouver au Palais-Royal, et il y

1. *Luitter* pour *lutter,* c'est-à-dire pour le combattre en luttant avec lui.
2. Le Ms. de Paris qui a dû être en la possession de M. Malo, auquel Goulas s'adresse ici, ne contient aucune note marginale en cet endroit.

alla en habit de chancelier[1], se portant pour chancelier de France, lorsque Leurs Majestés en reconnoissoient un autre dont ils se servoient. La cour montra là une grande faiblesse, souffrant cette comédie si ridicule, en un temps où il luy étoit extrêmement préjudiciable d'en montrer. L'on disoit que Mr le cardinal avoit voulu que la Reyne vist que Mr de Chasteauneuf ne luy donneroit pas de meilleurs expédients que les autres et n'auroit pas de meilleurs remèdes pour guérir cette maladie d'État qui la mettoit si fort en peine, ou si on l'aime mieux qu'il n'en avoit point du tout. La Reyne luy demanda son avis sur les choses présentes, et ce qu'il falloit faire en ces fascheuses conjonctures, et il luy répondit qu'ayant été si longtemps hors des affaires et n'en sachant pas le secret, il n'osoit entreprendre d'en parler[2]; néanmoins la conférence fut longue et il s'en retourna chancelier comme il étoit venu.

Il étoit grand bruit alors de ce que le parlement s'emportoit contre Mr de Senneterre, dans la créance qu'il eust dit que le ministère ne devoit pas tant marchander les robes longues, qu'il en falloit faire un exemple et que la mort de deux ou trois contiendroit les autres et arresteroit leurs entreprises, et que l'on déclamoit dans la compagnie contre Mrs de Gerzé et commandeur de Jars pour avoir soutenu que n'y ayant que des gens de néant dans le parlement, il falloit traiter ces messieurs de gens de néant. Et voicy une

---

1. Châteauneuf avait été garde des sceaux sous Louis XIII.
2. Dubuisson-Aubenay dit au contraire dans son journal : « Ce mesme jour vendredy 19 (juin 1648), M. de Chasteauneuf fut mandé, vint en cour, et dit à la reyne que ce n'étoit pas comme il falloit traiter les cours souveraines. »

particularité assez rude, que Gerzé demandoit de faire son quartier d'hiver dans la Grand'chambre avec ses compagnons, comme pour pousser le mépris aussi loin qu'il se peut. Ces deux prosneurs-cy, gens de la cour, pouvoient s'estre licenciés jusques là par complaisance aux supérieurs, et Mr de Senneterre aussi pouvoit avoir donné le conseil qui étoit celuy de tout le monde, car constamment d'Hemery le proposa, et il fut appuyé de Monseigneur avec ces paroles : que le meilleur expédient à prendre étoit d'étourdir avec un horrible coup de tonnerre. Le cardinal fut d'avis contraire, mettant en jeu la sédition et la révolte du peuple qui seroit la dernière playe à l'autorité, et l'on m'assura qu'il tint plus ferme sûr ce que les astrologues luy avoient marqué cette année comme fatale à sa grandeur et l'avoient exhorté à ne rien entreprendre où il y eust la moindre ombre de péril.

Pendant que nous nous taillions tant de besogne chez nous, nos affaires n'alloient pas mal en Allemagne ; les choses se disposoient à la paix dont nous avions tant de besoin, et cela par les nouveaux progrès des Suédois joints avec Mr de Turenne, et l'état déplorable de l'Empereur et du duc de Bavière. Ce dernier avoit été contraint de tout abandonner, de fuir honteusement et de laisser en proye à nos armées ses serviteurs, ses villes et ses peuples, et pour comble de malheur à ce party, Lamboy ayant attaqué le général des troupes de Hesse, Geis, avoit été battu et s'étoit sauvé avec sa cavalerie à grand'peine, son infanterie, son canon et tout son bagage étant demeurés aux victorieux, tellement que M^r l'archiduc, qui espéroit de grossir son armée de ses troupes, se voyoit obligé de l'assister des siennes et de s'affoiblir : il fallut mesme qu'il séparast incontinent après ce qui luy restoit, parce que Mʳ d'Erlach[1], gouverneur de Brisach, avoit mis ensemble sur le Rhin un corps assez considérable qui descendoit le long de la rivière et donnoit jalousie à l'armée de Flandre qui nous pressoit; et c'étoit l'unique moyen d'empescher Mʳ l'archiduc de nous incommoder davantage. Il avoit eu un assez heureux commencement de campagne, il poursuivoit sa pointe; il brusloit sur nos frontières et approchoit de Guise[2]; enfin il faisoit courir le bruit qu'il assiégeroit et prendroit la place, et que si Mʳ le Prince avançoit pour l'en empescher, il iroit au devant de lui et le combattroit. Néanmoins ces propos braves n'étoient que des bravades, il ne les tenoit pas à cette intention; ils avoient deux fins que l'on connoissoit aisément : de sortir Mʳ le Prince du cœur de la Flandre et donner chaleur à la mauvaise intelligence d'entre le ministère et le parlement, estimant que ce dernier prendroit plus d'audace de son approche et pousseroit plus vertement le cardinal.

Certes la chose arriva sans que l'on songeast à l'archiduc et à son armée et, disoient la plupart, comme par une inspiration d'en haut, car bien que presque tous les présidents fussent pour la cour et grand nombre de conseillers, il y eut arrest au premier

1. Jean-Louis d'Erlach, lieutenant de Bernard de Saxe-Weimar, qui avait conquis l'Alsace pour la France. A la mort de Bernard, il avait pris le commandement de l'armée weimarienne et l'avait vendue à la France. En 1649, il l'enleva à Turenne, qui s'était déclaré pour la Fronde. Il mourut en 1650.

2. Guise, en Picardie, sur la rivière de l'Oise, au-dessus de La Fère.

tour¹ par lequel les intendants de justice dans les provinces furent interdits, leurs fuzeliers cassés, les trésoriers de France et les élus rétablis et remis en la fonction de leurs charges, et il seroit informé des malversations des financiers et des traitants. Ce gros coup de canon étant entendu au conseil du Roy, Monseigneur s'en alla au parlement² et demanda surséance de cet arrest, laissant comprendre que l'on donneroit contentement à la compagnie, mais qu'il falloit qu'il parust que le tout se fist de l'autorité du conseil du Roy. Il proposa ensuite des assemblées dans son palais d'Orléans³, pour aviser au moyen de régler les choses, de contenter les compagnies, et mettre tout en bon ordre, afin de sauver l'État qui périssoit de cette mésintelligence, ce qui fut reçu et accepté avec joye.

Le bruit court là dessus qu'il faut de l'argent présent pour la guerre, et que le désordre des finances étant extrême⁴, il est expédient que le Roy rentre dans tous ses revenus, et qu'il fait banqueroute à ceux qui l'ont assisté de leur argent sous le titre de prest, en vertu de quoy ils jouissoient de la taille, le plus clair et plus certain revenu de l'État, sans lequel il ne peut subsister⁵. Cecy mit l'alarme partout, car qui n'étoit

---

1. Ce fut en effet la première décision prise par la Chambre de Saint-Louis (30 juin 1648). En apprenant la révocation des intendants, « la cour, dit Retz (t. I, p. 321), se sentit touchée à la prunelle de l'œil. »

2. Le 6 juillet 1648.

3. Ces assemblées eurent lieu les 8 et 10 juillet.

4. Le roi était, parait-il, endetté de 157 ou 158 millions, et n'avait pas un sou à l'épargne (*Journal d'Ormesson*, t. I, p. 542).

5. La *taille* était en effet l'impôt direct levé sur les vilains, à la fois personnel et territorial.

pas intéressé dans ces prests directement ou indirectement? Les gens d'affaire aussitost offrent de grandes sommes pour détourner le coup[1], demandent qu'on leur assure leur principal, qu'on modère leurs intérests et qu'on les rembourse à longues années; et, comme ceux-cy se disposent à assister le Roy, les peuples s'imaginent que leurs millions vont suffire pour tout et qu'ils ne paieront plus rien. Mais ils sentirent bientost que le désordre ne fait pas la félicité des petits et que les maux tombant sur les parties foibles, ils en portent toujours leur bonne part.

L'arrest ayant taillé en pièces les intendants de justice et rétably les anciens officiers, l'on jugeoit ce moyen bon pour faire de l'argent, et néanmoins les termes de l'arrest blessoient M^r le cardinal, en ce qu'il luy sembloit rude que l'on fist le procès à des personnes de condition pour avoir accepté ces sortes d'emplois. Il avoit dit auparavant que les choses étant en si bon chemin, et que le Roy pouvant ainsi estre assisté de ses sujets, il étoit à croire que l'Espagne deviendroit plus traitable et qu'elle se mettroit à la raison quand elle verroit que nous tirerions de solides avantages de ce qu'elle espéroit nous devoir troubler, et M^r le chancelier, qui parla le premier, proposa de faire une déclaration conforme à l'arrest du parlement qui avoit causé la conférence, afin qu'il parut que le tout avoit

1. Parmi ceux qui étaient les plus intéressés dans les prêts et qui offrirent ainsi de suite l'argent dont on pouvait avoir besoin, Olivier d'Ormesson (t. I, p. 555) cite Bautru, Senneterre, le commandeur de Jars et le maréchal d'Estrées. Il en était de même des partisans, tels que Catelan, Tabouret, Lefebvre et autres contre lesquels le parlement avait donné ordre d'informer.

été fait du mouvement du Roy et de son conseil, et non pas extorqué par force; ce que les députés consentirent.

Cette tempeste fit connoistre à Mr le cardinal qu'il luy seroit difficile de conserver Mr d'Hemery dans la surintendance, et il crut que le meilleur party pour luy étoit de le sacrifier et le charger de toute l'iniquité du ministère. Il en étoit mal satisfait parce qu'il avoit attiré cet orage, et parce qu'il en étoit venu aux plus grosses paroles avec luy, soupçonnant qu'il l'abandonneroit. L'on assura mesme qu'il avoit fait donner avis au parlement par ses amis et les intéressés aux prests, qui étoient en grand nombre dans cette grande compagnie, que c'étoient ceux qui avoient transporté l'argent hors du royaume qu'il falloit punir, puisqu'ils étoient les plus coupables, ce qui regardoit Mr le cardinal; mesme que la requeste ayant été dressée, les dévoués à l'Éminence la supprimèrent, tellement que cette machine qu'il avoit imaginée pour luy faire peur et l'obliger à tout hasarder, plutost que de le perdre, le révolta entièrement et le fit congédier bien vite, car il fallut partir tout malade et gagner sa maison de Tanlay[1] à vingt-cinq ou trente lieues de Paris, où on l'avoit relégué; et de crainte que ses artifices, qui avoient été découverts au cardinal, ne le luy rendissent irréconciliable, il le menaça d'un manifeste où toutes leurs voleries et leurs négoces étoient peints et le secret de leurs brigandages représenté avec toutes ses couleurs.

1. D'Hemery reçut ordre « de se retirer dans la plus éloignée de ses maisons, » le 9 juillet 1648. — On peut consulter sur la disgrâce d'Hemery les *Mémoires du P. Rapin* (t. I, p. 216) et le *Journal de Dubuisson-Aubenay*, à la date du 9 juillet 1648.

L'on reconnut dans ces conférences et dans les assemblées du parlement que la cour avoit merveilleusement et heureusement travaillé dans toutes les compagnies souveraines, et en avoit gagné la plupart ; car les voix étant comptées, les avis plus rudes ne passoient jamais qu'à fleur de corde[1] ; et aux conférences du palais d'Orléans, comme l'on vint à parler des rentes rachetées et des sommes immenses qui étoient entrées dans les remboursements, quelqu'un demanda aux députés de la chambre des comptes à combien elles pouvoient monter ; ils ne répondirent rien, et la jeunesse du parlement qui étoit là ne se tut pas de ce silence.

M. d'Hemery chassé, M. le cardinal se hasta de faire un surintendant et choisit M. le maréchal de la Meilleraye, auquel il donna deux adjoints, mais subalternes, sous le nom de directeurs des finances, M^{rs} d'Aligre[2] et de Morangis[3], gens de grande intégrité, mais peu entendus en ces sortes d'affaires. Le bruit de la cour étoit que Monseigneur avoit eu peu de part en leurs promotions à tous, et néanmoins M. de la Rivière nous assuroit qu'on luy avoit de l'obligation à l'Arsenal[4] et qu'il pensoit y avoir crédit.

1. *A fleur de corde,* expression employée dans le jeu de paume pour indiquer que la balle a légèrement touché la corde et que peu s'en fallait que le coup ne fût perdu.
2. Étienne d'Aligre, né à Chartres le 13 juillet 1592, avait été nommé conseiller d'État en 1635 et commis en 1645 pour tenir les États du Languedoc. Il devint plus tard garde des sceaux, chancelier de France, et mourut à Versailles le 25 octobre 1677.
3. Antoine Barillon, seigneur de Morangis, fils de Jean Barillon, conseiller au parlement, et de Judith de Mesmes.
4. C'est-à-dire chez M. de la Meilleraye, grand-maitre de l'artillerie.

Mais Son Altesse royale ayant promis au parlement que la déclaration dont il a été parlé seroit conforme à son arrest, il y en vint une qui ne l'étoit pas et qui causa beaucoup de rumeur dans la compagnie. Ce manquement y pensa ruiner Monseigneur, et luy donna toute la mortification dont il pouvoit estre capable. Il luy tenoit si fort au cœur, qu'il me fit l'honneur de m'en parler, me disant que c'étoit la faute de M⁻ le chancelier; je luy répondis que je n'en doutois pas et que j'avois peine à croire que pour une surprise il pust perdre la créance qu'il avoit si bien méritée de la compagnie, mais qu'il n'y falloit pas retourner, ces messieurs ressemblant aux Suisses qui veulent qu'on agisse toujours avec une scrupuleuse fidélité. Ce n'étoit pas là l'air du conseil. Et certes il ne se pouvoit rien de plus déplorable qu'un si grand prince, en des choses de cette importance, ne parlast à personne qui s'y entendist, et que Mʳ de la Rivière, par jalousie, l'empeschast de communiquer ce qu'il devoit porter en une si célèbre assemblée que celle du parlement. Enfin il alléguoit pour excuse qu'ayant dit qu'il n'étoit pas le maistre, il n'étoit plus engagé; et un conseiller auquel je rapportay cecy me répliqua très à propos que Son Altesse royale ayant assisté à la délibération et opiné avec les autres, savoit l'intention de la compagnie, et qu'ainsi il ne se devoit jamais rendre porteur d'une déclaration qui n'y étoit pas conforme; que c'étoit se commettre, qu'il ne le devoit jamais faire. Et il connut très véritable ce que je luy avois dit : que ce malheur ne le ruineroit pas dans ce grand corps, car l'on y admiroit toujours sa douceur et sa patience, sa dextérité, son bon sens, et qu'il ne se fust jamais haussé ni emporté contre personne, payant toujours de bonnes raisons et répartant avec jugement et modération ; et l'estime qu'il y acquit fut telle et le mépris pour le palais cardinal si grand, que s'il avoit voulu prendre l'autorité, il en fust venu à bout ; et il n'y avoit pas faute de gens qui l'exhortoient à se servir de la conjoncture et pousser les autres. Aussi avoient-ils conçu une horrible jalousie contre luy en ce pays là, et l'on s'y mit à rechercher M' le Prince, à luy promettre tout, à l'intéresser en mille manières ; mesme il revint de l'armée pour quatre jours[1], afin qu'on pust faire parade de cette liaison. J'en parleray incontinent après avoir débité une nouvelle qui réjouit fort la cour immédiatement avant son arrivée.

Nos affaires tomboient en décadence en Italie : les princes du pays, voyant Naples dans le devoir, songeoient à se raccommoder avec l'Espagne ; M' de Modène ne pouvoit plus subsister en son poste de Casal Maggiore ; et le marquis de Caracène, bien retranché, le laissoit consumer petit à petit, après luy avoir osté l'espérance de pénétrer dans le Milanois. Aussy nos gens se virent réduits à l'attaquer, et le firent si vigoureusement qu'ils luy passèrent sur le ventre et s'ouvrirent le chemin à vive force. Il y eut quatorze ou quinze cents des ennemis tués ou prisonniers en cette occasion, et nous perdismes environ trois cents hommes, et entre autres le fils aisné du maréchal du Plessis[2]. Mais cet avantage nous servit

1. Le prince de Condé arriva à Paris le dimanche 19 juillet 1648.
2. César de Choiseul, chevalier de Malte, second fils de César de Choiseul, comte du Plessis-Praslin, maréchal de France, et de Colombe le Charron, fut tué à l'âge de 20 ans.

de peu à cause de nos divisions qui ostoient tout moyen de continuer la guerre en nous ostant l'argent et le crédit.

Revenons à M⁽ʳ⁾ le Prince qui étoit au Catelet[1] et qui, depuis sa malheureuse entreprise d'Ostende[2], avoit suivi M⁽ʳ⁾ l'archiduc. Il étoit campé à six lieues de luy, notre pays à son dos; et l'autre près de Landrecy. Il envoya le maréchal de Gramont à la cour, pour savoir l'état des choses et ce qu'on désiroit de luy, lequel maréchal dit à tout le monde qu'il étoit venu pour retirer son argent des prests, qui couroit fortune, et au bout de quatre jours s'en retourna. Dès qu'il fut de retour à l'armée, et qu'il eut rendu compte de son voyage, M⁽ʳ⁾ le Prince partit brusquement, et fut à quinze lieues de Paris avant qu'on y eust avis qu'il y devoit venir[3].

Monseigneur fut fort surpris et fort blessé qu'on ne luy eust rien dit de ce voyage; il en parle à la Reyne qui proteste de n'en savoir rien et de le trouver étrange; il en parle au cardinal qui répond la mesme chose; enfin il se plaint hautement que tenant la place qu'il tient dans l'État, un général d'armée n'en doit pas user de la sorte sans sa participation et permission. M⁽ʳ⁾ de la Rivière est encore plus étonné que luy,

1. Le Catelet est aujourd'hui un chef-lieu de canton du département de l'Aisne, à 20 kil. N. de Saint-Quentin, sur l'Escaut. — Le prince de Condé avait établi son quartier général en cette ville le 26 juin 1648, alors qu'il tenait les Espagnols en échec sur la frontière de Picardie.

2. Le maréchal de Rantzau avait en effet été fort maltraité avec ses troupes dans l'entreprise contre Ostende (15 juin 1648).

3. Le prince de Condé quitta Le Catelet le 19 juillet 1648, et fut à Paris le soir vers les neuf heures, chez le roi et la reine, au Palais-Cardinal. (*Journal de Dubuisson-Aubenay.*)

et prend garde à ne se pas mettre entre deux, car M⁰ le Prince étant arrivé, après avoir vu la Reyne et M⁰ le cardinal, il s'en vient au palais d'Orléans accompagné de M⁰ de Longueville, et le bon M⁰ de la Rivière se tira à quartier et ne s'y trouva point, ce qui fut bien remarqué de ses amis et de ses ennemis. Monseigneur, qui avoit été si en colère, fut satisfait des raisons de M⁰ le Prince, et l'on vécut à l'accoustumée. L'on dit à la cour que notre ministre n'osa paroistre en tout cecy, parce que connoissant que la liaison de la Reyne et de M⁰ le Prince s'étoit faite sur ce qu'on ne se fioit point de luy et que Monseigneur prenoit trop de créance auprès des robes longues, il falloit faire semblant de ne rien voir, ou l'on se seroit opposé à son cardinalat qu'il croyoit en si bon chemin; et, pour oster l'ombrage que prit le parlement de cette arrivée si imprévcue, il [M⁰ le Prince] fit dire à la compagnie, par un conseiller de ses amis, qu'il n'étoit pas à Paris pour prendre connoissance des démeslés qu'elle avoit avec la cour, dont Monsieur s'étoit entremis et qu'il termineroit bientost au contentement de tout le monde, mais pour informer la Reyne et le conseil de l'état de l'armée et de la frontière, et tascher qu'on lui donnast ce qu'il avoit besoin pour la subsistance des troupes et achever la campagne par quelque entreprise digne de la réputation de la France et de la sienne; et que ne le pouvant avoir il demeureroit. On luy fit sentir aussi que M⁰ le Prince ne souffriroit point qu'on poussast le premier ministre et peut-estre fut-ce là une des raisons de son voyage.

Néanmoins le bruit étoit chez la Reyne qu'il partiroit à deux jours de là, et en effet étant d'accord avec

Mr le cardinal, qui l'assura du Bourbonnois en propre et de Clermont en Champagne, moyennant qu'il renonçast à l'amirauté et luy donnast protection, et ayant demeuré une fois quatre heures enfermés pour faire voir leur bonne intelligence, il prit congé sur l'avis qu'apporta un courrier de Mr le maréchal de Gramont que l'armée ennemie marchoit, et se rendit incontinent à la sienne qui étoit auprès d'Arras ou de Bethune[1]. Aussi n'avoit-il plus que faire à Paris ; son voyage avoit eu son effet ; la conférence longue avec Mr le cardinal et les grâces qu'il avoit remportées de la Reyne donnoient assez à penser aux gens, et Mr de la Rivière avoit bien là des raisons pour tenir son maistre dans la dépendance de Sa Majesté et du premier ministre, et penser à luy mesme, voyant que l'on n'en vouloit point dépendre.

Tout cecy luy causa assez de martel, mais pour le dissiper et le réjouir un peu il eut une visite du nonce qui luy témoigna comme le pape et la cour romaine avoient merveilleusement bien reçu sa nomination, et ayant ensuite demandé audience à Monseigneur, il assura Son Altesse royale que Sa Sainteté avoit impatience de luy faire connoistre l'estime qu'elle conservoit pour sa personne en la recommandation qu'Elle luy avoit faite de Mr l'abbé de la Rivière pour la première promotion des cardinaux, et qu'y ayant des places vacantes suffisamment, Elle auroit des preuves de l'égard qu'avoit Sa Sainteté aux choses qu'Elle désiroit.

---

1. Le prince de Condé s'arrêta auprès de Béthune, le 4 août 1648, en apprenant que Furnes s'était rendu.

Il est certain qu'alors Mr de la Rivière servoit M^r le cardinal tout autant bien qu'il le pouvoit souhaiter, et qu'il servoit aussi très bien son maistre. Son union [1] avec la Reyne étoit son salut et celuy de l'Etat, et la modération qu'il [Mr de la Rivière] luy preschoit et dans laquelle il le tenoit, luy acquéroit l'estime et les volontés des honnestes gens et des peuples. Il luy représentoit que s'étant étably par un grand gouvernement et des places, il ne luy falloit rien davantage ; que souhaitant plus, il donneroit trop d'ombrage à la cour et luy seroit trop à charge ; que M^r le Prince se ruineroit par ses prétentions et ses demandes ; qu'il alloit estre l'objet de la jalousie du Roy qui croistroit dans la haine de sa personne et la crainte de sa grandeur ; qu'il luy étoit expédient que M^r le Prince parust plus puissant et qu'on le crust tel, afin que cette jalousie tombast sur luy, et que Son Altesse royale demeurast en repos et avec l'estime d'un prince modéré et bien intentionné, ajoutant qu'il se gardast aussi de rien demander pour les autres, puisque c'étoit s'attirer mille importunités, et qu'on ne voyoit point fort fidèles ceux qu'on appelle des créatures ; que ses gens seroient assez heureux d'avoir de quoy subsister ; qu'il avoit assez de grâces à faire chez luy pour les mettre en un état proportionné à leur condition ; enfin qu'il falloit songer à vivre en repos après la majorité et se conserver les bonnes grâces et la bénédiction des peuples.

Mais, comme je vous ay dit tantost, ces peuples s'étoient promis qu'ils ne payeroient plus rien et que la taille étoit abolie, tellement que ceux d'autour de

---

1. *Son union*, c'est-à-dire l'union de Son Altesse royale.

Paris s'assemblèrent et envoyèrent au parlement leur requeste tendant à estre déchargés de tous imposts. Un conseiller leur fut un dieu tutélaire; ils le regardoient avec vénération et n'en parloient qu'en le bénissant, et les habitants de Paris n'étoient pas moins zèlés et soumis que les autres, car des cochers et des laquais ayant pris querelle dans les rues se battirent à bon escient, et les maistres qui virent du sang répandu, étant sortis de carrosse pour mettre le holà, (c'étoient deux gentilshommes et un maistre des requestes) l'homme de robe longue eut tout le peuple pour luy, et cette canaille disoit tout haut qu'il falloit estre du party du maistre des requestes à cause du parlement qui prenoit soin de leurs intérests et empeschoit leur oppression.

L'on eut nouvelle, environ ce temps là, de la prise de Tortose que Mr de Schomberg avoit assiégée[1]. Cet homme étoit heureux à la guerre et comme fatal à l'Espagne; il fit deux belles choses en Catalogne presque tout ensemble, car il sauva Flix[2], y envoyant le secours à propos, et prit Tortose de force, comme à la vue de D. Francisco Mello qui s'approchoit à dessein de nous faire lever le siège. Nos gens s'étant aperçus qu'un certain endroit n'étoit pas gardé et qu'ils pourroient entrer par là, donnèrent brusquement de plusieurs costés, et faisant leur grand effort à

1. M. de Schomberg, qui était vice-roi de Catalogne depuis le 5 juin 1648, avait mis, le 10, le siège devant Tortose, qui se rendit le 13 juillet.

2. Les Espagnols avaient essayé, en menaçant la ville de Flix, de détourner le maréchal de Schomberg du siège de Tortose; mais le maréchal sut se maintenir dans sa position et forcer l'ennemi à abandonner la sienne.

celuy-cy emportèrent la place. Mrs de la Trousse-Fay[1] et de Montlaur furent tués : ce premier gouverneur de Roses, et son gouvernement fut donné à Mr de la Fare[2] de Languedoc, qui avoit servy M^r le cardinal de surveillant pour sa personne, et celuy de Tortose à Mr de Marsin[3]. Il est vray qu'en cette rencontre Son Éminence voulut donner des marques publiques de son pouvoir souverain, et montrer que le parlement ne l'avoit pas encore ébranlé, car sans en parler à Monseigneur, ni à personne pour luy (il étoit à sa maison de Limours), ces deux messieurs remportèrent ces deux grâces. Monseigneur ne sut la mort de La Trousse et que La Fare avoit eu Roses, son gouvernement, que le lendemain à Petit-Bourg, et toute la cour crut que le cardinal avoit fait cecy à dessein, et pour faire comprendre qu'étant dans la dernière liaison avec M^r le Prince, il ne craignoit personne et ne recevroit point de mal du parlement.

La Reyne fit chanter un *Te Deum* de la prise de Tortose, autant pour empescher le parlement de s'assembler le mercredy que pour rendre grâce à Dieu de ce succès; et elle mena le Roy au Palais, le lendemain, en grande pompe[4], tous les gens de

1. François le Hardi, seigneur de Fay, était frère de François le Hardi, marquis de la Trousse, qui avait épousé Henriette de Coulanges, tante de Mme de Sévigné.
2. Charles de la Fare, marquis de Montclar, fils de Jacques de la Fare, marquis de la Fare, et de Gabrielle d'Audibert, et père de Charles-Auguste, marquis de la Fare, l'auteur des *Mémoires*.
3. Jean-Gaspard-Ferdinand, comte de Marchin, fils de Jean de Marchin, seigneur de Modave, et de Jeanne de la Vauxrenard, fut père du maréchal de Marchin.
4. Le 28 juillet, le roi se rendit à cheval à Notre-Dame pour assister au *Te Deum*, chanté pour la prise de Tortose. C'est le 31

qualité ayant leurs habits dorés et de broderie, comme quand l'on fut à Notre-Dame au *Te Deum*. Les ambassadeurs des princes furent priés de la part du ministère de s'y trouver, enfin l'on en fit comme un jour de feste et de jubilation. Néanmoins M[r] le cardinal fut trompé dans le calcul, quoiqu'il eust fort cageolé le président de Nouvion quelque temps auparavant pour l'obliger à réduire le président de Blancmesnil[1], des plus dangereux des Enquestes. L'on dit que M[r] le chancelier parla fort mal, M[r] le premier président fort bien, et M[r] l'avocat général plaida admirablement[2], mais pour le parlement, qu'il ne cessa de louer et paranympher de tout ce qu'il avoit fait et entrepris jusques là. Vous savez les chefs de la déclaration qui y fut portée telle que l'on étoit convenu[3], et que quand

que le roi vint au parlement en carrosse et en grande pompe. Les *Mémoires d'Omer Talon* (t. V, p. 131-141) contiennent, analysées ou citées *in extenso*, les harangues prononcées dans cette séance solennelle du parlement.

1. Nicolas Potier, seigneur de Novion, fils d'André Potier, seigneur de Novion, et de Catherine Cavelier, était président à mortier. — René Potier, seigneur de Blancmesnil, son cousin, fils de Nicolas Potier, seigneur d'Ocquerre, et de Marie Barré, était président de la première chambre des enquêtes.

2. Sa harangue, curieux spécimen du goût de l'époque, est reproduite dans les *Mémoires d'Omer Talon* (t. V, p. 135).

3. La déclaration du 31 juillet 1648, que Mme de Motteville a rapportée textuellement dans ses mémoires (t. II, p. 118-125), touchait tous les points débattus entre le parlement et le conseil du roi, depuis le commencement de l'année 1648 : Remise au peuple du quart des tailles pour 1649 et les années suivantes; — nulle imposition ne sera levée à l'avenir, avant que l'édit en ait été dûment vérifié; — abolition de la taxe sur l'entrée des vins à Paris, mais maintien des autres taxes dont le tarif sera fixé par le roi, en son conseil; — recouvrement des gages pour les officiers qui les ont perdus, et le paiement des rentes assuré par un fonds spécial; — suppression des nouvelles

on sut que le Roy ordonnoit que le procès fust fait à ceux qui avoient transporté l'argent hors du royaume, tous vous autres, messieurs les jeunes, regardastes en souriant M⁷ le cardinal qui n'en fut pas trop défait ni embarrassé. L'on nous assura encore que M⁷ le chancelier prenant les opinions, plusieurs dirent qu'ils étoient d'avis de l'enregistrement de la déclaration, mais qu'ils délibéreroient dessus le lendemain.

Il y avoit une chose qui blessoit fort la compagnie : la défense de continuer les assemblées de la chambre de Saint-Louis, ni d'y en faire à l'avenir que de l'avis du parlement et sans autorité du Roy[1] ; car le parlement est persuadé qu'il a droit de s'assembler et délibérer quand bon luy semble et de mander les autres compagnies dans cette chambre de Saint-Louis pour connoistre tous ensemble des affaires publiques. Ainsi il croyoit avec raison qu'en cecy l'on choquoit ses privilèges, et ce n'étoit pas une bonne invention au ministère pour l'apaiser.

En ce temps là, les ennemis assiégeoient Furnes et la pressoient, et M⁷ le Prince quelques jours auparavant avoit dépesché à la cour M⁷ de la Moussaye pour donner avis de leur dessein et de la fortune qu'alloit courir Dunkerque, M⁷ de Rantzau prenant plus de soin de recouvrer de bon vin que de munir sa place. Furnes fut rendue après sept jours de tranchées ouvertes[2], et

charges de maitres des requêtes, créées en janvier ; — conservation des partisans, mais seulement jusqu'au jour où le roi pourra se passer de leurs services ; — création d'une cour de justice pour aviser au mauvais état des finances ; — enfin interdiction des assemblées, devenues inutiles, de la chambre de Saint-Louis.

1. Le sens serait plus clair s'il y avait : et de l'autorité du Roy.
2. Furnes se rendit le 8 août 1648.

Du Bosquet, qui y commandoit, n'en fut ni blasmé ni arresté, comme Clanleu pour Dixmude, mais il étoit à Monseigneur, et celuy-cy à M^r le Prince. Ce n'est pas que ce ne fust un très brave homme et qui avoit donné de bonnes preuves de son cœur.

La perte de cette place ne fit pas de bruit, à cause qu'il y en avoit d'autres à Paris de plus de conséquence. La jeunesse du parlement tint parole à M^r le chancelier, car dès le lendemain de l'enregistrement de la déclaration et de la cérémonie, les Enquestes allèrent prendre leurs places à la Grand-Chambre, quoique la Tournelle et l'Edit ne branlassent point et travaillassent à l'ordinaire. Ils demandèrent qu'elle fust lue, et il y eut là dessus grande contestation entre le premier président et ces messieurs.

Ce jour là, Monseigneur fut envoyé par la Reyne à la chambre des comptes et M^r le prince de Conty à la cour des aydes, pour y faire lire cette déclaration, mais Sa Majesté, apprenant que le parlement continuoit ses assemblées, pria Monseigneur de s'y vouloir trouver. Ce fut, ce me semble, un mardy 4° aoust, et il n'étoit pas de besoin de l'en presser, puisqu'il jugeoit très périlleux pour l'Etat que ces messieurs ne se rendissent point, et s'opposassent ainsi continuellement aux ordres et aux volontés du souverain.

Les 4 et 5me du mois il [Monseigneur] se comporta dans cette compagnie avec tant de jugement, d'esprit, de douceur, de flegme, de fermeté, qu'encore qu'il condamnast hautement leur procédé et leurs sentiments, et qu'il se fust pris à Mr de Broussel mesme, et luy eust dit que son avis alloit droit contre le service du Roy, pas un ne s'en offensa; au contraire, comme il voulut sortir, voyant qu'ils n'avancent rien, ils l'arrestèrent et firent une partie de ce qu'il désiroit, c'est-à-dire qu'ils ne firent pas tout le mal qu'ils vouloient, car enfin les sages politiques s'étonnoient qu'ils ne vissent pas de quel préjudice à l'État étoient alors ces assemblées, qu'elles alloient à détruire l'obéissance des peuples, nous décrier parmi nos soldats, nous ruiner auprès de nos voisins, nous faire perdre nos alliés, nous oster l'argent avec lequel on payoit les rentes et les armées subsistoient, enfin sous prétexte de bon ordre mettre tout en confusion.

Les autres parlements, à leur exemple[1], s'émancipoient; les bonnes villes du royaume se rebelloient et à peine reconnoissoient le souverain, personne ne vouloit payer les imposts; l'on menaçoit partout les receveurs des deniers du Roy, on les traitoit de voleurs publics, ils n'étoient plus en sûreté dans leurs maisons; plus de justice nulle part, une véritable anarchie à renverser le royaume. Et pourquoy ne se pas contenter de ce que le Roy avoit fait sur ses remontrances[2] : osté le surintendant, soulagé le peuple, remis les choses en quelque ordre, révoqué les intendants de justice, cassé leurs fuzeliers, rétably les trésoriers de France et les élus. Certes le parlement devoit attendre à se rassembler que le ministère manquast ouvertement de parole et fist brèche à la déclaration; mais il vouloit toucher aux prests et remuer cette affaire qui étoit l'ordure du conseil, et elle alloit empoisonner tout le monde. Il étoit très juste de le chastier s'il eut été temps de le faire.

1. A l'exemple du parlement de Paris.
2. Sur les remontrances du parlement.

Or durant ces brouilleries si fascheuses qui tenoient en transe Mʳ le cardinal et toujours la Reyne en colère, peu de personnes leur faisoient la cour ; grande solitude chez eux, quoique les huissiers eussent ordre d'ouvrir à tous les gens. L'on crut alors qu'il y avoit une forte cabale contre le cardinal, où ses meilleurs amis étoient entrés. Mʳ le maréchal de Villeroy fut nommé, et j'entendis dire à quelqu'un, que si celuy-là en étoit, il avoit vu très distinctement la perte de Son Éminence. Néanmoins l'on nous dit aussitost après que luy-mesme avoit fait courir ce bruit, et nommer de la cabale ses féaux amis : Mʳˢ d'Estrées, de Senneterre, commandeur de Souvré, de Jars, de Bautru, pour les empescher d'y entrer, ne se fiant en eux que de bonne sorte, puisqu'ils étoient parents ou intrinsèques de Mʳ de Chasteauneuf. L'on me soutint aussi que Mʳ de la Rivière, qui en étoit, et qui avoit eu leur secret à tous et l'avoit révélé, sacrifia ainsi très méritoirement afin d'approcher son chapeau, ce qui persuada les gens que l'on verroit bientost beaucoup de changements dans la cour, et l'on nomma pour gouverneur du Roy un des deux maréchaux du Plessis ou de Gramont, si ce dernier vouloit accepter l'employ sous le surintendant de l'éducation.

Mais les choses étoient si confuses et les ministres si étourdis des mauvaises nouvelles qui leur venoient tous les jours, qu'ils ne savoient plus comment s'y prendre. A Poitiers, le peuple avoit pendu le fantosme de Mʳ d'Hemery et arraché le tarif des portes de la ville ; à Toulouse, ils copioient le parlement de Paris ; à Bordeaux et à Grenoble, ils commençoient la mesme tragédie, et ce dernier parlement en usa avec une étrange hardiesse : une de ses chambres fut commise pour faire le procès au maréchal de la Mothe, et le parlement en corps voulut en prendre connoissance, malgré le Roy, si bien que le ministère voyant qu'il alloit estre absous l'envoya promptement à une de ses maisons. En Provence, les exilés du parlement se réfugièrent à Marseille, et y rendirent la justice. A Rouen, le parlement ordonna que si le semestre[1] se présentoit au Palais, on luy fermast la porte, et défendit aux bourgeois d'en loger pas un; et Monseigneur faisoit entendre au parlement de Paris toutes ces choses sans qu'il s'en émust, ce qui l'obligea enfin de dire en se retirant qu'il ne luy seroit point reproché, à luy qui tenoit un rang si considérable dans l'Etat, qu'il eust assisté à une délibération si contraire au service du Roy et au bien du royaume.

Mais quoique Monseigneur eut agi si sagement et si fortement en cette rencontre, et obtenu du parlement ce qui pouvoit beaucoup contribuer à l'ajustement, la cour n'en fut point satisfaite : elle se plaignit des louanges qu'on luy donna; elle blasma sa conduite habile et judicieuse, et ses espions ayant rapporté que Mr Goulas, son secrétaire, avoit dit chez Mr le chancelier que le prince avoit bien parlé dans la dernière délibération, et bien servy le Roy, ayant remis le parlement dans le train et le cours ordinaire de ses fonctions, Mr le cardinal luy en fit un crime, protestant que c'étoit un pernicieux homme qui perdoit son maistre par ses flatteries, et que Monsieur ne faisoit point un pas qu'il ne criast : « O restaurateur de l'État! O admirable! » ce qui visiblement étoit la

---

1. Titulaires nouveaux créés par mesure fiscale pour exercer pendant un semestre les fonctions des anciens.

rhétorique de Mr de la Rivière. Il [le cardinal] échappa jusques à s'écrier que la mollesse de Monsieur avoit tout gasté dans le parlement, et ruiné les affaires du Roy ; et certes il n'avoit de mollesse que pour eux, et ses égards pour la Reyne le ruinèrent.

Je vous vais conter une histoire étrange sur ce sujet, laquelle m'étoit échappée lorsque j'ay parlé de la prise de Tortose et de la mort de La Trousse-Fay. Il [Monsieur] étoit à Limours et Mr le cardinal luy dépescha un gentilhomme, comme je vous ay dit, pour luy donner la nouvelle de ce succès, avec ordre de luy taire que La Trousse avoit été tué. Monseigneur ne manqua pas de luy demander si l'on n'avoit point perdu en cette occasion quelque personne de qualité, et celuy-cy répondit qu'il n'en avoit point ouï nommer. Le lendemain Monseigneur va chez Mr de la Rivière, à Petit-Bourg, et luy apprend que Tortose est pris, sans qu'on y ait perdu aucun homme de marque. Mr de Grammont, de Toulouse[1], y arrive incontinent après, lequel avoit mandé le soir ce qui étoit public à Paris, que La Trousse avoit été tué, et qu'il falloit prendre garde que l'on mist dans Roses quelqu'un qui ne fut pas serviteur de Monseigneur, à cause du Languedoc. Monseigneur, le voyant entrer, luy demanda ce qu'il y avoit de nouveau : « La prise de Tortose, dit-il, et la mort de La Trousse. » Monseigneur l'interrompt et réplique qu'il n'a point été tué, parce que Mr le cardinal ne le luy a pas mandé. Mr de la Rivière, qui étoit là, se moque de l'avis et de la lettre de Grammont, lequel, enragé du mépris où il

1. Gabriel de Barthélemy, seigneur de Grammont, ou Gramond, président à la chambre des enquêtes du parlement de Toulouse, a laissé des histoires écrites en latin. Il mourut en 1654.

voyoit son maistre, s'écrie que non seulement La Trousse est mort, mais que le gouvernement de Roses est donné à La Fare. Mʳ de la Rivière, élevant le son de sa voix, luy répart plus brusquement que l'on ne donnoit pas ainsi les gouvernements sans la participation de Son Altesse royale; mais, comme ils en étoient sur cette contestation, voilà Mʳ de Flamarens[1] qui entre et prie Monseigneur de demander le régiment de la marine pour le chevalier de la Trousse[2] qui a dignement servy dans le corps, n'y ayant plus que cela à donner puisque Mʳ de la Fare a eu Roses. A peine l'assistance se put-elle empescher de rire, quoique Flamarens fondit en larmes de la perte de son beau-frère. Mais Mʳ de Grammont ne la porta pas loin : Mʳ de la Rivière, son cher ami, ne luy pardonna ni ses avis, ni son zèle; il avertit Mʳ le cardinal, lequel considérant qu'il n'avoit pas péché par ignorance, l'envoya quérir et luy dit qu'il tenoit des discours hardis où il prenoit intérêt; qu'il en avoit fait devant des femmes, qui le blessoient; qu'il étoit de ses amis et qu'il vouloit qu'il sust qu'il avoit du ressentiment, et que les offenses des personnes qu'il aimoit luy étoient beaucoup plus sensibles. Grammont, qui vit d'abord d'où luy venoit le mal, suivit la pensée de Son Éminence, s'excusa de son mieux, et luy témoigna qu'étant son très humble serviteur il n'avoit jamais eu dessein de le fascher. Il sortit ainsi apparemment

---

1. Antoine-Agesilan de Grossolles, marquis de Flamarens, avait épousé Françoise le Hardi de la Trousse, sœur de François, marquis de la Trousse, et de M. de la Trousse-Fay.

2. Adrien le Hardi, chevalier de la Trousse, frère puiné de François le Hardi, marquis de la Trousse.

satisfait du premier ministre, mais outré contre le nostre qui sacrifioit tout à son chapeau.

Ce chapitre est si long et les évènements considérables de cet été en si grand nombre, à la campagne et à Paris, qu'il est bon de le finir par cette mauvaise satisfaction qu'eut la cour de Monseigneur pour avoir bien servy le Roy au parlement, et par le dégoust qu'elle luy donna en cette dernière rencontre.

CHAPITRE XLVII.

De quelques embarras arrivés à la cour, et la suite des démeslés du ministère et du parlement; de la bataille de Lens et de la fameuse journée des barricades.

Après la prise de Furnes par les ennemis, M^r le Prince dépescha Mr Arnauld à la cour, lequel dit venir exprès pour communiquer un grand dessein aux ministres, et sans mentir ce dessein étoit des plus grands, mais les Espagnols le faisoient à notre dommage s'il eut réussi. Ils avoient Dunkerque en vue et nous la vouloient enlever. L'on nous débita que c'étoit un article secret du traité d'Hollande, et que ces bons alliés devoient fournir à l'Espagne vingt-cinq navires de guerre, commandés par leur amiral, pour courir le long de nos costes et les servir en cette occasion. Mais comme les Espagnols, à qui la fortune rioit en Flandre, se préparoient à nous pousser, notre ministère, que le parlement poussoit, ne savoit plus quel conseil prendre pour l'arrester, étant à bout de ses expédients et bien averty qu'il[1] alloit taster le promoteur d'Hemery.

Le cardinal étoit si bas, si étonné, si confondu qu'il parloit à tout le monde des affaires publiques, mesme aux plus méprisables, qui l'en méprisoient. Il envoya quérir Mr Coulon, conseiller au parlement, célèbre frondeur, et plus débauché qu'habile politique. Il le cageolla, le loua, le traita d'homme d'importance, et il est vray que celuy-cy ne compta cette amitié ni pour grâce ni pour faveur. Jamais il n'y eut de telle conduite, si ce n'est qu'ayant en pensée de prendre les voies violentes après les douces, il vouloit faire confesser qu'on l'y avoit contraint et jeté malgré luy.

Quant à la Reyne, elle ne sortoit point de colère, ne pouvant supporter le changement de sa fortune, car au commencement de la régence elle étoit bénie de tout le peuple, et elle s'en voyoit abominée, et sur le point de perdre l'autorité si on l'avoit voulu pousser. D'ailleurs il couroit mille vers et mille chansons contre elle, et l'on avoit perdu tout respect; si bien que l'on trouva véritable ce qu'elle avoit dit à Mme de Fruges[2], quand elle fut déclarée régente : « J'étois plus heureuse à Saint-Germain, éloignée des affaires, car je ne connois rien au gouvernement, et il faut que je gouverne; j'espère pourtant que Dieu m'aidera puisqu'il m'a donné de bonnes intentions et un ministre bien intentionné, fort éclairé et très désintéressé. » Le bruit étoit que les deux dernières qualités luy manquoient, et sans doute le désintéressement n'y étoit

1. *Il,* le parlement.
2. Madeleine d'Ognies, mariée à Marc de Fiennes, vicomte de Fruges.

pas, et ses amis mesme confessoient qu'il n'entendoit rien aux affaires du dedans et qu'il se reposoit sur Mr le chancelier et Mr d'Hemery, qui en avoient très mal usé.

Mais la cour ayant conçu quelque espérance que le parlement se mettroit dorénavant à rendre la justice, sans plus se mesler des affaires publiques, et que s'étant si abaissée pour l'adoucir elle le gagneroit à la fin, Mr de Nemours crut Mr le cardinal en assez bonne humeur pour luy nommer le nom de Mr de Beaufort et luy parler de sa part. Il le pria donc de luy vouloir accorder de deux choses l'une, ou qu'il demeurast à Vendosme, ou de luy envoyer une lettre de cachet pour sortir de France, afin de ne pas aller comme fugitif dans les pays étrangers. Il [le cardinal] le refusa tout à plat, et luy répondit qu'il ne se pouvoit fier de celuy qui l'avoit voulu assassiner.

L'on mit alors à la Bastille un gentilhomme appelé Onquer[1] pour avoir favorisé son évasion[2] et l'avoir reçu chez luy. L'on crut que cecy n'étoit qu'un prétexte, et que c'étoit pour avoir dit qu'il ne se pouvoit rien de plus honteux aux François que de souffrir deux f... galeux de ministres qui gouvernoient si mal et ne savoient que piller et prendre à toutes mains, entendant le cardinal et La Rivière. Mais Mr de Beaufort, piqué de la réponse de Son Éminence, témoigna le dernier mépris pour luy ; car il ne se cacha plus et fut voir le comte du Lude[3], chassa dans sa forest, se

1. Mme de Motteville (*Mémoires*, t. II, p. 128) parle de ce gentilhomme, mais elle ne le nomme pas. (Note de M. Monmerqué.)
2. *Son évasion*, l'évasion de M. de Beaufort.
3. Henri de Daillon, comte, puis duc du Lude, fils de Timoléon de Daillon, comte du Lude, et de Marie Feydeau.

montra publiquement, vit tous ses amis, si bien que le cardinal se crut obligé de luy découpler quatre cents chevaux qui le firent disparoistre, attendant l'occasion qui sembloit se devoir bientost présenter à Paris, où il naissoit tous les jours de nouveaux désordres et d'étranges embarras au ministère.

En voicy un qui ne fut pas des moindres. Le Roy étoit aux Feuillants[1] pour assister à la procession, et ses gardes du corps avoient pris possession du cloistre dans lequel elle se devoit faire. C'étoit le jour de la mi-aoust que le feu Roy l'avoit ordonnée en mémoire de l'oblation de son État qu'il avoit faite à la sainte Vierge. Les archers du grand prévost voulurent avoir place au cloistre avec les gardes, et ceux-cy leur dirent de se retirer. Ils répondent qu'ils sont à leur place, et voilà une contestation formée qui s'échauffe toujours davantage. Mr le marquis de Gesvres, qui étoit auprès de la personne du Roy, en étant averty, commande que l'on fasse sortir ces gens qui n'ont pas accoustumé d'entrer avec leurs armes dans les lieux couverts où se trouve le Roy. Le commandement leur est fait, et n'obéissant pas, le lieutenant des gardes[2] est contraint de se mettre en devoir de les chasser. Ils tirent l'épée et le chamaillis devient grand, mais les Suisses de la garde accourant et secondant les gardes du corps, ce fut aux autres à sortir et se retirer bien vite avec leurs blessés. Le bruit ayant été grand, Mr le cardinal, qui

1. Les feuillants avaient deux couvents à Paris : l'un rue d'Enfer, et l'autre, la maison principale, rue Saint-Honoré. C'est à ce dernier que le roi s'était rendu le 15 août 1648. Ce couvent a été détruit en 1804 pour le percement des rues de Rivoli et de Castiglione.

2. Le lieutenant de l'Isle.

étoit avec Sa Majesté, demanda ce que ce pouvoit estre, et Mr de Gesvres luy répliqua que ce n'étoit rien; mais, comme l'on fut au Palais-Cardinal, Son Éminence ayant été pleinement informée de la chose, trouva mauvais que Mr de Gesvres luy eut manqué de respect en ne luy demandant pas ce qu'il falloit faire quand les archers refusèrent d'obéir, et le gourmanda de telle sorte que chacun admira sa patience, jusques à luy dire que c'étoit un beau morveux pour estre capitaine des gardes.

Ce soir là mesme, Mrs de Gesvres et de Gerzé[1], ce dernier ami du grand prévost, parlant ensemble de cette affaire, eurent de grosses paroles et pensèrent en venir aux mains, Gerzé ayant donné une espèce de démenti et l'autre ayant répliqué que sans qu'il étoit là le plus fort, il l'auroit étranglé; néanmoins leurs amis intervenants ils furent accommodés.

La Reyne se fit conter toute l'affaire et se résolut d'interdire Gesvres. Elle donna ordre à M^r Le Tellier de luy aller commander de sa part de quitter le baston, et Mr de Gesvres obéit, mal à propos certes, à cause que les capitaines des gardes du Roy ne reçoivent d'ordre en cette rencontre que de la propre bouche de Sa Majesté, ou de la Reyne régente quand il est mineur, ou on le leur envoie par lettre de cachet[2]. Mr de Gesvres eut

---

1. Dubuisson-Aubenay donne, à la date du 17 août, quelques renseignements sur le marquis de Jarzé : « Il signe *du Plessis*, dit-il, sa mère étoit Beaumanoir, fille du maréchal de Lavardin, qui n'avoit rien et épousa un homme fort riche, qu'on appela lors le marquis de Gerzé, comme fils d'une Bourré, fille d'un secrétaire du roi, sieur de Gerzé. Le père de luy n'est point connu. »

2. D'Ormesson, dans son journal (t. I, p. 553), affirme, contrai-

donc tort encore aussi bien qu'aux Feuillants qu'il devoit informer M^r le cardinal, surintendant de l'éducation du Roy, du sujet de ce bruit et de ce vacarme.

Mr de Gesvres interdit et Mr de Tresmes, son père, ayant eu quelques propos trop forts avec Son Éminence là dessus, la Reyne commanda à Mr de Charost[1] de prendre le baston, et il le refusa sous prétexte que la charge appartenoit à Mr de Tresmes qui l'avoit. Vous remarquerez que le bon homme, Mr de Tresmes, les avoit priés, luy et Mr de Chandenier[2], de ne le point abandonner en cette rencontre et qu'ils le luy prouvèrent. La Reyne, piquée de ce refus et de n'estre pas obéie dans son palais, en un temps où il sembloit que tout le monde luy déniast l'obéissance, se met en colère, et envoye quérir Chandenier qui témoignoit d'estre serviteur particulier de Sa Majesté, et mesme avoit toutes les entrées chez elle. Elle luy commande de prendre le baston et il refuse encore, bien qu'il eust été averty qu'il étoit ruiné s'il le faisoit. Là dessus Mr de Tresmes a commandement de ne point partir de sa maison, Mr de Gesvres de sortir de Paris, et l'on cherche

---

rement à l'assertion de Goulas, que M. de Gesvres refusa de remettre le bâton à M. Le Tellier et ne se démit de sa charge qu'entre les mains de la reine.

1. Louis de Béthune, comte, puis duc de Charost, quatrième fils d'un frère du premier duc de Sully, mourut à soixante-seize ans, le 20 mars 1681.

2. François de Rochechouart, marquis de Chandenier, baron de la Tour, fils de Jean-Louis de Rochechouart, baron de Chandenier de la Tour, et de Louise de Montberon, premier capitaine des gardes du corps en 1642, avait épousé, le 3 mai 1646, Marie Loup de Bellenave. Il mourut à Paris le 14 août 1696, à l'âge de quatre-vingt-cinq ans.

Charost et Chandenier pour les mettre à la Bastille; enfin l'on pourvoit à leurs charges par destitution, à cause qu'ils n'avoient pas obéi.

L'on disoit dans la cour qu'il ne se trouveroit personne qui en voulust, et qu'il n'y avoit pas de gens assez lasches pour prendre les charges de ceux qui n'étoient coupables que de trop de générosité; mais le soir mesme qu'il fut prosné si magnifiquement, Mr de Gerzé accepta celle de Mr de Charost, fit le serment et en fut mis en possession, et Mr de Noailles fut destiné à celle de Mr de Chandenier[1]. Il est vray qu'il y eut icy de la cérémonie, qu'il le luy fallut commander une et deux fois, et qu'il ne se rendit qu'en disant que puisque la Reyne le vouloit et le commandoit, l'on prist dans son bien la récompense. Il fit le serment et fut mis en possession comme l'autre, et son procédé plus honneste et d'homme de bien luy attira les compliments de force honnestes gens de la cour, au lieu que Mr de Gerzé n'avoit trouvé personne qui luy parlast là dessus et qui le voulust aborder, n'ayant gardé ni bienséance ni mesure.

L'on nous dit que quand ces messieurs sortirent le soir du Palais-Royal, tous les officiers de la maison du Roy les accompagnèrent jusques à leurs carrosses; mais les ennemis de Son Éminence rioient et prosnoient que la fortune luy présentoit là une belle occasion de faire des créatures et qu'il ne la refuseroit

---

1. M. de Gerzé fut appelé par la reine, le 17 août, pour recevoir la charge de capitaine des gardes, et il en prêta serment immédiatement. Le lendemain, le comte de Noailles fut saisi de la charge de Chandenier, et celui-ci fut envoyé en Auvergne avec toute sa famille (*Journal de Dubuisson-Aubenay*).

pas ; mesme qu'après ce qui s'étoit passé, les disgraciés, en bonne politique d'Italie, ne pouvoient estre rétablis, disposant des carabines et des hallebardes; enfin qu'il avoit songé de longue main à les ruiner, puisque la Reyne avoit dit dans sa colère que si Charost et Chandenier ne prenoient pas le baston, elle avoit deux hommes tout prests pour mettre à leur place. Certes la Reyne avoit raison de chastier sévèrement cette désobéissance et ces messieurs devoient exécuter ses ordres et ses commandements les yeux bandés, et puisqu'ils ne luy pouvoient refuser d'arrester mesme leurs propres pères, ils pouvoient bien servir pour leur camarade en une rencontre qui n'étoit rien au fonds; et Mr de Tresmes, vieillard de soixante et dix ans, n'étoit pas excusable d'avoir exigé de ses amis une chose si injuste, non plus qu'eux de la luy promettre.

Mrs de Charost et de Chandenier n'ayant point été trouvés, et leurs charges étant données, leurs amis voulurent parler pour eux, Monseigneur pour Mr de Tresmes, M^r le grand maistre et Mme d'Aiguillon[1] pour Mr de Charost, le généreux amy du feu cardinal de Richelieu : Mr de Chandenier avoit sa tante dame d'honneur de la Reyne, qui avoit les nièces chez elle[2];

1. Marie-Madeleine de Vignerot, duchesse d'Aiguillon, nièce du cardinal de Richelieu, veuve sans enfants d'Antoine de Grimoard de Beauvoir du Roure, seigneur de Combalet, créée duchesse d'Aiguillon en 1638, mourut le 7 avril 1675.

2. Les nièces du cardinal Mazarin étaient confiées à madame de Senecey, dame d'honneur de la reine, et tante de Chandenier (Note de M. Monmerqué). — Marie-Sylvie de la Rochefoucauld, aïeule de Chandenier, était tante de Marie-Catherine de la Rochefoucauld, marquise de Senecey.

mais il fut répondu qu'ils sortissent de Paris, et chacun crut à l'air du bureau que le mieux qui leur pust arriver seroit de tirer récompense de leurs charges et d'estre confinés en leurs maisons, étant expédient de faire des exemples de sévérité afin d'intimider le parlement et les provinces, et faire croire que le ministère ne souffriroit plus que l'autorité du Roy fust violée.

L'on nous dit à notre palais d'Orléans que Monseigneur n'avoit point eu de part en la disposition de ces charges parce que constamment il étoit à Limours quand la bagarre arriva, et revenant le dimanche au soir, Mr de la Rivière, qui se trouva à la descente de son carrosse, l'empauma d'abord, luy parla, le pressa de changer d'habit et l'enmena au Palais-Royal où il étoit attendu par la Reyne avec impatience. Il me fit l'honneur de me dire en s'habillant, comme je luy tenois sa robe, qu'il appuieroit les interests de Mr de Tresmes et qu'il ne se soucioit point des autres.

Alors Mr de la Rivière jugea le temps propre pour se rajuster avec Mr de Béthune, très affligé de la disgrâce de son frère, et luy fit parler par M^r d'Elbeuf, lequel le complimenta d'abord de sa part et luy fit des offres de service dans cette fascheuse conjoncture pour sa maison. Mr de Béthune, sans répondre, fait de grandes révérences, et M^r d'Elbeuf le pressant de luy dire quelque chose, il continua ses révérences. A la fin il le remercia de tant de témoignages de sa bonté, ajoutant que s'il ne répondoit pas aux civilités de Mr de la Rivière, c'est qu'il les croyoit peu sincères.

Ce fut en ce temps que M^r le président de Mesmes raccommoda M^r d'Avaux, son frère, avec M^r le cardinal, qui fit courir le bruit qu'on le renvoyoit à Munster pour conclure la paix, et que Mʳ Servient reviendroit et auroit les sceaux, le Roy ne se voulant plus servir du chancelier, odieux à tout le monde. Or il y avoit beaucoup d'apparence qu'on vouloit la paix à la cour dans l'impossibilité où l'on étoit de continuer la guerre, et d'ailleurs voyant que nos alliés nous abandonnoient, car les Hollandois étoient d'accord avec l'Espagne, et les Suédois avec l'Empereur, et ils étoient convenus de tout, sans signer pourtant que nous ne fussions satisfaits. La *Gazette* nous apprit qu'ils avoient fait une déclaration authentique de cela qu'ils avoient mise entre les mains des ministres de l'Empereur et des états de l'Empire ; mais qui répondoit qu'ils n'imitassent point les Hollandois, et ne se séparassent point d'avec nous à la fin de l'année qui étoit le terme qu'ils nous avoient donné pour achever notre traité? Ils ne trouvoient pas bon néanmoins que l'Empereur assistast l'Espagne contre nous, en cas que nous ne convinssions pas avec luy dans ce temps, quoique ses ministres soutinssent qu'en qualité d'archiduc d'Autriche il ne luy pouvoit refuser des hommes et de l'argent.

La guerre ne laissoit pas d'aller son train : les armées des confédérés, c'est-à-dire François et Suédois, pilloient et brusloient la Bavière, et pendant que celles de l'Empereur et du duc se refaisoient dans leurs quartiers, Kœnigsmark[1] surprit le petit costé de Prague, où étoient assemblés tous les grands sei-

---

1. Jean-Christophe, comte de Kœnigsmark, général suédois, né en Allemagne le 25 février 1600, mourut à Stockholm le 20 février 1663.

gneurs du royaume de Bohême. Le cardinal d'Harrach, archevesque de cette ville, fut aussi son prisonnier, et l'on disoit que les rançons et les meubles de tant de gens de qualité valoient plus de deux millions d'or et qu'il en profitoit des trois parts au moins. Ce fut une belle action et très heureuse, qui donna beaucoup de réputation aux armes des Suédois et grand coup pour la paix. Piccolomini fut contraint en cette rencontre si fascheuse et si inopinée de détacher quelques troupes pour secourir la place qui n'étoit pas tout-à-fait perdue et mesme les autres qui s'alloient perdre.

Cependant, à Paris, le parlement ne se pouvoit résoudre à ne plus se mesler des affaires publiques et luitter le conseil du Roy. Il en étoit sur le tarif et à régler les impositions, c'est-à-dire oster celles qui avoient été mises et établies de l'autorité du conseil simplement, sans avoir passé par la vérification des compagnies où elles doivent estre examinées; et cecy sans doute étoit de grand poids, parce qu'on levoit cinq millions de livres au moins en vertu des arrests du conseil, et il n'étoit pas expédient dans une si grande disette d'argent de toucher cette corde et de perdre un si considérable revenu. La cour ayant su que le parlement avoit donné arrest par lequel la déclaration de Sa Majesté si authentique seroit exécutée selon les arrestés de la compagnie, et c'étoit oster au Roy cet argent, la Reyne pria Monseigneur d'y aller, ce qu'il fit, et il ne remporta pas toute la satisfaction qu'ils en espéroient; il y eut mesme quelque contestation peu respectueuse, et il fut résolu que le lendemain, 21ᵉ aoust, il y auroit conférence au palais d'Orléans et qu'on y reverroit le tarif. Il y fut dit que les papiers présentés par l'intendant des finances ne suffisoient pas et qu'il falloit mettre toutes les pièces concernant l'instruction de ce tarif entre les mains des deux commissaires du Parlement qui étoient là, afin qu'ils en fissent des extraits qu'ils porteroient à leur compagnie.

Quelques-uns assurèrent que Monseigneur n'avoit pas si bien réussy cette fois que les autres; et sans doute il alloit trop souvent à cette assemblée, remplie de personnes contraires à la cour, et toujours en garde sur tout ce qui venoit du conseil; leurs présidents mesmes leur étant suspects, ils les siffloient le plus souvent, et perdant le respect à leurs chefs, ils le pouvoient perdre aussi à un fils de France, dans l'aversion qu'ils avoient du ministère où il tenoit la première place. Les Enquestes croyoient que la Grand-Chambre et les présidents particulièrement étoient gagnés, et dès qu'un de ceux-cy ouvroit la bouche, s'il luy arrivoit de ne pas parler au goust de la Fronde[1], c'étoit un traistre et un transfuge; y parloit-il, il tendoit des pièges sous ses paroles. D'ailleurs les Enquestes, voyant les ministres leur manquer continuellement et tascher de les prendre pour dupes, rioient de leur prétention et se tuoient de dire partout qu'ils n'en feroient jamais accroire à deux cents personnes, et l'inganne[2] décou-

1. C'est la première fois que Goulas parle de la *Fronde*. Dans le Ms. de Vienne (fol. 420 v°), Goulas ouvre une parenthèse après le mot *Fronde* pour dire : « C'est comme s'appeloit la cabale opposée à la cour. »

2. Ce mot est synonyme de *la fourbe* dont se sert Goulas dans le Ms. de Vienne.

vert, les partisans de la cour et les plus dévoués se mettoient contre.

Mais nonobstant que ceux-cy fussent en très grand nombre dans le corps, il fut arresté le 22ᵉ aoust que l'on décréteroit contre Tabouret, Catelan et un autre, riches traitants qui avoient traité des gages de tous les officiers de France, c'est-à-dire donné visée au conseil de prendre le bien de tout le monde. Chacun s'étonna de cette hardiesse du parlement et il fut condamné des plus désintéressés, lesquels s'ils approuvoient qu'il luittast la cour en plusieurs choses, désapprouvoient aussi qu'il touchast à celle-cy, à cause qu'il ne restoit plus de ressource au Roy que de ménager les gens d'affaire, pour en estre assisté dans le décréditement où il étoit et la misère effective et déplorable au milieu de ses triomphes.

Je parle en ces termes, parce que la nouvelle venoit d'arriver que Mʳ le Prince avoit taillé en pièces l'armée de l'archiduc, près de Lens[1], et pris ses meilleurs et plus considérables chefs, comme le prince de Ligne, les deux Beck[2], le comte de Saint-Amour et toute l'infanterie qui avoit échappé à la fureur des victorieux. Voicy comme la chose se passa[3]. Mʳ d'Erlach, gouver-

1. La nouvelle de la victoire de Lens, remportée le 20 août 1648, fut apportée à Paris le 22 août, par M. de Châtillon, « à deux heures après minuit. »

2. Le lieutenant-général Beck, qui avait le commandement principal après l'archiduc, ainsi que son fils. (Voir plus loin, p. 346.)

3. On lira avec intérêt un récit de la bataille de Lens publié par M. A. Feillet, d'après le ms. des Archives nationales, dans la *Revue des Sociétés savantes des départements* (4ᵉ série, t. V, 1867, p. 85-88).

neur de Brisach, ayant joint Mr le Prince avec quatre mille hommes et Mr de Vaubecourt[1] avec deux mille, il envoya demander permission de combattre, qu'il obtint, peut-estre à cause qu'on n'osa le refuser. Il envoye le bagage à Amiens et marche vers La Bassée, où l'archiduc, qui faisoit mine d'entrer en France, avoit tourné. Il luy fallut prendre en passant Eterre, petit fort sur la rivière du Lys, qui fut emporté d'assaut, où Mr de Guerchy fut tué ; et, ayant eu nouvelle que les ennemis étoient près de Lens, en un poste assez avantageux, il s'approcha d'eux pour les taster et tenter, enfin pour voir s'ils seroient en humeur de répondre à leurs fanfares et à leurs bravades ; car ils avoient fait imprimer à Bruxelles cette mauvaise raillerie qu'il falloit jeter un excommuniement pour faire dire où étoit l'armée du prince de Condé. Ils s'étoient postés sur une hauteur près de Lens, un petit ruisseau devant eux qui passoit au bas de leur tertre, avec un marais à main droite. Mr le Prince les fait reconnoistre, commande qu'on pousse leur garde, demeure en bataille un jour, et ils ne branlent pas ; les voyant résolus à ne point combattre, et luy manquant de vivres et de fourrages, et particulièrement d'eau (les chevaux pour la plupart demeurèrent trente heures sans boire), il songea à se retirer et délogea de grand matin. L'avant-garde ayant marché et puis la bataille en ordre de combat, l'arrière-garde commençant d'en faire autant est avertie que les ennemis avoient détaché de la cavalerie

---

1. Nicolas de Nettancourt de Haussonville, comte de Vaubecourt, fils de Jean de Nettancourt, comte de Vaubecourt, et de Catherine de Savigny. Il mourut le 11 mars 1678.

ANNÉE 1648. 345

et de l'infanterie pour la charger; là dessus Mr de Villequier¹, qui faisoit la retraite et n'avoit pas ordre de combattre, fut investy, le régiment de cavalerie de Monseigneur fut poussé et renversé, et Mr de Brancas², qui le commandoit, pris prisonnier et très maltraité par les Cravates. Beck, voyant le désordre de nos gens, mande à l'archiduc qu'ils fuient, et qu'il peut descendre avec l'armée pour achever de les défaire; il n'y manque pas, il marche, il prétend d'aller là cueillir sans peine un beau laurier. Mais M^r le Prince avoit fait ferme, étoit allé aux ennemis et les avoit arrestés par sa présence et sa résistance; il avoit fait tourner et avancer sa bataille au secours des siens, tellement que les deux partis s'approchant l'un de l'autre, ils s'engagèrent à un combat général, lequel ne dura pas bien longtemps à cause de la lascheté de la cavalerie des ennemis qui fuit d'abord; celle du pays, toujours mauvaise, fut la fuyarde, et le maréchal de Gramont, qui l'avoit en teste, n'eut qu'à la suivre; celle de Lorraine fit assez bien et mit quelques uns de nos escadrons en désordre; mesme elle passa sur le ventre à quelques troupes de notre arrière-garde; ce que voyant M^r le Prince, il donna là avec sa seconde ligne et rompit ces victorieux. Enfin M^r d'Erlach, qui avoit le gros de réserve, faisant le

---

1. Antoine d'Aumont, marquis de Villequier, et depuis duc d'Aumont, fils de Jacques d'Aumont, baron de Chappes, et de Catherine de Villequier, fut fait maréchal de France en 1651. Il mourut le 11 janvier 1669.
2. Louis-François de Brancas, depuis duc de Villars, fils de Georges de Brancas, marquis, puis duc de Villars, baron d'Oise, et de Julienne-Hippolyte d'Estrées, mourut en octobre 1679.

tour de la bataille ennemie et la prenant en flanc avec ses Allemands, tout s'en alla à vau-de-route, je veux dire les gens de cheval, car l'infanterie se voyant abandonnée, demanda quartier et l'obtint de la générosité de M. le Prince, quoiqu'ils ne le méritassent pas, ayant fait dessein de nous maltraiter si la fortune se déclaroit en leur faveur. Peut-estre fut-ce la cause de leur disgrâce, et Dieu les chastia, offensé de leur dessein cruel et barbare.

Le lieutenant général de l'armée, Beck, contraignit nos gens de le blesser pour le prendre, il vouloit qu'ils le tuassent; son fils fut aussi prisonnier; le prince de Ligne, qui commandoit un de leurs corps, le comte de Saint-Amour qui s'en alloit en la Franche-Comté gouverneur, et étoit venu en leur armée volontaire. Sept mille prisonniers avec tous leurs chefs et officiers des régiments d'infanterie espagnols, allemands, flamands et lorrains, trente-huit pièces de canon avec l'attirail, les drapeaux et toutes les autres marques d'une victoire complète et entière. L'archiduc se sauva à Douay, et sa cavalerie partie à Douay et partie à Tournay; si la nostre n'eut pas été si fatiguée, elle n'en auroit pas eu si bon marché, mais quel moyen de la courre, avec des chevaux demi-morts de faim et de soif. Il demeura quinze ou seize cents hommes étendus sur le champ de bataille, c'est-à-dire environ douze cents des leurs et quatre cent des nostres, peu de gens de marque de notre costé : M. de Salbrie, fils de M. de la Ferté-Imbault, cinq capitaines aux gardes, Chambord et quelques autres; M. de Villequier, ayant été pris d'abord quand notre arrière-garde fut mal menée, paya d'esprit après avoir payé de cœur, car connoissant Mʳ le Prince et sachant qu'il étoit homme à tourner teste, charger et défaire les ennemis, il feignit d'estre fort blessé, et pria celuy qui l'avoit pris de le conduire promptement à Lens pour le faire panser. Il l'y mena, et au bout d'un quart d'heure les fuyards qui s'y sauvoient y ayant fait savoir leur perte, et les nostres y arrivant pour l'investir, le moribond qui se portoit bien traita de la reddition de la place, et ceux qui l'avoient fait prisonnier devinrent ses prisonniers, puisqu'elle se rendit à discrétion¹.

Le général Beck si cruel aux François étant tombé entre leurs mains, n'éprouva que bonté et courtoisie. Mʳ le maréchal de Gramont le visita à notre camp et n'en put tirer une parole. Beck ne le regarda pas, et Mʳ le Prince l'ayant fait mener à Arras, Mʳ de la Tour, le meilleur et le plus civil de tous les hommes, luy envoya faire compliment et offrir toute chose, comme gouverneur de la place, et il n'en reçut que des propos extravagants et outrageux ; enfin il mourut deux ou trois jours après, et plutost de rage que de ses blessures, conservant tout l'orgueil des démons, et ne se consolant point d'avoir été vaincu et battu par les François qu'il avoit haïs, méprisés et abhorrés toute sa vie. C'étoit un homme sans naissance, messager de profession, rude et grossier dans sa grande fortune, comme dans la basse, et qui s'étoit élevé par les armes.

1. « La plupart se sauvèrent dans Lens où Villequier étoit prisonnier, mais voyant la bataille perdue, ils se rendirent tous à lui avec la ville. » (*Mémoires de Monglat*, p. 101.)

Mais l'on s'étonna fort à Paris que M^r le Prince eut hasardé ce combat où il y avoit tant à perdre pour la France, s'il l'eut perdu, et si peu à gagner, le gagnant; et l'on ne pouvoit comprendre que la Reyne et son conseil luy eust permis de le donner; particulièrement Monseigneur, qui voyoit si distinctement la ruine du royaume s'il eust été battu, l'esprit de révolte régnant partout, et sa consideration et sa puissance s'il battoit les ennemis. Aussi sembloit-il chez nous, à voir Monseigneur et son ministre, que c'eust été luy que l'on eut défait à Lens, et M^r le cardinal triomphoit au Palais-Royal, comme nouvellement raccommodé avec le prince, et se trouvant en état alors de se venger de la fronde et des frondeurs, de ses envieux et de ses ennemis.

Cependant M^r le Prince avoit besoin de cette gloire pour se rétablir dans l'estime du monde, car il s'étoit si mal comporté depuis la prise d'Ypre que ses serviteurs mesme en étoient révoltés et scandalisés. Jamais l'on ne vit tant de débauche et de si honteuse; on l'appeloit Sardanapale et on le tailloit en pièces dans son armée mesme. Ses emportements ne se pouvoient plus souffrir; il gourmandoit les officiers, il maltraitoit les soldats; il ne leur gardoit aucune justice, les faisant travailler à coups de baston et ne leur donnant pas un sol, tellement qu'ils débitèrent (à faux je pense), que l'archiduc luy renvoya un officier qu'il avoit pris, et voulut qu'on laissast entendre qu'il étoit trop nécessaire à ses plaisirs pour le retenir davantage[1]. Enfin il gagna très à propos ce grand

---

1. Cet officier était M. de la Moussaye qui avait été fait prison-

combat et pour luy et pour la France, et les brouilleries de Paris empeschèrent qu'il n'en put tirer de profit. Il reprit Furnes comme nous dirons tantost[1].

Mais la cour fut transportée de joye de cet événement et crut avoir défait les quatre compagnies souveraines de la ville en la défaite de l'archiduc. Elle prit donc la résolution de chastier le parlement, et la Reyne, qui se souvint de ce que le cardinal avoit dit trois mois auparavant, lorsqu'elle vouloit qu'on le poussast, que cela seroit bon après quelque grand succès, crut le temps venu et l'occasion belle. Ils conclurent donc dans le conseil de s'assurer des chefs de party de la compagnie et d'éloigner les plus opposés au ministère, et le lendemain de la Saint-Louis, 26ᵉ aoust, que l'on fit chanter le *Te Deum* à Notre-Dame, où le parlement, les cours souveraines et le corps de la ville furent mandés à l'ordinaire, comme l'on s'en fut retourné chacun chez soy pour disner, Mʳ de Cominges, lieutenant des gardes de la Reyne[2], alla

---

nier au commencement du combat (*Mémoires de Monglat*, t. I, p. 100). La Moussaye passait pour être l'un des mignons du prince. On peut le présumer d'après la chanson en latin macaronique publiée en note de quelques exemplaires des *Petits Mémoires de Coligny*, p. 50, qui a été supprimée dans la plupart (Note de Monmerqué). — Dans le Ms. de Vienne (fol. 422 rº) à partir des mots : « l'archiduc luy... » le reste de la phrase a été fortement biffé à l'encre jusqu'aux mots : « pour le retenir davantage. »

1. Furnes fut repris le 10 septembre 1648.
2. Gaston-Jean-Baptiste, comte de Cominges, avait été nommé lieutenant des gardes de la reine Anne d'Autriche en 1644; il devint maréchal de camp en 1649, lieutenant général des armées du roi en 1651, et mourut en 1670, âgé de cinquante-sept ans, après avoir rempli successivement les fonctions d'ambassadeur en Portugal et en Angleterre.

prendre Mr de Broussel¹, et sans luy donner le loisir de manger et de mettre mesme ses souliers qu'il venoit de quitter², le fit entrer dans un carrosse et l'enmena. Voicy une chose étrange : le carrosse rompit devant le Palais, et Comminge pria des dames qui passoient de luy prester le leur, avec excuse qu'hors une rencontre de la nature qu'il étoit question, il ne commettroit jamais tant d'incivilité envers elles. Ainsi il enfila le gué et gagna la porte Saint-Honoré. Le président de Blancmesnil reçut le mesme traitement et fut conduit je ne sais où³ ; le président Charton⁴ évada et ne fut pas trouvé à son logis, et Mrs Loisel⁵, Benoist⁶ et deux autres eurent des lettres de cachet par lesquelles le Roy leur ordonnoit de sortir de Paris, et d'aller sans retardement à certaines villes.

Le peuple, ayant appris que l'on emmenoit Mr Broussel, en murmura d'abord, puis s'assembla par les rues,

1. Pierre Broussel, doyen des conseillers à la Grand'Chambre, était logé rue du Pont-Saint-Landry, n° 16, près Notre-Dame. — Le *bonhomme Broussel,* comme l'appelle Retz (t. II, p. 13), était alors âgé de soixante-dix ans. « Il avait toujours levé l'étendard contre le roi, dit Mme de Motteville (t. II, p. 151), et s'étoit érigé en tribun du peuple en montrant... l'esprit d'un homme né dans une république, en affectant de paraitre avoir les sentiments d'un véritable Romain. »

2. Un *Journal* imprimé en 1649 prétend en effet qu'on ne donna à Broussel le temps de prendre ni manteau, ni souliers, ni d'embrasser ses enfants.

3. Il fut conduit à Vincennes (*Histoire du temps*). René Potier de Blancmesnil, présidait la chambre des enquêtes ; il était logé dans une maison donnant rue du Renard et rue Neuve-Saint-Méry. Potier de Blancmesnil mourut en 1680.

4. Charton présidait la chambre des requêtes.

5. Antoine Loisel, conseiller au Parlement.

6. Benoist, conseiller au Parlement.

et plusieurs se licencièrent de parler insolemment[1]. Des paroles il passe aux effets : il se met en devoir de piller la maison de Catelan, partisan riche et célèbre, contre lequel le parlement avoit ordonné qu'il fust informé. La nouvelle de l'émeute étant portée au Palais-Royal, l'on n'en tint pas de compte; la Reyne s'en moqua, et voyant force gens s'empresser pour luy témoigner leur zèle en cette rencontre, elle dit qu'elle recevoit plus d'incommodité de cette foule que de celle des rues de la ville, paroles qui furent recueillies et qui blessèrent tous les messieurs. Néanmoins le maréchal de la Meilleraye, nouveau surintendant, eut ordre de monter à cheval, d'aller voir ce que c'étoit et d'empescher que la maison de Catelan ne fust pillée. Il y court et fait mettre d'abord sur le carreau les plus insolents de la canaille, et les autres se retirant se défendent à coups de pierre, en telle sorte qu'un de ceux qui l'avoient suivy eut le bras cassé auprès de luy; enfin il crut que pour réprimer le peuple et aller au-devant du pillage, il falloit commander de tendre les chaisnes, voyant peut-estre qu'il les alloit tendre sans commandement; mais il passa plus outre, car avec les chaisnes il dressa des barricades en plusieurs endroits et témoigna la dernière aigreur[2].

Le conseil du Roy avoit résolu que, le lendemain de la capture de ces gens, Mr le chancelier se présenteroit au Parlement avec une déclaration en main qui leur

1. « Le mouvement, dit Retz, fut comme un incendie subit et violent qui se prit du Pont-Neuf à toute la ville. »
2. « Il y eut dans Paris, dit Retz, plus de douze cents barricades en moins de deux heures, bordées de drapeaux et de toutes les armes que la Ligue avait laissées entières. »

défendoit de se plus assembler et les menaçoit mesme de pis que ce qui étoit arrivé s'ils n'obéissoient; mais le peuple encore échauffé, le voyant passer, quelques-uns dirent que c'étoit le promoteur de la maltoste[1]; on luy chante injure, l'on s'attroupe autour de son carrosse, et la peur le prenant, il descend à l'hostel d'O, appartenant au duc de Luynes, son allié[2], et le peuple y entre de furie, le cherche partout, et ce fut un miracle que l'on ne le trouva pas, et un très grand bonheur pour luy; car s'il avoit eu mille vies il les auroit perdues en cette rencontre. Le lieutenant du grand-prévost, qui servoit près de sa personne, fut tué, et mis en pièces[3]; ses gens disparurent et se sauvèrent à grand'peine; et il fallut que les Suisses de la garde le vinssent dégager, et ils y perdirent quelques soldats. Enfin le maréchal de la Meilleraye arriva qui le conduisit au Palais-Royal.

L'on y vit bien alors que le désordre étoit grand dans Paris et la furie du peuple extrême, et quoiqu'on commençast de se repentir, l'on n'y avoit pas encore assez de peur. Néanmoins le parlement y étant arrivé en corps, et Mr le premier président ayant remontré et représenté les conséquences de cette émo-

---

1. Le promoteur de la maltôte, c'est-à-dire le promoteur des impôts que l'on vouloit percevoir et que le peuple prétendait ne pas devoir payer.

2. L'hôtel du duc de Luynes, qui avait épousé la cousine du chancelier, était situé, au coin de la rue Git-le-Cœur, sur le quai des Augustins. Cet hôtel fut détruit en 1672; Israël Silvestre nous en a laissé une vue, et Perelle une petite gravure.

3. Picot, exempt de M. le chancelier, et lieutenant du grand-prévost, qui étoit à costé du carrosse..... mourut quelques heures après (*Histoire du Temps*, t. I, p. 201).

tion¹, et dit qu'infailliblement leur rendant les prisonniers et les exilés de leur corps, tout se calmeroit; la Reyne répondit de grande hauteur, menaçant de faire chastier les rebelles à ses volontés, protestant qu'elle ne se relascheroit jamais, et que le Roy se vengeroit un jour de leurs désobéissances; enfin qu'il étoit étrange que le peuple fist tant de bruit pour un conseiller arresté, et qu'il n'eust rien dit autrefois quand on avoit emprisonné feu Mr le Prince. Le premier président répliqua très respectueusement, et néanmoins conclut à ce qu'on leur rendist leurs confrères : qu'à moins que cela le peuple ne s'apaiseroit pas. La Reyne répond qu'ayant en main l'autorité du Roy, son fils, elle ne souffriroit jamais qu'elle reçust une si grande playe, et que le parlement pouvoit, s'il vouloit, apaiser les mutins et les renvoyer chez eux, et se retire. Ces messieurs craignant que, retournant au Palais sans avoir rien fait, il arriveroit peut-estre un plus grand désordre, mirent en avant quelque négociation, et après plusieurs propos et répliques, l'on tomba d'accord que les prisonniers seroient rendus, mais

---

1. Le premier président Molé parla avec beaucoup de force du danger de la situation; mais le président de Mesmes avait d'avance détruit l'effet de ce qu'il allait dire : « Le cardinal Mazarin tira M. de Mesmes contre une fenêtre. Celui-ci à la manière des gens de cour, qui sont toujours bien aises de flatter le ministre, lui dit que le mal n'étoit pas si grand que le premier président le lui alloit faire; que ce n'étoit qu'une troupe de gueux qui se dissiperoit d'elle-même, et que s'il lui en demandoit son sentiment, il ne croyoit pas qu'on dut lui accorder ce qu'elle demandoit, mais faire chastier au contraire les plus séditieux. » (*Mémoires contenant plusieurs événements remarquables arrivés sous le règne de Louis le Grand.* Cologne. P. Marteau, 1684, p. 26, à la suite de *la France sans bornes.* Cologne, P. Marteau, 1684.)

que le parlement ne s'assembleroit point de là à la Saint-Martin que pour régler le tarif.

Mr le cardinal croyant tout achevé, le premier président luy dit qu'il falloit que la compagnie délibérast là-dessus, et quelqu'un de ces messieurs proposant qu'attendu l'état des choses, il étoit plus à propos de délibérer là que d'aller au Palais, l'on résolut d'y aller. Mais je ne sais si vous avez su que pendant les contestations, Mr le président de Mesmes fit dire à Mr le cardinal par l'abbé de Palluau, d'accorder au peuple les prisonniers, ou qu'autrement il mettroit en compromis l'État et sa fortune. Celuy-cy refusa de se charger de ce discours, et s'en courut pourtant par un degré dérobé, s'en décharger, ce qui avança l'affaire. Néanmoins la Reyne demeurant ferme, Mr le premier président et Mr de Mesmes se laissèrent entendre qu'il valoit mieux rendre leurs prisonniers de gré que de force; et ce dernier, très adroit, le dit à la Reyne assez délicatement en ces termes : « Mais, Madame, ose-t-on dire à Votre Majesté ce qu'il faut qu'Elle entende, et qui arrivera sans doute en l'état que sont les choses aujourd'hui? »

Enfin, ces messieurs, ayant remporté ce qu'ils désiroient, se retirèrent, et retournant au Palais dans le mesme ordre qu'ils étoient venus, se virent arrestés à une barricade, à quelques cinq cents pas du Palais-Cardinal, où on leur demanda s'ils avoient obtenu le retour de Mr Broussel; ils répondent qu'on le leur a promis pour le lendemain à huit heures du matin. Le peuple s'écrie qu'ils ne passeront point qu'on ne le rende à l'heure mesme, et un insolent ayant protesté que le premier président trahissoit le parlement et dit qu'il le falloit tuer, ce vieillard, sans s'émouvoir, élève sa voix et demande d'un ton ferme : « Qui est celuy qui me veut tuer? » Là-dessus un coquin de rostisseur[1] s'avance le pistolet à la main, et crie: « C'est moy qui te tueray. » Le président de Mesmes arresta ce scélérat et fit taire les autres qui leur reprochoient que plusieurs de leur corps étoient gagnés et ne valoient rien ; et l'extravagance de ces mutins causa une telle terreur à toute la compagnie que des huit présidents au mortier trois seulement demeurèrent, les autres[2] et quantité de conseillers s'évadèrent, et tous connurent, mais un peu tard, qu'il est dangereux d'armer le peuple, et que souvent quand il est échauffé et hors de soy, il déchire ceux pour la conservation desquels il a pris les armes.

Ainsi le parlement, ou ce qui en resta, pour contenter ces furieux, revint au Palais-Cardinal, et il fallut commencer par leur donner à manger, à cause qu'il étoit trois heures après midi et n'avoient dans l'estomac que ce qu'ils avoient pris à leur buvette. Après le disner[3], ils délibérèrent s'ils délibéreroient en ce lieu, et le président de Mesmes ayant dit qu'autrefois le parlement avoit donné un arrest célèbre dans une église[4], et que le palais du Roy étant saint et sacré,

1. D'après Guy Joli (t. I, p. 28), ce serait non pas un « rôtisseur », mais « un nommé Raguenet, marchand de fer, capitaine du quartier. »
2. Les cinq présidents qui prirent la fuite furent Mrs de Bailleul, de Bellièvre, de Nesmond, de Novion et de Maisons (Dubuisson-Aubenay, t. I, p. 32).
3. Mathieu Molé ne parle pas de ce diner que mentionne toutefois Mme de Motteville, en ajoutant que « la Reine l'avait fait « porter, dans la galerie, par pitié plutôt que par tendresse. »
4. L'arrêt du 14 mai 1610, rendu par le parlement, siégeant

ce leur seroit honneur d'y tenir leur assemblée, Monseigneur, Mʳ le prince de Conti et les ducs et pairs entrèrent dans la galerie où étoit le parlement, et, en attendant qu'on vint aux opinions, Monseigneur dit à ceux qui étoient auprès de luy qu'il leur avoit prophétisé plusieurs fois le malheur qu'ils voyoient, et les fascha extrêmement tous quand il se laissa entendre que leur conduite en étoit la cause (comme il étoit vray), et néanmoins ils vouloient qu'on crust que c'est celle du ministère. Monseigneur ne parla pas si bien qu'il avoit accoustumé, ou, ne parlant pas dans le sens de ces messieurs, ils se l'imaginèrent; Mʳ le cardinal ne dit rien qui vaille et eut grand'peine à s'expliquer; pour Mʳ le chancelier, revenu de sa peur, il fit des merveilles, et tous leurs discours tendoient à faire cesser le tumulte, et que le parlement ne prétendist plus régler tout ce qu'il avoit touché dans la chambre de Saint-Louis. Néanmoins il se moqua de cela, et l'on s'en tint à ce qui avoit été convenu auparavant et sans donner d'arrest[1]. Le premier président fut chargé des lettres du Roy pour faire revenir les exilés, et l'on donna un carrosse du Roy et un de la Reyne pour aller quérir Mʳˢ de Broussel et de Blancmesnil, après quoy Messieurs se retirèrent comme ils purent chacun à son logis.

Je puis assurer qu'on fut très aise au Palais-Cardinal de la peur qu'ils avoient eue, et que l'on eust été encore

dans l'église des Augustins, par lequel la régence fut déférée à Marie de Médicis. (Note de M. Monmerqué.)

1. Goulas paraît être dans l'erreur quand il dit que le parlement ne donna pas d'arrêt; on peut au contraire lire l'arrêt rendu, dans la *Relation de Dubois* (p. 333); et Retz dit de son côté (t. II, p. 53) : « aussitôt que l'arrêt fut rendu, l'on expédia les lettres de cachet. »

plus aise qu'ils eussent eu le mal avec la peur, et que le peuple en eust assommé une douzaine. Ils dirent en passant, à la bourgeoisie barricadée, que le lendemain leurs confrères seroient à Paris, et qu'il falloit du temps pour les y ramener, étant déjà assez loin de la ville ; mais ils ne la mirent pas en meilleure humeur : elle ne posa point les armes, et les barricades demeurèrent.

Le soir, la nouvelle s'étant répandue que quatre cents chevaux, qui logeoient à Étampes, allant vers Vendosme, pour pousser ou prendre Mr de Beaufort, avoient eu ordre de s'approcher de Paris et de loger au Bourg-la-Reyne, le faubourg Saint-Germain, qui n'avoit pas encore branlé, prit l'alarme et fit des barricades comme la ville. Le ministère, ayant connu combien le peuple étoit animé, avoit songé à sortir le Roy, et craignant que les communes de la campagne ne s'émussent, et que les gardes françoises et suisses à pied ne demeurassent pour les gages dans Paris, s'étoit résolu à tout événement de prendre cette escorte ; ainsi l'avis étoit bon, mais il n'y avoit pas là de quoy faire barricader le faubourg.

La nuit passée comme en pleine guerre, avec sentinelles et corps de garde partout, Monseigneur alla le matin au Palais-Cardinal, par le Pont-Rouge, accompagné de tous ses serviteurs. Il n'étoit pas possible de passer sur le Pont-Neuf, barricadé par les deux bouts ; nous trouvasmes celuy-cy saisy par une compagnie des gardes, qui avoit ordre de laisser aller et venir tout le monde, et toutes les autres, françoises et suisses, occupoient les rues depuis le Palais-Cardinal jusques aux Tuileries, afin d'avoir libre la sortie de la ville en cas de besoin. Le peuple n'étoit pas plus sage que le jour de devant, quoique Mʳ le coadjuteur se fust montré partout en son habit de prélat, et eust presché au peuple l'obéissance et le respect dû au souverain qui est l'image de Dieu.

Mais il faut remarquer icy que cet homme ce jour-là commença de monter sur le théâtre où il jouera bien des personnages, et dire qu'il vint au Palais-Cardinal lorsque la Reyne se plaignoit de la foule et des importuns, et qu'ayant rendu compte à Sa Majesté de ce qui se passoit à la ville, elle ne le crut point en tout, tant elle étoit prévenue qu'il n'y avoit rien à craindre pour une douzaine de coquins qui murmuroient (c'est comme on lui en avoit parlé). Aussi ses avis et ses offres furent également négligés, et il se retira également offensé contre la Reyne et le cardinal. Ce rebut d'autant plus injurieux et amer qu'il avoit espéré quelque reconnoissance de son zèle, luy remit en mémoire qu'on luy venoit de refuser le gouvernement de Paris qu'il avoit demandé à récompenser, le conseil du Roy n'ayant pas jugé à propos de charger les mesmes mains de l'autorité spirituelle et temporelle, dans une ville dont les mouvements et le branle sont de la dernière conséquence pour l'État; tellement qu'on a cru qu'il songea dès là à se venger et se prévaloir des misères publiques pour s'élever à la pourpre[1]; mais reprenons notre propos.

1. On peut ici remarquer avec quelle sobriété Nicolas Goulas parle du rôle joué par le coadjuteur de Paris dans la fameuse journée dite des Barricades; il imite en cela tous les auteurs des mémoires, contemporains de ces événements, qui n'accordent pas à beaucoup près à Retz le rôle important qu'il s'attribue complaisamment (*Mémoires*, t. II, p. 8 et suiv.).

Le lendemain matin, comme nous fusmes au Palais-Cardinal avec Monseigneur, nous apprismes que Mʳ Broussel étoit de retour, et que l'allégresse se saisissoit de tout le peuple. Ce bon homme s'étoit comporté dans sa disgrâce avec beaucoup de fermeté et de douceur; il ne changea point de procédé. Le carrosse dans lequel on le menoit s'étant rompu auprès du Palais, il étoit monté dans un autre sans dire mot. Il avoit fait toujours ce qu'on luy avoit ordonné, et à la campagne pourtant il témoigna plus de liberté d'esprit, et Mʳ de Cominges le traita aussi encore plus civilement. Ils s'entretinrent avec gaieté, parce que la peur étoit passée.

L'on nous dit que la reyne d'Angleterre, ayant appris cette tragédie, plaignit extrêmement la Reyne d'avoir été obligée à une violence qui pourroit mettre en compromis sa couronne, et ajouta qu'elle avoit perdu la sienne à moins, après quoy elle se jeta à genoux et adora Dieu.

Mʳ Broussel donc arrivant, voulut aller descendre à Notre-Dame pour rendre grâce à Notre Sauveur et à la sainte Vierge, sa mère, de sa délivrance, et le peuple qui l'avoit accompagné en grand nombre, criant : « Vive le Roy, le parlement et Mʳ Broussel! » le força d'aller de ce pas au Palais pour assister à la délibération et l'y conduisit jusques dans la Grand'-Chambre. Le premier président le reçut avec tendresse et l'embrassa, et tous Messieurs l'ayant félicité des yeux, des mains ou de parole, il fut donné arrest à l'heure mesme par lequel commandement étoit fait aux bourgeois de poser les armes et abattre les barricades, et dès l'après-disnée les carrosses et les charrettes roulèrent par la ville comme auparavant.

Mais le soir un malheureux rencontre pensa tout remettre en confusion et en combustion. L'on avoit sorti de la Bastille quelque poudre pour porter aux gardes qui en manquoient, et l'on s'en aperçut à la porte Saint-Antoine, parce qu'un caque[1] se rompit et la poudre fut répandue; si bien que le peuple se récrie qu'il est trahi, arreste le charretier et sa charrette, se saisit de sa poudre, et si ce pauvre homme n'eut dételé promptement et ne s'en fut fuy, peut-estre auroit-il été mis en pièces. Le bruit qui fut fait en ce lieu alarma toute la rue Saint-Antoine qui n'avoit pas branlé encore; elle prit les armes et quelques barricades furent refaites ailleurs[2].

Cependant la Reyne qu'on avoit prosnée si longtemps qu'elle devoit prendre les choses de hauteur, ne pouvoit revenir de cette hauteur, nonobstant ce qui étoit arrivé, ni s'empescher de montrer l'aigreur de son âme; aussi faisoit-on ce qu'on pouvoit pour l'entretenir, et tant de mousquetades et de salves, au retour de M. Broussel, tant de barricades et d'animosité pour le ravoir, n'avoient pu bannir la flatterie de chez elle, les grands étant si malheureux, que les portes de leurs palais sont toujours fermées à la vérité. M. de Rouillac[3] soutint qu'il n'y avoit que des enfants et des nourrices derrière les tonneaux des

---

1. Une caque est une sorte de baril à poudre.
2. M.me de Motteville donne une grande importance à cette émotion populaire qui, au dire du premier président Molé, n'en eut aucune.
3. Louis de Goth, marquis de Rouillac, fils de Jacques de Goth, baron de Rouillac, et d'Hélène de Nogaret.

barricades; d'autres disoient que les crocheteurs seuls et les porte-chaises faisoient le tumulte, et que les honnestes bourgeois n'y trempoient pas; qu'ils avoient vénération pour Sa Majesté et qu'ils réprimeroient bientost la canaille; et si[1], l'on n'entendoit dans les rues que des imprécations contre elle, que des emportés et des furieux qui menaçoient hautement d'arracher le cardinal d'entre ses bras, qui crioient qu'il l'avoit épousée, et qu'elle étant espagnole et luy italien, il étoit insupportable qu'ils régentassent la France et qu'il y eust parmi nous un conseil corrompu qui dépendis de nos ennemis; qu'elle avoit séduit Monseigneur par ses promesses, en s'acquérant premièrement son favory, lequel l'avoit poussé à tromper le parlement, et que sans ce méchant et ce traistre, il seroit dans leurs interests et à leur teste.

L'on dit que Mr le cardinal, mieux averty, et ne pouvant comprendre que la chose allast si avant, désira de s'en éclaircir luy-mesme, qu'il se déguisa et passa par quelques barricades, où il entendit pis qu'il ne luy avoit été rapporté. Je ne sais s'il est vray, mais je sais qu'il ne pouvoit plus hasarder. Quelques-uns m'assurèrent qu'il ne s'étoit point exposé, qu'il avoit seulement changé d'habit pour évader sans estre connu, en cas que le peuple investist le Palais-Cardinal, et entreprist d'arrester le Roy.

Monseigneur reçut plusieurs avis de ne plus rien promettre au parlement, sans savoir s'il le pourroit tenir, et qu'on l'avoit engagé à tromper cette grande compagnie pour l'y décréditer; mais Mr le cardinal,

---

1. *Et pourtant,* lit-on dans le Ms. de Vienne (fol. 424 v°).

qui n'avoit point été d'avis qu'à l'extrémité de prendre le party de la violence, fit bien sentir à la Reyne que ceux qui avoient tant prosné pour la faire agir d'un ton si haut, l'avoient fort mal entendu et l'avoient fort desservie. En effet il avoit cru que l'on ne luy avoit tant loué et relevé la conduite du cardinal de Richelieu que pour condamner la sienne et commencer à l'entamer, et que la cabale contre luy, dont j'ay parlé tantost, et qu'il pensoit avoir détruite, reprenoit force; enfin que M^rs d'Estrées, de Senneterre, Bautru[1] et les autres songeoient à le décréditer et à le perdre : aussi changea-t-il de procédé avec eux et au lieu de l'estime qu'il leur témoignoit, il devint en un instant tout de glace, et les gens de la cour furent persuadés qu'ils alloient tomber sans ressource; néanmoins il est probable qu'ils n'y entendoient nulle finesse et que le grand argent qu'ils avoient aux prests courant fortune, ils eussent voulu que le conseil eust imposé silence au parlement une bonne fois par quelque exemple, afin que l'ordre, ou le désordre des finances continuant, ils se pussent recouvrer et tirer d'affaire; et Mr de Bautru passa un peu trop avant, car comme le parlement entroit en corps au Palais-Cardinal, il dit tout haut qu'ils ruinoient le royaume par leurs entreprises, qu'ils ostoient au Roy son autorité par laquelle il régnoit et sans laquelle il ne pouvoit régner, et don-

---

1. Guillaume de Bautru, comte de Serrant, membre de l'Académie, était chargé de surveiller la rédaction de la *Gazette* de Renaudot et d'y insérer les éloges à l'adresse de Mazarin. Son frère cadet, Nicolas de Bautru, comte de Nogent, était celui qui avait beaucoup contribué à la ruine d'Augustin Potier, évêque de Beauvais. — Le P. Rapin (t. I, p. 239) décrit assez exactement la différence d'esprit des deux frères Bautru.

noient exemple aux peuples de perdre le respect au souverain. Il vouloit faire un sacrifice au premier ministre, lorsqu'il ne trouvoit plus que des impies[1].

Quoiqu'il en soit, M^r le cardinal, aboyé de toutes parts, n'étoit pas en état de se venger, ou enfin voyant ces messieurs l'objet de la haine du parlement, il se persuada de leur innocence. Certes la compagnie les crut auteurs de la conduite violente de la cour et en accusa aussi le maréchal de la Meilleraye, nourry et élevé à l'école de la violence, comme parent proche du feu cardinal de Richelieu. Mme d'Aiguillon encore fut soupçonnée d'y avoir beaucoup contribué, voyant la Reyne plus que de coutume, et ayant de longues conférences avec elle, le matin. Il est constant que Mr de Longueville n'en sut rien, et il s'offensa qu'on luy eust caché une résolution de cette importance. Il s'en plaignit, il en fit du bruit, et on l'apaisa en luy disant qu'on n'avoit point cru luy devoir communiquer ce qu'il auroit désapprouvé, vu la modération de son esprit. L'on n'en avoit pas parlé non plus à M^r le chancelier, et il ne le sut que la veille de l'exécution; mais pour cela il ne fut pas exempt de blasme, ayant envoyé deux fois chez Mr Broussel, le matin qu'il fut pris, une à sept heures, l'autre à onze, sous prétexte de savoir s'il travailloit au tarif, mais en effet pour découvrir s'il n'auroit point été averty, et ne pas aller chez luy à faux[2]. L'on ne le vouloit pas manquer.

1. C'est-à-dire des gens qui n'avaient plus foi en lui (Note de Monmerqué).
2. D'Ormesson confirme ici le récit de Goulas (t. I, p. 556). « Le matin, dit-il, Lebret (un des secrétaires du chancelier), fut porter à M. de Broussel des papiers de la part de M. le chance-

Monseigneur pourtant étoit le plus blasmé de tous; ils disoient qu'il suivoit trop aveuglément les passions de la Reyne et de son ministre, et qu'il se ruinoit de gaieté de cœur dans une si grande compagnie que le parlement, où il avoit acquis tant d'estime et qu'il voyoit si disposé à le servir; et cela par un procédé indigne d'un prince et du rang qu'il tenoit dans l'État, manquant à sa parole et à ce qu'il avoit promis si solennellement. Mais si l'on respectoit sa personne, l'aigreur tomboit sur son favory, et des bourgeois avoient dit durant la rumeur que l'on ne devoit point poser les armes qu'on ne leur eust livré le cardinal, le chancelier et La Rivière, pour les chastier. Certes, le parlement, parmi toute son animosité, garda toujours le respect pour la Reyne, et ne parla point de M^r le cardinal, dont Sa Majesté luy sut bon gré, et on le luy fit bien remarquer. Peut-estre que les créatures de l'Éminence l'empeschèrent jusques-là, ou la compagnie ne crut point le devoir entamer sans le ruiner tout à fait; et entreprendre une chose de cette importance, c'étoit sans doute trop entreprendre et aller fort loin, Monseigneur et M^r le Prince l'appuyant et le voulant maintenir contre tout le monde ensemble.

---

lier, et M. des Fontaines-Bonère y fut de la part de la reine lui dire qu'à deux heures les traitants iraient chez lui pour travailler et qu'il mit papiers sur table. Ils ne savoient point le dessein de l'arrêter. »

CHAPITRE XLVIII.

De quelques événements qui arrivèrent, et autres affaires jusques à la déclaration si célèbre, publiée et enregistrée au Parlement le 24 d'octobre, et de la paix d'Allemagne.

C'est ce qui se passa à Paris en la fameuse journée des barricades, que le peuple ou le parlement arracha l'autorité des mains du souverain, et mit le royaume en grand danger.

La rumeur ainsi apaisée, le gouvernement pensa qu'il falloit aller au devant de celle qui pouvoit naistre. Pour cet effet, le prévost des marchands et les échevins furent mandés au Palais-Cardinal, et la Reyne leur témoigna la satisfaction qu'elle avoit de l'ordre qu'ils avoient tasché d'apporter durant le désordre. On leur avoit fait dire de mener quand et eux des plus notables bourgeois et plus accrédités dans les quartiers, et on les caressa tous, afin de les rendre plus doux et plus favorables au ministère. Incontinent après l'on publia dans la cour que la Reyne alloit à Fontainebleau durant la belle saison, et quoiqu'on ne crust pas y devoir aller, néanmoins le jour fut pris au 20me septembre.

Cependant M^r le Prince, songeant à profiter de sa victoire, reçut commandement d'attendre sur le Lys les ordres du Roy. La cour vouloit chastier la ville en cas qu'elle poussast Sa Majesté et contraignist la Reyne et le conseil de sortir, et croyoit avec cette armée victorieuse mettre bientost le peuple à la raison. Mais les choses étant calmées, on le laissa [Mʳ le Prince] en sa liberté et il détacha aussitost Mʳ de Vaubecourt avec trois mille hommes pour aller joindre Mʳ de Rantzau et attaquer Furnes. Mʳ l'archiduc s'efforçoit de conserver cette conqueste, dans la pensée qu'elle luy ouvroit le chemin à une plus importante, à recouvrer Dunkerque. Ainsi il y avoit laissé le marquis Sfondrate avec un corps considérable qui s'étoit campé et bien retranché proche de la place. Nos gens résolurent de donner à son retranchement et de le forcer là dedans, et sans marchander, l'attaquent avec tant de vigueur qu'ils y entrent et luy tuent sept à huit cents hommes ; le reste se sauva comme il put, partie dans la place et partie à Nieuport. Ce succès si heureux obligea nos gens d'investir Furnes à l'heure mesme et de la presser ; et néanmoins trois mille hommes de guerre la défendant, il n'étoit pas aisé de la faire parler. Mʳ le Prince, impatient de leur résistance, s'y en vient et faisant le général, le capitaine et le soldat tout ensemble, il y reçut une mousquetade, laquelle, sans le collet de buffle qui se trouva double en cet endroit, l'auroit tué ; ce fut au costé gauche qu'elle le frappa, et quoiqu'il n'y eut qu'une contusion, néanmoins les chirurgiens opinèrent tous de l'ouvrir. Les ennemis ayant appris le péril qu'avoit couru notre général, demandèrent à capituler et se rendirent prisonniers de guerre, ce qui servit à retirer les nostres qui avoient été pris à Ostende au commencement de la campagne. Les officiers s'en allèrent sur leur parole travailler à l'échange.

Certes ce fut un étrange coup à la Flandre que cette défaite de Sfondrate et la prise de Furnes aux conditions que j'ai dit, car l'archiduc n'avoit plus que ce peu d'infanterie et il nous tomboit entre les mains, si bien que Mr le Prince pouvoit faire tel siège que bon luy eust semblé et s'établir en Flandre de telle sorte que jamais les Espagnols ne l'en eussent pu arracher. Mais les vacarmes de Paris l'y rappeloient, et nous perdismes tout le fruit de sa belle victoire de Lens pour l'ambition de quelques particuliers qui prétendoient de régenter à Paris et dans les provinces du royaume.

Si la fortune nous rioit au Pays-Bas, elle nous tournoit le dos en Italie. Le siège de Crémone alloit lentement et l'on doutoit de sa prise, quoique nous fussions logés dans le fossé du chasteau. Le marquis Ville y fut tué d'un coup de pièce tout proche du duc de Modène et du maréchal du Plessis. Notre armée navale ne fit rien qui vaille en la coste de Naples; nos gens étant descendus près de Salerne, et ayant mis à terre du canon de leurs vaisseaux, il se fallut retirer bien viste, puisqu'ils le laissèrent et quelques-uns de leurs meilleurs hommes, entre autres Mr de la Tour-Bassompierre que l'on disoit fils de la feue princesse de Conti et du maréchal de ce nom. Enfin ce n'étoit qu'en ce pays-là où Mr le cardinal Mazarin souhaitoit que l'on fist plus de progrès que nos affaires alloient plus mal, car en Allemagne toute la Bohême branloit et songeoit à s'accommoder avec les Suédois après la prise de Prague, et en Bavière le duc avoit abandonné son État aux François et aux Suédois qui couroient conjointement la campagne et mettoient tout sous contribution. Les Allemands jugèrent donc qu'il étoit temps de conclure la paix et y obligèrent l'Empereur, lequel se voyant si misérable souffrit qu'on luy donnast la loy.

J'appris en ce temps-là que trois choses y firent résoudre les Suédois, au milieu de leur prospérité : qu'ils ne purent jamais passer la rivière d'Inn qui sépare la Bavière de la Basse-Autriche, pour joindre vingt mille paysans, commandés par quelques gentilshommes du pays, tous protestants couverts, qui vouloient secouer le joug de l'Empereur, à cause qu'il les forçoit en leur religion; la seconde que la plupart de leurs gens de guerre étant Allemands, on leur promettoit six millions d'or par la paix, et le désir d'avoir cet argent en ceux-cy étoit capable de les faire déserter et de ruiner ainsi leurs armées; la troisième, nos troubles de France qui les persuadèrent qu'ils ne tireroient plus de nous ni gens ni argent, quand nous nous mangerions les uns les autres; si bien que cette paix s'avançant fort et M^r le cardinal voyant clair dans le traité, le publioit hautement pour fait, parloit de renvoyer en diligence M^r d'Avaux pour l'achever, parce qu'il étoit agréable au peuple et qu'on croyoit que sans Mr Servient il l'auroit conclu et signé. Il se servit ainsi du bruit de la paix d'Allemagne pour tascher de faire la sienne en France avec la plupart des François, et son procédé tout différent en persuada force gens. Il donna de bonnes paroles à ceux qui parloient pour les capitaines des gardes, et les courtisans, qui les avoient crus perdus, changèrent d'opinion. Il promit positivement à Mr de Béthune qu'il rétabliroit son frère, et le dit à d'autres personnes de qualité; ses émissaires pestoient les conseils violents et leurs auteurs; ils passèrent jusqu'à dire que M^{rs} d'Estrées, de Senneterre, chevalier de Jars et Bautru auroient ordre de sortir de la cour, et le tout afin d'adoucir le parlement qui, sans avoir égard à ces pièces de cabinet, alloit son chemin, continuoit de travailler au tarif et à régler le payement des rentes.

Le conseil du Roy étant résolu de sortir de Paris, la Reyne, qui avoit dit qu'elle alloit à Fontainebleau, changea et choisit Ruel[1] et Saint-Germain, sans doute pour estre plus proche de la ville, où il falloit donner chaleur à son party et détruire l'opposé. Le Roy partit le 12ᵉ septembre, à sept heures du matin, et avec une telle précipitation qu'il sembloit avoir les Espagnols à ses trousses. Mʳ le cardinal étoit dans son carrosse, par peur, disoient ses ennemis, et tout le monde étoit persuadé qu'ils ne reviendroient pas si tost et ne se mettroient pas ainsi entre les mains du peuple furieux et enragé, qui ne pouvoit revenir de ses extravagances et murmuroit toujours contre l'Éminentissime. La Reyne sortit le lendemain, et l'on fit un conte assez plaisant de la conversation qu'eut avec elle le bonhomme Mʳ d'Angoulesme. Sa Majesté luy ayant parlé des choses présentes, cet habile prince ne se put empescher de luy dire en riant que les rois, depuis deux cents ans, avoient continuellement travaillé à se mettre hors de page, qu'elle avoit aussi travaillé à y mettre le Roy, son fils, mais qu'elle luy avoit fait faire ses chausses trop courtes. Et certes la pauvre princesse devoit passer de mauvaises nuits, et son conseil estre dans le dernier embarras : les alliés de la couronne nous abandonnoient, les peuples étoient

---

1. Le château de Ruel appartenait à cette époque à Mᵐᵉ d'Aiguillon, qui l'avait offert à la reine pour y prendre repos.

pauvres et au désespoir, nos soldats plus misérables; la noblesse et les grands détestoient la faveur et les favoris qui consommoient tout pour eux ou leurs créatures; la ville pestoit les princes du sang qui ne vouloient point faire leur métier; tous désiroient la paix et faisoient tout ce qu'il faut pour l'éloigner.

Mais la bourgeoisie de Paris, voyant le Roy et la Reyne dehors et considérant de sens froid ce qu'elle avoit fait, fut assez étonnée dans la crainte que le ministère n'entreprist de chastier son insolence; plusieurs croyoient que c'étoit le dessein de la cour, et qu'elle se serviroit de l'armée de Flandre, toute triomphante et invincible, pour l'assiéger. L'on dit que M[r] le Prince, qui avoit des amis dans le parlement, ne le voulut point consentir et craignit leur ruine, ou plus probablement désira prendre ses avantages avant que d'y donner les mains; ainsi il traita avec le cardinal et se livra tout entier moyennant Stenay, Clermont et Jametz qu'on luy promit en toute souveraineté; et le parlement, ne luy ayant pas été favorable en la vérification, acheva l'affaire de M[r] le cardinal, et fit que, pour se venger de cet affront, il devint ennemy de ses ennemis; mais cecy ne fut que deux mois après, car M[r] le Prince retournant de l'armée étoit extrêmement partagé, à cause que ses confidents l'étoient là-dessus.

Deux personnes de qualité avoient alors part en ses bonnes grâces, Mr de Chastillon[1] et M[r] le maréchal de

---

1. Gaspard IV, comte de Coligny, marquis d'Andelot, puis duc de Châtillon, né en 1620, mourut le 9 février 1649, d'une mousquetade reçue à l'attaque de Charenton.

Gramont. Le premier tenoit pour le parlement et luy représentoit que se mettant à la teste de ce grand corps, il seroit adoré de tout le royaume, il disposeroit des peuples et donneroit la loy à la cour, il abattroit la tyrannie, et renvoyant le cardinal en son pays, il osteroit la cause du désordre, et rajusteroit les sujets et le souverain, c'est-à-dire sauveroit l'État et en deviendroit l'arbitre; qu'au reste, s'il ne vouloit pas aller si loin, il pouvoit prendre ses avantages en demeurant neutre, et que c'étoit beaucoup faire pour la cour de n'estre point contre. Le second disoit que la Reyne luy ayant mis entre les mains les armes du Roy, il les devoit employer pour son service; que le plus considérable service qu'il luy put rendre étoit de conserver son autorité; que luy manquer en cette conjoncture seroit un crime qui ne luy seroit jamais pardonné; qu'on en feroit souvenir le jeune Roy un jour, et que le nourrissant dans l'aversion de sa personne, ce seroit indubitablement sa ruine et celle de sa maison.

Les remontrances de celuy-cy firent plus d'impression sur Mr le Prince, car arrivant de Chantilly à Paris, l'on dit qu'il protesta de ne pouvoir demeurer en cette ville à la mercy de la bourgeoisie, laquelle il sauroit bien chastier, si la Reyne le luy commandoit, ajoutant qu'il sera en mauvaise condition, s'il étoit au pouvoir du parlement de l'en faire déloger quand il luy plairoit. Beaucoup de gens crurent qu'il avoit fait ce discours de dessein, afin que le ministère se servist de luy pour l'accommodement et qu'il en eust la gloire, Monseigneur n'étant plus un instrument propre après avoir manqué au parlement, et souffert que le conseil se fut joué de la parole qu'il avoit si solennellement donnée.

Or il est constant qu'alors Mr le Prince avoit une grande cabale dans cette compagnie, laquelle il opposoit couvertement au cardinal pour l'obliger à s'appuyer de luy et le rechercher, et que l'Éminence bien averty luy faisoit parler par une contre-fourbe, et luy parloit luy-mesme. Ses émissaires, à ce mesme temps, répandoient mille bruits par la ville, protestoient qu'il étoit très assuré du prince; que l'armée n'attendoit que l'ordre de la cour pour se venir saisir des passages des rivières et des endroits par où le pain abordoit; qu'en quinze jours elle auroit réduit le bourgeois à se rendre la corde au col; que l'on chastieroit les coupables et qu'on apprendroit une bonne fois au parlement et à la ville de se contenir dans l'obéissance. Ces propos obligèrent les gens aisés de faire leur provision de blé, quoiqu'on recherchast le parlement et que les intéressés avec le ministère protestassent qu'il se vouloit solidement accommoder. Et l'on se persuadoit que l'entremise de Mr le Prince feroit la paix, parce qu'outre qu'il avoit plusieurs amis et serviteurs dans la compagnie et dans la ville, on l'estimoit homme de parole, et l'on croyoit que s'il en donnoit de la part du conseil, il la luy feroit bien garder; qu'ainsi les deux partis ayant confiance en luy, il les rapprocheroit aisément.

Il [Mr le Prince] arriva à Ruel le 20e septembre, deux jours après que Mr de Chavigny fut arresté; et il nous faut parler à cette heure de cet événement comme d'une chose qui acheva de faire pousser Mr le cardinal. Ce ministre qui avoit tant eu de pouvoir sous le règne passé, s'étoit attiré l'aversion de la Reyne par la créance que le feu Roy avoit en luy, lorsqu'il ne se pouvoit résoudre à luy donner la régence après sa mort. La déclaration que fit le Roy[1], où il luy avoit si fort restreint son autorité et l'avoit comme assujettie au conseil qu'il instituoit, l'avoit extrêmement blessée, et l'on en croyoit Chavigny l'auteur. Le Roy mort, et la Reyne ayant été déclarée régente à pur et à plein[2], elle osta les finances à son père[3], et luy diminua fort son crédit, et M^r le cardinal Mazarin, tout-puissant auprès de la régente, pour donner quelque chose à leur ancienne amitié, luy conserva la place de ministre d'État, mais sans aucune considération, tellement que celuy qui étoit accoustumé à gouverner, se voyant si fort déchu, se retira doucement et ne se montra presque plus à la cour, ne pouvant supporter cet anéantissement en un lieu où il avoit toujours eu la confiance et la direction des plus importantes affaires. Considérant donc le désordre où étoient les choses, et que le parlement où il avoit force parents et force amis luittoit le cardinal, il crut le temps propre pour se venger du premier ministre, son ennemy, qu'il estimoit l'artisan de sa disgrâce, et jugeant que M^r le Prince, après le gain de la bataille de Lens, autorisé comme il étoit parmy les gens de guerre, estimé et honoré du parlement et des peuples, regardé comme un héros de tout le monde, donneroit la loy au ministère, il pensa que c'étoit à cette porte

---

1. C'est-à-dire la déclaration royale relative à la régence. (Voir t. I de ces Mémoires, p. 434 et 461 et suiv.)
2. *A pur et à plein*, c'est-à-dire entièrement, sans réserves.
3. Au père de M. de Chavigny. (Voir t. I de ces Mémoires, p. 462.)

qu'il falloit battre, et que si on luy ouvroit il rentreroit dans le sanctuaire.

Mʳ de Chastillon étoit alors à la cour, comme celuy lequel ayant eu beaucoup de part au combat de Lens, avoit été jugé plus propre par Mʳ le Prince pour en apporter la nouvelle, disons mieux, comme celuy qui ayant sa confiance et étant fort éclairé, pouvoit mieux pénétrer l'état des choses et luy en faire un meilleur rapport. Mʳ de Chavigny, sachant qu'il se plaignoit avec raison du cardinal, et qu'ayant le poignard dans le sein de ce qu'il différoit l'effet de la promesse du baston de maréchal de France qu'il luy avoit tant de fois réitérée, il écouteroit volontiers tout ce qui luy seroit proposé contre luy, il l'aborde et luy remontre qu'il est temps de pousser le premier ministre; qu'il ne tient presque à rien; que Mʳ le Prince, donnant les mains, le parlement fera le reste; que Mʳ le Prince doit mettre en sa place une personne qui soit dans sa dépendance, un homme qui luy soit obligé de son élévation et qui tienne de luy sa fortune, un sujet qui fasse pour ses amis et qui remplisse les charges de ses serviteurs. Mais Mʳ de Chavigny qui vouloit estre cette personne, cet homme, ce sujet, fit le mesme discours à Mʳ Perault, secrétaire de Mʳ le Prince, lequel appréhendant justement qu'un si habile et adroit courtisan que Chavigny n'enpaumast son maistre, et ne le luy enlevast, révéla tout à l'Éminence. Il est à croire que faisant fondement sur le prince, et ne se pouvant presque sauver que par son moyen, il [le cardinal] eut encore plus de peur que Perault que son ennemy le gagnast; voilà pourquoy, sans délibérer davantage, il commanda qu'il fust arresté dans le bois de Vincennes où il se trouvoit alors et dont il étoit gouverneur[1].

La chose passa comme je vais dire : on luy envoya un gentilhomme avec une lettre du Roy, par laquelle il luy étoit ordonné d'aller à Chavigny et de partir à l'heure mesme. Se mettant en devoir d'obéir, il reçoit un ordre de sortir sa garnison du chasteau et de laisser entrer Drouet, capitaine aux gardes, avec sa compagnie. Celuy-cy, ayant pris possession de la place, l'arresta et le fit passer dans le donjon, d'où il fut tiré à quelques jours de là et conduit au Havre[2].

La raison de cette violence étant fort secrète, chacun en chercha et en débita à sa fantaisie. Les uns dirent que la Reyne se plaignoit de luy, parce qu'il ne luy avoit pas offert de l'argent, lorsqu'elle en empruntoit partout pour ses affaires et celles de l'État ; d'autres, qu'elle croyoit qu'il révoltast le parlement contre la cour, par le moyen des amis qu'il y avoit, qui étoient tous ennemis déclarés du cardinal ; d'autres, qu'étant dévoué à M^r le Prince, il avoit toujours trois voix pour luy dans le conseil d'en haut, la sienne et celles de Mr de Longueville et de Mr de Chavigny, ce qui embarrassoit Sa Majesté ; enfin le cardinal et la Reyne le haïssoient, celuy-là, parce qu'il luy devoit son élévation et sa fortune, celle-cy, à cause qu'il avoit toujours traversé la sienne ; et il étoit si vray qu'ils se défioient extrêmement de luy et le tenoient lié avec les frondeurs,

---

1. M. de Chavigny fut en effet arrêté le 18 septembre ; et en même temps le marquis de Châteauneuf reçut ordre de se retirer en Berry.

2. « Il y fut prisonnier pendant un mois environ, et il lui fut ensuite permis de se retirer à Chavigny. » (*Histoire des secrétaires d'État.* Paris, Sercy, 1668. In-4°, p. 287.)

qu'il ne sut rien du dessein d'arrester Mʳ Broussel et les autres. Et considérez, je vous prie, le bonheur de cet homme dans son malheur mesme : il avoit quatre-vingt mille écus chez luy au bois de Vincennes qui ne furent point découverts, parce qu'il les tenoit dans le cabinet de sa femme, et l'on ne s'avisa pas d'y fouiller ; elle les en tira bientost après sans qu'on s'en aperçust, et ils sauvèrent cette somme assez considérable, en un temps où le Roy probablement s'en seroit voulu servir pour ses affaires.

La disgrâce de Mʳ de Chavigny chez le Roy fut suivie de celle de Mʳ Goulas chez Monseigneur[1]. Le prétexte fut qu'étant fort son amy, il devoit estre et étoit dans les mesmes intrigues. Mʳ de la Rivière haïssoit et craignoit celuy-cy par la mesme raison que Mʳ le cardinal faisoit Mʳ de Chavigny : il étoit la cause de sa fortune, et il l'avoit payé d'ingratitude. Ils vivoient en froideur depuis quelque temps, car Mʳ Goulas ne se pouvoit soumettre à sa tyrannie, et l'autre appréhendoit toujours que la longue habitude qu'il avoit avec Monseigneur n'engageast Son Altesse royale à se découvrir à luy dans les conjonctures présentes, et qu'il n'en reçust des conseils d'homme de bien qui luy désillassent les yeux. Il se servit donc de la Reyne et du cardinal pour le luy faire éloigner, et ils luy dirent tous, pour le persuader, que c'étoit un con-

---

[1]. « Le samedi 19 septembre, M. Goulas, secrétaire des commandements de M. le duc d'Orléans, reçut ordre de son maitre de se retirer en sa maison de Ferrières. Il étoit intime ami, commensal ordinaire et ex-domestique de M. de Chavigny, ayant un appartement dans sa maison, etc. » (*Mémoires d'Omer Talon.* Collect. Petitot, 2ᵉ série. T. LXI, p. 281.)

fident de Chavigny qui trempoit dans toutes ses cabales, qui avoit des parents dans le parlement, qu'il luy donnoit pour amis et ministres de ses desseins (ils vouloient parler de Mr Loisel[1]); qu'il étoit enragé de ce qu'il ne gouvernoit pas, et qu'il désiroit de tout renverser, afin de contenter son ambition. Monseigneur donc abandonna un serviteur de trente ans, n'ayant pas la force de résister à la Reyne et à son ministre, et ne se plaignit de la conduite de Goulas que de ce qu'il voyoit souvent Chavigny, que mesme il couchoit chez luy et luy étoit intrinsèque. Cependant il [Monsieur] témoignoit de l'estimer, il le souffroit dans le conseil du Roy, et ne le rencontroit jamais qu'il ne le traitast à merveille. Ainsi Monseigneur ayant la goutte à Ruel, ou feignant de l'avoir, selon quelques-uns, Mr Goulas ne manqua pas d'y aller pour voir son maistre, et descendant de carrosse, Saint-Remy, lieutenant des gardes de Son Altesse royale, luy fit commandement de sa part d'aller chez luy, à Ferrières[2], et de n'arrester à Paris que pour disner. Il obéit et fut plaint de beaucoup d'honnestes gens, parce qu'il étoit très honneste homme, et en estime d'avoir beaucoup d'honneur et de probité, peut-estre aussi parce que ses persécuteurs étoient en horreur à tout le monde[3].

1. M. Loisel avait été exilé à Senlis, et s'était soustrait aux recherches (*Mémoires de Guy Joly*. Coll. Petitot. T. XLVII, p. 23 de la 2ᵉ série).
2. Ferrières en Brie. — Il y demeura environ dix-huit mois.
3. Le cardinal de Retz ne fait qu'énoncer la disgrâce de Chavigny. Guy Joly en indique sommairement la cause, comme d'après un bruit public. L'*Histoire du temps* de Du Portail en explique les causes avec quelques détails; mais on ne trouve nulle part le récit

Mr de Chasteauneuf eut ordre de la Reyne en mesme temps de quitter le séjour de Montrouge et d'aller en Berry, à sa maison de Chasteauneuf, et le recevant à cinq heures du soir, qu'il étoit trop tard pour partir ce jour-là, il pria celuy qui le luy portoit de coucher chez luy, afin qu'il le vist déloger le lendemain dès six heures du matin[1]. Mr de la Vieuville étoit marqué pour estre éloigné, et Monseigneur l'avoit dit; mais l'on n'osa entreprendre de luy faire le commandement dans Paris, si bien qu'ayant été averty de ce qu'on luy préparoit, son fils s'adressa à M^r le Prince et obtint ce qu'il demanda pour son père.

Mais il est étrange que Mr de Chavigny, poussé par le cardinal et par La Rivière, les maistres de la cour, trouvast tant de gens de qualité chez le Roy, dans le parlement et ailleurs, qui se dissent hautement de ses amis, et parlassent pour luy. M^r le maréchal de Gramont, Mr de Liancourt, Mr de Mortemar[2], M^r le président de Maisons[3], en parlèrent à M^r le cardinal, lequel ne manqua pas de leur dire qu'il les avoit voulu brouiller avec luy; mais ils répliquèrent tous qu'ils ne le pouvoient croire, et le président qu'il en voulut

de circonstances aussi curieuses que celles racontées ici. (Note de M. Monmerqué.)

1. Charles de l'Aubespine, marquis de Châteauneuf-sur-Cher, en Berry, habitait sa maison de Montrouge, près Paris.

2. Gabriel de Rochechouart, marquis et depuis duc de Mortemart, fils de Gaspard de Rochechouart, marquis de Mortemart, et de Louise, comtesse de Maure, fut le père de la marquise de Montespan.

3. René de Longueil, marquis de Maisons (Maisons-sur-Seine, aujourd'hui Maisons-Laffitte), avait été nommé président à mortier, en 1642, et devint, en 1650, surintendant des finances. Il mourut en 1667.

persuader, le quitta brusquement au milieu de son discours et protesta, sortant de sa chambre, qu'il n'y mettroit jamais le pied; mesme il gronda si haut de ce que M^r le cardinal, à Saint-Germain, avoit logé son train dans la capitainerie, qui étoit son logis comme capitaine du chasteau, qu'il fallut qu'il l'en ostast, car il dit qu'il l'avoit fait pour l'offenser.

L'on ne donnoit donc plus d'encens au premier ministre en ce temps-là, et vous voyez qu'il avoit besoin de s'appuyer plus que jamais de Monseigneur et de M^r le Prince; et d'autant qu'il se défioit avec justice que tant de violence qu'il faisoit à des gens dont le mérite et la condition étoient connus de tout le monde, ne luy attirast plus d'ennemis et ne fist crier davantage contre luy, il s'efforçoit toujours d'intimider le parlement et la ville par ses menaces et de les gagner par ses bassesses. Monseigneur mesme se laissa entendre que l'on chastieroit Paris et qu'il étoit aisé de l'affamer; et M^r le chancelier, Mrs de Seneterre, de Bautru et quelques autres intrinsèques au ministère, ayant fait sortir leurs meubles et ce qu'ils avoient de meilleur chez eux, en persuadèrent si bien le peuple, que tous généralement se déchaisnèrent contre le cardinal, le détestant de ce qu'il avoit emmené le Roy et ne le vouloit point ramener.

Mais M^r le Prince étant arrivé à Ruel, vous ne doutez pas qu'il y fust reçu à bras ouverts : c'étoit le restaurateur des affaires et le vengeur des rébellions passées, l'Hercule qui étoufferoit tous les monstres. En effet les habiles se promirent un solide accommodement, dans la pensée que l'emprisonnement de M^l de Chavigny et l'exil de Mr de Chasteauneuf, que l'on croyoit inspirer la mauvaise humeur au parlement, ayant coupé le canal par où elle venoit, et un médiateur de créance se présentant, il seroit aisé de tout ajuster. D'ailleurs l'on disoit que la Reyne avoit mandé au premier président qu'elle alloit à Fontainebleau, et qu'il assurast sa compagnie qu'elle seroit très aise que l'on fust d'accord avant son retour; mais l'on expliquoit ces paroles qu'elle ne retourneroit point que le parlement n'eust cédé et que, s'il s'opposoit davantage à ses volontés, elle prendroit les voies de fait. L'on disoit encore que M^r le Prince, à l'instigation de la cour, s'offrit d'abord aux frondeurs pour les empescher de se lier avec Monseigneur et le mettre à leur teste, La Rivière commençant à se défier du cardinal et leur en donnant l'espérance; quelques-uns assuroient qu'il l'avoit fait seulement pour savoir le fond de la cabale, d'autres pour obliger la cour à luy faire un bon party; enfin qu'il avoit été chez Mr de Longueil, l'âme de la Fronde, et luy avoit donné sa parole. Mais il fit dire depuis que Mr de Chastillon, qui négocioit pour luy avec les frondeurs, s'étoit trop avancé et avoit fait des pas qu'il n'avoit pu approuver; et probablement s'il eust eu à s'engager dans ce party, c'eust été quand M^r le coadjuteur de Paris luy parla, puisqu'il luy proposa force choses à le tenter. Certes, si l'on peut juger de ses intentions à sa conduite, elles furent bonnes et sincères pour l'État, et il n'avoit rien alors devant les yeux que son devoir, dans lequel les cageolleries de la Reyne et les caresses du Roy le confirmoient; ainsi il ne songe plus qu'à appuyer le cardinal, lequel, pour le tenir par l'intérest, luy fit son compte.

Cependant la liaison de Monseigneur et de M^r le

Prince avec le ministère, les bruits sourds, les menaces, les promesses, les artifices, rien n'amollissoit le parlement; au contraire, la Fronde et les amis de M. de Chavigny portèrent les choses à l'extrême; car le 22 septembre, jour remarquable, M. le président de Mesmes ayant présenté la commission du Roy pour la chambre de justice dont il avoit été fait premier président, et cela afin de flatter la compagnie et y prendre plus de créance, et M. Broussel ensuite voulant parler du tarif, M. le président Viole[1] se leva et interrompit M. Broussel, disant qu'il étoit question de choses de bien plus grande importance, puisqu'on venoit d'enfreindre la déclaration de Sa Majesté si solennellement approuvée et enregistrée, et qu'après cela l'on ne se pouvoit fier de la parole de la Reyne. Le premier président, surpris, tascha d'éluder; mais l'autre pressant, il fallut écouter son discours qui fut tel en substance : que l'on avoit sorty de Paris le Roy, comme le ravissant à ses bons sujets; que l'on avoit mandé des gens de guerre de tous costés, qui en étoient proches; que l'on manquoit de parole, ayant promis qu'on n'éloigneroit ni n'emprisonneroit personne, et que l'on venoit d'arrester M. de Chavigny, ministre d'État, sans dire pourquoy, et qu'on se laissoit entendre que son crime étoit d'approuver la conduite du parlement; que l'on avoit banni M. de Chasteauneuf, M. de la Vieuville, M. Goulas; enfin que les violences recommençoient, et plus grandes qu'elles n'avoient jamais été.

1. Pierre Viole, seigneur d'Atis, président de la quatrième chambre des enquêtes depuis 1647. « C'étoit, dit Retz (t. II, p. 63), un homme de plaisir; peu délicat, ajoute Tallemant (t. IV, p. 141), dans le choix de ses amours. »

Là-dessus Mr de Blancmesnil prend la parole, appuye sur le mauvais gouvernement passé, déteste les artifices et les fourbes du premier ministre, son incapacité, sa mauvaise intention, et le nomma *Jules Mazarin*, concluant qu'il falloit supplier la Reyne de l'éloigner, en renouvelant l'arrest de 1617, donné contre le maréchal d'Ancre[1], et qu'il en falloit délibérer le lendemain. Ce pas fait, il sembla que tous ces gens crussent[2] leur audace; chacun donna sur le cardinal, et quantité furent de l'avis de Mr de Blancmesnil, c'est-à-dire la Fronde et les amis de Mrs de Chasteauneuf et de Chavigny. Mais M^r le président de Novion le renchérit sur son cousin, car il passa jusques à dire que le cardinal étoit la cause immédiate de tous nos maux; que c'étoit un homme sans naissance et sans mérite, que la fortune seule avoit aveuglément élevé à la place qu'il tenoit dans l'État; qu'il étoit honteux à la France de l'y souffrir davantage, ayant tant de sujets capables de bien gouverner, et encore plus honteux de le voir environné des plus infâmes de tous les hommes, des Seneterre, des Bautru, chargés de tous les vices et dont les crimes faisoient horreur. Tous les autres, s'ils n'opinèrent pas si fortement, ne furent guères favorables à M^r le cardinal, et les plus modérés disoient que c'étoit un étranger qui n'avoit pas d'intérest à la conservation de l'État; que l'on avoit pu souffrir les violences du cardinal de Richelieu, parce qu'il étoit bien intentionné, qu'il étoit gentilhomme françois,

---

1. L'arrêt de 1617, dirigé contre Concini, maréchal d'Ancre, portait une interdiction, générale « à tous étrangers de tenir offices, bénéfices, honneurs, dignités et gouvernements. »

2. Accrussent.

qu'il avoit de la capacité et de la conduite, mais que celuy-cy, sujet du roy d'Espagne, ne pouvoit estre sans mauvaise intention dans le royaume, et que quand il l'auroit eue bonne, ignorant nos manières et nos maximes, il ne pouvoit rien faire qui vaille. Enfin il fut arresté que l'on députeroit vers la Reyne pour la supplier de ramener le Roy à Paris et de faire éloigner les gens de guerre, et vers Mrs les princes pour les prier de se trouver au Parlement à la délibération que l'on avoit résolue sur la sûreté de l'État, l'absence de Sa Majesté et les troupes que l'on faisoit venir aux environs de la ville.

La députation partit l'après-disnée, et le premier président ayant exposé sa créance et bien parlé à son ordinaire, la Reyne répondit qu'elle ne pouvoit ramener le Roy à Paris, puisqu'il falloit qu'il prist l'air en cette saison, et que le parlement et la ville n'avoient pas sujet de rien craindre. Après cela ces messieurs furent à Monseigneur, auquel ayant fait la prière de leur compagnie, il répondit qu'il ne pouvoit aller au Parlement, et que le Roy ne trouvant plus d'obéissance parmy ses sujets, il se promettoit de luy faire rendre le respect qui luy étoit du. Mr le Prince leur parla en galimatias[1], et son discours tendoit à ce qu'ils se soumissent aux volontés de la Reyne, et songeassent à conserver l'État qui couroit fortune. Mr le prince de Conty dit en substance la mesme chose, et Mr de Longueville, quoiqu'on ne parlast pas à luy, s'appro-

---

[1]. M. le Prince parla en effet avec impétuosité et avec chaleur, disant « qu'il obéiroit à la reine, en dût-il périr » (*Histoire du temps*, p. 351, et *Mémoires de Retz*, t. II, p. 61).

chant pour prendre possession de sa principauté du sang, harangua et fit un discours à double sens qui n'édifia personne. Mʳ le cardinal, qui étoit au-dessous de ces messieurs, quasi hors d'œuvre et fort consterné, n'ouvrit point la bouche. L'on remarqua que Mʳ le Prince eut la mesme députation que Monseigneur : un président et trois conseillers[1].

Mais d'autant que le peuple de Paris murmuroit toujours beaucoup de l'absence du Roy et de l'enlèvement du *petit Monsieur* (c'est ainsi qu'il en parloit), et qu'on voyoit le parlement se porter aux dernières extrémités, plusieurs personnes sortirent de la ville. Madame, preste d'accoucher, délogea et se fit porter à Meudon ; elle voulut que les princesses, ses filles, partissent devant elles, et cette retraite alarma fort tout le peuple. L'on parla plus que jamais de la mauvaise volonté de la cour ; l'on dit qu'elle se vengeroit une bonne fois, que l'heure étoit venue et que tout alloit éclater en rupture ; mesme l'arrest de la cour de parlement, donné le lendemain de leurs compliments faits à Ruel[2], aida à embarrasser les esprits, ayant été dit que l'on continueroit la délibération sur le désordre de l'État, avec injonction aux gouverneurs des places de laisser passer les vivres et au prévost des marchands de faire battre la campagne, enfin

---

1. Retz dit « un président et *deux* conseillers » (t. II, p. 81).

2. La séance du Parlement du 23 septembre 1648 fut d'une « chaleur inconcevable », dit Retz, et d'Ormesson ajoute (t. I, p. 580) : « Je ne vis jamais telle chaleur pour attirer à son parti. » La délibération fut prise à 79 voix contre 73 ; Omer Talon dit (t. V, p. 322) 71 voix contre 67.

défense très expresse à ceux du corps de désemparer.

Cet arrest ayant été su à Ruel, tous les gens y furent assez consternés, particulièrement l'Éminence, qui se voyoit nécessité de s'appuyer entièrement sur les princes pour se maintenir; et comme l'on agita ce qui étoit de faire, l'on dit que M⁼ le comte de Maure[1] avertit M⁼ le cardinal de proposer à Monseigneur et à M⁼ le Prince d'écrire au parlement et demander une conférence, afin de pouvoir ajuster les choses et finir la mésintelligence d'entre le conseil et le parlement, si préjudiciable au royaume. M⁼ le cardinal, grand amateur de négociations, goustant le party, en parla aux princes qui l'agréèrent; ainsi M⁼ de Choisy, chancelier de Son Altesse royale[2], fut chargé d'une lettre[3] pour présenter le 24 à la compagnie, quand elle seroit assemblée; et M⁼ le Prince envoya le chevalier de Rivière[4], avec la sienne, que l'on dit fort bien faite, hormis qu'elle étoit trop basse, et que la souscription blessoit sa naissance[5]. Pour celle

---

1. Louis de Rochechouart, comte de Maure, second fils de Gaspard de Rochechouart, marquis de Mortemart, et de Louise, comtesse de Maure.

2. Jean de Choisy, seigneur de Balleroy, conseiller d'État, chancelier de Monsieur.

3. La lettre de Monsieur est transcrite dans les *Mémoires de Mme de Motteville*, t. II, p. 207.

4. Le chevalier de Rivière, dont il est ici question, est probablement le chevalier Gratien de Rivière, originaire de Guienne, que le P. Rapin (t. I, p. 248) signale comme premier gentilhomme et favori de M. le Prince, et qui fut tué, en 1672, à la journée de Wœrden, à la tête du régiment de Navarre.

5. La lettre du prince de Condé, relatée également dans les *Mémoires de Mme de Motteville* (t. II, p. 208), est souscrite en effet : *votre très humble et très affectionné serviteur*, L. DE BOURBON.

de Monseigneur on la trouva mauvaise en toutes ses parties, et Mr de Choisy fut blasmé d'avoir souffert que le chevalier de Rivière entrast quand et luy, et s'assist auprès de luy, sans faire différence du rang de leurs maistres, aussi en fut-il testonné[1] d'importance par M^r l'abbé de la Rivière, qui ne le traita point du tout en chancelier.

Ces lettres firent l'effet qu'on en avoit attendu et qu'on désiroit, car la chose mise en délibération, il passa tout d'une voix à la conférence et fut résolu que les députés ne traiteroient qu'avec les princes, sans faire mention du cardinal, et que M^r le premier président demanderoit le retour du Roy, la sortie de Mr de Chavigny, la sûreté publique et la continuation du parlement jusques à la Saint-Martin ; et par cette sûreté publique, l'on entendoit l'élargissement des prisonniers et le retour des exilés, entre lesquels l'on mettoit à la ville Mrs de Vendosme et de Beaufort, et c'étoit beaucoup.

Monseigneur et M^r le Prince affectèrent de montrer qu'ils protégeroient M^r le cardinal, et la Reyne témoigna pour luy plus d'estime et de confiance qu'elle n'avoit jamais fait, se laissant entendre qu'elle ne consentiroit point son éloignement ; tout cela afin d'oster l'espérance au parlement et à ses ennemis de le ruiner et de le pousser hors du royaume par leurs cabales ; peut-estre aussi que les deux princes croyoient qu'il étoit de leur intérêt qu'il demeurast, parce qu'il n'en pouvoit entrer un si faible dans le ministère, et qu'ayant toujours besoin d'eux, il en seroit plus souple et plus

1. *Testonné*, dans le sens de *repris vivement*, presque *battu* (*Dict. de Trévoux*).

dépendant de leurs volontés. Mais l'on me voulut faire croire que si Monseigneur changeoit de style, et s'opposoit avec plus de vigueur au dessein du parlement, c'est que M' de la Rivière avoit eu avis que s'il poussoit à bout le cardinal, il pourroit bien donner sur luy et demander à la Reyne qu'elle en nommast un autre pour le chapeau, qui eust des qualités à remplir dignement la place. Aussi Son Altesse royale s'estomaqua[1] fort, dans leur conférence, qu'ils parlassent si souvent de la liberté de Chavigny, et qu'autrefois ils n'eussent rien dit quand le cardinal de Richelieu le tourmentoit; et il fit voir que le parlement ne devoit connoistre en aucune façon, ni se mesler du chastiment que fait le souverain de ses ministres, à cause qu'agissant en ces rencontres par les formes de justice, c'étoit divulguer le secret de l'État, ce qui luy étoit très préjudiciable.

Mais nos princes jouèrent ici toutes sortes de personnages : un jour ils parloient fort haut, les jours d'après fort bas; et le parlement découvrit l'inganne, tellement que les conférences n'auroient produit que de l'aigreur, si la nécessité ne les avoit tous réduits à s'accommoder. Le peuple à Paris, quoique passionné pour le parlement et animé contre la cour, se lassoit de ces longueurs; la cour voyoit la défection de presque tout le royaume, et l'on nous assura que l'évesque d'Orléans étoit arrivé en diligence pour dire que les villes de Loire branloient et s'alloient joindre avec celle de Paris, et qu'il découvriroit le secret de cette machine. Enfin après mille et mille choses qui se passèrent, dont il y eut de grosses relations, après plusieurs

---

1. *S'estomaqua*, c'est-à-dire se trouva fort offensé.

débats, réponses, demandes, répliques, expédients, raisonnements[1], il fut convenu d'une déclaration par laquelle il paroistroit que le parlement avoit travaillé à la réformation de beaucoup d'abus et au soulagement du peuple.

Je ne m'y arreste pas, si elle est dans les mains de tout le monde; mais il faut remarquer que, durant les conférences, M[r] le chancelier et le premier président eurent de grosses paroles sur les droits nouveaux du sceau et les voleries qui s'y commettoient, que le premier président dit au chancelier qu'il toléroit le mal et qu'il en étoit responsable[2]; et l'on nous conta une chose fort plaisante de ces deux hommes également habiles et déliés. Les députés étant partis fort tard de Saint-Germain pour retourner à Paris, quelqu'un plaignit ces vieilles gens qui n'arriveroient que bien avant dans la nuit à leurs maisons, sur quoy M[r] le chancelier, prenant la parole, dit : « Eh! pourquoy les plaindre, la lune n'est-elle pas belle? » Le lendemain le premier président ne manqua d'estre averty de cette réponse, et étant entré en contestation avec M[r] le chancelier sur les officiers du sceau et leurs droits, que le parlement vouloit supprimer, après quelque chaleur de part et d'autre, M[r] le chancelier demanda et dit : « Et où prendre le remboursement de ces gens? » L'autre luy répliqua : « A la lune, Monsieur, qui est si belle. » Il fut remarqué que le

___

1. Il y eut cinq conférences à Saint-Germain où le roi s'était transporté, de Ruel, le 24 septembre. Ces conférences eurent lieu les 25 et 27 septembre, 1er, 3 et 4 octobre 1648.

2. « Le premier (le chancelier) y eut de grandes prises avec le premier président qui avoit un mépris pour lui qui alloit jusqu'à la brutalité » (*Mémoires de Retz*, t. II, p. 885).

premier président n'avoit jamais parlé dans ces conférences qu'il n'eut mis en jeu la liberté de Mr de Chavigny, quoiqu'il n'en eust pas ordre de la compagnie; et l'on soupçonna que c'étoit de celuy de la cour qui vouloit qu'on crust dans le monde qu'il avoit de grandes liaisons avec les principaux du parlement et qu'il trempoit dans toutes les entreprises.

Mais pendant ces allées et venues il arriva une chose singulière qui mérite d'avoir icy sa place. Mr de Fontrailles étoit à Paris, et n'ayant pas d'obligation à Mr le cardinal (vous l'avez vu cy-dessus), en parloit comme tous les gens, c'est-à-dire le tailloit en pièces depuis le matin jusques au soir; il eut avis qu'on luy feroit un méchant tour et qu'on l'alloit mettre encore à la Bastille. Il ne le pouvoit croire, attendu la foiblesse du ministère; néanmoins pour s'éclaircir, il fit marcher son carrosse dans les rues, à l'accoustumée, avec ses laquais derrière, mais son valet de chambre seul étoit dedans. Les archers ne manquèrent pas d'arrester le carrosse, et pensant arrester le maistre en mesme temps et s'en saisir, ils furent très confus de ne trouver que le valet, lequel instruit et bien embouché par Mr de Fontrailles fit grande rumeur dans la rue et cria fort haut. Le peuple s'assemble, gronde, murmure, au discours du valet, et Mr de Fontrailles intervient qui, confirmant ce que son homme avoit dit, traite les archers d'assassins, parce qu'ils n'avoient pas leurs casaques, proteste que c'est le cardinal Mazarin qui l'a voulu faire assassiner et demande un commissaire pour faire information. Le peuple, dans la bonne disposition où il étoit pour l'Éminence, n'eut pas peine à croire Mr de Fontrailles, qui se mit en devoir de présenter requeste au parlement pour estre reçu en la garde du Roy et de la compagnie. Il publioit qu'il avoit quatre témoins de qualité qui déposeroient d'avoir ouï dire au cardinal qu'il se vengeroit des paroles outrageuses qu'il avoit proférées contre luy durant le désordre, ce qui fascha et blessa extrêmement le premier ministre. Ainsi il prit le party de sortir cet homme de Paris à quelque prix que ce fut, et luy envoya une lettre de cachet par laquelle le Roy luy ordonnoit d'aller chez luy. Il obéit aussitost, protestant qu'il étoit ravy de déloger avec honneur, et qu'il ne vouloit pas qu'on crust dans son pays qu'il s'en fust fuy pour des cabales et des intrigues.

Mais l'on n'apprenoit alors que de mauvaises nouvelles des pays étrangers. Les Catalans, nous voyant en désordre, songeoient à s'accommoder avec leur roy, lequel avoit une puissante armée sur leur frontière. Nos gens leur étoient trop à charge depuis que l'on ne les payoit plus, et ne gardoient ni ordre, ni discipline, ce qui les mettoit au désespoir; car, avant les rumeurs de Paris, les choses alloient admirablement en cette province et je ne me saurois empescher de rapporter comme nous nous comportions avec ce peuple. Dès qu'un paysan se plaignoit, on luy faisoit raison à l'instant mesme, pourvu qu'il dist de quel régiment il avoit sujet de se plaindre, et de quelle compagnie; car la perquisition faite et la chose vérifiée, le chef réparoit le dommage du bonhomme et reprenoit ce qui luy avoit été donné sur la montre[1]

---

1. La *montre* d'un régiment, c'était la revue qui avait lieu pour le paiement de la solde; et par extension le mot *montre* est devenu synonyme de *solde*.

ou le mois de la compagnie ou du soldat, et cela sans y faillir. Plut à Dieu fut-il ainsi pratiqué en tous les endroits du monde; et il le seroit, si l'on payoit les gens de guerre régulièrement et comme étoient payés ceux de Catalogne avant nos malheurs.

En Flandre, l'archiduc avoit mis ensemble force infanterie; il luy en étoit venu et luy en venoit encore d'Hollande et d'Allemagne; il approchoit de notre frontière, et l'armée du Roy, faute d'argent, étoit réduite presque à rien; tout avoit déserté : soldats, officiers, personne ne demandoit congé, tous croyoient pouvoir faire ce que bon leur sembloit. L'on écrivoit d'Italie que nos affaires y étoient ruinées, parce que nous y avions perdu réputation. L'armée navale n'avoit rien fait à Naples; le siége de Crémone alloit mal; s'il n'étoit levé, personne ne doutoit plus que nous ne fussions obligés bientost de le lever avec honte. Le pape, mal voulu dans Rome, à cause qu'il avoit permis la traite des blés aux Espagnols, pour munir leurs places et sauver leurs armées, se jetoit entre leurs bras et ne gardoit pas mesme la bienséance avec nous. L'on rapportoit d'Angleterre que le Parlement y étoit au dessus de ses affaires; les Écossois du party du roy avoient été défaits avec grande perte, et leur général, le duc d'Hamilton, pris prisonnier. Le prince de Galles n'avoit pu faire sa descente nulle part et avoit été contraint de relascher en Hollande avec ses vaisseaux, poursuivy par le comte de Warwick[1], amiral du Parlement. Le roy, bien que plus favorablement traité en

---

1. Robert Rich, comte de Warwick, fils de Robert Rich, comte de Warwick, et de Françoise Wray, sa seconde femme, frère ainé du comte de Holland, mourut en 1658.

apparence, avoit eu le dégoust d'apprendre la mort de deux serviteurs qu'il étoit obligé d'aimer pour leur fidélité, lesquels s'étant rendus à Colchester, les parlementaires les avoient aussitost livrés au bourreau. Enfin, hors la paix de l'Empire que l'on tenoit assurée, et dont nous parlerons tantost, il ne nous venoit que des relations fascheuses, et nous pouvions dire que cette année étoit fatale à la France et souilleroit enfin toute sa gloire.

Mais la cour, si radoucie pour le parlement et pour Paris, se radoucissoit encore pour les capitaines des gardes : elle promit de les rétablir et se laissa entendre que sans Mr de Chandenier, à qui l'on ne pouvoit pardonner, on les auroit remis en charge. Elle témoigna au maréchal de la Mothe qu'elle oublioit le passé et luy offrit le commandement de Catalogne, parce que Mr de Schomberg avoit mandé qu'il ne pouvoit plus demeurer et se retiroit en Languedoc. Il avoit emporté son congé quand et sa patente de vice-roy, afin de s'en pouvoir aller dès qu'il jugeroit le devoir faire, sans qu'on luy pust imputer à crime. Et le maréchal n'ayant pas répondu sur l'employ de Catalogne, où il ne pouvoit douter que tout étoit perdu, on luy proposa celuy de Flandre.

Cependant, au milieu de tant d'épines qui environnoient M^r le cardinal Mazarin, il eut une foible consolation qui luy causa quelque calme. Il appréhendoit autant la bonne intelligence de Monseigneur et de M^r le Prince que la liaison de l'un ou de l'autre avec les frondeurs et le parlement, et il les vit sur le point de se brouiller ; ils gardoient pourtant les apparences, quoique le cœur fut blessé, car ce dernier, se voulant rendre comme égal au premier, empiétoit toujours quelque chose, et Monseigneur luy faisoit sentir de temps en temps qu'il s'offensoit de ses entreprises. Mʳ le Prince voulut avoir un premier écuyer comme Son Altesse royale, et donna cette charge à Mʳ le chevalier de Gramont. Monseigneur logeoit au chasteau neuf de Saint-Germain où cet officier nouveau se présentant en carrosse pour entrer dans la cour, les gardes le refusèrent. Il dit qu'il entroit dans le logis du Roy; et eux, qui avoient leur ordre et que l'on avoit instruits, répliquèrent que la Reyne faisoit ce qui luy plaisoit au Palais-Royal et au logis du Roy, mais que pour luy, entreprenant une chose nouvelle chez Monseigneur, elle luy seroit refusée. Il se retira fort piqué, et Mʳ le Prince le fut encore davantage sans se plaindre. D'ailleurs Mʳ de Longueville, étant chez Madame, s'assit, ce qui ayant été rapporté à Son Altesse royale, il le trouva si mauvais qu'il défendit qu'on luy donnast jamais de siège en ce lieu. Et ces pointilles étoient des présages de tempeste, le chagrin, la colère, le dépit attisant le feu et disposant les choses à une grande flamme.

Mais pour revenir à la déclaration tant souhaitée de tous et si souhaitable, puisqu'elle donnoit la paix à l'État, Mʳˢ du parlement en ayant dressé le projet chez le premier président, et luy l'ayant fait voir à la compagnie, l'on députa pour le porter à Saint-Germain, où la cour l'attendoit avec impatience[1]. Elle l'adressa aux

1. La déclaration du 24 octobre 1648 a été imprimée à la suite de la 1ʳᵉ partie de l'*Histoire du temps,* p. 296. V. aussi la 2ᵉ partie, p. 1-8. — Cette déclaration, qu'on peut considérer comme la conclusion de l'épisode des barricades, confirmait tous les

trois cours souveraines, bien que le parlement, dans son écrit, n'eust pas fait mention des autres, afin d'éprouver s'il y auroit assez de bassesse au conseil du Roy pour luy passer cette entreprise. Elle voulut aussi que le prévost des marchands fist publier des réglements de police, et mettre un taux aux denrées, et cela pour montrer que les droits qui se levoient sur le bois, le charbon, etc., étoient rabaissés, et qu'on avoit eu soin du peuple; enfin que la Reyne avoit contribué ce qu'elle pouvoit à son soulagement en toute chose.

Sa Majesté ayant changé de style et pris le party de la douceur, trouva bon que l'on dist qu'elle remèneroit le Roy à Paris, après la feste, qu'elle logeroit au Louvre, et qu'on alloit travailler à la paix au plus tost; et M^r le Prince, pour sonder le gué, se fit voir à Paris, et trouva le bourgeois dans un grand calme.

retranchements faits sur les revenus du roi depuis trois mois (32 millions suivant Mme de Motteville); et proclamait le principe de la liberté individuelle, en stipulant que les sujets du roi ne pourraient être poursuivis criminellement que par les voies ordinaires et par-devant leurs juges naturels; — qu'aucun officier ne pourrait être destitué ou troublé dans l'exercice de sa charge par lettre de cachet ou autrement; — que les autres sujets du roi ne pourraient être détenus sans jugement que pendant six mois, et que les magistrats ne le seraient pas au-delà de vingt-quatre heures.

La préoccupation de leurs intérêts propres, qui ne cessa d'obséder les membres du parlement, pendant toute leur lutte contre la royauté, se révèle surtout dans la disposition finale de la déclaration du 24 octobre. Le parlement ajouta en effet deux articles secrets à la déclaration royale; le premier portait que « si un officier du parlement recevait une lettre de cachet pour se retirer, il l'apporterait à la compagnie pour y être délibéré en sa présence; » le second, que « si aucun du parlement était emprisonné, ses parents pourraient bailler requête au parlement » (*Mémoires d'Omer Talon*).

Mʳ le maréchal de la Meilleraye, que le peuple avoit tant maudit et déchiré, passa jusqu'à son Arsenal, sans que personne luy dist mot; car l'on vouloit que le Roy revînt, et l'on souhaitoit avec passion que les festes fussent passées pour jouir de ce bien qui étoit comme le couronnement de la félicité publique[1]. Avec cela chacun espéroit le siècle d'or à l'avenir, puisque tous avoient leur compte dans l'abaissement du cardinal; les princes le vouloient en cet état à cause qu'ils ne le craindroient plus, et il auroit affaire d'eux pour se maintenir; d'ailleurs leur ayant obligation de son salut, il n'étoit pas pour les mécontenter si tost. Le parlement y trouvoit sa sûreté toute entière, parce que, encore qu'il [le cardinal] leur voulust mal d'avoir entrepris de le ruiner, il ne s'en pouvoit venger sans les princes, lesquels probablement l'en empescheroient, et ne souffriroient point qu'il anéantist ce grand corps, comme il n'étoit pas de leur intérêt que le parlement chassast le cardinal, de peur qu'il ne devint trop puissant. Enfin le peuple étoit déchargé de plusieurs maltoltes, et comme assuré de n'estre plus tourmenté à l'avenir.

Tout le royaume ainsi devoit espérer cet avantage du vacarme et des barricades, que le premier ministre, dans le désir de recouvrer l'autorité et de reprendre réputation, s'efforceroit de faire la paix pour s'acquérir la bienveillance publique et oster du souvenir l'image de sa tyrannie passée. Mais quelque embarras qu'il eust eu, il ne cessa point de jouer son jeu de travailler à unir les deux princes à la Reyne et à les

---

1. Le roi rentra à Paris le 31 octobre. — Pour les détails, voyez les Registres de l'Hôtel de Ville, t. I, p. 59-61.

tenir désunis, et il ne manquoit point de matière pour l'un et l'autre. L'union avec la Reyne luy étoit aisée parce qu'il étoit maistre de La Rivière, ministre de Monseigneur, en le leurrant du chapeau de cardinal, et il montroit à M^r le Prince l'amirauté qu'il souhaitoit passionnément. Néanmoins, comme il étoit homme à la luy faire donner sans délay, il luy proposoit d'autres partis sous prétexte que Monseigneur la vouloit pour son fils, Madame étant preste à accoucher; et quand elle n'eut fait qu'une fille, il dit que la Reyne contenteroit Monseigneur en autre chose, et qu'étant satisfait, elle luy donneroit aussi contentement. Et pour désunir ces princes, il fomentoit la jalousie de Monseigneur, qui étoit grande et augmentoit chaque jour par les entreprises de M^r le Prince qui se vouloit rendre égal à luy, et il ne pouvoit souffrir qu'il acquist pour amis et serviteurs les gens de qualité de la cour, ce qui parut à tout le monde en cette occasion.

Monseigneur, ayant dit à Mme de Montbazon que Mr de la Vieuville seroit chassé, elle en avertit ses amis, lesquels luy conseillèrent tous de prendre la voie de M^r le Prince pour conjurer la tempeste. Il luy envoya donc son fils aisné le prier de luy donner protection, et le prince, étant très aise d'obliger une maison puissante où il y avoit trois frères honnestes gens, la leur promit, et de ce pas s'en alla chez le cardinal et fit leur affaire. Néanmoins comme Monseigneur avoit assuré qu'il délogeroit, Son Éminence prit cet expédient de crainte que Son Altesse royale ne se trouvast menteur : il luy fit porter une lettre de cachet pour partir, à laquelle il ne déféra pas à cause que la Reyne se laissa fléchir et que Monseigneur suivit ses volontés.

Il est vray que sachant où il s'étoit adressé, il ne luy put pardonner, et l'ayant vu à Saint-Germain, qu'il alloit remercier Sa Majesté, il en eut tant de dépit qu'il le maltraita de parole, le faisant souvenir de ce qui luy étoit arrivé en ce mesme lieu pour l'avoir fasché et désobligé en sa jeunesse. C'est que quand il fut arresté, vingt-cinq ans auparavant[1], par les mauvais offices du cardinal de Richelieu, Monseigneur insulta sur le malheureux, luy faisant faire un charivari par toute la maison du Roy.

Mr de la Rivière l'empeschoit d'acquérir les personnes de condition et le révoltoit contre ceux qui prenoient d'autres voies que les siennes, qui n'étoient pas les sûres pour faire leurs affaires. Mr le cardinal profita de cette occasion et sut bien s'en prévaloir; et Mr le Prince, pour luy rendre son change, alluma la Fronde davantage et le fit avertir des desseins qu'elle avoit contre luy. Mais comme il ne se pouvoit maintenir sans les deux princes, auxquels il avoit beaucoup promis, et qu'il avoit encore plus de besoin de leur appuy, il se résolut de sortir Monseigneur d'une prétention fort légitime dont il n'avoit pu encore avoir justice : c'étoit la succession de la Reyne, sa mère, dont le Roy avoit pris tout le bien sous prétexte de payer les dettes, et il restoit encore de bons effets, les dettes acquittées. Ainsi la Reyne luy donna cent mille écus de rente, à prendre sur le Languedoc et sur Brouage; et le cardinal, voyant Mr le Prince en quelque droit de demander, alla au-devant et luy offrit

---

[1]. M. de la Vieuville, alors surintendant des finances, avait été arrêté en vertu d'une lettre de cachet du 13 août 1624 (Note de M. Monmerqué).

Clermont, Stenay et Jametz en toute souveraineté pour joindre à son gouvernement de Champagne. Je ne sais si le prince se contenta de ces places, au lieu de la charge d'amiral qu'il avoit tant désirée, mais je sais que l'Éminence crut l'avoir gagné, et que quand Mrs Viole, Longueil et les frondeurs faisoient un pas en avant, il couroit à Mr le Prince comme à son grand protecteur, et à celuy qui devoit calmer les flots et arrester la tempeste avec un *Quos ego.* Ils disent qu'un jour qu'il devoit aller au palais d'Orléans où Monseigneur l'attendoit, ils luy firent, pour rire et voir s'il prendroit l'alarme, donner un faux avis qui portoit qu'on le devoit arrester et faire son procès, et qu'étant à la Croix du Tiroir[1], quand il le reçut, il commanda de retourner au Palais-Royal[2].

Cependant le pape, pour obliger Monseigneur, envoya un bref à Mr de la Rivière par lequel il luy donnoit une abbaye du cardinal de Sainte-Cécile, naguères décédé[3], et réitéroit sa promesse du chapeau pour la première promotion. Mais, quoique notre ministre aimast le bien et crust les abbayes d'excellentes choses, il ne gousta pas trop cette amitié de Sa Sainteté, dans la créance qu'elle le voulust payer de cette abbaye au lieu de la pourpre; mesme on luy

---

1. La Croix du Tiroir ou Trahoir était située au coin de la rue de l'Arbre-Sec et de la rue Saint-Honoré; c'était un lieu d'exécution, et l'instrument des supplices se trouvait à l'endroit même où l'on voit aujourd'hui la fontaine due à Soufflot.

2. « Il montra là, ajoute Goulas dans le Ms. de Vienne (f. 432 v°), qu'il n'attendoit pas tout du protecteur et espéroit bien autant ou plus de sa conduite. »

3. Michel Mazarin, cardinal de Sainte-Cécile, était mort à Rome le 31 août 1648.

avoit écrit de Rome que la promotion n'étoit pas preste, et que n'y ayant que trois chapeaux vacants, ils étoient destinés à certains Italiens qu'on luy nommoit. Ainsi il jette feu et flamme, il se prend au Saint-Père mesme, et luy fait écrire par Monseigneur que s'il ne luy accorde promptement la grâce qu'il souhaite et qu'il luy a promise, il aura sujet de se plaindre et de dire qu'il n'a nul égard à ses prières, et ne le considère point du tout : procédé étrange et paroles inciviles, plus capables de ruiner son affaire que de l'avancer; car au fond, ni le pape, ni ses parents, n'avoient que faire de Monseigneur ni de son favory; et M^r le cardinal, pour flatter la passion de cet homme et détruire sa prétention, ne le voulant pas en un si haut poste, ne s'opposoit point à cette conduite, qu'il savoit mauvaise. A Rome au contraire il l'appuyoit alors, pour avoir sujet un jour de la luy reprocher et de rejeter son malheur sur elle; et le bon Mr de la Rivière étoit si aveuglé de son ambition et par ce chapeau, qu'il étoit le seul en France qui ne voyoit point la tromperie du cardinal, et qu'il luy rompoit ses mesures à Rome et ailleurs. M^r le cardinal Mazarin jouoit ainsi la plupart du monde, et s'attiroit aussi la haine et le mépris de la plupart du monde.

Il fit alors un tour au maréchal de la Meilleraye qui luy réussit aussi mal que le reste, et luy causa bien de l'embarras. M^r le président de Mesmes, en raccommodant son frère, M^r d'Avaux, avec luy, l'engagea à le rétablir dans la charge de surintendant des finances, ce qu'il luy promit d'autant plus aisément qu'il crut par là mettre le président dans ses intérests. Celuy-cy le pressant de satisfaire à sa promesse, il se résolut de prier Mme d'Aiguillon d'en parler au maréchal[1] : elle le va trouver et luy propose l'affaire, mais il ne la laissa pas achever, car cet homme tout de soufre et de salpestre, crie, s'emporte, proteste qu'il s'en va s'éclairer avec le cardinal; et il est vray qu'il débute par deux ou trois horribles serments et par luy reprocher les services qu'il luy a rendus : qu'il a exposé sa vie pour sauver la sienne, qu'il s'est dévoué lorsque ses amis l'abandonnoient; enfin il dit tout ce que la rage fait dire quand elle est maistresse des sens, et M^r le cardinal fut contraint pour l'apaiser et se disculper de prendre le ciel et la terre à témoin que ce n'est qu'une proposition qui a été faite et qui ne peut avoir de suite ; enfin, qu'il n'est point engagé. Le président de Mesmes, ayant su cecy, crie de son costé que le cardinal est engagé, qu'il luy a promis positivement la chose, qu'il luy manque de parole; mais que faire à cela, le maréchal étant si malaisé à ferrer, qu'avouer la dette et protester qu'on n'est point esclave d'une parole extorquée et arrachée par force.

Néanmoins le parlement luy fit bien tenir celle qu'il avoit donnée de mettre en liberté Mr de Chavigny[2]. L'on me conta que quand les parents de celuycy le furent voir[3] pour le prier de se souvenir de leur ancienne amitié, des services qu'il luy avoit rendus, de ce qu'il avoit fait pour luy auprès du feu Roy, il dit que sa disgrâce ne seroit rien, et que ses colères

---

1. Au maréchal de la Meilleraye.

2. Le comte de Chavigny sortit du Havre-de-Grâce où il était détenu, le 27 octobre 1648, trois jours après la déclaration du 24, et reçut permission de se retirer dans sa terre de Tanlay.

3. Furent voir le cardinal.

ne duroient point. Il se faisoit ainsi l'auteur de sa détention, et voulut bien que ces gens crussent que leur parent n'étoit malheureux que parce qu'il l'avoit fasché ; c'étoit là un bon moyen de se faire force ennemis. Sa liberté étant résolue, il fit expédier un ordre du Roy par lequel il luy étoit commandé d'aller chez luy à Chavigny, et envoya une lettre de cachet à sa femme qui luy permettoit de l'aller rencontrer et de l'accompagner partout. J'ai su qu'il fut extrêmement surpris de ce que des personnes de qualité s'offrirent de porter ces lettres, et ressentoient beaucoup de joie que ce malheureux sortist de malheur. Mais M⁰ le Prince y ayant beaucoup contribué, raccommoda ensuite M⁰ de Chastillon, dont la Reyne se plaignoit, car Sa Majesté et Son Éminence ne pouvoient souffrir qu'il ne partist point d'avec les frondeurs, et peut-estre étoit-ce par ordre qu'il les voyoit si souvent, afin de leur donner matière de plainte. Ils parlèrent de l'envoyer chez luy à Chastillon, sans songer à son grand protecteur, ou dans le dessein de luy compter pour quelque chose si on luy faisoit grâce à sa prière.

Mais les Espagnols qui s'étoient attendus de profiter de nos divisions furent fort honteux de se voir trompés, et l'Empereur qui avoit suivy leur passion ne le fut pas moins de se trouver si éloigné de ses espérances. Il avoit refusé, à leur instigation, de signer le traité de paix qu'on avoit si haut fait sonner à la cour, quand la nouvelle y vint qu'il avoit été arresté à Osnabourg[1], entre les plénipotentiaires de France et de Suède et ceux des États de l'Empire. Et pour

---

[1]. Osnabrück, ville forte du Hanovre, sur la Hase.

éclaircir cette importante matière, il faut savoir que les Espagnols nous voyant en désordre, et ayant détaché les Hollandois d'avec nous, se retirèrent de Munster et que le comte de Pignerande laissa des instructions à Brun, pour taster les Suédois et les faire presser par les députés de l'Empereur de nous abandonner. Ceux des États de l'Empire, catholiques et protestants, qui étoient à Osnabourg, et qui vouloient la paix, connoissant l'intention de l'Espagne, témoignèrent à Mr Servien, devenu seul plénipotentiaire de France par le départ de Mr de Longueville, qu'il ne falloit plus songer de traiter avec elle, mais bien de la paix de l'Empire séparément et de la satisfaction de la France, et qu'ils étoient prests de donner leur consentement sur ce que cette dernière désiroit, s'il les vouloit assurer de faire la paix. Il répondit qu'il la feroit et signeroit à condition que le roy d'Espagne et le duc Charles de Lorraine en fussent exclus, et qu'ils signassent seuls avec les deux couronnes de France et de Suède, si les ambassadeurs de l'Empereur refusoient de signer; enfin que l'Empereur, ni aucun des États de l'empire n'assistast l'Espagne pendant la guerre. Ils tombèrent d'accord de ces conditions qui leur semblèrent justes, et engagent la foy germanique de les exécuter et les faire exécuter. Après cela ils vont chez les ambassadeurs de l'Empereur et leur demandent s'ils veulent traiter aux conditions cy-dessus; ils répondent que non, n'étant pas raisonnable, disent-ils, d'obliger Sa Majesté impériale de ne point assister l'Espagne avec laquelle il se va lier encore par le mariage de son fils et de l'Infante. Ceux-cy insistent, protestent qu'il faut faire une paix solide et assurée, et qu'elle ne le seroit point si l'Empereur continuoit la guerre avec les François sous un nom emprunté; enfin que, si Sa Majesté impériale refusoit cette condition, ils signeroient seuls sans elle, ayant ordre exprès de leurs supérieurs de le faire. Ainsi ils traitent avec Mr Servien sans la participation des plénipotentiaires de l'Empereur, et concluent. Ceux-cy, avertis de l'état des choses et priés de se résoudre, furent assez surpris et demandèrent trois semaines pour en donner avis à Vienne et avoir réponse. Ce temps passé, ils disent que Mr Trautmansdorf, par mégarde, ayant emporté leur chiffre, ils ne sauroient savoir ce que portent leurs lettres. Vous pouvez croire que les députés des États se réjouirent fort avec les François de cette pauvre finesse; mais leur ayant témoigné qu'ils alloient signer sans eux, ils trouvèrent le chiffre aussitost et répondirent précisément qu'ils signeroient et achèveroient ainsi le traité.

Il fallut donc venir à Munster, où l'on forma d'abord une grande difficulté sur le sujet de l'Alsace, parce que le plénipotentiaire du Roy ayant consenti que Sa Majesté donneroit trois millions de livres aux archiducs d'Inspruck pour récompense de leurs prétentions sur ce pays, il les leur falloit fournir en signant les cessions de l'Empereur, du roy d'Espagne et des archiducs. Mr Servien ayant demandé d'abord ces cessions en bonne forme, et les autres ayant répondu qu'ils avoient celles de l'Empereur et des archiducs, et que celle d'Espagne vient, il insiste pour l'avoir; et les députés des États qui savoient que les Espagnols, ne désirant rien tant que d'embarrasser le traité, ne se hasteroient point, proposèrent que les François retinssent les trois millions entre leurs mains jusques à ce que les Espagnols eussent satisfait, et notre plénipotentiaire acceptant volontiers ce party, l'on passa outre; tellement que la paix fut signée le 24ᵉ d'octobre 1648, au grand contentement des États de l'Empire et de toute l'Allemagne qui gémissoit depuis tant de temps sous la pesanteur d'une si longue et funeste guerre; et les ratifications vinrent bientost après, ce qui mit le sceau à cette grande et célèbre action si nécessaire à toute l'Europe, et si désirée des gens de bien. Et certes l'Empereur ne l'auroit jamais faite s'il n'y avoit été forcé; et il parut assez par le procédé de ses ministres que sans la prise de Prague et la fortune que couroit la Bohême et ses pays héréditaires, il eust été beaucoup moins traitable; car après tout, on luy fit la loy, l'obligeant de conclure sans y comprendre l'Espagne, lorsque les armées de ses ennemis ravageoient ses provinces et que les couronnes de France et de Suède prenoient un tel pied dans l'Empire qu'il ne pouvoit plus rien entreprendre sur ses princes, sans les trouver en teste, à droite et à gauche, et se voir comme enfermé entre leurs forces. C'est ce qui est venu à ma connoissance de ce sujet dont vous pouvez apprendre le détail dans les relations particulières.

CHAPITRE XLIX.

De ce qui arriva depuis la célèbre déclaration du 24 octobre jusques à la fin de l'année 1648.

Chacun croyoit les choses en bon train après cette

déclaration et s'attendoit qu'insensiblement la bonne intelligence se rétabliroit entre le ministère et le parlement; j'entends le peuple et la bourgeoisie, car les gens de la cour se le tenoient pour dit, et les chefs de la faction contraire, dans la créance que le ministère chercheroit bientost les moyens de reprendre l'autorité et de se venger de ses ennemis; ainsi les principaux frondeurs, se sentant coupables, se rallièrent avec Mr le coadjuteur de Paris, homme de grande ambition, lequel, voyant la pourpre dans sa famille depuis près d'un siècle, la vouloit porter comme ses oncles.

Tous ces gens songèrent à profiter d'un embarras qui arriva à Saint-Germain immédiatement après la déclaration; en voici l'histoire. Mr le Prince, ayant jugé expédient pour sa grandeur que Mr le prince de Conty, son frère, embrassast sérieusement la profession ecclésiastique et fust cardinal, fit en sorte qu'il désira cette dignité et en parla à la Reyne. Les uns disent que ce fut après un conseil de famille où Mme la Princesse et Mr et Mme de Longueville se trouvèrent, parce que l'évesché du Liége vaquant, ils espéroient de le faire élire évesque; et il ne se pouvoit rien de si avantageux à Mr le Prince, ce pays étant contigu à son gouvernement de Champagne, et tout plein de peuple et de soldats. Ils se servirent de ce grand intérêt pour réduire Mr le prince de Conty, lequel, considérant l'utilité qui en reviendroit à sa maison et combien il seroit ménagé par Mr son frère, donna les mains[1].

---

1. Omer Talon dit que ce fut le prince de Condé et la princesse

Au premier avis que Monseigneur eut de ce dessein, il en avertit Sa Majesté qui luy dit d'avoir un moyen d'oster l'envie à M^r le Prince de porter son frère à la profession ecclésiastique, et Monseigneur s'endormant là-dessus et s'imaginant que M^r le Prince faisoit courir ce bruit comme une pièce à haster l'exécution de la promesse que luy avoit faite la cour des places de Clermont, Stenay et Jametz, en souveraineté, ne s'y arresta pas davantage. Mais Mr de la Rivière que la chose touchoit au cœur, se démenant et apprenant que c'étoit tout de bon, que la Reyne avoit dépesché à Rome pour la nomination de M^r le prince de Conty et révoqué la sienne, proteste à Son Altesse royale qu'il a été fourbé et que la Reyne luy manque de parole, étant engagée avant avec luy pour sa promotion. Monseigneur, échauffé par son ministre, jette feu et flamme, se plaint de la Reyne, s'emporte contre le cardinal, crie qu'il l'a trahi et le menace de le détruire. Celuy-cy, qui s'attendoit à ce vacarme, découple M^rs d'Estrées et de Seneterre au palais d'Orléans pour calmer Monseigneur, lesquels, comme habiles et adroits courtisans, s'adressent premièrement à Mr de la Rivière, luy protestent que M^r le cardinal a été violenté, qu'il se repent, qu'il est au désespoir d'avoir cédé aux instances si pressantes de M^r le Prince, qu'il s'en arrache les cheveux et qu'il est prest de faire toute chose pour le contenter. Mr de la Rivière ne se paya point de ces paroles, au contraire il se mit à exagérer les services qu'il avoit rendus à l'État, à la Reyne, au

sa mère qui décidèrent le prince de Conti à demander le chapeau, « dont il se déclara le dimanche 25 octobre en parlant à M. le cardinal Mazarin. »

cardinal, qu'il appelle traistre, scélérat, ingrat, perfide, jurant qu'il l'a sauvé de la corde depuis trois semaines et qu'il trouvera moyen de le perdre[1].

Vous jugez bien que ces messieurs marquèrent la chasse et rendirent un compte fidèle des emportements de ce favory, lequel persuade son maistre de dépescher de son chef au pape, pour le prier de luy envoyer le chapeau qu'il luy a promis, et le fait écrire aussy pressamment qu'incivilement. La Reyne s'offense de ce procédé, et Monseigneur ne s'en met point du tout en peine, et ne cesse point de déclamer contre le cardinal, tellement que tous ses ennemis, frondeurs et autres, se rallient avec Son Altesse royale et croient l'heure venue que l'Éminence partira pour l'Italie. Monseigneur proteste qu'il veut faire sa charge de lieutenant général du Roy, et dans toute son étendue; la Reyne proteste aussy qu'elle fera la sienne de régente et s'emporte contre La Rivière, disant que c'est luy qui cause cette mauvaise humeur de son maistre, pour son intérest, puisqu'il luy a assuré mille fois qu'il en fait tout ce qu'il veut. Mais Mr de la Rivière, entendant ces propos et craignant que Monseigneur, les ayant appris, n'y fist réflexion, et que les gens de la cour et les autres en grand nombre qui ne l'aimoient pas, ne le rendissent odieux s'il témoignoit vouloir luitter un prince du sang, se tira à quartier et nous dit que ce n'étoit plus son affaire dont il étoit question, mais de celle de Monseigneur qui avoit reçu un affront

---

1. C'est peut-être à ce sujet que Mazarin a dit (carnet XIIIe, p. 2 et 3) que La Rivière « étoit insouffrable. Tout doit servir à son contentement et avantage; point de probité, vérité et amitié. »

à la face de toute l'Europe, et qu'il le falloit réparer[1].

Là-dessus, parce que Monseigneur menaçoit d'aller au Parlement et de demander que l'on fist valoir l'arrest de 1617, par lequel il étoit ordonné que nul étranger ne fut admis au gouvernement de l'État, la Reyne fit que la Ville l'alla supplier à Saint-Germain de remener le Roy à Paris[2], ce qu'elle accorda, et elle partit deux jours après, c'est-à-dire la veille de la Toussaint. M[r] le Prince accompagna le Roy, et Monseigneur revint en son particulier avec ses gens, entre autres Mr de la Rivière, le poignard dans le sein de ce que son tant désiré chapeau couroit tant de fortune; et il est certain pourtant qu'il l'avoit mis en ce hasard pour avoir empesché M[r] le Prince d'estre amiral, en quoy il avoit très bien servy l'État et son maistre. Néanmoins plusieurs croyoient, et des plus illuminés, que le cardinal luy avoit joué ce tour de son métier et qu'il étoit de concert avec M[r] le Prince quand il avoit demandé ce chapeau pour son frère, ne voulant personne dans le conseil de pareille dignité que luy et qui pust luy faire ombre.

Quoy qu'il en soit, M[rs] d'Estrées et de Seneterre prosnèrent de sorte notre ministre qu'ils le persuadèrent des bonnes intentions de Son Éminence sur son sujet, et que M[r] le Prince luy avoit fait la dernière violence en cette rencontre. Je ne sais s'il les crut, ou s'il feignit de les croire afin de donner lieu au

1. Tout ce vacarme à propos du chapeau qu'attendait depuis si longtemps M. de la Rivière eut lieu à Saint-Germain du 25 au 30 octobre.
2. La députation de la ville de Paris vint à Saint-Germain le 29 octobre. — Pour les détails, voir *Registres de l'hôtel de ville*, t. I, p. 56-59.

raccommodement qu'il désiroit; ce que je sais est qu'il ne vouloit point du tout que son maistre poussast le cardinal, de peur qu'un plus vigoureux ne prist sa place, et qu'il appréhenda que si le parlement prenoit connoissance des divisions de la cour et se mettoit entre deux pour les composer, il ne chassast le cardinal, dont la Reyne outrée ne permettroit jamais qu'il demeurast et feroit par le moyen du mesme parlement qu'il seroit éloigné, sous prétexte de rétablir la confiance entre Sa Majesté et Son Altesse royale, qui ne se pourroit renouer tandis que ce dernier tiendroit auprès de luy une personne si odieuse à la Reyne.

Cependant Monseigneur, après mille fanfares, après avoir écrit au pape si pressamment, protesté qu'il feroit sa charge, répliqué à la Reyne, quand elle luy demanda s'il quittoit la cour, que la cour étoit chez luy, dit à M^r Le Tellier qui luy apporta la nouvelle de la paix de l'Empire, qu'il alloit faire celle d'Espagne, baissa la lance tout à coup quand *les oublieux* (c'est ainsi que les rieurs du grand monde appeloient M^{rs} d'Estrées et de Seneterre, parce qu'on les avoit vus le soir entrer au palais d'Orléans avec une lanterne, comme ces gens qui portent les oublies[1] (à Paris), luy signifièrent qu'il obligeroit la Reyne à se servir contre luy de M^r le Prince et à ne plus rien ménager; qu'ayant joint M^r le Prince et ses serviteurs

---

1. *Oublies*, pâtisseries rondes, minces et cuites entre deux fers, espèce de gaufre. — Mme de Motteville (t. II, p. 251) dit qu'on les appelait par dérision *les oublieux*, « à cause de l'heure indue qu'ils prenoient pour négocier, et parce qu'on vouloit faire entendre qu'ils vendoient de la marchandise peu solide. »

avec la cour, ce seroit un puissant party, puisqu'on verroit le Roy à la teste, que toute la noblesse de France s'y rangeroit, les parlements et les peuples; qu'il n'étoit pas là question du cardinal Mazarin, mais d'un prince du sang et de Mʳ de la Rivière, entre lesquels il n'y peut avoir de compétence[1]; et qu'après tout, s'il y vouloit bien penser, il verroit qu'il n'a pas sujet de se plaindre avec justice, si la Reyne ne s'est engagée avec luy pour le chapeau de son ministre qu'en cas que le prince de Conty ne le demandast pas dans six mois qui n'étoient point encore expirés.

Ces raisons firent d'autant plus d'impression que Monseigneur connut la partie trop forte, bien qu'il me dit que six cents gentilshommes luy avoient promis. Il avoit pour luy la maison de Lorraine, hors le grand chambellan; Mʳ de Nemours, qui vouloit qu'il fit par luy-mesme l'accommodement de son beau-père et de son beau-frère[2]; Mʳ le chevalier de Guise, qui prétendoit le grand-prieuré de France; Mʳ de Candale qui désiroit les survivances des charges de son père; Mʳ de Brissac[3], et peu d'autres de la haute volée. Il garda toujours les apparences avec Mʳ le Prince, soit qu'il ne voulust pas qu'on vist tant de gens prendre son party contre luy, s'il rompoit, ou que Mʳ de la Rivière appréhendast un homme si brusque et si violent.

1. *Compétence* des rangs, des dignités, pour *comparaison*. L'expression est blâmée; elle est entièrement tombée en désuétude (Note de M. Monmerqué).

2. Les ducs de Vendôme et de Beaufort.

3. François de Cossé, duc de Brissac, fils de Charles de Cossé, duc de Brissac, maréchal de France, et de Judith, dame d'Acigné, mourut le 3 décembre 1651.

Le bruit de la cour étoit que le cardinal, se voyant si fort strapazzé et déchiré par Son Altesse royale, fit dire à La Rivière de l'apaiser, ou qu'on luy découvriroit toute l'ordure du cabinet et les trahisons qu'on luy avoit faites : comme en un tel temps son ministre avoit eu une telle abbaye pour une telle affaire, une telle quantité d'argent pour l'obliger à telle chose; enfin que la Reyne et M^r le cardinal, emportés de chagrin, avoient assuré à des gens de qualité qu'ils luy faisoient toucher cent mille francs par an à l'Epargne qui n'entroient point en ligne de compte, outre et par dessus les gratifications et les dons qu'il avoit eus publiquement; si bien que la Reyne, détestant son ingratitude, disoit qu'elle ne s'accommoderoit jamais avec Monseigneur qu'il ne l'eust chassé. Tout cela faisoit encore pour cet accommodement si nécessaire à eux tous et à l'État.

Mais remarquez ce terme de six mois que la cour prit pour attendre la résolution de M^r le prince de Conty ; car ce fut là-dessus qu'on se fonda quand on dit que le cardinal avoit trompé La Rivière, s'étant réservé de quoy éluder sa prétention, sans qu'il eut de légitime sujet de se plaindre ; et il est très probable que ce dernier, vain au dernier point, accepta la nomination avec cette réserve, dans la créance que l'honneur d'estre nommé par le Roy luy donneroit plus d'éclat et de considération dans la cour, et que six mois ne se passeroient point qu'il ne se trouvast des conjonctures à faire rétracter M^r le prince de Conty, ou obtenir deux chapeaux en mesme temps, ce qui le mettroit comme en parallèle avec un prince du sang. Et vous allez estre persuadé, comme moy et tant d'autres, que

M^r le Prince joua de concert cette pièce avec M^r le cardinal Mazarin pour tenir cet homme dans sa dépendance, car Mr de la Rivière, se promettant de le prendre par l'intérest, luy fit proposer par Mr de Vineuil que s'il ostoit à M^r son frère la pensée du cardinalat, il porteroit Son Altesse royale à se joindre à luy, afin qu'il pust obtenir tel établissement de places et de gouvernements qu'il voudroit; et la réponse fut qu'il n'avoit à souhaiter que de n'estre ni plus grand ni plus étably, de peur de donner un jour de l'ombrage au Roy, quand il seroit majeur; et étant à l'armée, lorsque Mr de la Rivière fut nommé, il luy écrivit pour luy en donner part, et il est vray que M^r le Prince fit une raillerie publique de sa lettre, se tournant vers ceux qui étoient dans sa chambre et leur disant : « Mais, Messieurs, ne suis-je pas heureux qu'un homme de cette considération se souvienne de moy? que luy puis-je répondre? qu'en arriveroit-il si je ne luy répondois pas? » Et en effet il ne luy fit point de réponse, et Mr de la Rivière en eut tant de dépit qu'il s'en plaignit à M^r le cardinal, lequel luy donna le tort, disant qu'il luy devoit envoyer sa lettre par un homme exprès, ou l'adresser à quelque personne qualifiée de ses amis pour la luy présenter, car il fut si mal avisé, ou si vain, qu'il fit donner cette lettre à l'hostel de Condé et ne s'en mit pas davantage en peine, ce qui avoit pu choquer M^r le Prince.

Au reste il est constant que Monseigneur hésita d'abord à prendre l'intérest de son ministre de la manière qu'il le luy vouloit faire prendre, car étant party du chasteau neuf de Saint-Germain où il logeoit, pour s'éclaircir avec la Reyne, et ayant trouvé Mme la

Princesse, la mère, auprès d'elle, il revint chez luy sans luy parler, il attendit le soir à se plaindre et n'en tira pas grande satisfaction. Depuis ce temps-là, ils vécurent avec froideur, mais sans rompre et gardant les dehors, excepté qu'il cessa d'aller au conseil; et ainsi toutes les affaires demeurèrent, tellement que la Reyne, pour le résoudre, laissa répandre quelque bruit au Palais-Royal, que si Monsieur ne se mettoit à la raison, l'on pourroit l'arrester et chastier son ministre; et luy de son costé faisoit dire que la Saint-Martin venue, le parlement pourroit agir contre la régente et faire valoir l'arrest de 1617 contre le premier ministre; et afin de leur donner plus de jalousie il conféra publiquement avec le président de Novion et caressa fort les frondeurs. Là-dessus les amiables compositeurs luy offrirent Aigues-Mortes dans son gouvernement de Languedoc, et à Mr de la Rivière l'entrée du conseil d'en haut. Mais vous allez rire, Mr de la Rivière nous le dit le soir, protestant qu'il n'étoit plus question de son intérest, mais de celuy de Monseigneur, qui avoit été fourbé; qu'il falloit réparer cet affront; que c'est tout ce qu'il désiroit; que son maistre étant content, il n'avoit rien à dire, pas même à se plaindre de son malheur; et huit jours après, cet homme qui ne vouloit rien se laissa faire ministre d'État.

Cependant les jeunes princes qui environnoient Monseigneur, ne cessoient point de déchirer l'Éminence: M^r le chevalier de Guise, Mr de Nemours, M^r le prince d'Harcourt[1]. Madame pressoit Monseigneur de

1. François de Lorraine, comte d'Harcourt, troisième fils de Charles de Lorraine, duc d'Elbeuf, et de Catherine-Henriette, légitimée de France, né en 1623, mort le 27 juin 1694.

faire l'accommodement de Mʳ de Lorraine et de demander certaines conditions qui n'étoient pas pour estre écoutées à la cour ; Mademoiselle se déchaisnoit sur la Reyne, et toutes les femmes du palais d'Orléans à leur exemple. Mʳ d'Elbeuf venoit à la traverse et demandoit, outre plusieurs choses étranges et difficiles à obtenir, la place de Montreuil pour son fils qui avoit épousé la fille du gouverneur[1] ; et l'on disoit que c'étoit icy la pierre d'achoppement, la Reyne n'en voulant point ouir parler, et Mʳ de la Rivière, qui craignoit fort les enfants de Mʳ d'Elbeuf, obligeoit Monseigneur à tenir ferme.

Il se passa une chose, le 9ᵐᵉ novembre, qui nous déplut fort à tous. Monseigneur avoit été voir Madame restée malade à Saint-Germain, et au retour, sur un faux avis que la Reyne avoit fait commander aux bourgeois de tenir leurs armes prestes, et que les gardes étoient doublées au Palais-Royal, il feignit d'avoir la goutte et nous dit qu'il se vouloit mettre au lit pour avoir prétexte de ne point aller chez le Roy[2]. Cependant nous le voyions trotter de chambre en chambre et promener fort ses inquiétudes, si bien que je ne pus m'empescher de dire à une personne de qualité de sa maison, qui n'étoit pas moins touché que moy de

1. Le comte d'Harcourt avait épousé Anne d'Ornano, fille d'Henri-François-Alphonse d'Ornano, seigneur de Mazargues, et de Marguerite de Raymond de Montlor.
2. « Monsieur fit semblant d'avoir la goutte et garda le lit quelques jours, dit Mᵐᵉ de Motteville (t. II, p. 156), dont Madame et Mademoiselle, l'une sa femme et l'autre sa fille, furent au désespoir ; car elles virent bien que ce dégoût et peut-être la peur de la prison, le nécessiteroit à s'accommoder ; ce qu'elles ne vouloient pas du tout. »

cette vergogne, qu'il pouvoit répondre à ceux qui luy avoient voulu donner la peur, à meilleur titre que M. de Guise à Blois : « L'on n'oseroit; » car, quelle apparence que les bourgeois de Paris qui avoient pris les armes depuis trois mois pour M. Broussel, ne les prissent pas pour le duc d'Orléans, déchaisné alors sur le cardinal Mazarin? Il y alla pourtant le jour d'après, sans témoigner le moindre soupçon, et trouva la Reyne sur son lit, M. le cardinal auprès d'elle. Il parla à Sa Majesté de choses indifférentes, et sortit au bout d'un quart d'heure sans regarder l'Éminence qui n'oublia pas d'estre fort civil. M. de la Rivière, qui avoit accompagné son maistre, le copia et brava M. Mazarin; mais les gens de Monseigneur, qui ne s'étoient point approchés du lit de la Reyne, par respect, ayant fait conversation dans sa chambre, et ri de quelque chose assez haut, furent accusés, dès que Son Altesse royale fut sortie, d'avoir manqué à ce respect dû à Sa Majesté, et on leur en fit un si grand crime que M. Le Tellier fut envoyé le soir mesme s'en plaindre au palais d'Orléans. Le tout se passa en paroles, répliques, dupliques, et rien que de la cresme fouettée de part et d'autre. Pour moy, je pense qu'il vint autant pour prendre jour avec M. de la Rivière, afin de conclure l'accommodement qui fut fait entre eux deux le jour de la Saint-Martin, après vespres, aux Chartreux, car M. de la Rivière, au sortir de l'église entra dans une salle où il trouva M. Le Tellier seul, et là *fu fornita la comedia :* ils ajustèrent toute chose, et tel fut battu qui n'en sentit rien. M. le cardinal vint au palais d'Orléans le 14 novembre à huit heures du matin, et M. de la Rivière fit que Monseigneur le reçut comme il pouvoit désirer.

Ils entrèrent dans la galerie eux trois, où ils demeurèrent bien demi-heure et amis comme devant. L'on nous dit que Monseigneur étoit l'arbitre des prétentions et des intérests de Mʳ de Lorraine, que Mʳ d'Elbeuf auroit Montreuil et que la Reyne remettoit la place à Monseigneur pour en faire ce qu'il voudroit, afin que, la donnant à Mʳ d'Elbeuf, elle pust dire un jour au Roy, son fils, que son oncle l'avoit violentée en cette rencontre.

Mʳ de Vendosme eut permission de venir à Paris pour ses affaires, Mʳ de Beaufort ordre de demeurer en quelqu'une des maisons de Mʳ son père; et voicy une farce qu'ils jouèrent, laquelle réjouit force gens. Mʳ le Cardinal présenta à la Reyne, le vendredy, Mʳ de Mercœur, qui avoit toujours été à Paris durant la bagarre[1]. Comme l'on trouva bon qu'il se montrast, il luy fallut une lettre de cachet pour la forme, et on luy ordonna de l'aller recevoir à Villepreux[2] où il courut aussitost; Son Éminence l'ayant ainsi jugé à propos, afin de mieux persuader les gens que la Reyne avoit accordé tout cela à Monseigneur dans l'accommodement.

L'on se réjouit encore de la pauvre Mᵐᵉ de Lorraine, car donnant de toute sa force dans les pièces de la cour, elle fut prier la Reyne que l'on discutast ses intérests avant que de conclure avec son mary, et passa du Palais-Cardinal chez Mademoiselle pour la conjurer de les appuyer auprès de Monseigneur. Mais le discours qu'il tint à un envoyé de Mʳ de Lorraine

---

1. La présentation de M. de Mercœur eut lieu le 13 novembre.
2. Villepreux, village situé à 8 kil. de Versailles.

dépesché là-dessus, découvrit tout le mystère et fit connoistre que l'on n'avoit songé dans tout ce traité qu'à bien parer le théâtre, et que Son Altesse royale, au fond, n'avoit rien remporté de solide, ou peu de chose; car il assura celuy-ci qu'il accommoderoit son maistre, ajoutant qu'il ne le pouvoit si tost faire à cause qu'il falloit prendre le temps d'en parler. Quant à M^r d'Elbeuf, Mr de la Rivière nous dit qu'il seroit content et que dans peu il se tiendroit très satisfait, sans s'expliquer davantage.

Je ne puis oublier une chose qui fit grand tort à M^r le cardinal, parce qu'elle découvrit le mépris où il étoit tombé. Il dit tout haut que dans l'affaire de Saint-Germain Mr de Miossens[1] avoit pris son party, bien qu'il eut été faire compliment à M^r le Prince. Mr de Miossens, qui vit sa réputation en compromis par cette parole, ne manqua pas de dire et de soutenir que cela n'étoit point : il se plaint, il crie, il proteste, devant tous les gens de M^r le cardinal mesme, qu'il ne sera jamais son serviteur, et va prier Mr de Roquelaure d'assurer M^r le Prince qu'il n'est point assez lasche pour estre jamais capable d'une telle action. Son Eminence, averty du vacarme, ne dit autre chose, sinon qu'il l'avoit entendu de la sorte, et n'en parla plus. Mais Mr de Miossens l'ayant porté de cette hauteur avec un premier ministre revestu de la poupre de l'Eglise, ne fut pas moins hardy avec le premier prince du sang. M^r le Prince, ayant appris que Son Altesse royale avoit défendu à Mr de Vardes d'aller

---

1. César-Phœbus d'Albret, comte de Miossens, alors maréchal de camp, fut fait maréchal de France le 15 février 1653. (Note de M. Monmerqué.)

chez luy si souvent, voulut savoir de Mʳ de Miossens s'il seroit son serviteur contre Monseigneur : il le prend, il le questionne, il le presse de sorte que Miossens luy fit entendre avec grand respect qu'il ne luy avoit aucune obligation particulière, et n'ayant reçu de luy que le bon traitement qu'il fait à tous les gens de qualité ; que Monseigneur depuis peu avoit embrassé les intérests de sa maison avec force en la prétention du tabouret pour Mᵐᵉ de Pons, sa belle sœur [1], et qu'ainsi il ne croyoit pas devoir manquer à le servir, après un si sensible office, et que, puisqu'il vouloit qu'il se déclarast, il étoit serviteur de Son Altesse royale. Mʳ le Prince le quitta aussitost et ne fut pas trop satisfait de sa franchise.

Mais d'autant qu'il y avoit eu de la froideur entre ces deux princes pendant le vacarme, la Reyne jugea à propos que Mʳ le Prince allast au palais d'Orléans afin de les reconcilier ensuite tout à fait, et nous l'y vismes, le mardy, 17 novembre au soir. Mʳ de la Rivière, craignant que son mal talent contre luy ne continuast, et se défiant de son humeur brusque et précipitée et de celuy qui n'étoit pas pour le ménager beaucoup avec son maistre, desira de luy rendre ses devoirs chez luy et fit savoir s'il l'auroit agréable. Le prince ayant témoigné que volontiers, il se présenta à l'hostel de Condé où il fut bien reçu, et le prince le mena aussitost dans son cabinet. La conférence dura plus d'une heure, et quelqu'un m'apprit que Mʳ le Prince l'avoit obligé de venir chez luy pour luy dire teste à teste que

---

1. Anne Poussard, veuve de François-Alexandre d'Albret, sire de Pons, comte de Marennes. (Note de M. Monmerqué.)

Monseigneur luy ayant toujours témoigné beaucoup d'estime et d'amitié, et le trouvant fort changé, il ne souffriroit point les pièces qu'on luy faisoit sans ressentiment, et qu'il savoit à qui s'en prendre.

En ce temps-là les courriers retournèrent de Rome, et celuy de M^r le Prince arriva le premier qui rapporta que le pape n'avoit fait aucune difficulté sur la révocation de Mr de la Rivière et la nomination de M^r le prince de Conty, et promettoit le bonnet à ce dernier quand il créeroit des cardinaux, mais qu'il ne falloit pas parler de promotion extraordinaire. Néanmoins Mr de la Rivière s'en flattoit et nous disoit que c'étoit son bonheur, à cause qu'il ne perdroit pas son rang ; et les gens répliquoient qu'il entendoit qu'ayant beaucoup d'argent à Rome, il intéresseroit la belle-sœur du pape, laquelle le feroit faire cardinal quand et le prince de Conty, et obligeroit les Espagnols à différer de prendre leur bonnet jusques à la promotion suivante. Mais quoyqu'il nous eust tant prosné qu'il ne vouloit, ne désiroit, ne demandoit rien en toute cette affaire, sinon que l'honneur de son maistre fust réparé, à huit jours de là pourtant il importuna la cour pour avoir l'entrée du conseil d'en haut et son brevet de ministre d'État, et le tout luy fut accordé avec grand bruit, peut-estre afin que chacun connust qu'il ne gardoit ni modération ni bienséance. L'on dit mesme qu'il avoit eu de l'argent, et qu'il profitoit seul de cette échauffourée, et que le cardinal s'étoit mis en pièces pour le persuader que Monsieur et M^r le Prince travaillant conjointement auprès du pape, et luy y employant tous les amis qu'il avoit à Rome, mesme la signora Olimpia luy étant favorable, l'on obtiendroit la promotion extraordinaire de M^r le prince de Conty, y en ayant force exemples, et qu'ainsi ce mauvais rencontre ne retarderoit point son élévation.

Toutes ces bourasques de cour étant calmées et les choses remises comme elles étoient auparavant, le ministère se souvint peu de ce qu'il avoit promis à Monseigneur touchant Mr de Lorraine, et je vous diray en passant ce qu'on débitoit au palais d'Orléans sur ce sujet : que le cardinal ayant peur promettoit tout, et sa peur passée ne tenoit rien; et il étoit vray en cette occasion, parce que cet accommodement de Mr de Lorraine, que l'on avoit fait sonner si haut, demeura là, et tout plein d'espérances de nos zélés, qui se vengeoient à pester et à médire.

La Reyne, pour mettre messieurs de Paris[1] en bonne humeur, voulut voir et entretenir en particulier un secrétaire du roy d'Espagne qui revenoit de Flandre et retournoit à Madrid, et M^r le cardinal affecta de le prendre ensuite et conféra longtemps avec luy, afin de témoigner au peuple qu'il étoit bien intentionné pour la paix. Mais ils n'arrivèrent pas à leur but, mécontentant tout le monde et se faisant mille ennemis nouveaux tous les jours. Ils vouloient déposséder les capitaines des gardes, qu'ils avoient tant dit qu'on raccommoderoit, du moins M^r le cardinal, qui s'étoit engagé à Mr de Béthune et à beaucoup d'autres de rétablir M. de Charost, son frère. On luy proposa la compagnie de chevau-légers de la garde qu'il récompenseroit de l'argent de sa charge que donneroit Gerzé qui en étoit pourvu. L'on offrit à Mr de Gesvres

---

1. « La bourgeoisie », dit le Ms. de Vienne (fol. 437 r°).

de le rétablir (le jour de l'an qu'il devoit servir approchoit), moyennant qu'il abandonnast ses compagnons, et il répondit qu'il aimoit mieux perdre sa charge que son honneur, et que ses compagnons ayant été destitués pour l'amour de luy, il courroit leur fortune. Les malins de la cour assuroient qu'effectivement M^r le cardinal avoit eu dessein de contenter Mr de Béthune avec lequel il étoit engagé de toute manière, et que Mr de la Rivière luy fit de telles instances au contraire qu'il donna les mains et ne se put défendre de celuy qui luy alloit estre si utile dans le dessein qu'il avoit de pousser le parlement, et que La Rivière, outre la rupture avec Mr de Béthune, haïssoit encore Charost mortellement, pour avoir refusé de le prendre quand on le mit à la Bastille du temps du cardinal de Richelieu, disant que le galant homme n'étoit pas gibier à capitaine des gardes du corps du Roy; et d'ailleurs Mr de Charost, suivant les sentiments de son frère, en faisoit peu de cas et à peine le saluoit. Enfin M^r le cardinal eut bien de la peine à s'excuser envers ces messieurs et en sortit par jouer la comédie, et protester qu'il étoit ruiné de réputation en leur manquant, et qu'ils devoient considérer qu'il avoit fait ce qu'il avoit pu et que la Reyne n'en vouloit point ouir parler.

Son Eminence se démesloit ainsi de mauvaise grâce des embarras où il s'étoit jeté, comme voilà un arrest de la cour des Aides qui oste toute l'espérance d'avoir de l'argent présent. Il défendoit à peine de la vie à tous les sujets du Roy de prendre la taille en party[1],

---

1. *Prendre la taille en party*, c'est-à-dire faire à forfait ou

et le surintendant n'avoit pas d'autre moyen de faire subsister le Roy et maintenir les affaires, colorant son dessein de ce que les officiers receveurs des tailles faisoient l'avance et tiroient le profit. Mais l'on ne donna pas là-dedans; l'on savoit qu'il s'alloit servir des mesmes maltoltiers qui avoient tant commis d'excès sous son prédécesseur, lesquels se préparoient d'oster à leurs compagnons la fonction de leurs charges, et manger seuls le peuple. D'ailleurs le maréchal étoit odieux à tout le monde, parce qu'on l'accusoit d'avoir dit que la déclaration envoyée naguères au parlement avoit été extorquée et qu'il n'y falloit pas déférer. Ainsi ce propos débité dans Paris, en suite de l'arrest, met l'alarme partout : l'on crie, l'on tempeste, l'on parle de relever les barricades; le bruit court que le parlement s'assemblera pour examiner les contraventions à la déclaration. Les gens se déchaisnent dans les boutiques sur le cardinal; mesme un jour qu'il retournoit du palais d'Orléans, au milieu de ses braves et de ses gardes, un bourgeois emporté dit en plein Pont-Neuf assez haut pour qu'il l'entendist : « Pourquoy souffrons-nous davantage ce coyon? Que ne le jetons-nous dans la rivière? » Toutes les nuits l'on affichoit des placards contre luy, aux coins des rues, tous les jours l'on en faisoit des chansons, et toutes les personnes sensées parioient sa perte, protestant que dans le mépris où ils le voyoient, il n'étoit point possible qu'il gouvernast davantage, et qu'un premier ministre assiégé dans le palais du Roy devenoit très inhabile à gouverner son Etat et conduire ses affaires.

moyennant certaines remises le recouvrement des impôts. (Dictionnaire de Furetière, 1690.)

L'on nous rapporta au palais d'Orléans qu'un Italien, son domestique, avoit dit devant tout le monde : « *Non sa niente di politica* », et que Mr le maréchal de Gramont l'avoit poussé à tel point, qu'il s'en révolta de crainte de pire, et qu'emporté de colère, il protesta qu'il le feroit repentir. Le maréchal sortit de son appartement, et comme bon courtisan, pria leurs amis communs de les raccommoder. Ils s'entremirent aussitost et refermèrent la playe dès le premier appareil; mesme ils pleurèrent tous deux en se rajustant. Il est vray qu'à huit jours de là, le maréchal ayant perdu son argent chez luy et contre luy par un dix de cœur qui luy vint deux ou trois fois de suite à contre temps, joua publiquement la comédie avec son ton de Gascogne sur la persécution du dix de cœur, s'écriant : « Dix de cœur, vous en faites trop; vous perdez le respect, je vous feray repentir. » Certes ces bagatelles qui ne semblent rien sont de la dernière importance au premier ministre d'un grand Etat, qui ne fait bien aller les choses que par l'estime de sa bonne conduite ou la crainte de sa puissance, et dès qu'il se laisse ainsi entamer, on le peut croire perdu, tellement que l'on raisonnoit juste quand on parioit sa perte; mais l'on n'avoit pas compté avec la fortune qui ne s'accorde guères avec la raison.

La Reyne fit une chose, incontinent après son retour de Saint-Germain, qui luy nuisit encore beaucoup dans le monde : elle donna six brevets de ducs et les femmes de ceux-cy furent assises à son cercle. Toutes les femmes de la cour généralement s'en récrièrent; les princesses du sang demandèrent des chaises à dos; les duchesses se plaignirent; les autres femmes de qualité se révoltèrent, voyant leurs égales avec un tel avantage ; enfin pour contenter six personnes, l'on en mécontenta cent, et tout tomba sur le cardinal que l'on étoit en possession de pester et anathématiser.

En ce temps-là, M^r le cardinal Grimaldi[1] arriva à la cour, et il fut extrêmement surpris de voir les choses en cet état ; il tomba d'accord avec ses amis que difficilement son confrère se maintiendroit ; néanmoins il connut avec les habiles que nos princes ne pouvant convenir du successeur, et la Reyne étant pour luy, il ne devoit pas perdre l'espérance. Monseigneur donnoit l'exclusion à M. de Chavigny, poussé par La Rivière, qui l'appréhendoit et le tenoit son ennemy, et M^r le Prince ne vouloit point de Mr de Chasteauneuf, qui avoit condamné Mr de Montmorency, son oncle, et qui étoit à la teste de la cabale de Mme de Chevreuse ; et chacun d'eux, considérant la foiblesse du cardinal Mazarin, se portoit à le protéger, estimant qu'il avoit son compte. Ainsi il subsista et fit si bien, ralliant les deux princes avec la Reyne, qu'il se mit en posture de se venger hautement de ses ennemis ; car durant le mécontentement de Monseigneur, comme s'il eust été assuré de M^r le Prince et se fust promis d'avoir bientost Son Altesse royale, il avoit fait venir des troupes autour de Paris, et les nouvelles qu'on y débitoit de leurs ravages et voleries étonnoient et faschoient fort tout le peuple, et particulièrement les honnestes bourgeois ; avec cela, les contraventions manifestes à la déclaration blessoient le parlement, et

1. Jérôme Grimaldi, né à Gênes le 20 août 1597, cardinal en 1643, mourut le 4 novembre 1685, après trente ans d'épiscopat dans l'archevêché d'Aix.

les fauteurs du désordre, chefs des cabales contraires à la cour, avoient là beaucoup de matière à le fomenter et ne s'y épargnèrent pas.

Entre ceux-là M^r le coadjuteur de Paris étoit le plus dangereux et le plus à craindre[1]; il avoit beaucoup de cœur et d'esprit; il avoit beaucoup d'estime dans la ville; son caractère luy attiroit la vénération du peuple[2], et comme il avoit l'âme pleine de vengeance et d'ambition, il n'oublioit rien pour décrier le ministère et acquérir des amis dans le parlement, dans les autres compagnies souveraines et dans la bourgeoisie. L'on dit que d'abord il tasta M^r le Prince, et je pense l'avoir marqué tantost, et voyant qu'il n'y avoit là rien à faire pour luy, il se tourna vers M^r le prince de Conty, qu'il séduisit, jugeant que la seule qualité de prince du sang étoit de très grand poids dans un party[3]. Ce prince étoit alors possédé par Mme de Longueville, sa sœur, et tous deux, outrés du mauvais traitement que leur faisoit M^r le Prince, cherchoient l'occasion de s'en venger. Ainsi il les trouva très disposés à l'écouter, et ses paroles et ses soins les lièrent avec les frondeurs, ce qui fut extrêmement secret et ne parut que quand la Reyne fit sortir le Roy de Paris et entreprit d'assiéger la ville.

Les principaux frondeurs voyant leur party ainsi fortifié, en furent incomparablement plus hardis et

---

1. « Témoignoit moins d'inquiétude et tâchoit de bannir celle des autres, » porte le Ms. de Vienne (fol. 438 r°).

2. « De la populace, dont ses sermons avoient gagné la créance. » (Ms. de Vienne, id.)

3. Les *Mémoires de Retz* (t. II, p. 101-122) confirment l'opinion émise par Goulas sur la conduite du coadjuteur de Paris.

songèrent à chasser tout-à-fait le cardinal, et pour les échauffer davantage l'on ne manqua pas de faire courir des bruits vagues parmi le peuple : que l'on enmenoit le Roy à Dijon, que le ministère vouloit reprendre l'autorité et chastier le parlement et les Parisiens; que l'approche des gens de guerre qui circonvalloient déjà Paris en étoit une preuve manifeste; qu'il y en avoit à Etampes pour empescher les blés de Beauce de passer; qu'il y en avoit à Pontoise qui osteroient le commerce avec la Normandie; qu'en trois marchés on les auroit tous la corde au col, et qu'on feroit un si grand exemple qu'il en seroit parlé à jamais.

Mais tout cecy n'étant que de vains propos, l'on ne s'y arrestoit pas tant qu'à la contravention à la déclaration, qui étoit de choses réelles et visibles, et elles obligèrent M[rs] des Enquestes d'envoyer leurs députés à la Grand'Chambre le 9 décembre pour demander l'assemblée. Vous savez que ce fut Mr Benoise qui porta la parole, et qui parla avec tant de zèle et de force qu'il en fut marqué dès là comme un des plus redoutables de tout le corps; et vous ne savez peut-estre pas que la cour étant avertie que Mr du Tillet, conseiller d'église, se vouloit défaire de sa charge, elle l'envoya prier de ne pas vendre de quelques mois, afin que Benoise, qui étoit premier montant à la Grand'Chambre, n'y entrast pas si tost. M[r] le premier président fit bien ce qu'il put pour éluder le dessein de M[rs] des Enquestes, et les chicana près de huit jours, et ils furent si fermes qu'ils l'emportèrent enfin sur tous ses artifices, tellement que le mardi seiziesme, jour remarquable et comme fatal à M[r] le Prince, il envoya avertir toutes les chambres qu'il assembloit, et que ce seroit un peu tard à cause que Mr le duc d'Orléans, Mr le prince de Condé et plusieurs ducs et pairs devoient venir au Palais.

Je ne me saurois empescher d'écrire une partie de ce qui s'y passa, et pour l'importance des choses et pour croire que vous ne serez pas fasché que je vous en rafraischisse la mémoire [1]. Premièrement le banc des ducs et pairs étoit si plein que Mrs de Brissac et de Saint-Simon n'y avoient pas place. Mr le premier président dit là-dessus : « Il faut faire asseoir ces messieurs, et que quelqu'un se retire de ce banc. » Mrs des Enquestes, qui étoient plus près, répliquèrent : « C'est à Mr de Bonnelle, conseiller honoraire, et à Mr Hennequin, doyen d'église, à se retirer ; » et le président Charton interrompit : « Ouy, c'est à Mr de Bonnelle, qui n'a pas été reçu conseiller honoraire, les chambres assemblées, et les Enquestes ont protesté contre sa réception. » Et appuyant toujours sur ce défaut, le pauvre Bonnelle fut obligé de quitter la place et le banc, disant fort haut et fort à propos : « Je me retire, Messieurs, pour obéir à Mr le duc d'Orléans, et ne jugeant pas raisonnable que mon intérest retarde la délibération et préjudicie aux affaires du Roy ; aussi mon obéissance ne me nuira pas, s'il vous plaist. »

Le bruit passé, Monseigneur prit la parole et dit que la Reyne ayant su que le parlement s'assembloit sur

---

[1]. Le récit de Goulas est d'autant plus important, que les autres mémoires du temps ne disent que peu de mots de cette séance du parlement; l'*Histoire du temps*, les *Mémoires du cardinal de Retz*, et même les *Mémoires d'Omer Talon*, sont à peu près muets ; c'était jusqu'ici Mme de Motteville (t. II, p. 267-276) qui avait donné le plus de détails.

certaines contraventions qu'il prétendoit à la déclaration, elle s'offensoit de leur assemblée, après qu'on étoit convenu de ne se plus assembler; qu'elle avoit agréable qu'ils le fissent par députés, et que, s'il y avoit été contrevenu, elle y donneroit ordre; qu'au reste, comme il étoit le promoteur des conférences de Saint-Germain dont la déclaration avoit suivy, son intérêt présent étoit de s'éclaircir en quoy elle avoit été enfreinte, se croyant obligé de la faire observer de point en point. Mr le Prince dit presque la mesme chose que Monseigneur, et s'expliqua confusément; et Mr le premier président remercia les princes du soin qu'ils prenoient de l'État et de l'honneur qu'ils faisoient à la compagnie, leur fit entendre les contraventions en peu de mots, et finit à sa manière accoustumée, agréablement.

Ce qu'il toucha donna lieu de parler des désordres des gens de guerre et des levées de deniers qui se faisoient pour les satisfaire, qui excédoient de beaucoup les quarante millions portés par la déclaration. Mr le Prince s'échauffa un peu là-dessus, protestant que ce chef n'étoit point de la connoissance du parlement, et qu'au lieu d'en délibérer et des autres choses, il n'y a qu'à faire un mémoire des contraventions, et le porter à la Reyne afin qu'elle y pourvoye. Messieurs répliquent que ce n'est pas l'ordre des compagnies, et il repart qu'ils ont promis de ne se plus assembler. L'on insiste que n'y ayant plus d'assemblées, il n'y a plus de parlement, et l'on dit mesme au premier président de mettre en délibération, puisqu'il sait que c'est la forme. Ainsi il demande au doyen son avis, et il propose de députer à la Grand'Chambre pour examiner avec les députés des Enquestes les contraventions à la déclaration et en faire rapport à la compagnie après les Rois. Mr Broussel dit qu'il y a deux choses à considérer en l'affaire présente, ce qui est du pouvoir de la compagnie et ce qui n'en est pas; qu'il croit qu'elle a pouvoir d'ordonner en cette rencontre, et partant qu'elle doit commencer par réprimer les excès des gens de guerre qui sont intolérables. A ce mot M^r le Prince l'interrompit, et soutint qu'il n'appartenoit pas au parlement de rien prescrire sur le fait des gens de guerre, que c'est M^r le duc d'Orléans qui a ce pouvoir comme lieutenant général de Sa Majesté ; dont Mr Broussel piqué reprit, et très doucement, qu'il connoissoit qu'ils n'avoient pas la liberté de leurs suffrages, et qu'il valoit mieux demeurer dans le silence. Monseigneur craignant que ce procédé du bonhomme si accrédité et chef de part, ne produisit quelque mauvais effet, prit la parole et luy dit, avec bonté et civilité, qu'il étoit libre, qu'il pouvoit dire ce qu'il voudroit et qu'on ne l'empeschoit pas ; si bien qu'il continua que Son Altesse royale ayant donné sa parole à Saint-Germain que les gens de guerre n'approcheroient point la ville de vingt lieues, il n'avoit pas été mis dans la déclaration ; que néanmoins le désordre étoit tel et la vexation des sujets du Roy si grande qu'il opinoit à informer contre eux, à enjoindre aux juges de les faire vivre dans l'ordre, et aux maires et échevins des villes de se rendre les plus forts et mettre les sujets du Roy en sûreté ; qu'à l'égard des autres contraventions, il étoit d'avis de commettre deux de Mrs de la Grand'Chambre, pour les examiner avec les députés de M^{rs} des Enquestes, et qu'ensuite l'on prist un jour de la semaine pour s'assembler et délibérer; et qu'en ce qui excède le pouvoir de la compagnie, l'on ira par remontrances. Cet avis fut embrassé de la plupart[1].

Monseigneur alors somme Mr Mesnardeau de faire le récit des désordres venus à sa connoissance, et il refusa, disant qu'il attendoit son rang de parler; étant venu, il cota une telle quantité de maux, de brigandages, de violences, que tout le monde en fut étonné et indigné, mesme Monseigneur. Mr Laisné parla après celuy-cy des prisonniers de la Bastille qu'on avoit promis de mettre dehors, du rétablissement des capitaines des gardes, et de la table du Roy renversée; et Mr le Prince l'interrompant avec des termes peu ordinaires parmy ces messieurs, comme « c'est se moquer des gens, » il s'attira une huée de la jeunesse dont il fut si piqué, qu'élevant sa voix et menaçant de la main, il s'écria : « Messieurs, vous devez respect à Monsieur et à moy et à votre compagnie, et il ne faut pas de raillerie en ce lieu. » Ce ton et cette action le ruina entièrement dans ce grand corps, où il avoit tant de serviteurs, et continuant toujours avec la mesme aigreur, comme Mr des Landes Payen eust dit que c'étoit une grande honte en France que n'y ayant pas vingt-cinq mille hommes de pied et dix mille chevaux qui ne devoient point couster huit cent mille francs par mois, l'on y levoit une si grande quantité de millions, et personne n'étoit payé, il [Mr le Prince] le prit à partie, disant qu'il s'y connoissoit fort mal, et qu'il en falloit

---

[1]. « Cet avis fut suivy de la plupart, » porte le Ms. de Vienne (fol. 439 v°).

bien d'autres ; enfin il luy demanda s'il les entretiendroit pour ce prix, dont Payen, se sentant blessé, répliqua brusquement : « Ouy, Monsieur, je le feray, et à moins, et auray d'aussi bonnes gens qu'aucun capitaine du royaume. Il est vray que s'il leur arrive de prendre un poulet, je feray pendre le voleur tout à l'instant. » Mʳ le Prince ne répondit que d'un branlement de teste.

Tout le reste suivit jusques au président Viole, lequel commença par dire qu'il ne doutoit nullement des contraventions, qu'il n'y en avoit que trop, et y en auroit toujours tant que les choses demeureroient en l'état où on les voyoit ; qu'il n'y avoit de remède que d'aller à la source du mal, mais que les esprits n'étant pas disposés à pousser jusques là, et Mʳˢ les princes, qui y avoient le principal intérest, ne voulant pas se dessiller les yeux, il se contentoit de présenter ses vœux au Saint-Esprit afin qu'il les inspirast, après quoy il embrassoit l'avis de Mʳ Broussel, sauf à s'expliquer dessus plus amplement une autre fois. Mʳ le Prince prit la parole aussitost et dit : « C'est bien débuter ! Monsieur et moy ne pouvons-nous pas gouverner sans prier Dieu? » Certes ce nouvel emportement fut si mal reçu qu'il acheva de le perdre, non seulement dans l'estime de cette illustre compagnie, mais dans celle de tout le monde, et l'on considéra ce peu de paroles comme une impiété qui ne devoit point estre dite jamais, et moins en ce lieu où il faut peser jusques aux syllabes. Enfin ce prince perdit plus ce jour là qu'il n'avoit gagné en quatre grandes batailles, où il s'étoit couronné de gloire[1]. La Reyne et Mʳ le

1. Goulas, fidèle narrateur de cette orageuse séance du parle-

cardinal en triomphèrent, le tenant comme en leur dépendance, après s'estre ainsi décrédité à Paris ; Monseigneur en fut ravy, s'imaginant qu'il en seroit plus considéré du parlement et de la ville ; et ses ennemis particuliers s'en réjouirent, le voyant moins en état de leur mal faire ; et probablement, étant de sens froid, il s'en aperçut ou ses amis l'en firent apercevoir, car le lendemain il changea de style et parut aussi modéré et patient qu'il avoit été violent et immodéré.

L'opinion étant demeurée à Mʳ de Cumont, et luy et les autres furent de l'avis de Mʳ Broussel ; et sur la parole que Monseigneur donna de faire retirer les gens de guerre, dont il fut fait registre, il y eut arrest qu'ils se retireroient et qu'on informeroit de leurs excès. Mais Mʳ le Prince ce jour là eut besoin de tout le flegme d'Espagne et d'Italie, car quelques-uns de ces messieurs s'efforcèrent de luy montrer que ce qu'il avoit dit n'estre pas de la connoissance et juridiction du parlement en étoit, et que son pouvoir alloit bien plus loin. Mʳ Loisel entre autres fit voir, et très distinctement, par les ordonnances des rois, que les gens de guerre sont sujets à la justice ordinaire, particulièrement lorsqu'ils se trouvent dans les garnisons, et à plus forte raison aux parlements, qui sont obligés

---

ment à laquelle il assistait, ne relate pas le signe du doigt par lequel, suivant Retz (t. II, p. 99), le prince de Condé aurait menacé le président Viole. Guy Joly parle (t. I, p. 48) comme Retz de la menace de M. le Prince ; Omer Talon raconte vaguement cette scène (t. V, p. 453) ; Olivier d'Ormesson dit (t. I, p. 589-593) que « le vrai est que le prince de Condé ne leva pas la main, mais poussa M. le duc d'Orléans pour relever ce que M. Viole disoit. »

d'appuyer les juges subalternes et de veiller à ce qu'ils fassent leur devoir, et ajoutant que tout ce désordre venoit de ce qu'on ne payoit personne. Mr le Prince soutint qu'on avoit payé en Catalogne et en Allemagne; et Mr Loisel répliqua qu'il connoissoit plusieurs capitaines, tant d'infanterie que de cavalerie, gens d'honneur, qui témoigneroient que leurs soldats n'avoient eu que demy-monstre. A cela Mr le Prince ne répondit rien, et si[1], il ne laissa pas d'avoir à un moment de là un petit dégoust que Mr de Brevannes-Aubery luy donna : celuy-cy ayant fait un long discours sur la paix, conclut que c'étoit l'unique moyen de faire cesser les désordres des gens de guerre, et que le ministère, ne la voulant pas, avoit retiré Mr de Longueville et Mr d'Avaux de Munster, à cause qu'ils y travailloient avec chaleur. Mr le Prince, qui causoit avec Monseigneur, entendant nommer Mr de Longueville, se tourna et dit : « Ne parlez point de Mr de Longueville, c'est mon beau-frère. » Ainsi Brevannes, connoissant qu'on ne l'avoit pas écouté, reprit avec quelque chagrin : « Ce que je dis est assez bon pour l'écouter, et ce n'est pas l'ordre de céans d'interrompre quand on parle. » Mr le premier président prit aussitost la parole, sans doute pour empescher Mr le Prince de répliquer, et dit : « Achevez, monsieur Aubery. » Les autres suivirent; Mr le président de Novion et un autre dirent d'assez belles choses, et ce premier, exagérant le pouvoir du parlement et la considération où il avoit toujours été en France, laissa échapper une équivoque qu'il faut supprimer.

---

1. Et *si*, dans le sens de : et *cependant*.

L'après-disnée, conformément à l'arresté, les députés s'étant rendus chez le premier président, l'on trouva tant de contraventions à la déclaration que tous en demeurèrent confus, et le premier président mesme, tellement que, le samedy 19, il fit le récit, les Chambres assemblées, de ce qui s'étoit passé chez luy ; dit que les députés et luy, ayant trouvé plusieurs contraventions à la déclaration, dont la plupart n'étoient pas fort claires, et la Reyne luy ayant mandé le soir qu'elle entendoit que la déclaration fut exécutée, il ne croyoit pas qu'il y eust à délibérer, ni donner d'arrest, et que l'on pouvoit faire un mémoire de ces contraventions, afin qu'elle y pourvust.

Là-dessus, Mr Broussel prit la parole et représenta qu'en matière de contraventions, l'on n'agissoit pas par remontrances ; qu'il falloit ordonner et exécuter ; que la loy étant faite il n'étoit plus question de l'examiner, mais de la faire valoir ; que le Roy, par sa déclaration, avoit enjoint au parlement de tenir la main à l'exécution de ce qui y étoit porté ; qu'ainsi c'étoit à eux aujourd'huy de pourvoir aux contraventions par des arrests, et qu'il falloit délibérer. Toute la compagnie fut de cet avis, mais l'heure pressant, le premier président qui vouloit rompre le coup et empescher la délibération, envoya quérir les gens du Roy, afin de gagner temps, et leur donna l'arrest contre les gens de guerre, avec ordre de le faire publier et exécuter.

Cecy donna occasion à Monseigneur de parler de l'affaire de Tabouret, Catelan et autres partisans, et de questionner le procureur général là-dessus ; et la compagnie trouva mauvais qu'il n'eust pas procédé contre eux; jusques là qu'un de Messieurs dit qu'il y avoit en cette rencontre beaucoup de négligence ou de connivence de sa part, et le bon homme étant pressé répondit, ne sachant que répondre, qu'il n'étoit pas possible de satisfaire jamais cent soixante personnes; à quoy le conseiller répliqua que cent soixante procureurs généraux comme luy ne trouveroient point moyen d'achever et terminer entièrement une juste affaire. Ce ne fut pas tout : il souffrit encore un autre dégoust, car comme l'on se plaignit de la compagnie de la Reyne, qui arrestoit les bateaux, prenoit les denrées sans payer et commettoit d'autres insolences, le procureur général soutint qu'elle payoit, et qu'elle l'avoit toujours fait depuis cinq ans. M^r des Landes-Payen dit au contraire que les cavaliers, depuis fort peu, avoient arresté un bateau chargé d'avoine qui étoit à luy, avoient tout enlevé, sans rien donner aux bateliers ni à son homme, et qu'il devoit empescher ce brigandage. Cet exemple récent et pressant l'ayant confondu, il [le procureur général] n'osa plus répliquer, et Messieurs le menacèrent de remplir sa charge d'un sujet plus zélé au bien public et plus vigilant.

Le parlement se rendoit ainsi toujours plus dur envers la cour, et quoique le premier président la voulust servir, il n'étoit pas en son pouvoir. Les présidents de Novion et de Blancmesnil, les conseillers Broussel et Longueil attaquoient directement le cardinal, et ne désiroient pas moins que sa ruine; le coadjuteur souffloit le feu, et cette compagnie, quoiqu'animée par mille intérests différents, concouroit toute à l'expulsion du premier ministre. M^r le premier président, dis-je, voyant que tout tendoit à une rupture manifeste avec la cour, et qu'ils vouloient mesme toucher la corde de la taille, si délicate, qu'ils disoient augmentée en vertu des arrests du conseil, au lieu de la diminuer, comme le portoit la déclaration, et que l'on demandoit l'assemblée des chambres pour délibérer sur cette chatouilleuse matière, le mardi 22ᵉ décembre, se déroba et ne se présenta plus.

La Reyne, en ce temps-là, manda la chambre des Comptes et la cour des Aides : la première, pour l'exhorter à vérifier une déclaration qu'on luy avoit envoyée sur le règlement des prests à l'avenir; et la seconde, à révoquer son arrest qui défendoit à tous les sujets du Roy de faire aucun prest sur la taille, à peine de la vie. La chambre ne répondit pas, et étant de retour au Palais, chargea un maistre de la déclaration, pour en faire rapport et en délibérer le lendemain des festes. Quant à la cour des Aides, son premier président fit une harangue qu'on disoit avoir été composée sur les barricades de Paris, et par conséquent qui, étant fort peu à propos en l'affaire dont il s'agissoit, passa pour un coq-à-l'asne, qui réjouit les gens; il s'y trouva pourtant des choses si fortes, qu'elles déconcertèrent la Reyne, et j'ay ouy dire qu'elle fust preste à luy faire un affront public. Il est vray que l'avocat général, comme s'il eut été à l'affust pour venger Sa Majesté, luy vint dire, avant qu'ils fussent sortis, que sa compagnie le désavouoit, qu'elle ne l'avoit point chargé de parler de la sorte, et que son discours n'étoit pas de saison; ce qui causa de la rumeur parmy ces messieurs, lesquels délibérèrent ensuite et conclurent que leur arrest tiendroit, mais que l'exécution en seroit sursise toute l'année 1649, tellement que ceux qui entreroient dans ces prests cette année, n'en pourroient estre recherchés et inquiétés, ce qui étoit le compte de la cour.

Je ne m'arresteray pas davantage aux assemblées du parlement pendant le reste du mois, sur cette déclaration envoyée à la chambre et l'arresté de la cour des Aides, où Monseigneur n'eut point de part; je n'ay peut-estre que trop appuyé sur les autres, mais racontant les actions de mon maistre, dont j'ay été témoin et qui luy ont été si glorieuses, je ne pouvois moins que de m'étendre sur celles-cy où il réussit assez bien pour remporter l'estime de votre corps, très juste estimateur du mérite des hommes.

Or il faut savoir à cette heure que le cardinal, voyant les frondeurs plus emportés que jamais contre luy et dans le dessein de l'arracher de sa place et le pousser honteusement en Italie, crut se pouvoir garantir en leur opposant Monseigneur et M^r le Prince. Il s'étoit bien rajusté avec le premier, comme j'ay dit, par le moyen de Mr de la Rivière, lequel croyoit de son intérêt qu'il ne périst pas; et il avoit gagné le second, luy accordant ce qu'il avoit demandé, et s'engageant d'estre toujours dans sa dépendance à l'avenir; mais le sachant offensé contre le parlement, il l'aigrit et l'anima davantage, et obligea le Roy et la Reyne de luy faire des amitiés à le charmer.

Ainsi étant tous bien unis et en désir de recouvrer l'autorité que le parlement leur avoit ostée, ils résolurent d'assiéger Paris, espérant que le peuple, réduit à la faim, seroit contraint de livrer luy-mesme ses tribuns et les chefs de la Fronde, pour en faire une justice exemplaire. La Reyne, qui connoissoit que Monseigneur avoit peine de gouster ce siége, le presse, le prie, le conjure; elle s'adresse à Mr de la Rivière qui ne s'y épargne pas, et avec tous leurs efforts, Monseigneur, soufflé par Madame à qui il avoit fait part de ce secret, demeure toujours vacillant et partagé : il le trouvoit à propos un jour, et le lendemain il ne le vouloit plus, craignant la révolte entière du royaume et sa perte, mettant les armes à la main de tous les peuples disposés à suivre celuy de Paris.

Cependant Mr le cardinal se ménageoit avec tous les gens, et taschoit de regagner insensiblement les esprits par des manières obligeantes, et en répandant des grâces. Mr d'Avaux avoit été un peu strapazzé et l'on ne vouloit pas qu'il fust mécontent, à cause qu'il avoit la voix publique, et que son frère, habile, adroit, et très capable de bien servir dans le parlement, y occupoit la seconde place; il fut donc rappelé et créé ministre d'État, et ayant demandé son rang du jour qu'il avoit été fait surintendant des finances, afin de précéder Mr Servient lorsqu'il retourneroit de Munster, on le luy accorda aussitost, mesme une compagnie aux gardes pour un de ses neveux, afin d'acquérir la famille.

Mais, à l'exemple du parlement, toute la ville faisoit bruit de ce qu'on ne payoit personne, quoiqu'on levast une infinité d'argent. Ils disoient que le grand-maistre, depuis sa surintendance, avoit touché dix-huit millions; qu'une partie s'en étoit allée au remboursement des prests et l'autre aux dépenses secrètes qui passoient par les mains du cardinal; que la cour dissipoit tout et laissoit le peuple au pillage; que ses excès méritoient correction, et qu'il n'y auroit point d'ordre dans les finances, ni ailleurs, que l'on n'eust fait valoir l'arrest de 1617; et la Fronde ne parloit d'autre chose que de cet arrest. L'on avoit belle peur à la cour, mesme Mr de la Rivière ne se tenoit point assuré, parce qu'on le menaçoit hautement de l'envelopper dans la ruine du premier ministre.

Il luy arriva en ce temps-là un embarras avec son maistre qui le pensa perdre, et qui l'eust perdu s'il avoit eu affaire à une âme moins débonnaire et moins douce que celle de Son Altesse royale. La chose passa comme je le vais dire. Ils jouoient le soir au hoc[1], en présence de Madame, Monseigneur, Mr de la Rivière et un autre de la maison. Mr de la Rivière, perdant son argent avec grand chagrin, ne put s'empescher de picoter Monseigneur qui gagnoit contre son ordinaire. Son Altesse royale, se trouvant en bonne humeur, n'y prit pas garde d'abord, ou l'endura sciemment parce que c'étoit au jeu. L'épingle que l'on avoit fichée dans le flambeau pour finir, étant à demy tombée, Monseigneur voulut quitter, et quitta, disant qu'il le pouvoit puisque l'épingle ne tenoit plus. Mr de la Rivière proteste qu'elle tient encore, crie, tempeste et reproche à Monseigneur cette injustice; et comme il eut mis une pistole sur la table pour les cartes, il le prend à partie de cette chétive libéralité en un homme de sa condition, et le pousse à tel point qu'il le contraignit d'échapper et luy reprocher sa conduite aigre et hautaine, ses gronderies perpétuelles et mal fondées, ajoutant qu'il gourmandoit tout le monde, qu'il se ren-

---

[1]. Le *hoc* était une sorte de jeu de cartes alors à la mode.

doit insupportable et que puisqu'il se jouoit de luy, qui étoit son maistre, il luy en feroit taster; ce sont ses propres termes, qui déconcertèrent fort le ministre, étant suivis d'un dernier emportement qui luy fit jeter son argent par les fenestres, afin que l'on vist qu'il ne l'aimoit pas tant qu'il disoit. Il sortit là-dessus du cabinet de Madame par une porte, et Mr de la Rivière par l'autre, fort déconfit d'un vacarme qui l'alloit décréditer.

Étant en son particulier et faisant réflexion sur ce qui s'étoit passé, il crut qu'il falloit promptement mettre l'appareil sur la playe et que le Palais-Cardinal avoit d'excellents remèdes. Ainsi s'étant rendu le lendemain au matin chez Mr le cardinal, il revint aussitost au palais d'Orléans, accompagné de Mr Le Tellier, pour se trouver au lever de Monseigneur, où, à dire vray, il ne manqua pas de complaisance pour son maistre, ni pour nous tous : il fit sa cour tout ce jour là avec grande assiduité; il descendit de son trosne, il se mesla avec les pauvres humains, et l'homme de la Reyne et du cardinal entrant dans la galerie quand et Son Altesse royale, il suivit et il se trouva ministre à l'ordinaire. C'étoit la raison pourquoy il avoit été quérir le secrétaire d'État confident, et avoit désiré que l'Éminence l'envoyast à Monseigneur, afin que sous prétexte de parler d'affaire, il connust s'il avoit perdu la confiance, et que s'il restoit du ressentiment dans l'âme de Son Altesse royale, l'homme du Roy, très agréable au prince, l'en tirast et remist les choses comme elles étoient avant le vacarme.

L'on remarqua qu'immédiatement après, Monseigneur sortant du cabinet de Madame, entra dans le sien, et y mena un homme dont Mr de la Rivière avoit sujet de se défier; la conférence dura plus d'une heure, et probablement il y fut bien battu. Néanmoins Son Altesse royale n'étoit pas homme à déménager pour une bagatelle, et puis ce favory, étant ministre d'État, savoit les desseins et les résolutions du conseil d'en haut; la saison ainsi n'étoit pas propre au changement et faisoit extrêmement pour luy; si bien qu'il demeura plus accrédité que jamais, et la petite correction luy apprit à donner plus de galimatias et débiter plus de fumée. Il en présenta mesme à Mademoiselle qui la connut d'abord et le luy fit dire. Sur la plainte du parlement que l'on n'exécutoit point la déclaration, particulièrement l'article des prisonniers, qui ne sortoient point de leur misère et qu'on ne faisoit pas mesme interroger, Mlle de Saujon, dont Monseigneur étoit amoureux, prit le temps de demander la liberté de son frère, qui étoit à Pierre-Encise, comme je l'ay rapporté cy-dessus. Elle luy fut accordée à l'heure mesme; l'on envoya l'ordre à Lyon, et Mr de Saujon fut délivré. Une confidente de Mr de la Rivière s'en réjouit avec Mademoiselle, et luy laissa entendre qu'elle ne luy avoit pas peu d'obligation du service qu'il luy avoit rendu en cette rencontre, ayant sorty de prison un gentilhomme que l'on y avoit mis et l'on y tenoit pour ses intérests. Mademoiselle l'arresta tout court, et luy répliqua en riant : « Madame, je ne taste pas de cela; c'est au parlement que je dois la liberté de Saujon et non pas à La Rivière : car s'il avoit voulu m'obliger, il l'auroit fait sortir avant leurs plaintes et leurs arrests[1]. »

1. Mademoiselle n'entre pas dans ce détail; elle dit seulement

Voilà le misérable état du ministère de France et de la cour, ou, pour mieux parler, de ce florissant royaume qui donnoit naguères la loy à tous ses voisins et se voyoit sur le point de la recevoir de ses ennemis ; et sans doute que l'horrible désordre d'Angleterre luy faisoit peur, et cette peur poussoit la Reyne et les princes à tout hasarder pour recouvrer l'autorité sans laquelle on ne peut régner. J'ay ouy dire à des personnes bien informées que M^r le cardinal s'en servit dans un conseil qui fut tenu pour agiter et résoudre ce qu'il falloit faire sur ce qu'on demandoit avec tant d'instance qu'il fust éloigné ; elles m'assurèrent qu'il avoit parlé le premier et montré, par l'exemple du roy d'Angleterre et du vice-roy d'Irlande, combien il est dangereux aux souverains d'abandonner leurs ministres, soutenant que l'insolence du peuple croist toujours, et qu'ayant versé le sang du serviteur, il devient altéré de celuy du maistre. Il prouva donc qu'il étoit tellement uni avec la monarchie et le monarque, que si on le laissoit périr, l'on mettoit l'État en hasard, mesme la maison royale et la propre personne du Roy[1].

(t. I, p. 101) : « Saujon se trouva fort bien de la déclaration. L'on envoya les ordres du Roy à l'abbé d'Ainay, lieutenant du Roy en Lyonnois..... l'ordre portoit que Saujon s'en iroit en l'une de ses maisons, ce qui auroit été fort difficile : Saujon étoit un gentilhomme qui n'avoit que la cape et l'épée. »

1. Dans le Ms. de Vienne (fol. 442 v°), Goulas ajoute : « Il n'avoit pourtant pas tort ; plusieurs personnes fort qualifiées étoient de cette opinion que la Reyne ne devoit point encore céder à l'extravagance du peuple qui se lasseroit bientost de la Fronde, cabale insolente et détestable, dont il commençoit de connoistre le fond et les malheureux desseins de ses chefs ; et n'eut été la crainte de

Mais je veux dire un mot, finissant ce chapitre, de ce qui nous fut débité au palais d'Orléans de la tragédie qui se jouoit alors en Angleterre, laquelle se termina par la plus surprenante chose qui soit arrivée depuis plusieurs siècles. L'on nous assuroit que Fairfax s'étant approché de Londres avec son armée, cette insolente armée demanda au parlement que tout ce qui avoit été accordé dans un certain traité, qu'ils nommoient personnel, fust cassé et annulé; que l'on mist un terme à la tenue du parlement et qu'il y eust un ordre pour le choix des membres de celuy qui devoit suivre; que l'on fist justice des auteurs de la guerre, que le Roy mesme fust chastié et déclaré traistre, et ses deux fils aisnés déclarés inhabiles à succéder. Ces demandes extravagantes furent incontinent suivies d'une action barbare, car le 10e décembre, l'armée et son général envoyèrent des satellites dans l'isle de Wight où étoit le roy, pour se saisir de sa personne et le conduire ailleurs. Le commandant luy ayant exposé ce que portoit son ordre, le pauvre prince ne put faire autre chose qu'obéir. Il prit congé très civilement des députés des deux chambres du parlement qui traitoient avec luy, leur disant : « Nous ne nous reverrons peut-estre jamais : la volonté de Dieu soit faite; souvenez-vous que votre ruine sera suivie de la mienne. » On luy présente un carrosse où il monte, et on le conduit au bord de la mer. Là un vaisseau s'étant approché, il fut mis dedans, et ils firent voile vers un certain chasteau qui est à l'extré-

la défection de quelques bonnes villes qui témoignoient de branler, sans doute les frondeurs auroient enfin passé mal le temps à Paris, la Reyne tenant ferme et les princes du sang appuyant l'autorité. »

mité de cette isle, du costé d'Angleterre, lieu de tout le monde le plus malsain et plus disgracié. Fairfax avoit commandé qu'on le traitast avec respect, et cette espèce d'humanité parmy tant de barbarie donna quelque espérance à celuy qui l'avoit presque perdue, tellement qu'il se résolut de luy écrire et demander qu'il pust envoyer un écrit au parlement et qu'on luy accordast deux ministres de sa créance pour le consoler.

Mais Fairfax, se voyant à Londres le plus fort, ne voulut pas demeurer en si beau chemin, et craignant encore plus le parlement que le roy, se résolut de perdre tous ceux qui n'étoient pas de sa faction, et qu'il crut en état de luy résister. Ainsi il demande ce qui est dû aux soldats, il menace ses ennemis et se laisse entendre que le parlement en est remply; et certes il avoit raison, car la plupart de ces gens, qui songeoient à l'affoiblir et se garantir de sa tyrannie, agitoient entre eux si les réponses du roy étoient satisfactoires, et cherchoient les moyens de faire la paix. Ils travaillèrent si bien que le parlement assemblé et la chose ayant été examinée, il fut dit que ouy, mais examinée pendant tout un jour et toute une nuit; après quoy il fut parlé de s'accommoder et mettre fin aux désordres.

Fairfax, fort surpris de cette résolution si contraire à ses desseins, se résolut de se venger et d'en rompre l'effet. Il pousse l'armée à présenter requeste au parlement, par laquelle il est supplié de faire le procès à onze des membres de la chambre basse, accusés dès l'année précédente, et de plus qu'il retranche de son corps et chasse honteusement les cent vingt-neuf qui ont trouvé les réponses du roy suffisantes et bonnes. Mais cecy n'est qu'un échantillon et comme le prélude de ses excès. Il use de main-mise le lendemain; il envoie prendre tous ceux du parlement qui luy sont contraires et les tient enfermés dans une grande cour, sur le pavé, un jour et une nuit; et les plus courageux s'étant plaints tout haut de sa cruauté, et demandant enfin de quelle autorité on les traitoit si mal, ses satellites répondirent : « De l'autorité du plus fort. » En ce mesme temps son lieutenant général arrive avec douze mille hommes et augmente ainsi son audace, laquelle il fit bientost paroistre au parlement, car comme ils luy eussent envoyé une belle députation pour demander que leurs membres fussent mis en liberté, il se moqua de leurs prières et de leurs remontrances, et s'étant saisi des principaux quartiers de la ville et de son trésor, il le fit distribuer aux soldats sur le tant moins de ce qui leur est dû, et se les rend par là plus dévoués; et voulant perpétuer son pouvoir avec quelque forme de justice, il fit élire douze personnes, tant des officiers principaux de l'armée que des notables bourgeois d'entre les égalistes, pour rédiger par écrit les lois fondamentales du royaume, et établir un gouvernement tout nouveau auquel le parlement ne pust jamais rien changer et qui fust observé à jamais.

C'est ce que nous apprismes de ce naguères si florissant royaume, avec étonnement et douleur, pour l'intérest que nous prenions à ce qui concernoit la reyne, sœur de Son Altesse royale. Et cette princesse nous étoit comme une autre Cassandre, qui par la comparaison des maux qui suivoient les mouvements de l'État de son mari, ne nous auguroit rien de bon du nostre; et elle avoit dit franchement à la Reyne, et plus d'une fois, que le désastre de l'Angleterre avoit eu de plus petits commencements que celuy qu'elle voyoit à Paris et en France[1].

CHAPITRE L.

Des amis et des habitudes du sieur de la Mothe-Goulas.

Mais n'est-ce point abuser de votre patience que de vous faire lire ainsi cinquante chapitres, tout d'une haleine, entre lesquels il y en a d'assez longs, et dont les matières n'étant guère importantes, et pouvant estre ennuyeuses à cause qu'elles ne regardent que ma personne et ma pauvre fortune, sont pour vous dégouster de mon travail et de mon récit, que je nomme aussi mon présent, vous l'ayant dédié et offert. D'ailleurs quand j'ay écrit : *le bruit court, l'on dit, l'on croit, l'on a cru*, ces termes qui rendent douteuses ma narration et les choses que je traite incertaines, ne vous rebuteront-ils point de mes nouvelles, et ne vous sembleront-elles point des fables? Certes, s'il y en a quelque peu de la *Gazette*, il y en a plus des bons originaux de la cour, et s'il s'en trouve de véreuses, comme l'on dit, il s'y en trouvera de saines et accompagnées de circonstances qui méritent que l'on y fasse réflexion, et que l'on ne verra pas peut-estre

---

1. Dans le Ms. de Vienne (fol. 442-443), se trouvent ici quelques détails intéressants sur la paix de Munster; nous les publions à l'Appendice VIII.

dans les écrits de ceux qui veulent passer pour mieux informés. Enfin considérez que ce n'est icy ni histoire, ni mémoires, ni commentaires, c'est une conversation de deux personnes qui se fient l'une de l'autre, de l'oncle et du neveu qui s'entretiennent l'après-souper. Vous estes dans le fauteuil, près du lit de repos de la salle de La Mothe[1], et moy assis sur ce petit lit, appuyé sur un carreau[2], sans cérémonie, dans la dernière familiarité. Je vous conte ce que j'ay vu et ouy dire, et vous écoutez celuy que vous estimez digne de créance. Je ne suis pas assez habile pour faire l'histoire; je n'ay pas eu des emplois pour faire des commentaires; je ne me suis point trouvé en place pour dresser des mémoires, et quand j'aurois eu de la nature les beaux talents, j'aurois servy dans de grandes charges, j'aurois agy dans les plus importantes affaires, me voicy trop vieux pour prendre beaucoup de peine; il ne me faut que du repos. Je suis ennemy de toute contrainte, comme vous savez, et l'amant de la liberté. Je ne saurois plus méditer sur les matières, ni me distiller le cerveau pour faire dire de belles et bonnes choses à un capitaine, ou à un ministre : ainsi vous considérerez, s'il vous plaist, que je me présente à vous aujourd'huy comme en déshabillé, en robe de chambre, en bonnet de nuit, sans cérémonie, et que s'il y a des fautes dans ce long narré (je ne doute point qu'il ne s'y en trouve beaucoup), vous excuserez le bon homme. Il est vray que j'ay eu dessein d'écrire

1. La salle du château de La Mothe-en-Brie où Goulas écrivit ses mémoires.
2. On sait que le *carreau* était un petit coussin pour s'asseoir ou s'agenouiller.

l'histoire de la régence, nonobstant mon incapacité, et d'imiter Tacite en cette rencontre, et vous en trouverez le premier livre parmy mes papiers, qui finit à l'année 1644, au commencement[1]; c'est-à-dire que cet avorton mourut dès qu'il fut né, et que ma témérité perdit sa cause au tribunal de ma conscience; il y fut dit que je n'avois point assez de force pour un grand ouvrage, et qu'il n'y avoit pas de compétence entre Tacite et moy, non plus qu'entre cet ambassadeur qui faisoit cérémonie avec le pape et Sa Sainteté. C'est la raison pourquoy j'ay écrit ma vie, c'est-à-dire ce que j'ay vu et ouy dire de mon temps, et sans presque point d'attention, à mesure que je me suis souvenu, et j'ay trouvé les matières dans quelques lettres de mes amis, et certaines feuilles brouillées dans mon cabinet[2].

Autrefois, étant en Italie, l'on m'a fait un conte qui m'est toujours demeuré à l'esprit depuis, et je le puis appliquer à ce sujet. L'Arioste, ayant présenté au duc de Ferrare, son maistre, le poème qui luy a tant donné de réputation, et où il relève extrêmement le mérite des ancestres et de la race de ce prince, il le lut et y prit grand plaisir d'abord, mais quand il vint à faire réflexion sur les extravagances qu'il y avoit rencontrées, des hippogriffes, des chasteaux enchantés, des charmes pour sortir des mauvais pas, il ne put s'empescher de dire à son poète: *Messer Lodoico, dove,*

---

1. Nous ne connaissons pas le fragment d'*Histoire de la Régence* dont parle ici Goulas.

2. Il est assez curieux qu'aucune des lettres adressées à Goulas et aucune de ces *feuilles brouillées* dont il parle ici ne se retrouvent nulle part, à notre connaissance du moins.

diavolo avete pigliato tante coglionerie? S'il y avoit vu quelque chose de beau et de bon, il y avoit vu aussi mille fadaises, et il n'admira pas moins l'un que l'autre. Je vous confesse ingénument, mon neveu, que si vous avez trouvé icy des *coyonneries*, elles sont de moy; ce sont mes actions et non pas ce que j'ay avancé des personnes de considération et illustres, dont toutes les conduites pourtant, dans la sévère justice, ne sont point pardonnables à des illustres. Tous les hommes sont hommes, les grands comme les petits, et leurs passions, qu'ils étalent sur le grand théâtre du monde, sont toujours les mêmes. Il est vray que les grands les couvrent mieux, et ajustent plus proprement le masque qu'ils prennent pour se déguiser. Quiconque entreprend de lever ce masque est criminel, et néanmoins c'est ce qu'on désire que fasse l'historien et l'écrivain, et qui rend les relations plaisantes et estimées. Il y a manière pourtant d'oster le voile : on le peut lever doucement, sans le déchirer; l'on en peut abattre un coin, et laisser entrevoir aux regardants certaines taches qui font juger du reste; et certes l'on peut dire que rien ne leur agrée davantage que cette liberté qui témoigne que l'on a bonne opinion de leur jugement, et leur donnant à deviner, ils savent gré de l'estime qu'on fait de leur suffisance.

Mais ne m'écarté-je point trop de mon sujet, si c'est de mes amis que j'ay entrepris de vous parler, afin de vous faire connoistre d'où j'ay tiré mes nouvelles? Ouy, je m'en suis écarté, mais mon discours n'est pas inutile. Comme je n'ay pas été ministre pour savoir les affaires de mon temps, il m'a fallu puiser dans certaines sources qui n'étoient point sur mon fonds la plupart de ce que je vous ay dit, et ces sources étoient mes amis qui avoient part au ministère ; et feu Mʳ Goulas[1] m'ayant appris que notre maistre est notre premier amy, mesme Monseigneur s'étant comporté avec nous, dans le particulier, en véritable amy, et nous appelant quelquefois ses amés et féaux, je le mettray le premier et à la teste de ceux que j'ay plus chèrement aimés et honorés, et dont j'ay tiré mes nouvelles.

Il s'abaissoit d'ordinaire avec les siens qui luy plaisoient davantage, et parce qu'il étoit naturellement grand parleur, il leur contoit volontiers ce qu'il avoit fait, ce qu'il avoit vu, les intrigues dans lesquelles il s'étoit rencontré, et il finissoit souvent son discours par ce demy vers de Virgile, que dit Énée quand il vouloit persuader Didon de la vérité de son récit : *Et quorum pars magna fui.* Cette source est donc des meilleures : elle est claire, nette et saine ; elle passera par tout pays, dans la cour et dans la ville.

Après mon maistre, que selon la pensée de Mʳ Goulas, j'ay osé dire mon premier amy, je mets ce mesme Mʳ Goulas, mon parent, mon bienfaiteur, mon second père, que j'étois obligé d'aimer comme moy-mesme, qui m'ouvroit son cœur, qui n'avoit rien de réservé pour moy, ou peu de chose. Il est constant qu'il savoit des nouvelles du grand monde, et dans le temps qu'il étoit bien avec son maistre et portoit le faix de ses affaires, et dans les autres temps, parce qu'il savoit le secret des gens de la maison, ennemis de la faveur et qui s'efforçoient de la luitter et renverser ; car ils

1. Léonard Goulas étant mort le 19 juillet 1661, l'on voit que Nicolas Goulas n'écrivit ses mémoires que postérieurement à cette date.

s'adressoient à luy pour avoir ses conseils sur leur conduite, ainsi ils luy donnoient part de ce qu'ils découvroient par eux et par leurs émissaires, en conséquence des diverses liaisons qu'ils conservoient dans la cour et dans la ville, et comme il étoit en réputation d'habile et de sage, d'homme de bien et de probité, chacun prenoit confiance en luy et recevoit de la tablature[1]. Or, s'il ne s'est pas découvert à moy dans le temps qu'il ne falloit pas divulguer les choses, il ne m'a rien caché depuis, non pas mesme les moindres circonstances, et cela dès l'année 1626 à la fin, qu'il m'embarqua dans la cour, auprès de Monseigneur, jusqu'en 1660, que nous avons perdu notre maistre; c'est-à-dire par l'espace de trente-trois ans et plus, pendant lesquels, quoiqu'il n'ait pas toujours été bien avec luy, et qu'il soit arrivé des intervalles qu'il n'avoit pas le secret, peu de chose pourtant luy est échappé dans les conversations qu'il a eues depuis qu'il fut retiré à Blois, où il apprit tout ce dont il étoit en doute, et que ses ennemis avoient fait qu'il luy célast pendant qu'ils le possédoient.

Toute l'affaire de Languedoc, l'embarquement de Mr de Montmorency, ses desseins, ses irrésolutions, ses doutes, son désespoir, se voyant surpris et trompé, m'ont été déchiffrés plusieurs fois par M[rs] d'Elbène, oncle et neveu, car j'avois acquis l'amitié du bon homme, autant par son inclination que par mes soins; et je n'avois garde de ne pas répondre aux avances d'une personne de ce mérite, qui avoit toujours été en

1. *Tablature*, ou *notes de musique*; pris ici au figuré pour *enseignement, direction*. Le dictionnaire de Trévoux en donne un exemple tiré du *Mascarat* de Naudé, p. 11. (Note de M. Monmerqué.)

grande considération à la cour et pour sa bravoure et pour sa sagesse, et qui me pouvoit beaucoup éclairer et servir dans le chemin de ma fortune. Ç'avoit été un des confidents d'Henry IVme, et ce grand prince avoit commencé de l'aimer, lorsqu'il le vit rapporter percé de quatre ou cinq coups de mousquet et piques à l'attaque du ravelin d'Amiens, lorsque Hernand Teillo, qui l'avoit surprise et la défendoit, fut tué. Il luy avoit beaucoup donné depuis ce temps-là : une charge d'ordinaire, la compagnie de chevau-légers de Monsieur, l'évesché d'Alby, plusieurs abbayes, enfin il luy mit en main le négoce des amours de Mme la Princesse. Quant à son neveu, il avoit traité l'affaire de Languedoc et l'engagement de Mr de Montmorency, et il traita encore l'accommodement de Monseigneur avec le Roy après notre long séjour en Flandres. Il étoit bien avec le cardinal de Richelieu, bien avec le P. Joseph, Mr de Chavigny et les autres ministres; certes je luy avois beaucoup d'obligation, puisque, durant ces traités, il me disoit ce qu'il pouvoit confier à un amy, et les négociations achevées, il me découvroit le fin et m'apprenoit le secret.

M^r l'évesque d'Orléans[1] étoit aussi de mes amis particuliers, et m'a conté mille circonstances de l'affaire du Languedoc où il avoit eu très grande part. M^r l'évesque d'Agen, qui avoit traité notre accommodement de Bruxelles et y étoit venu deux fois, lorsque Monseigneur n'osa plus renvoyer son frère en France, craignant de donner trop d'ombrage aux Espagnols, me conta bien des particularités de sa

---

1. Alphonse d'Elbène, évêque d'Orléans en 1648, mort en 1665, frère de Barthélemy d'Elbène, évêque d'Agen en 1638, mort en 1663.

négociation, quelques mois après, que M^r d'Elbène, son frère, fut ruiné.

Après sa disgrâce dont je vous ay parlé, Mr de la Rivière entrant en faveur bien avant, s'ouvroit quelquefois avec Mr Patrix et avec moy, et ne nous traitoit pas de pauvres mortels, comme il a fait depuis, et quoiqu'il allast bride en main et eust peine à se déclarer, néanmoins Mr Goulas qui partageoit avec luy la confiance et en avoit plus que luy, ne me laissoit pas ignorer l'état de la cour de Son Altesse royale. D'ailleurs j'étois appelé dans le cabinet, et je voyois et entendois mille choses qui m'illuminoient et me faisoient pénétrer dans ce qu'on prétendoit de tenir plus caché.

En ce temps-là j'avois amitié très étroite avec Mr de Chabot, depuis duc de Rohan, lequel étoit fort considéré et caressé de Monseigneur ; et comme il ne bougeoit de chez Mme la Princesse, où se trouvoit souvent Mme d'Aiguillon, il me faisoit le plan de cette société et des intérests de ceux qui y étoient admis, et c'étoit l'élite de la cour. Il apprenoit là mille choses par le moyen des dames, des nouvelles de chez le Roy et de chez la Reyne, qui faisoient la matière de nos entretiens. Vous savez l'amitié étroite que j'avois avec ce seigneur dont je découvris d'abord les bonnes qualités, et je confesse que répondant de la meilleure grâce du monde aux avances que je luy fis, je me donnay à luy entièrement. Il ne se contentoit pas de m'aimer, il vouloit que ses amis m'aimassent, et il obligea ses frères à me considérer comme luy-mesme. Il me mena chez Mrs de Chastillon, et les conjura de faire cas de moy, chez Mr de la Moussaye et les autres de la belle jeunesse attachée à M^r d'Enghien, et il ne se passoit point de jour que je n'en reçusse de nouvelles preuves d'estime. Enfin, c'est ce duc de Rohan que vous avez vu si avant dans les affaires et si capable des plus délicates. Ils disent qu'il avoit un tel ascendant sur M^r le cardinal Mazarin, que ses plus intrinsèques, et dont il avoit plus de besoin, ne luy osoient proposer ce qu'il luy entamoit d'abord avec une hardiesse modeste et fière, et toujours dans ses véritables intérests. Je savois donc par luy des nouvelles de l'hostel de Condé, et de plusieurs autres hostels, étant merveilleusement bien venu en tous les lieux où il alloit.

J'ay encore eu grande habitude avec Mr de la Feuillade, l'aisné[1], l'un des plus accomplis et plus agréables hommes de France. Il étoit entré dans le monde incontinent après la mort de son père, qui fut tué à Castelnaudary, comme vous avez vu dans mes relations[2], et quand Monseigneur retourna de Flandres, il le vint saluer et exercer chez luy la charge de son père qui luy avoit été conservée[3]. Son Altesse royale le traita à merveille, l'appela dans ses plaisirs, et témoigna tant d'inclination pour sa personne que toute notre faveur en eut l'alarme avec raison. Il sembloit que la nature l'eust fait exprès pour notre maistre : il avoit l'esprit vif et présent, l'imagination belle et grande, la plus féconde en jolies choses qu'il est possible ; une facilité de parler admirable ; une délicatesse dans son expression qui luy étoit toute particulière ; un air plaisant et une raillerie continuelle et fine,

---

1. Léon d'Aubusson, comte de la Feuillade, lieutenant général au gouvernement d'Auvergne, tué à la bataille de Lens, en 1648. (Note de M. Monmerqué.)

2. Voir t. I des présents Mémoires, p. 201.

3. La charge de premier chambellan.

s'il en fut jamais. Il me prit en affection, je ne sais comment, Monseigneur m'appelant souvent avec luy dans son cabinet et à son coucher; et, Mr Goulas luy ayant rendu quelque service et témoigné qu'il vouloit estre de ses amis, il crut que c'étoit répondre à ses avances que de faire cas d'une personne qui luy touchoit de si près. Je ne sais si Mr Goulas ne songea point à l'opposer à Mr de la Rivière et si Mr de la Feuillade, bon entendeur, ne se promit pas de faire beaucoup de chemin dans l'esprit de Son Altesse royale avec un tel second et promoteur; tant y a que je devins un de ses chers amis, et il m'en donna mille preuves. Sans mentir, ce gentilhomme alloit à l'estime et à la considération par la belle voye. Il commandoit un régiment de cavalerie, et ne manquoit point d'estre des premiers à l'armée et d'en revenir des derniers, et étant de retour il ne faisoit point de pas que pour sa fortune; au sortir de chez Monseigneur, il passoit au Palais-Royal, chez M^r le cardinal, chez la Reyne, chez les ministres, chez les maréchaux de France en crédit; jamais homme ne battit tant de pays pour apprendre ce qui se passoit et s'en prévaloir; et s'il avoit l'estime de tous les hommes, il étoit bien venu chez toutes les femmes, étant de la meilleure compagnie du monde, et débitant avec un tel agrément qu'il n'y avoit rien de divertissant comme sa conversation. Il s'ouvroit entièrement avec moy, et me confioit la meilleure partie de ce qui venoit à sa connoissance; mais il me peignoit si plaisamment la jalousie que Mr de la Rivière avoit prise de luy et les pièces qu'il luy faisoit, que j'en étois charmé. Ainsi je le mets au nombre de mes meilleurs amis et de ceux dont j'ay tiré plus de choses touchant le grand monde.

Après luy, je compteray Mʳ le comte d'Aubijoux[1] entre les gens de la grande volée qui m'ont fait l'honneur de m'aimer ; et il est si vray que je possédois tout à fait ses bonnes grâces qu'il a dit plusieurs fois, un peu avant sa mort, à Mʳ de Fontrailles, son cousin germain, que j'étois un des hommes de France qu'il aimoit le plus ; et Mʳ de Fontrailles me le confirma encore à Blois, lorsque nous perdismes Monseigneur[2]. C'étoit un homme de grande naissance et de grande ambition, le seul qui restoit dans le royaume de l'illustre maison d'Amboise, un seigneur de quarante mille livres de rente, mais avec tant d'avantages de la nature, tant d'esprit, tant de cœur, tant d'honneur, que j'ose dire que fort peu l'égaloient et que personne ne le surpassoit à la cour. La mine en étoit très haute, comme la taille ; le visage laid, parce que la petite vérole l'avoit gasté, mais avec beaucoup d'agrément, force cheveux tirant sur le chatain, le nez aquilin, les yeux petits, le visage long et la physionomie d'un illustre. Il ressembloit au portrait du cardinal d'Amboise qui est au bout de la galerie du Palais-Cardinal, vers le jardin, et j'en riois avec luy quand nous accompagnions Monseigneur chez le Roy, le luy faisant remarquer et à ceux qui se trouvoient près de nous. Pour l'esprit, il l'avoit excellent et délicat ; il parloit

---

1. François-Jacques d'Amboise, comte d'Aubijoux, chambellan de Monsieur, mort sans alliance et le dernier de sa maison, en 1656. — Louise de Levis, mère du comte d'Aubijoux, était petite-fille de Marie d'Astarac de Fontrailles.

2. Monsieur mourut à Blois, le 2 février 1660. — Il semble résulter de ce passage et de quelques autres que Goulas écrivit ses mémoires, dans la retraite, après la mort de Monsieur (Note de M. Monmerqué).

facilement et bien, en bons termes, hormis qu'il mesloit toujours quelque mot du pays d'*Adiousias*[1], dont il avoit bonne envie de se corriger. Mais le moyen de se dégasconner tout à fait à ceux qui sont obligés de faire des voyages et quelque séjour dans la province. Il savoit quantité de belles choses de l'histoire grecque et latine, il en avoit retenu par cœur les plus beaux endroits, particulièrement de Tacite, de Salluste, de Tite-Live, qu'il appliquoit à merveille. Il possédoit les plus magnifiques vers des poètes latins, italiens, et des nostres ; mais il entendoit bien raillerie, cette fine et délicate que les anciens appeloient patricienne ; il écrivoit très galamment, et j'ay eu cent et cent lettres de luy, dont le style étoit si beau, et la diction si pure que, n'étoit la date, on ne les auroit jamais prises pour écrites en Languedoc, par un homme du pays. Il avoit un défaut : lorsqu'il étoit persuadé d'une chose, il n'y avoit pas moyen de le faire revenir, parce que son bon esprit luy fournissoit des raisons et des vues à l'arrester tout-à-fait dans sa créance. Enfin c'étoit un seigneur de grand mérite par lequel j'ay su mille nouvelles de la cour du feu Roy, ayant été lié intimement avec M^r le Grand qui n'avoit presque rien de réservé pour luy, et un des principaux ministres de la conjuration contre le cardinal de Richelieu, qui le perdit. Après son combat de la Place-Royale, qui luy causa tant d'embarras, étant retiré à Blois auprès de Monseigneur, où il n'osoit pourtant se montrer, je passois souvent quatre à cinq heures, le jour, dans sa chambre ou la mienne, et là on se débouton-

---

[1]. L'adieu des Gascons. (Note de M. Monmerqué.)

noit, comme l'on dit, tant de ce qui concernoit le passé que le présent.

J'ay encore eu une dernière liaison d'amitié avec M⁺ le marquis de Maulevrier, et j'en ay touché quelque chose cy-dessus, lequel étoit aussi bien informé qu'homme de la cour. Il avoit accès aux bons endroits, et étant tenu très sage et très circonspect, l'on prenoit aisément confiance en luy. Notre amitié avoit au moins vingt-cinq ans quand il est mort, et comme il me connoissoit, et moy luy, jusques au fond, nous parlions toujours sans déguisement et sans intéresser le secret de nos amis, lorsqu'il devoit demeurer secret, et les temps changeant, l'on se pouvoit éclaircir, et je ne manquois de le faire et il ne manquoit pas de me contenter. J'ay encore plusieurs de ses lettres, pleines de nouvelles et écrites d'une manière toute fleurie et toute galante, qui montre la beauté et l'excellence de son esprit. Il avoit sans doute les meilleures habitudes de la cour et de la ville, et je ne vous en dis rien davantage, puisque vous l'avez connu, et par vous-mesme et par le témoignage de tous les honnestes gens dont il avoit l'estime.

Je compte entre mes amis feu M⁺ le marquis de Vardes, père de celuy d'aujourd'huy, et je dis que j'ay appris de luy mille choses d'importance. Il avoit commerce avec la plupart des grands : il les visitoit, il en étoit visité, et Mme la comtesse de Moret[1], sa femme, conservoit d'anciennes attaches par lesquelles elle étoit assez informée, si bien que dans les conversations du soir, ils nous faisoient part, à quelques uns de

---

1. Jacqueline de Bueil, comtesse de Moret, maîtresse de Henri IV, mariée depuis avec le marquis de Vardes.

leurs amis de la maison de Monseigneur, de ce qu'ils avoient appris le jour.

Je pense avoir parlé de la pratique étroite que j'eus à Bruxelles avec Mʳ de Montrésor, laquelle fut rompue à Blois quand luy et Mʳ Goulas se brouillèrent, durant l'affaire de Mʳ le Comte, lorsqu'il vouloit mener Monseigneur à Sedan.

Je vous ay aussi parlé de Mʳ de Boisgeffroy, mais je ne vous ay presque rien dit de Mʳ le baron de Verderonne, qui vous a témoigné quelquefois qu'il m'honoroit de son amitié. Sans mentir, celuy-cy avoit d'aussi bonnes qualités qu'homme de France et s'étoit meslé d'assez de choses, du temps que Mʳ de Puylorens, son cousin, gouvernoit tout chez Son Altesse royale. Il avoit part aux plus secrètes pensées du favory, comme un parent très proche, de grand mérite, tout à fait attaché à sa fortune; aussi ce favory tout-puissant prétendoit-il de le mettre en un des meilleurs postes de la maison, le voyant en état et très capable de le bien servir auprès de son maistre, dont il avoit l'agrément tout entier. D'ailleurs Mʳ de Verderonne étant parent de Mʳ de Chasteauneuf, et de son nom[1], tenoit encore de ce costé, et cet habile homme qui connoissoit ses talents et son affection pour ses interests, luy parloit autant ou plus qu'à pas un de ceux qui luy appartenoient. Ainsi ce n'étoit pas un mauvais original en beaucoup de choses, et lorsqu'elles étoient passées, et qu'il pouvoit se découvrir à ses amis, auprès du feu, il devoit estre écouté, et l'on pouvoit faire fondement sur ce qu'il avoit puisé dans ces sources.

1. De l'Aubespine.

J'ay encore eu part aux bonnes grâces de Mr de Patrix[1], gentilhomme de Normandie, très agréable à Monseigneur et à toute la cour, que Son Altesse royale appeloit dans sa familiarité, se communiquant à luy autant ou plus qu'à pas un de ses serviteurs. Sa probité, sa sagesse, sa générosité, sa discrétion, faisoient que chacun prenoit confiance en luy, si bien que difficilement auroit-on trouvé quelqu'un dans la maison qui en sust plus de nouvelles, je dis tant de celles de Monseigneur que de celles de Madame. Il avoit assez bonne opinion de moy pour m'en faire part, et outre l'amitié étroite qu'il avoit toujours eue avec Mr Goulas, il en voulut contracter une avec moy qui ne put finir que par la mort. Ainsi nous n'avions presque rien de réservé, et nous nous entretenions tous les jours à cœur ouvert avec un plaisir extrême. Mr de Maulevrier souvent faisoit le tiers, et il entroit toujours quelque nouvelle dans le commerce, sous le sceau de la confession. Il est vray qu'ayant quitté le service de Monseigneur, nous n'en jouismes que rarement, mais aussi nos conférences en devinrent plus fréquentes et plus intimes. Il appeloit les entretiens de luy à moy : le conseil étroit.

J'ay eu assez d'habitude avec Mr de Chaudebonne, lequel avoit été des confidents du maréchal d'Ornano, mesme un de ses martyrs, le Roy l'ayant fait mettre à la Bastille lorsque le maréchal fut arresté. Il étoit

---

[1]. Pierre Patrix a dédié à Monsieur un recueil de poésies chrétiennes, imprimé à Blois, chez Jules Notot, imprimeur et libraire de S. A. R. 1660. In-4°. L'ouvrage parut trois jours après la mort du prince. — Voir mon exemplaire qui porte des corrections de la main de Patrix. (Note de M. Monmerqué.)

intime amy de Mr Goulas, et comme il venoit souvent chez luy et y mangeoit quelquefois, l'après-disnée et l'après-soupé il vouloit bien que je fusse de la conversation qui se faisoit presque toujours sur les choses de la cour, tant présentes que passées. Outre la solidité de son jugement et les lumières de son esprit qui le faisoient pénétrer dans les desseins et les intérests les plus cachés de ceux qui paroissoient sur le théâtre, l'estime où il étoit à l'hostel de Condé, à l'hostel de Rambouillet, auprès de M^r le cardinal de la Valette et de Mme d'Aiguillon, luy donnant toute sorte d'accès par tous ces lieux-là, il n'ignoroit rien de leurs plus délicates affaires, tellement que longtemps après, que je luy pouvois faire des questions sans estre le « curieux impertinent, » il vouloit bien contenter ma curiosité et me donner toute la satisfaction que je désirois. M^r le cardinal de la Valette le considérant comme un de ses chers amis et le voyant si sage, se découvroit à luy des intérests de sa maison et des siens particuliers, et l'estime d'un si grand sujet avoit extrêmement servy à Mr de Chaudebonne. C'étoit un des principaux tenants de l'hostel de Rambouillet où la fine fleur de chevalerie se rallioit tous les jours, et ce fut par son moyen que j'y fus introduit et que j'eus l'honneur d'estre connu de Mme et de Mlle de Rambouillet, les héroïnes certes de ce royaume, et des plus vertueuses et plus parfaites personnes de tout le monde. Nous y entendions quelquefois raisonner Mr de Rambouillet, lequel, quoique aveugle, voyoit aussi clair qu'homme de France dans les intérests de cet État et des voisins; mais quand il tomboit sur l'Espagne, il ravissoit tous les gens, parce qu'y ayant été longtemps ambassadeur, il s'étoit si bien instruit de tout ce qui concerne ce pays, et en avoit une si entière connoissance que leurs plus raffinés ministres ne luy auroient rien appris; il n'étoit pas moins bien informé du nostre, et M. le cardinal de Richelieu en étoit si persuadé que souvent il luy a communiqué de ses plus importants desseins pour en avoir son sentiment.

Quant au Père de Condren dont j'ay été si heureux que d'avoir l'amitié et la pratique, je crois vous en avoir déjà entretenu[1]. J'ay su de luy beaucoup de particularités des choses de la cour où il avoit été employé, comme de la réconciliation de Monseigneur avec le Roy et la Reyne, sa mère, du rajustement de Son Altesse royale et du cardinal de Richelieu, quand l'on craignoit qu'il allast à Sedan, du dessein de rompre son mariage et des circuits que l'on prit pour luy faire consentir la dissolution.

J'ay encore tiré beaucoup de connoissances et de nouvelles de M. de la Coste, et lorsqu'il étoit auprès du Roy, et depuis; car il avoit d'anciennes attaches avec les vieux courtisans et de vieux officiers qui approchoient Sa Majesté, et les ennemis de M. le cardinal, de la maison du Roy, qui éclairoient toutes ses actions et ses conduites, afin de luy pouvoir nuire dans l'occasion, ne luy cachoient rien de leurs vues et de leurs desseins, sachant combien il avoit été strapazzé et mal traité par l'Éminence, et ce qu'elle avoit fait pour ruiner sa fortune et le sortir de son poste, appréhendant ses talents, son cœur, et la confiance que le Roy prenoit en luy.

---

1. Voir le chapitre XVIII de ces Mémoires, t. I, p. 75 et suiv.

Je ne sais si j'ose mettre Mr le duc de Joyeuse[1] du nombre de mes amis, mais je puis dire qu'il m'honoroit de son amitié, et que ç'a été un de ceux dont j'ay appris plus de nouvelles du cabinet durant la Régence. C'étoit un prince de très grand mérite et qui, à dire vray, possédoit toute la générosité, tout le cœur et toutes les grandes qualités de la maison du Balafré, de François et des autres héros de sa race. Il avoit la bonté de s'ouvrir avec moy, à cause que Mr de Maulevrier luy avoit garanty qu'il le pouvoit faire en sûreté et qu'il me devoit considérer comme un de ses passionnés serviteurs; aussi le fit-il toujours, et quand je luy allois rendre mes devoirs, le matin, quoiqu'il fust au lit, il commandoit que j'entrasse, et vouloit que nous parlassions un quart-d'heure avant que de se lever. Il étoit grand-chambellan de France, et le Roy témoignoit d'en faire cas et de s'accoustumer fort avec luy, mais l'on s'opposa bientost à cette estime naissante, et l'on empescha son progrès.

J'ay eu quelque commerce avec Mr le comte de Fiesque, et outre que je le voyois souvent chez Mme Cornuel, depuis que sa mère fut faite gouvernante de Mademoiselle, nous parlasmes plus souvent ensemble et plus ouvertement. C'étoit un homme d'esprit, de cœur et d'honneur, qui avoit plusieurs liaisons dans la cour, tant de parenté que d'amitié, et qui voyoit assez clair dans les affaires du monde. Il s'attacha à Mr le Comte; mesme il vint à Blois comme son principal agent, mais après la pièce que Monseigneur leur

---

1. Louis de Lorraine, duc de Joyeuse et d'Angoulême, grand-chambellan de France, mourut en 1654 des suites d'une blessure reçue auprès d'Arras (Note de M. Monmerqué).

fit à luy et à Mr Goulas, pour les diviser, nous nous retirasmes l'un de l'autre, et moy particulièrement qui le voyois si opposé à ceux dont je ne me pouvois jamais séparer.

Je pense avoir eu occasion de vous parler de M^r le chevalier de Bueil[1], oncle de Mr de Moret et beau-frère de M^r le marquis de Vardes ; et je ne me puis empescher de vous en parler encore, ayant été si fort son amy. Celuy-cy sans doute avoit autant de cœur, d'esprit et de mérite qu'homme du royaume, et possédoit toute la bonté et la générosité des héros. Il me protestoit toujours qu'il m'aimoit avec passion, et il m'en donnoit de nouvelles assurances et des preuves à toute rencontre. Monseigneur d'ordinaire me faisoit demeurer à son petit coucher avec luy, et il avoit peu de gens dans sa maison qui luy fussent si agréables. Et en effet, il m'a confessé plusieurs fois qu'il s'étoit préparé de longue main pour entrer dans son esprit, ayant étudié soigneusement tout ce qu'il croyoit le pouvoir divertir et réjouir dans le particulier ; et certes il ne se trompa pas, il réussit à merveille, car outre les jolies bagatelles qui se trouvent dans tous les livres italiens, espagnols, françois, poètes et autres, romans, histoires, contes, poèmes, satires des auteurs anciens et modernes, qu'il savoit et débitoit admirablement, il produisoit de son fonds et écrivoit en prose et en vers tout-à-fait bien. C'étoit une source inépuisable de plaisanteries : il savoit mesler le comique et le sérieux, et il appliquoit ce qu'il avoit retenu des livres très

1. Claude de Bueil, premier chambellan de Monsieur, mort sans alliance, en 1646, était le cousin de Racan (Note de M. Monmerqué).

galamment et de cette manière toute charmante de Son Altesse royale. Mme de Moret, sa sœur, ne le laissoit pas ignorer les affaires du monde; ses autres proches de la haute qualité l'éclairoient aussi de leurs lumières, et je le trouvois aussi bien informé qu'homme de la cour, quand il y étoit; car il n'y venoit presque plus, la perte de Mr de Moret l'ayant fort guéry et dégousté du monde et fait retirer dans une maison de campagne, où il est mort, je pense, avant le feu Roy[1]. Vous trouverez parmy mes livres un petit Tacite qu'il me donna à Stevansvert, comme nous étions à l'armée d'Espagne avec Son Altesse royale; je le refusay d'abord, craignant qu'il ne luy fist faute en ce lieu; mais il voulut que je le prisse, me disant qu'il donnoit des Tacite à tous ses amis, comme Mr de Vaugelas donnoit l'*Introduction de la vie dévote* à tous les siens.

Dans le voyage que nous fismes à l'armée de Monseigneur, à sa seconde campagne de Flandre, M^r le chevalier de Belesbat et moy logeant ensemble, et vivant en frères, j'appris de luy beaucoup de particularités de la conduite et de la vie de M^r le cardinal de Richelieu, j'entends de ce qui se passoit dans sa chambre et son domestique, de son humeur, de sa façon d'agir, et du traitement qu'en recevoient ses particuliers amis et serviteurs, car il avoit été nourry son page; il avoit été favorisé de luy plus que les autres, ses compagnons, luy ayant témoigné vouloir prendre soin de sa fortune, et au sortir de page l'ayant fait enseigne de ses gardes, qui étoit une marque qu'il avoit bonne opinion de son cœur et le croyoit entière-

---

1. Claude de Bueil mourut après Louis XIII, en 1646.

ment à luy. Et certes, voicy une preuve excellente qu'il se connoissoit en gens et jugeoit juste du talent et du mérite des hommes, car certainement celuy-cy possédoit mille bonnes qualités, et si la fortune jalouse de son mérite n'eust point tranché le fil de sa vie, il se fust élevé par les bonnes et belles voies et se seroit mis bientost en assez considérable passe à l'armée et à la cour. Ce fut Mme de Choisy, sa sœur, qui me donna son amitié, puisqu'elle luy dit assez de bien de moy pour luy faire désirer que je fusse son amy et son camarade durant la campagne, et nous ne demeurasmes point quinze jours ensemble que je me l'acquis tout-à-fait, s'il faut croire aux paroles d'un gentilhomme d'honneur et de qualité, et aux actions qui suivirent cette première habitude que nous prismes au sortir de Paris et durant le chemin, allant à Calais.

Mr de Grammont de Toulouse, frère du président qui a si bien écrit l'histoire du feu Roy[1], m'a encore beaucoup de fois illuminé. Comme il battoit beaucoup de pays, et avoit commerce avec presque toutes les personnes de qualités de l'un et l'autre sexe, il savoit quantité de choses et des plus secrètes, et Mr Goulas luy ayant fait plaisir, il voulut estre de ses amis et des miens, et nous le tinsmes à faveur l'un et l'autre. Ainsi nous avions souvent des conférences ensemble, et quand il ne trouvoit pas Mr Goulas à son logis, il me disoit ce qu'il jugeoit expédient qu'il sust, en cas qu'il n'eust pas été informé d'ailleurs.

1. Cette phrase semble rectifier la note rédigée plus haut, p. 329, dans laquelle nous disions qu'il s'agissait de Gabriel de Barthélemy, seigneur de Grammond, président au parlement de Toulouse.

Je vous ay fait savoir cy-dessus l'amitié que j'eus avec Mr Passart, aumosnier de Monseigneur, et dit comment il m'instruisoit à mon avénement à la cour, et ne me laissoit rien ignorer de ce qui s'étoit passé chez Son Altesse royale du temps du maréchal d'Ornano et depuis[1]; et je le mets avec raison au rang de mes chers amis et de ceux dont j'ay reçu plus de lumière pour le monde, et de marques d'une généreuse inclination.

Je vous ay aussi parlé de M^r le vicomte de Melun, lequel me traita si bien au voyage de Suse et en Piémont, et avec lequel j'avois été en mesme chambre, neuf mois durant, à l'Académie[2]. Il étoit fils du vicomte de la Borde, de notre Brie, de la maison des Arbaleste, et neveu de Mme de Vinoy, de la maison des Hennequin, de par sa mère, et par conséquent notre parent. Il ne se peut plus de vertu et de générosité qu'en avoit ce gentilhomme, et il ne se peut plus de la belle ambition, comme il le montra dès qu'il fut en âge de commander, car ayant donné de bonnes preuves de son cœur dans les guerres d'Italie, à Suse, à Carignan, et en plusieurs autres occasions, le Roy l'honora d'une commission pour faire un régiment qui fut envoyé en Allemagne à Mr de Weymar, et il le fit excellent, prenant soin d'avoir de bons officiers et n'épargnant rien pour engager d'honnestes gens avec luy dans ce corps. En effet, il passa le Rhin avec huit ou neuf cents hommes, et ce régiment, se trouvant le plus fort et le meilleur de l'armée, après plusieurs sièges

---

1. Voir le t. I de ces Mémoires, p. 3 et 25.
2. Id., p. 58.

et combats particuliers où il se comporta toujours à merveille, et avoir acquis toute l'estime qu'il se peut, il fut tué à la bataille de Nordlingen, soutenant tout l'effort de ces braves terces[1] italiens et espagnols du cardinal-infant, ne voulant point de quartier ni survivre à une si grande disgrâce qui menaçoit de ruine les affaires du Roy en Allemagne. Il savoit assez de nouvelles quand il étoit à la cour, ne bougeant de chez Mme de Rohan, dont il étoit proche parent, et voyant assez assidument Mrs Bouthillier et de Chavigny, avec lesquels il avoit quelque alliance. D'ailleurs son père l'avoit marié avec la fille du marquis de Thury, de la maison de Montmorency[2], et ce costé luy donnoit de bonnes habitudes, tellement qu'ayant confiance en moy, qui luy étois obligé et qu'il connoissoit discret et sûr, il avoit peu de réserve en nos conversations. Ce fut grand dommage que la mort de ce gentilhomme et une grande perte pour sa maison et ses amis, car il étoit en beau chemin et pouvoit monter aux premières places avec le temps. Certes, j'en fus extrêmement touché, comme vous pouvez penser, n'ayant point de meilleur amy après Mr Goulas, ni dont j'aye tiré de plus cordiales preuves d'amitié.

Je puis mettre parmy mes amis et ceux dont j'ay appris beaucoup des choses du monde, Mrs de Sardini. L'aisné avoit été très bien à la cour, durant la régence de la reyne Marie de Médicis, et M^r le cardinal de Richelieu, qui n'étoit alors qu'évesque de Luçon,

---

1. *Terce*, régiment espagnol.
2. Marie de Montmorency, fille de Pierre, marquis de Thury, née en 1612, s'est mariée en 1637.

l'appréhendant et le tenant lié avec l'abbé Ruccellai, à cause de l'Italie, l'avoit toujours persécuté. Néanmoins passant pour un des plus honnestes hommes de la cour, et l'étant en effet et des plus agréables, il ne l'avoit jamais pu détruire. Il ne se peut sans doute plus d'esprit, d'agrément, de mérite qu'il en avoit : une vivacité toute charmante, un enjouement continuel, parlant bien et de bonne grâce, et ses rencontres et réparties, brusques et imprévues, piquoient l'âme jusques au fond et la captivoient; mais sa narrative étoit si belle et si aisée, qu'on étoit ravy de l'entendre conter quelque chose, et on luy donnoit toujours toute l'audience qu'il vouloit, quelque longue que fust l'enfilade des pièces et des histoires où il s'embarquoit quelquefois. Il savoit mille nouvelles par le moyen des femmes de la plus haute qualité avec lesquelles il étoit merveilleusement bien et il conservoit toujours intelligence. Il est vray que je ne l'ay connu que vieux, et comme la goutte l'arrestoit le plus souvent au logis, où il ne laissoit pas d'estre bien averty, les plus honnestes gens le visitant avec soin, et conservant toujours pour luy beaucoup d'estime. Enfin il n'ignoroit rien de ce qui s'étoit passé chez la Reyne-mère, et durant sa régence et pendant sa première disgrâce, jusques à son retour auprès du Roy et l'élévation du cardinal de Richelieu. Les rieurs de la cour disoient de luy une chose assez plaisante, que l'on a dite aussi depuis de M^r le maréchal de Bassompierre, que s'il eust eu plus de mémoire, ou que ceux qui le voyoient n'en eussent point eu du tout, il auroit été le premier conversateur de tout le monde. C'est qu'il faisoit souvent les mesmes contes aux mesmes gens, ne s'en souvenant pas, et eux, par malheur, se souvenoient qu'il les leur avoit faits.

Pour son frère, Mr de Jouy-Sardini, s'étant donné à Monseigneur et l'ayant suivy en Lorraine et en Flandre, mesme ayant témoigné d'abord à Mr Goulas qu'il vouloit estre de ses amis, nous n'eusmes pas peine à nous joindre et nous lier d'amitié. D'ailleurs il étoit de ceux que Monseigneur admettoit dans sa privance et appeloit au petit coucher, mais il ne parloit ni si facilement ni si élégamment que Mr de Sardini. Force gens soutenoient pourtant qu'il avoit plus d'esprit et qu'il inventoit plus heureusement; ce qu'il faisoit entendre luy-mesme par cette comparaison si jolie, que son frère et luy étoient pour la conversation et l'entretien comme les marchands du Palais et de la rue Saint-Denis, pour les denrées et les merciers : ces derniers trouvoient les modes et faisoient les rubans, gants, broderies, cordons de chapeau, baudriers, nœuds, passements, etc., et les premiers les débitoient aux gens de la cour et de la ville; il inventoit et son frère débitoit. Depuis la ruine de M^r d'Elbène où il trempa, s'étant dévoué à Mr de Montrésor, notre commerce particulier cessa parce qu'il se retira de Mr Goulas, et Monseigneur eut aussi quelque froideur pour luy, après son raccommodement avec le Roy et un peu avant la mort de M^r le Comte, comme s'étant trop engagé de ce costé. Néanmoins nous parlions toujours ensemble dans les rencontres, et il me protestoit qu'il m'aimoit autant que jamais, et que rien n'avoit altéré l'estime qu'il avoit toujours faite de mon amitié.

J'oubliois Mrs de Manneville et de Brasseuse, mes chers camarades que je ne devois pas oublier, peut-estre à cause que je vous en ay déjà parlé et vous ay fait savoir combien je les avois chéris et honorés[1]. Je vous ay aussi entretenu de mes amis de Rome et d'Italie, Mrs de la Buisse, de Saint-Gilles, de Rochas, des Brosses, de la Mothe-Perrochel et autres, mesme de ceux du collège, Mrs de Montmort et l'abbé de Cerisy, son frère, de Boubon, d'Ormois, marquis d'Enonville, et je ne passe point à plusieurs de mon jeune âge, à cause que le dénombrement en seroit trop long et trop ennuyeux.

Je veux finir en vous avertissant que la plupart de ces messieurs-cy ont été de mes amis à la vérité, mais de ces amis du monde et non pas des Orestes et des Euriales. Le siècle ne comporte point de ces solides et intimes amitiés ; vous savez mieux que moy que les intérests font les amitiés de ce temps et lient les gens de la forte liaison, laquelle néanmoins se peut appeler un nœud coulant, parce que dès qu'on en tire un bout, tout échappe.

J'ay bien encore à écrire un tome de mes nouvelles ou bagatelles, si vous preniez goust à celuy-cy, avant que d'arriver à la mort de Son Altesse royale, et à la mienne civile, que celle-là a causée ; car vous rendant un compte exact des conversations que j'ay eues avec ce grand prince, après sa retraite, et de la confiance qu'il a daigné prendre en votre oncle, il y a de quoy faire comme l'histoire de ce qui s'est passé en France depuis la première guerre de Paris, jusques à la paix avec

---

1. Voir le t. I de ces Mémoires, p. 40 et 108. — Au lieu de la note 2, p. 108, il faut lire : Jacques, seigneur de Manneville, gentilhomme de la chambre du roi, mestre de camp d'infanterie, fils d'Aimar de Manneville, bailli et gouverneur de Gisors, et de Françoise de Masquerel, dame de Neuville.

l'Espagne, où sans doute vous verriez bien des choses curieuses, belles et fines, et plusieurs de ces motifs qui produisent les plus grands événements et les plus horribles désordres, quoiqu'ils ne soient presque rien en effet. Reposez-vous donc en me laissant reposer et prendre haleine, et me pardonnez si je vous ay fait si mal employer le temps qui doit estre toujours cher et précieux à qui est obligé comme vous de le donner tout au public.

FIN DU SECOND VOLUME.

APPENDICE

I.

(Voir p. 4.)

Portrait de Mme la duchesse de Montbazon.

Le Ms. de Vienne donne à peu près le même récit (fol. 322 v°), et le complète par le portrait suivant de la duchesse de Montbazon : « ... Comme elle étoit très belle, de grande mine, de taille avantageuse et d'un port ravissant, elle avoit ajusté à ses dons naturels tout ce que l'art inventa jamais pour les seconder, je veux dire des habits superbes, des bagues les plus exquises, une coiffure nouvelle et toute l'audace des amazones. Cette dame, fille du comte de Vertus sorty d'un bastard de Bretagne, avoit été nourrie dans un monastère, où le duc de Montbazon l'ayant vue en devint si amoureux, tout vieux qu'il étoit, qu'il l'épousa; aussi l'appeloit-il *la religieuse;* et elle, entrant dans le monde avec le rang de princesse et la beauté des déesses, fut adorée de tous, et ne souffrit d'offrande que des plus grands. Monsieur fut un de ses premiers dévots; Mr de Chevreuse ensuite, quoique beau-fils de son mari; puis le duc de Beaufort qui protestoit d'avoir été pris par sa vertu, et non pas par tant de charmes de sa personne; ce qui faisoit rire les gens de la cour, lesquels pensent toujours plus mal des plus belles. Au reste la beauté de son esprit ne cédoit point à celle de son corps; et, de quelque costé qu'on la regardast, elle charmoit... »

II.

(Voir p. 26.)

Dénombrement des forces militaires du royaume à la fin de 1643.

« Je me suis proposé de finir cette année 1643 par un dénombrement des forces du royaume, qui montrera la grandeur et la puissance de ses maistres. A la mort du roy Louis 13e, il y avoit plus de soixante mille hommes en campagne qu'il payoit, et presque autant dans les places, qui font près de six vingt mille. Nous avons vu que M^r d'Enghien, allant secourir Rocroy, comptoit au moins dans son armée quatorze mille fantassins et six mille chevaux, sans que le long trajet depuis la mer jusques en Lorraine fust dégarny, mesme les places de considération avoient tout ce qu'il leur faut, comme Calais, Arras, Nancy et les autres. — En Italie, nous avions huit à neuf mille hommes avec Pignerol, Casal, Turin et le reste fournis. — En Catalogne, sept à huit mille hommes, et Perpignan, Collioure, Lerida, Balaguier, Flix, en état de ne pas craindre les surprises. — En Allemagne, l'armée du maréchal de Guébriant de huit à neuf mille hommes, et, quoique la plupart fussent allemands, le roy les payoit et donnoit de l'argent pour leurs recrues. — En Hollande, les quatre régiments françois. — En Provence, nos galères pourvues de tout; les vaisseaux du Havre, de Brouage, de La Rochelle, de mesme; et trente millions d'or ne suffisoient pas à la dépense de tant de gens, et de ce qui étoit nécessaire pour qu'ils agissent et servissent utilement. Enfin, il est certain que, telle année, les comptes de l'épargne ont monté à six vingts millions de livres, qu'on a levés dans le royaume, tant en deniers ordinaires qu'extraordinaires. Ce qui fera conclure aux personnes intelligentes que les forces et les richesses de France étant ménagées comme il faut et dans des mains nettes et habiles, rien n'est impossible à nos rois, et que si leur ambition les porte à la conqueste de l'Europe, ils peuvent faire en ce siècle mesme ce qu'a fait jadis Charlemagne, et ajouter à leur état la meilleure partie de la terre. »

III.

(Voir p. 79.)

Lettre de M. de Grémonville relative aux désordres qui eurent lieu à l'occasion d'un bal chez Monsieur.

« Il y eut mardy dernier comédie françoise et bal chez Monsieur, où l'ordre fut très mauvais. Cela ne se départit point sans plusieurs querelles du comte de Saint-Aignan, capitaine des gardes de Monsieur, contre le comte de Flex ; du comte de la Feuillade contre le comte d'Harcourt, fils aisné de M. d'Elbeuf, et encore d'autres. Ce sont occupations pour M^{rs} nos maréchaux, de sorte que je crois qu'il n'y aura pas de sang répandu pour cela. En cette assemblée il se passa un procédé un peu rude entre M^r le duc d'Enghien et un exempt de Monsieur, lequel vouloit restreindre le train de M^r le duc aux princesses seulement, Mademoiselle qu'il menoit, Madame sa femme et Mme de Longueville qui la suivoient; mais venoient après Mlles de Rambouillet et de Bouteville, et cette dernière parée merveilleusement et tenue la plus belle de toute la cour. M^r le duc se mit fort en colère, usant de main mise sur l'exempt, auquel il donna plusieurs gourmades, et luy arracha son baston, qu'il rompit et luy en donna sur les oreilles. Je n'ay pas su comme cette action aura été prise par le maistre du logis. Comme chacun donna tort à l'exempt, je pense qu'on n'en parlera pas davantage. »

IV.

(Voir p. 138.)

Récit d'un épisode de la bataille de Nordlingen.

Après avoir suivi les plénipotentiaires à Munster, Goulas s'attache aux actions du duc d'Enghien à Nordlingen

(fol. 364 v°), et fait le récit suivant d'un épisode de la bataille :
« Comme l'armée de Bavière s'approcha pour l'arrester, certes il n'hésita pas d'aller au devant, il la chercha et la rencontra. Les deux armées s'affrontent, se choquent, s'attachent l'une à l'autre, le combat est furieux partout, les vieux corps d'Allemands ennemis se portent déterminément et les nostres se montrent des lions, tellement que notre jeune héros victorieux en tant de rencontres le fut encore en celle-cy, et renversant les braves de Bavière les força de confesser qu'il étoit invincible et qu'il luy falloit céder et à ses François. »

« L'on a dit qu'un gros escadron de cuirassiers sauva cette armée et qu'il se maintint ferme comme un grand roc, quelques charges que notre cavalerie luy fist, et que les deux partis disputèrent longtemps un village qui fut gagné et perdu plusieurs fois, pris et repris; enfin le fort du combat ayant été là, il demeura aux François couvert de mots.... Notre victoire ainsi mérita des larmes; les Bavarois se retirèrent en désordre, abandonnèrent le champ de bataille, leurs morts, leur canon, une partie de leur équipage, et se confessant vaincus par là, allèrent publier leur honte en leur pays. Et en effet ils le furent; et sans la maladie de M^r d'Enghien, qui pensa mourir entre les bras de la gloire, notre bonheur eût eu plus de suite..... »

V.

(Voir p. 183.)

Quelques détails sur la ville de Dunkerque.

« Cette place est située sur le bord de la mer et séparée en deux villes comme presque toutes les anciennes : la vieille et la nouvelle. La nouvelle enferme l'autre, car la mer ayant fait un port le long des murailles, et un port capable de plus de deux cents vaisseaux, les maisons basties tout joignant pour la commodité des matelots s'étant insensiblement multipliées, ont gagné tout autour de cette vieille ville et en ont fait une seconde. Ce port est, à l'occident vers Mardick, au pied d'une grosse dune que l'on crut devoir fortifier à cause qu'elle le commande, et c'est ce qui s'appelle le fort de Léon. Ainsi lorsqu'on enferma la nouvelle ville de murailles et de fortifications, elles furent commencées au pied de la dune et menées jusqu'à la porte de Nieuport, c'est-à-dire tout autour de l'ancienne Dunckerque, et cette fortification n'est pas de moins que de douze grands bastions avec leur fossé plein d'eau et une bonne contrescarpe; après quoy l'on trouve deux ouvrages à corne qui couvrent l'espace depuis le dernier des bastions jusqu'à la chaussée qui va à la mer. Au milieu de cette vaste fortification, vers le midy, aboutissent trois grands canaux qui entrent dans le port, l'un desquels vient de Berghes, l'autre de Hondschote et le troisième de Furnes, et par leur moyen Dunckerque distribue les marchandises que ses matelots et ses négociants luy apportent de toutes les parties du monde, au reste de la Flandre commodément et à petits frais, ce qui fait la richesse de cette ville et du pays..... »

VI.

(Voir p. 185.)

État de l'Europe à la fin de 1645.

« Il est certain qu'en 1645 et au commencement de 1646, tous les potentats de l'Europe, lassés de la longue guerre qui les consumoit *et* désirant la paix *avec passion*, songeoient sérieusement à la faire. La France n'y pouvoit que trouver son compte étant victorieuse partout; l'Espagne, misérable et désespérant de nous brouiller au dedans, cherchoit *le* biais de s'accommoder avec quelque honneur, *si* pressée par nous et par ses rebelles; l'Empereur *avoit plusieurs raisons de la vouloir;* les Suédois, ses *plus opiniastres et dangereux* ennemis, appréhendant l'armement du roy de Pologne et *ayant eu* quelque revers *de fortune,* y étoient plus *disposés* que par le passé; *le duc* de Bavière en importunoit l'Empereur, se voyant vieux et *en état* de conserver *à ses enfants* ce qu'il avoit acquis *durant* le désordre; le cardinal Mazarin avoit trouvé *l'invention*[1] de la faire désirer au

---

1. Le mot *invention* est dans l'interligne et remplace le mot *biais* qui est rayé.

pape, de jeter la guerre aux portes de Rome lorsque la France *croyoit d'avoir sujet de se plaindre* de Sa Sainteté; enfin tout conspiroit à la *conclusion* de ce grand ouvrage, hormis que l'intérest *du cardinal* ne s'y rencontroit pas, car soit qu'il désirast s'établir près de Rome par le moyen d'Orbitello, *afin* de s'y rendre plus considérable *et tenir toujours le pape en crainte*, soit qu'il crust se maintenir *plus aisément* en France par la continuation de la guerre et plus profiter, soit *qu'il appréhendast* la diminution de son crédit par la paix, soit enfin qu'il espérast avant que *de* couronner l'œuvre faire *quelque chose de grand* en Flandre que les quartiers d'hiver qu'on y avoit pris promettoient au printemps, *tant y a qu'on a cru* qu'il la refusa lorsqu'*elle* étoit *dans* ses mains *et la pouvoit* conclure *avantageuse au Roy et à ses alliés; si bien que* les Hollandois, outrés de son procédé, *l'eussent signée particulière* avec l'Espagne au commencement de 1646, et *ruiné* ainsi nos desseins de Flandre, s'il *n'eust fait agir* le prince d'Orange pour l'empescher, *lequel* donna parole seulement pour la campagne, aussi le cardinal manda-t-il à Courtray, comme j'ay dit, qu'il en étoit assuré..... »

VII.

(Voir p. 200.)

Éloge du prince de Condé.

« Mʳ le Prince finit donc quand et l'année 1646; et sa mort fit appréhender du changement dans la cour, puisque rien n'arresteroit plus l'ambition de Mʳ d'Enghien. Et l'on peut dire avec vérité que cette mort fut fatale à l'État et que la France fit une grande perte en sa personne. Il n'y avoit pas dans l'Europe de prince plus puissant; c'étoit un sujet consommé dans les affaires, qui n'ignoroit rien du détail du royaume et des états voisins; sage, prudent, prévoyant, aimant l'ordre et la justice, habile courtisan, toujours dévoué à la faveur; et s'il rendoit au Roy et à Monsieur tout ce qu'il croyoit leur devoir, il savoit fort bien se faire rendre tout ce que les autres luy devoient; il parloit à merveille en public, il agissoit avec une promptitude extrême, il ne faisoit pas de fautes ou les réparoit aussitost; familier, affable, civil; et, sans un démesuré désir de s'enrichir, on l'auroit mis au rang des héros et des plus grands hommes : l'avarice étoit son foible; il vouloit du bien parce qu'il n'en avoit pas eu en sa jeunesse et savoit qu'il est nécessaire; il eut enfin de quoy estre content sur ce sujet, et l'on peut dire à sa louange qu'il en usa noblement, faisant une dépense proportionnée à sa qualité, et particulièrement en équipage de chasse, qui étoit, en son siècle, celle des princes. Il fut malheureux à la guerre quoiqu'il eust du cœur et sust le métier; mais sa complaisance pour les ministres gastoit tout, il prenoit ce qu'ils destinoient à ses armées et se soucioit peu qu'il n'y en eut pas assez pour exécuter ce qu'ils projetoient. C'étoit le meilleur maistre du monde : il donnoit à gagner à ses gens, les payoit régulièrement et vouloit qu'ils profitassent dans leurs emplois, mais sans faire crier personne; il voyoit d'abord le profit des moindres et le disoit; et, pour luy bien faire sa cour, il s'en falloit tenir là. Il a élevé et enrichi plusieurs personnes, se souciant peu de leur naissance pourvu qu'ils eussent du mérite; comme il payoit et récompensoit bien, il entendoit qu'on le servist fidèlement, et jamais grand n'a donné de si bonne grâce quand il rencontroit de l'intelligence jointe avec la probité. Au reste, le plus inquiet de tous les hommes, et le plus mal pensant de son prochain; toujours prest à faire débauche, hormis quand les affaires du Roy ou les siennes l'occupoient. »

VIII.

(Voir p. 446.)

Quelques détails sur les préliminaires et la ratification de la paix de Munster.

« Mais n'ayant dit qu'un mot en passant de ce grand, si considérable et si désiré événement, la paix de l'Empire avec les couronnes de France et de Suède, qui fut faite et signée en ce temps-cy, il ne sera pas désagréable d'en voir le détail et l'avantage que l'État en a tiré.

« Lorsque l'Espagne se fut découverte à Munster et eut montré ses mauvaises intentions, les états de l'Empire, qui vouloient la paix sincèrement, s'approchèrent des François et des Suédois, et s'en expliquèrent à leurs plénipotentiaires. Leurs maîtres, ruinés par cette longue et cruelle guerre, étoient résolus de sortir de leurs misères et de conclure une paix solide et assurée, si bien que connoissant que les Espagnols s'en éloignoient de jour en jour, à cause que les désordres de France leur faisoient espérer le rétablissement de leurs affaires et une meilleure fortune à l'avenir, ils parlèrent nettement au sieur Servient, demeuré seul ministre du Roy à Munster, lequel répondit, selon leur désir, qu'il signeroit ce dont ils étoient convenus déjà moyennant que les Espagnols et le duc Charles de Lorraine fussent exclus du traité de l'Empire, et, qu'en cas que les ministres de l'Empereur refusassent d'y entrer, ils l'acceptassent seuls avec les Couronnes et promissent que l'Empereur ni aucun des états de l'Empire n'assisteroient point l'Espagne pendant la guerre qu'elle vouloit continuer avec la France, ce qui leur ayant paru raisonnable, ils engagèrent la foy germanique d'en passer par là; et étant allés voir les plénipotentiaires de l'Empereur pour leur donner part de cecy et savoir s'ils traiteroient, ils le refusèrent tout à plat, et ceux-cy leur déclarèrent franchement que l'Empereur, demeurant dans ce sentiment, ils passeroient outre et s'accomoderoient sans luy. Notre ministre, informé de tout, les exhorte de conclure et n'a pas peine à les persuader; et néanmoins il y eut assez d'embarras touchant les précautions pour la sûreté et faire que l'Empereur ne pust prendre party contre nous. Il fut enfin lié et garotté, et ne laissa pas à la première occasion de rompre ses liens, et les états de l'Empire, garants et obligés à réparer les contraventions, n'en branlèrent pas. »

« Les François profitèrent beaucoup dans ce traité; ils obtinrent (art. 44) ce qu'ils n'avoient pu remporter depuis un siècle : la souveraineté des évêchés de Metz, Toul et Verdun, et de Moyenvic, place d'importance dans le cœur de la Lorraine. L'Empereur renonce à tous ses droits sur Pignerol, sur le landgradviat d'Alsace, transporte au roy et à la couronne de France tous droits royaux et souverains sur Brisach, sur le Sundgau, oblige l'archiduc d'Inspruck de renoncer à toutes ses prétentions sur ces pays et terres, d'en reconnoistre le roy de France pour souverain, moyennant quoy il luy sera restitué les quatre villes forestières : Rhinfeld, Serquingen, Lauffemberg et Walshut, et pour dédommagement entier audit archiduc, le Roy doit luy donner trois millions de livres dans les trois années 1649, 1650 et 1651; et Servient promit que son maistre les paieroit, et ajouta que comme la ligne d'Autriche d'Allemagne pouvoit faillir et celle d'Espagne prétendre la succession où les terres cédées seroient comprises, il demandoit la ratification du roy d'Espagne de cette cession à la couronne de France, avant que de donner l'argent, ce qui ayant été jugé raisonnable par les états, et la ratification d'Espagne ne venant point, ils trouvèrent aussi très raisonnable que les François gardassent leurs millions jusqu'à sa venue. »

« Mais sur le point de la signature, voicy une difficulté qui naist. Les Suédois, durant tout le traité, avoient fait leur résidence à Osnabruck, ils demandent que l'on s'y transporte pour signer, qu'il y va de l'honneur de leur couronne, qu'ils n'en peuvent user autrement; et les plénipotentiaires des états de l'Empire, craignant quelque coup inopiné à gaster tout pendant que tous les ministres des princes iroient là, les pressèrent de sorte, secondés des autres, qu'ils consentirent de signer à Munster, pourvu que deux jours après l'on publiast la paix à Osnabruck. Chacun en étant tombé d'accord, le grand ouvrage fut consommé le 24 d'octobre 1648, toute l'Allemagne se trouvant heureuse d'estre délivrée d'une guerre qui l'avoit presque réduite aux abois et portée sur le bord du tombeau. Néanmoins cette guerre assura sa liberté, et la puissance impériale fut renfermée dans les bornes de la justice et dans l'enceinte que les lois des empereurs mesme luy ont prescrite. Les généraux des armées, ayant reçu l'avis de ce qui s'étoit passé à Munster, cessèrent tous actes d'hostilité, les soldats se réjouirent dans l'attente de toucher beaucoup d'argent, les peuples de se voir exempts à l'avenir de les loger et défrayer. Mais la ratification de la reyne de Suède ne paraissoit pas au temps qu'elle étoit promise, ce qui donnoit l'alarme à tout le monde; elle arriva pourtant et mit les esprits en repos et la joie partout, avec les louanges de cette illustre et incomparable princesse dans toutes les bouches. »

« Il sera assez plaisant, mesme à propos, d'insérer ainsi un coup de fortune qui pouvoit faire rompre le traité cy-dessus, si Dieu ne l'eust détourné comme par miracle. Les armées, françoise et suédoise, qui étoient alors de repos dans la Bavière et attendoient la ratification de la paix avant que de se retirer, manquant d'occupation, le général suédois, Wrangel, convia le vicomte de Turenne et les principaux officiers de l'armée françoise à une partie de chasse dans le plus beau lieu du monde, assez voisin de leurs quartiers ; il y avoit là quantité de fauve, et la forest étoit environnée de grands marais, en telle sorte que l'on l'estimoit inaccessible, hors par l'entrée de mille ou douze cents pas de large. Ils postèrent là six cents dragons, et se tinrent en grande sûreté. Jehan de Vert, averty de cette partie et de la confiance de ces gens, se propose de les enlever ; il choisit deux mille chevaux des meilleurs des armées impériale et bavaroise, passe l'Iser sur le pont de Munich et s'approche des dragons qui étoient sous les armes. Il les charge, ils le soutiennent fort bien, mais le plus fort l'emporte, ils sont tous taillés en pièces. Le bruit du combat troubla la chasse ; chacun voulut gagner son quartier, mais point de passage, les ennemis le tenoient et pensoient tenir leur proye, comme voilà un grand cerf, poussé par les chiens, qui se jette dans le marais, enfile un endroit ferme et aisé, et montre ainsi le moyen d'évader et se retirer. Aussitost il est suivy de quelques cavaliers, lesquels faisant signe qu'il fait bon, les généraux des armées et toute la chasse évadent, et l'alarme étant donnée partout, ce fut à Jehan de Vert à reprendre le chemin de Munich, et à se contenter de l'honneur d'une entreprise que chacun loua : il n'avoit pas manqué son gibier par sa faute. Le vicomte de Turenne et Wrangel sortirent ainsi de ce mauvais pas, et, guidés par une beste, échappèrent du plus grand péril où peut-estre ils se fussent trouvés en toute leur vie.

SOMMAIRES

CHAPITRE XXXVI.

De plusieurs choses qui se passèrent en France durant le reste de l'année 1643. — Mazarin remplace l'évêque de Beauvais dans la faveur de la reine, p. 1. — La Rivière se met à la dévotion de Mazarin, p. 2. — Brouillerie entre Mme de Longueville et Mme de Montbazon, p. 3. — Première cabale des Importants sous la régence, p. 7. — Arrestation de M. de Beaufort et éloignement de plusieurs personnes de la cour, p. 9. — Monsieur appuie le cardinal Mazarin, p. 11. — Le cardinal maintient M. de Chavigny près de Monsieur, p. 12. — Démêlés entre Monsieur et M. le Prince, p. 14. — Démêlés entre Mademoiselle et Mme la Princesse, p. 15. — Succès du duc d'Enghien à la cour, p. 17. — La reine renvoie les évêques dans leurs diocèses, p. 18. — Blessures et mort du maréchal de Guébriant, ibid. — Prise de Rothweil, p. 19. — M. de Turenne est envoyé en Alsace, p. 20. — Monsieur reçoit le gouvernement de Languedoc, p. 21. — Le duc d'Enghien réclame et obtient le gouvernement de Champagne, p. 23. — Duel entre M. de Guise et M. de Coligny, p. 24.

CHAPITRE XXXVII.

Des événements plus remarquables de l'année 1644. — La reine expédie plusieurs brevets de duc, p. 27. — Monsieur entreprend avec succès le siège de Gravelines, p. 28. — Faveur de La Rivière durant ce siège, p. 31. — Aigreur justifiée de M. de la Meilleraye contre La Rivière, p. 33. — Mazarin fait de grands progrès dans la confiance de la reine, p. 34. — L'armée espagnole assiège et prend Lerida, ibid. — Maladies de Mazarin et de Mlle d'Epernon, à Fontainebleau, p. 37. — Éloignement de quelques seigneurs, p. 38. — Succès du duc d'Enghien en Allemagne, p. 39. — Bataille de Fribourg, p. 40. — Siège et prise de Philipsbourg, p. 41. — Prise de Santhia par le prince Thomas, p. 42. — Embarras causés par la mort de M. de Tournon, p. 43. — Élection du pape Innocent X, p. 44. — Comment cette élection est accueillie par la reine et Mazarin, p. 47.

CHAPITRE XXXVIII.

De ce qui arriva à la cour après la campagne de l'année 1644. — Passion de Monsieur pour Mlle de Saint-Maigrin, p. 50. — Nouveaux succès du duc d'Enghien en Allemagne, p. 51. — Arrivée de la reine d'Angleterre à Paris, p. 53. — Le duc d'Enghien demande l'entrée du conseil et un tabouret chez la reine, p. 54. — Édit contre les dorures des carrosses, p. 55. — Mort de la reine d'Espagne, p. 56. — M. de Longueville demande l'entrée du conseil, p. 57. — **Affaire de M. de Saint-Étienne,** ibid. — Mademoiselle réclame les prérogatives dues aux filles de France, p. 59. — Questions de préséance entre les présidents au parlement et les évêques, p. 60. — Mademoiselle se plaint à la reine des entreprises du duc d'Enghien, p. 61. — Aigreur de Monsieur contre le duc d'Enghien, p. 62. — Visite du duc d'Enghien à Monsieur, p. 63. — Rentrée du duc de Nemours à la cour, p. 65. — Retour de M. de Maulevrier, p. 66. — Nicolas Goulas se retire à La Mothe-en-Brie, p. 67. — A son retour, il sollicite et obtient une pension de deux mille francs, p. 70.

CHAPITRE XXXIX.

De ce qui se passa en France pendant l'hiver 1645, *et ensuite durant la campagne en Flandre.* — Relations plus étroites entre Nicolas Goulas et La Rivière, p. 71. — Arrestation du maréchal de la Mothe, p. 72. — La Rivière achète la charge de chancelier de l'ordre du Saint-Esprit, p. 73. — Les Suisses chassent de leur logement les gardes de Monsieur, p. 74. — Le cardinal de Valençay arrive en France, et reçoit l'ordre de s'éloigner, p. 75. — Altercation du duc d'Enghien avec un exempt de Monsieur, p. 78. — Le duc fait à Monsieur de prétendues excuses à ce sujet, p. 79. — L'évêque de Limoges est renvoyé dans son diocèse, et Mme de Senecey éloignée de la cour, p. 80. — Le duc de Guise se détache de Monsieur, p. 81. — Mazarin s'efforce de faire nommer son frère cardinal, p. 82. — Le parlement refuse de vérifier quelques édits, p. 84. — Arrestation et exil de quelques conseillers, p. 85. — Émotion du parlement, ibid. — Mariage d'Anne de Gonzague, p. 86. — Noces de Mlle de Rohan et de M. de Chabot, p. 87. — Monsieur va commander l'armée de Flandre, p. 88. — Rivalités entre le maréchal de Gassion et M. de Rantzau, p. 91. — Marche de l'armée vers Cassel, p. 92. — Passage de la rivière de Colme, p. 93. — Investissement de Mardick, p. 94. — Capitulation de cette place, p. 97. — Affaire de Tancrède de Rohan, ibid. — Attaque et prise du fort de Linck, p. 99. — Attaque et prise de Bourbourg, p. 101. — Troubles du Languedoc, p. 103. — La cour se plaint de Monsieur, p. 104. — Prise de Cassel et de plusieurs places, p. 105. — Monsieur se plaint du retard apporté à la liquidation de la succession de la reine mère, ibid.

CHAPITRE XL.

De ce qui se passa depuis le retour de Son Altesse royale à la cour jusques à la fin de l'année 1645. — Le roi se rend au parlement pour faire enregistrer plusieurs édits, p. 107. — Mort du président Barillon, p. 108. — M. le Prince s'efforce de rompre les excellents rapports qui existaient alors entre la Reine et Monsieur, p. 109. — Le parlement et la taxe des Aisés, p. 110. — Le clergé réclame le rétablissement de l'évêque de Saint-Pol de Léon, p. 111. — Maladie du duc d'Enghien, et commentaires auxquels elle donne lieu, p. 112. — L'armée de Flandre met en déroute les troupes de Beck, p. 114. — Préliminaires du mariage de Marie de Gonzague avec le roi de Pologne, p. 115. — Monsieur négocie auprès de la reine le retour de Mme de Montbazon, p. 116. — Cause prétendue de la haine d'Innocent X contre Antoine Barberin, p. 117. — Cabale du pape contre Mazarin, p. 118. — Mission d'Hersan auprès de La Rivière, p. 119. — La Rivière donne de nouveaux ombrages à Mazarin, p. 122. — Il obtient que les gardes de Monsieur prennent les armes à son passage, p. 123. — Mariage de Marie de Gonzague, p. 124. — Rupture de Monsieur avec Mlle de Saint-Maigrin, p. 125. — Animosité de la reine contre Mademoiselle, p. 127. — Les Barberin se déclarent hautement à Rome pour la France, p. 129. — Émotion parmi les femmes des marchands de Paris, p. 130. — Mme de Raray est nommée gouvernante de Mlle d'Orléans, p. 131. — Monsieur prend en haine M. de Jarzé et le force à s'éloigner, p. 132. — Perte de Mardick, p. 135. — Politique de Mazarin en Italie, p. 136. — Critiques de la cour contre sa politique en France, p. 137.

CHAPITRE XLI.

De ce qui se passa à la cour et à Paris au commencement de l'année 1646, et jusques à la fin de la campagne de Son Altesse royale. — Arrivée et séjour d'Antoine Barberin à Paris, p. 138. — La reine casse la compagnie des mousquetaires du roi, p. 140. — Mazarin feint de vouloir rétablir M. de Chavigny dans sa charge de secrétaire d'État, p. 141. — Retour de MM. de Jarzé et Fontaines-Chalandray, ibid. — La reine nomme le cardinal Mazarin surintendant de l'éducation du roi, et M. de Villeroy sous-gouverneur, p. 142. — Succès du maréchal de Gassion en Flandre, p. 143. — Préparatifs d'une nouvelle campagne contre les Espagnols, p. 144. — Difficultés dans les négociations de Munster, p. 145. — Suite de l'affaire de Tancrède de Rohan, p. 146. — Conflit entre Monsieur et le coadjuteur de Paris, ibid. — Arrestation du chevalier de Roquelaure, p. 148. — Le parlement refuse de recevoir une bulle du pape, p. 149. — Arrestation de Montrésor, p. 151. — Monsieur part pour l'armée, p. 152. — Marche de l'armée vers Courtray, p. 153. — Prise du château de Lannoy, p. 154. — Travaux et combats devant Courtray, p. 155. — Attaque de l'église de Curne, p. 158. — Capitulation de la ville de Courtray, p. 160. — Mort du duc de Brézé, tué devant Orbitello, p. 162. — Disgrâce de Mlle de Beaumont, p. 163. — La cour apprécie peu la prise de Courtray, p. 164. — Suite de la campagne de Flandre, p. 165. — Poltronnerie de La Rivière, p. 167. — Jonction des troupes françaises avec l'armée de Hollande, p. 168. — Échec devant Orbitello, p. 170. — Investissement et prise de Berghes, p. 173. — Nouvel investissement de Mardick, p. 175. — La Rivière est pris en horreur dans toute l'armée, p. 178. — Siège de Porto-Longone, p. 179. — Capitulation de Mardick et retour de Monsieur, p. 180.

CHAPITRE XLII.

De ce qui se passa à la cour, Monseigneur étant retourné après la prise de Mardick. — Joie du duc d'Enghien de se voir seul à la tête de l'armée, p. 181. — Prise de Furnes, p. 182. — Prise de Dunkerque, ibid. — Situation de l'Europe à la fin de 1645,

p. 183. — Campagne de M. de Turenne en Allemagne, p. 185.
— Mort du maréchal de Bassompierre, p. 188. — M. de Villeroy est fait maréchal de France, p. 189. — Jalousie de La Rivière contre M. de Jouy, p. 190. — Prise de Piombino, ibid.
— Comment le cardinal Mazarin disposait des charges, p. 191.
— Difficultés de Monsieur avec Mlle de Saint-Maigrin, p. 192.
— Affaire de M. de Saint-Quentin, p. 193. — Reprise de Lannoy par l'armée ennemie, p. 194. — Levée du siège de Lérida, p. 195. — Mort de M. le Prince, p. 196. — Propos de Monsieur à cette occasion, p. 198. — Une plaisanterie de mauvais goût du duc d'Enghien, p. 199.

CHAPITRE XLIII.

De ce qui se passa en France durant l'hiver 1647. — Mariage de Mlle d'Angoulême avec un fils du prince Thomas de Savoie, p. 200. — M. de Marcheville est envoyé par Monsieur au prince de Longueville, p. 201. — Rivalités dans le conseil entre Monsieur et le nouveau prince de Condé, ibid. — Les comédiens italiens et les docteurs de l'église, p. 203. — Politique de Mazarin, p. 204. — Conduite hautaine du prince de Condé à l'égard des princes étrangers, p. 205. — Étourderie de deux écoliers, p. 206. — M. de Schomberg est nommé colonel des Suisses, malgré la prétention de M. de Longueville, p. 207. — Bases possibles de la paix avec l'Espagne, p. 208. — Raisons pour lesquelles Mazarin semble opposé à la paix, p. 209. — Les partisans du cardinal accusent les Espagnols de ne la vouloir pas, p. 210. — M. de Fontenay-Mareuil est envoyé en ambassade à Rome, p. 211. — Monsieur se passionne de plus en plus pour le jeu, ibid. — Les musiciens italiens sont reçus trop intimement chez la reine, p. 212. — M. le Prince part pour la Catalogne, et M. de Longueville reçoit des compensations, p. 213.
— Monsieur s'en va à Bourbon, p. 214. — Diminution de la faveur de La Rivière, p. 215. — Négociations relatives à l'accommodement du duc Charles de Lorraine, ibid. — Patrocle et le commandeur de Poincy, p. 216. — Nouvelles de Catalogne, p. 217. — Monsieur rejoint la cour à Amiens, p. 218. — Le prince Thomas vient demander du secours contre les Espagnols, p. 219. — Perte d'Armentières, ibid. — La brouille de Mazarin et de La Rivière s'accentue, p. 220. — Mise en liberté de Montrésor, p. 221. — Mauvaises opérations de l'armée de Flandre devant Saint-Omer, ibid. — M. le Prince assiège Lérida,

p. 222. — Il est obligé de lever le siège, p. 223. — Investissement et prise de Dixmude et de la Bassée, p. 225. — Landrecies est pris par les Espagnols, p. 226. — M. d'Hemery obtient la charge de surintendant des finances, p. 227. — Montrésor est bien accueilli par le cardinal, p. 229. — Mme de Longueville, de retour de Munster, explique comment la paix n'a pas été conclue, ibid. — Mazarin s'appuie sur Monsieur, mais éloigne ceux qu'il considère comme ses ennemis, p. 230. — Puissance du cardinal, p. 231.

CHAPITRE XLIV.

Des événements de l'automne et du reste de l'année 1647. — Mésaventure de La Rivière, p. 232. — Turenne prend heureusement l'offensive en Luxembourg, p. 233. — Mazarin reçoit la promesse du chapeau pour son frère, p. 234. — Crédit de dona Olympia auprès du pape, p. 235. — M. de Fontrailles repousse les avances du cardinal, p. 236. — Il est enfermé à la Bastille à la suite d'une escapade de jeunes gens, p. 237. — Le parlement refuse d'enregistrer l'édit du tarif, p. 239. — Le duc d'Anjou tombe malade, ibid. — Esprit hautain du jeune roi, p. 240. — Mazarin ne peut supporter l'élévation de La Rivière, ibid. — La reine revient de Fontainebleau près du duc d'Anjou, p. 241. — Mort de M. de Gassion devant Lens, p. 242. — Mort de M. de la Feuillade, p. 244. — Clanleu rend Dixmude aux Espagnols, ibid. — Il est arrêté, p. 245. — Propos du jeune roi sur le bonheur d'être le maitre, p. 246. — Prise d'Ager, en Catalogne, par M. le Prince, p. 247. — Monsieur refuse l'offre des couronnes de Portugal et de Naples, p. 248. — Soulèvement de Naples, p. 249. — Maladie du roi, p. 250. — Retour précipité de M. le Prince, p. 251. — Petite intrigue chez Madame contre La Rivière, p. 252. — Disgrâce de la maréchale d'Ornano, p. 253. — M. de Turenne fait reculer l'armée impériale, p. 254. — La reine, préoccupée des mouvements des provinces, bannit tout plaisir de la cour, p. 255. — Mademoiselle demande inutilement son bien à Monsieur, p. 256. — M. de Guise, à la tête des Napolitains, s'empare d'Averse, p. 257.

CHAPITRE XLV.

De ce qui se passa et se dit à la cour et en France pendant l'hiver 1648. — Séance du parlement à laquelle se rend le jeune roi,

p. 258. — Opposition des parlements de province, p. 260. — Insuccès des négociations avec les Espagnols, p. 261. — La cour est fort divisée par les artifices de Mazarin, p. 262. — Embarras avec les Suisses, p. 263. — Discussion du père Desmares de l'Oratoire avec les Jésuites, ibid. — Ajournement de la paix, p. 265. — Mise en liberté de M. de Fontrailles, p. 256. — Lenteurs apportées par le parlement dans l'enregistrement des édits, ibid. — Mazarin fait espérer le chapeau à La Rivière, p. 268. — Le comte d'Harcourt sollicite vainement le gouvernement de Brest, ibid. — Préparatifs pour la campagne de Flandre, p. 269. — Événements d'Angleterre, p. 270. — M. de Guise à Naples, p. 271. — Trahison d'Annese, p. 272. — Les Espagnols rentrent dans Naples et s'emparent de la personne du duc de Guise, p. 273. — Monsieur porte des édits à la Chambre des comptes, p. 276. — Le prince de Conti les présente à la Cour des aides, p. 277. — Troubles qui suivent le rétablissement de la Paulette, p. 278. — L'arrêt d'union, p. 279. — Disgrâce de M. d'Avaux, p. 280. — Le cardinal de Sainte-Cécile, frère de Mazarin, envoyé en Catalogne comme vice-roi, se retire promptement, p. 281. — L'estime de la reine console Mazarin des propos tenus contre lui, p. 282. — Projet de mariage pour Mademoiselle ; arrestation de Saujon, p. 283. — Mécontentement de la reine contre Mademoiselle, p. 285.

CHAPITRE XLVI.

Des démeslés du ministère et du parlement et de ce qui se passa à la campagne. — Le ministère s'oppose à l'assemblée des chambres du parlement, p. 288. — Perte de Courtray, p. 291. — Le prince de Condé forme le projet de demander le chapeau de cardinal pour le prince de Conti, son frère, p. 292. — Prise d'Ypres, ibid. — Le prince de Galles quitte la France et part pour l'Écosse, p. 293. — Le jubilé de 1648, p. 294. — Évasion de M. de Beaufort, p. 295. — Mazarin est l'objet des critiques les plus amères, p. 298. — Mauvaise issue de l'entreprise sur Ostende, p. 299. — Le parlement s'assemble malgré les défenses du conseil du roi, p. 301. — M. de Guenégaud s'efforce en vain de saisir l'arrêt rendu par le parlement, p. 302. — Le parlement est mandé au Palais-Royal, ibid. — Les assemblées continuent, p. 303. — Proposition de la chambre de Saint-Louis, p. 305. — M. de Chasteauneuf est consulté par la reine en cette occasion, p. 307. — Irritation du parlement contre M. de Senneterre, M. de Jarzé et le commandant de Jars, p. 308. — Succès des troupes de Turenne en Allemagne, p. 309. — Les intendants de justice dans les provinces sont interdits par arrêt du parlement, p. 310. — Cette mesure jette l'alarme parmi les partisans, p. 311. — Disgrâce et retraite d'Hemery, p. 313. — Le maréchal de la Meilleraye le remplace, p. 314. — Monsieur tient mal ses engagements avec le parlement, p. 315. — Affaires de France en Italie, p. 316. — Voyage intéressé de M. le Prince à la cour, p. 317. — Excellents rapports de Monsieur avec la reine, p. 320. — Les habitants de Paris s'appuient sur le parlement pour obtenir décharge de quelques impôts, p. 321. — Prise de Tortose et délivrance de Flix, ibid. — Le roi se rend en grande pompe au parlement, p. 322. — Détails sur la séance, p. 323. — Furnes se rend aux Espagnols, p. 324. — Monsieur à la Chambre des comptes et le prince de Conti à la Cour des aides, p. 325. — Agitation dans les parlements de province, p. 326. — Bruits de cour, p. 327. — Monsieur est tenu en suspicion par le cardinal, p. 328. — Il s'en aperçoit à l'occasion de la mort de M. de la Trousse, p. 329.

CHAPITRE XLVII.

De quelques embarras arrivés à la cour et à la suite des démeslés du ministère et du parlement ; de la bataille de Lens et de la fameuse journée des Barricades. — M. Arnauld est envoyé par M. le Prince à la cour, p. 331. — Le cardinal fait mine de prendre conseil de M. Coulon, p. 332. — Irritation de la reine, ibid. — Le duc de Nemours sollicite en vain la grâce de M. de Beaufort, p. 333. — Affaire des capitaines des gardes, p. 334. — M. de Gesvres perd son commandement, p. 335. — M. de Charost et M. de Chandenier refusent de le remplacer, p. 336. — Ils sont remplacés par MM. de Jarzé et de Noailles, p. 337. — M. de la Rivière se réconcilie avec M. de Béthune, p. 339. — On parle de nouveau de la paix, p. 340. — Contestations dans le parlement au sujet du tarif, p. 341. — Mutineries de la chambre des Enquêtes, p. 342. — Le parlement décrète contre Tabouret, Catelan et un autre partisan, p. 343. — Bataille de Lens, ibid. — La victoire de M. le Prince le remet en faveur, p. 348. — Arrestation de MM. Broussel et de Blancmesnil, p. 349. — Journée des Barricades, p. 350. — Députations du parlement auprès de la Reine, p. 354. — La cour promet le retour de MM. Broussel et de Blancmesnil, p. 356. — Alarme dans le faubourg Saint-Germain, p. 357. — Rôle du coadjuteur de Paris, durant la journée des Barricades, p. 358. — Retour triomphal de M. Broussel, p. 359. — Nouvelle alarme dans le faubourg Saint-Antoine, p. 360. — Attitude de la reine et de ses courtisans, ibid. — Attitude de Mazarin, p. 361. — M. de Longueville est tenu à l'écart en cette rencontre, p. 363. — Blâmes publics à l'adresse de Monsieur, p. 364.

CHAPITRE XLVIII.

De quelques événements qui arrivèrent et autres affaires jusques à la déclaration si célèbre, publiée et enregistrée au parlement le 24 d'octobre, et de la paix d'Allemagne. — Le prévôt des marchands et les échevins sont mandés au Palais-Royal, p. 365. — Reprise de Furnes par M. le Prince, p. 366. — Insuccès des armes françaises en Italie, p. 367. — Mazarin se sert du bruit de la paix d'Allemagne pour raffermir son pouvoir en France, p. 368. — La cour se retire à Ruel, p. 369. — Craintes de la bourgeoisie parisienne, p. 370. — Incertitude de M. le Prince sur la conduite qu'il doit tenir, p. 371. — Arrestation de M. de Chavigny, p. 372. — Causes de sa disgrâce, p. 375. — Disgrâce de Léonard Goulas, p. 376. — M. de Chasteauneuf est relégué en Berry, p. 378. — M. le Prince est reçu à Ruel à bras ouverts, p. 379. — Relations du coadjuteur de Paris avec M. le Prince, p. 380. — Le parlement se plaint hautement des menaces de Mazarin, p. 381. — Une députation est envoyée à la reine et aux princes, p. 383. — Madame se retire à Meudon, p. 384. — Arrêt du parlement, ibid. — Consternation de la cour, p. 385. — Négociations du parlement avec les princes, p. 386. — Conférences de Saint-Germain, p. 388. — M. de Fontrailles reçoit une lettre de cachet, p. 389. — Mauvaises nouvelles de Catalogne, de Flandre et d'Italie, p. 390. — Mauvaise intelligence entre Monsieur et M. le Prince, p. 392. — Déclaration du 24 octobre, p. 393. — Le peuple se réjouit de l'espérance du retour du roi à Paris, p. 394. — Procédés de Mazarin au sujet du chapeau destiné à La Rivière, p. 398. — Sa conduite vis-à-vis du maréchal de la Meilleraye, p. 399. — Mise en liberté de M. de Chavigny, p. 400. — Détails sur les préliminaires de paix à Munster, p. 401.

CHAPITRE XLIX.

De ce qui arriva depuis la célèbre déclaration du 24 octobre jusques à la fin de l'année 1648. — Les principaux frondeurs se lient avec le coadjuteur de Paris, p. 405. — M. le Prince voudrait faire revêtir de la pourpre le prince de Conti, ibid. — Emportements de La Rivière, p. 406. — Monsieur évite de paraître hostile à M. le Prince, p. 410. — Les seigneurs de l'entourage de Monsieur ne cessent de décrier le cardinal, p. 413. — Monsieur se prétend atteint de la goutte pour ne pas aller chez le roi, p. 414. — Accommodement de Mazarin avec Monsieur, p. 415. — Protestations de M. de Miossens contre le cardinal, p. 417. — Réconciliation de Monsieur avec M. le Prince, p. 418. — Suite de l'affaire du chapeau, p. 419. — Suite de l'affaire des capitaines des gardes, p. 420. — Arrêt de la Cour des aides qui défend de prendre la taille en parti, p. 421. — Nouvelle alarme à Paris, p. 422. — La reine, après son retour, délivre six brevets de duc, p. 423. — M. le cardinal Grimaldi vient à la cour, p. 424. — Les mécontentements continuent, ibid. — Rôle du coadjuteur de Paris, p. 425. — La Fronde s'organise de nouveau, ibid. — Assemblée du parlement, p. 426. — Détails sur cette importante séance, p. 427. — Discours de Monsieur et de M. le Prince, p. 428. — Discours des conseillers Mesnardeau et Lainé, p. 430. — Discours du président Viole, p. 431. — Discours de M. Loisel, p. 432. — Discours de M. Broussel, p. 434. — Discours de M. Deslandes-Payen, p. 435. — La Chambre des comptes et la Cour des aides sont mandées chez la reine, p. 436. — Conduite du cardinal vis-à-vis des frondeurs, p. 437. — M. d'Avaux est nommé ministre d'État, p. 438. — Querelle de jeu entre Monsieur et La Rivière, p. 439. — Leur réconciliation, p. 440. — Rapports tendus entre Mademoiselle et La Rivière, p. 441. — Mazarin effraie le conseil en citant, à titre d'exemple, les événements d'Angleterre, p. 442. — Fairfax et le parlement anglais, p. 443.

CHAPITRE L.

Des amis et des habitudes du sieur de la Mothe Goulas. — Comment Goulas composa ses mémoires, p. 446. — A quelles sources il puisa ses renseignements, p. 448. — Personnages avec lesquels il a été successivement en relations intimes : Monsieur, p. 450. — Léonard Goulas, ibid. — M. d'Elbène, p. 451. — M. de la Rivière, p. 452. — M. de Chabot, duc de Rohan, p. 453. — M. de la Feuillade, p. 454. — M. le comte d'Aubijoux, p. 456. — M. le marquis de Maulevrier, p. 458. — M. le marquis de

Vardes, ibid. — M. de Montrésor, p. 459. — M. de Boisgeffroy, ibid. — M. de Patrix, p. 460. — M. de Chaudebonne, p. 461. — Le père de Condren, p. 462. — M. de la Coste, ibid. — M. le duc de Joyeuse, p. 463. — M. le comte de Fiesque, ibid. — M. le chevalier de Bueil, p. 464. — M. le chevalier de Belesbat, p. 465. — M. de Gramond de Toulouse, p. 466. — M. le vicomte de Melun, p. 467. — M. de Sardini, p. 468. — M. de Jouy-Sardini, p. 470. — M. de Manneville et M. de Brasseuzes, ibid.

APPENDICE.

I. — Portrait de Mme la duchesse de Montbazon, p. 473.
II. — Dénombrement des forces militaires du royaume à la fin de 1643, p. 474.
III. — Lettre de M. Grémonville, relative aux désordres qui eurent lieu à l'occasion d'un bal chez Monsieur, p. 475.
IV. — Récit d'un épisode de la bataille de Nordlingen, p. 475.
V. — Quelques détails sur la ville de Dunkerque, p. 476.
VI. — État de l'Europe à la fin de 1645, p. 477.
VII. — Éloge du prince de Condé, p. 478.
VIII. — Quelques détails sur les préliminaires et la conclusion de la paix de Munster, p. 479.

Imprimerie DAUPELEY-GOUVERNEUR à Nogent-le-Rotrou.

Ouvrages publiés par la Société de l'Histoire de France
depuis sa fondation en 1834.

Ouvrages in-octavo à 9 francs le volume.

L'Ystoire de li Normant. 1 vol. *Épuisé.*
Grégoire de Tours. Histoire ecclésiastique des Francs. Texte et traduction. 4 vol. *Épuisés.*
— Idem. *Texte latin.* 2 vol.
— Idem. *Trad.* 2 vol. *Épuisés.*
Lettres de Mazarin a la reine, etc. 1 vol. *sur grand papier.*
Mémoires de Pierre de Fénin. 1 vol.
Villehardouin. 1 vol. *Épuisé.*
Orderic Vital. 5 vol.
Correspondance de Maximilien et de Marguerite. 2 vol.
Histoire des Ducs de Normandie. 1 vol. *Épuisé.*
Œuvres d'Eginhard. Texte et traduction. 2 vol. Tome I*er épuisé.*
Mémoires de Philippe de Commynes. 3 vol. T. I*er épuisé.*
Lettres de Marguerite d'Angoulême, sœur de François I*er*. 2 vol.
Procès de Jeanne d'Arc. 5 v.
Beaumanoir. Coutumes de Beauvoisis. 2 vol.
Mémoires et Lettres de Marguerite de Valois. 1 vol.
Chronique latine de Guillaume de Nangis. 2 vol.
Mémoires de Coligny-Saligny. 1 vol. *Épuisé.*
Richer. Histoire des Francs. Texte et traduction. 2 vol.
Registres de l'Hôtel de Ville de Paris pendant la Fronde. 3 vol.
Le Nain de Tillemont. Vie de saint Louis. 6 vol.
Barbier. Journal du règne de Louis XV. 4 vol. T. I et II *épuisés.*
Bibliographie des Mazarinades. 3 vol.
Comptes de l'argenterie des rois de France au XIV*e* s. 1 vol. *Épuisé.*
Mémoires de Daniel de Cosnac. 2 vol. *Épuisés.*

Choix de Mazarinades. 2 vol.
Journal d'un Bourgeois de Paris sous François I*er*. 1 vol. *Épuisé.*
Mémoires de Mathieu Molé. 4 vol.
Histoire de Charles VII et de Louis XI, par Th. Basin. 4 vol. T. I et II *épuisés.*
Grégoire de Tours. Œuvres diverses. Texte et traduction. 4 vol. Tomes I et II *épuisés.*
Chroniques de Monstrelet. 6 vol. Tomes I et III *épuisés.*
Chroniques de J. de Wavrin. 3 vol.
Miracles de saint Benoît. 1 vol.
Journal et Mémoires du marquis d'Argenson. 9 vol. T. I et II *épuisés.*
Chronique des Valois. 1 vol.
Mémoires de Beauvais-Nangis. 1 vol.
Chronique de Mathieu d'Escouchy. 3 vol.
Choix de pièces inédites relatives au règne de Charles VI. 2 vol.
Commentaires et Lettres de Blaise de Monluc. 5 vol. T. I *épuisé.*
Œuvres de Brantôme. T. I à IX. Tomes I et II *épuisés.*
Comptes de l'hôtel des rois de France aux XIV*e* et XV*e* siècles. 1 vol.
Rouleaux des morts. 1 vol.
Œuvres de Suger. 1 vol.
Mémoires et Correspondance de M*me* du Plessis-Mornay. 2 vol.
Joinville. Histoire de saint Louis. 1 vol.
Chronique des Comtes d'Anjou. 1 vol. *Épuisé.*
Chroniques des églises d'Anjou. 1 vol.
Introduction aux Chroniques des Comtes d'Anjou. 1 vol.
Chroniques de J. Froissart. T. I, 1*re* et 2*e* parties, et t. II à VII.

Chroniques d'Ernoul et de Bernard le Trésorier. 1 v.
Annales de Saint-Bertin et de Saint-Vaast d'Arras. 1 vol.
Mémoires de Bassompierre. 4 vol.
Histoire de Béarn et Navarre. 1 vol.
Chroniques de Saint-Martial de Limoges. 1 vol.
Nouveau recueil de comptes de l'argenterie des rois de France au XIV*e* siècle. 1 vol.
Chanson de la Croisade contre les Albigeois. 2 vol.
Chronique du duc Louis II de Bourbon. 1 vol.
Chronique de Saint-Remy. T. I.
Récits d'un Ménestrel de Reims au treizième siècle. 1 vol.
Lettres d'Antoine de Bourbon et de Jeanne d'Albret. 1 vol.
Mémoires de La Huguerye. T. I et II.
Anecdotes et apologues d'Étienne de Bourbon. 1 vol.
Extraits des auteurs grecs concernant la géographie et l'histoire des Gaules. T. I et II.
Histoire de Bayart. 1 vol.
Mémoires de N. Goulas. T. I et II.

SOUS PRESSE :

Œuvres de Brantôme.
Chroniques de J. Froissart. T. VIII.
Chronique de S.-Remy. T. II.
Extraits des auteurs grecs concernant la géographie et l'histoire des Gaules. T. III.
Actes ou Gesta des évêques de Cambrai.
Mém. de La Huguerye. T. III.
Établissements de S. Louis. T. I.
Mémoires de N. Goulas. T. III.

BULLETINS ET ANNUAIRES.

Bulletin de la société, années 1834 et 1835. 4 vol. in-8°. — 18 fr.
Bulletin de la société, années 1836-1856. *Épuisé.*
Table du Bulletin, 1834-1856. In-8°. 3 fr.
Bulletin de la société, années 1857-1862. In-8°. — Chaque année, 3 fr.
Annuaires de la société, 1837-1863. In-18. — Chaque volume, de 1837 à 1844, 2 fr.: de 1848 à 1863, 3 fr. *Les années* 1845, 1846, 1847, 1853, 1859, 1861 et 1862, *épuisées.*
Annuaire-Bulletin, années 1863 à 1868. — Chaque année, 9 fr.
Annuaire-Bulletin, années 1869 à 1879. — Chaque année, 5 fr.

Imprimerie Gouverneur, G. Daupeley à Nogent-le-Rotrou.

www.ingramcontent.com/pod-product-compliance
Lightning Source LLC
Chambersburg PA
CBHW050602230426
43670CB00009B/1222